变革中的高等教育

王保华　著

山东大学出版社

图书在版编目(CIP)数据

变革中的高等教育/王保华著. —济南:山东大学出版社,2016.11

ISBN 978-7-5607-5674-5

Ⅰ. ①变… Ⅱ. ①王… Ⅲ. ①高等教育—文集 Ⅳ. ①G64-53

中国版本图书馆 CIP 数据核字(2016)第 311203 号

责任编辑:傅 侃 李昭辉

封面设计:张 荔

出版发行:山东大学出版社

社 址 山东省济南市山大南路 20 号

邮 编 250100

电 话 市场部(0531)88364466

经 销:山东省新华书店

印 刷:济南新科印务有限公司

规 格: 720 毫米×1000 毫米 1/16

23.5 印张 430 千字

版 次:2016 年 11 月第 1 版

印 次:2016 年 11 月第 1 次印刷

定 价:48.00 元

自　序

高等教育在社会经济发展中的作用越来越重要。在世界范围内，联合国教科文组织共召开过两次国际高等教育大会，每次大会均强调了高等教育在应对全球性危机以及实现人类可持续发展中的重大作用。2009年召开的高等教育大会指出，高等教育作为构建包容性与多样性的知识型社会和促进研究、创新及创造力的主要力量，在历史上从未有任何一个时期像现在这样凸显出对高等教育投资的重要性。

在人类社会的发展中，高等教育在其功能和内在形式方面也在不断变化。高等教育的功能在最初主要体现为人才培养，后来其科学研究和社会服务的职能逐渐得到发挥，并得到了广泛的认可。其实高等教育功能的变化就是高等教育社会作用被社会高度认同的过程，而高等教育的内在形式也在不断变化，由原来的“高等教育”(higher education)，到后来的中学后教育(post-secondary education)，以及现在的第三级教育(tertiary education)，高等教育的形式已经更加多样化。

正是由于高等教育所肩负的使命，进入20世纪，尤其是21世纪以来，世界各国的高等教育都在进行创新与变革。其主题大致为：学习机会、经费投入、体制机制、教育质量等。作为世界高等教育体系中的一员，中国高等教育也不例外。

据报道，2016年8月31日，十二届全国人大常委会第二十二次会议听取了教育部新任部长陈宝生受国务院委托所作的《国务院关于高等教育改革与发展工作情况的报告》。陈宝生部长明确指出：“总体看，《国家中长期教育改革和发展规划纲要(2010～2020年)》确定的阶段性目标如期实现，我国形成了世界上规模最大的高等教育体系，人才培养、科学研究、社会服务、文化传承创新能力显著增强，高等教育质量明显提高。”与此同时，陈宝生部长还介绍到：“我国高等教育取得了长足发展，但大而不强、活力不够等问题仍然比较突出，与国家发展需要和人民群众期盼相比仍存在较大差距。”从教育部部长所披露的信息可以明显地看出：我国高等教育所取得的成就是巨大的，但不容置疑的是问题依然严重。

高等教育改革和发展的30年，也是笔者自己见证和研究高等教育发展的30年。作为一名研究者，笔者亲身经历了改革与开放的过程。在这30年中，笔者的研究工作与国家的发展、高等教育的发展密切相关。作为一名研究者，笔者经历了高等教育从计划经济到市场经济的变革，这其中自然有自己的思考与探索。

30年来，我始终在教育战线，先后在国家教育行政学院、中国传媒大学工作。

在国家教育行政学院工作的20多年中，由于所在单位的特殊性，使得自己有幸了解了高等教育变革的重大过程，如高等教育的扩招等。国家教育行政学院是一个教育培训院校，由于工作的关系，我接触了很多高校不同层级的领导者，有富有理论和实践经验的校级领导，也有年富力强的中层干部。作为一个培训院校的教师，必须具有复合型的素质，这要求我们要像领导一样思考问题。因此，作为研究者可能不仅在某一方面具有专长，更需要具有宽阔的知识面和解决问题的能力。

中国传媒大学是一个具有艺术气息的院校。我在将近10年的工作实践中，参与了学校“十一五”和“十二五”发展规划的制定与实施。这些工作促使我进一步加强了对国家高等教育宏观政策的了解，以及对学校自身实际情况的把握。

我是幸运的，首先是赶上了一个好的时代——改革开放的时代。其次自己的最大兴趣是研究，而研究的领域恰恰是高等教育。30多年来，虽然自己行政工作和学术都兼顾，但是自己对研究工作更情有独钟。尽管与造诣较高的理论工作者相比，自己的文章好像理论色彩不够浓，但是很多思考均是实践经验的总结，即多了一份“接地气”的风格,少了一份思辨的色彩。我最欣赏的一句话是:“哲学家的任务在于认识世界,而我们在于改造世界。”最后是每到一个地方工作,我总会遇见好领导、好同事、好朋友。是这些领导和同事的帮助和鼓励,才使自己更加努力地去耕耘、去探索。

高等教育发展到今天已经取得了举世瞩目的成就,但是困扰我们的还有不少现实问题,如高等教育与社会的关系、大学的自治与学术自由、教师职业发展与学生的学习等。在这些关系中,始终都离不开“钱”这个字眼。仔细回顾30年高等教育改革开放的历程,高等教育始终脱离不开经费这个根本性问题。无论是高等教育管理体制和机制的变化还是大学与社会的关系,教师的发展、学生的学习都与经费有着千丝万缕的联系。在某种程度上,经费似乎成为了制约高等教育发展的首要因素。当然,很多人会说,“并不是有了钱就能办好教育,精神的力量也很大。”的确,对这一点,我一点都不否认。但是在当前的社会背景之下,没有经费就会寸步难行。在现实中,我们常常遇到的情况是:有很好的理念、很好的学校规划,但是苦于没有强有力的经费支撑而不了了之。

当我们反思高等教育的发展后就不难看出,我们曾经经历过了严重的计划经济时代,然后又经过痛苦的过程,包括思想观念的转变、走向市场经济等,但是我们今天又回过头来讨论“供给侧改革”。这说明:社会也好,高等教育也好,无时无刻离不开供给尤其是充裕的经费,否则竞争的观念将会导致思想的混乱、精神的坍塌。在一个人人都为“挣工分”的年代,利益最大化导向必然将导致“有经济利益就会有更多的人去付诸行动”。尽管我们在倡导社会主义核心价值观,但是在巨大的利益面前人的理性会选择趋利,这恐怕是高等教育发展到今天无法回避的根本性问题。这些问题是社会的问题,但同时又显著地折射到高等教育上来。

高等教育是一项事业,同时又是一种产业。当前,国家人社部对医院和高等学校取消编制的消息,似乎又证明了高等教育的复杂性。

《变革中的高等教育》是笔者从事高等教育研究30年的一个缩影,它记录着笔者的心路历程。本书共分10部分,涵盖了智库建设、高等教育发展战略、地方高校建设、教师发展、高等教育质量评估、专业与课程建设、民办教育创新、领导力、教育与互联网发展、职业与成人教育等方面的内容。这47篇文章是从80多篇文章中甄选出来的，多为宏观研究的文章，涉及高等教育管理的众多方面。从研究方法来看，多为实证性研究；从内容上看，既有自己的理论研究成果，也有翻译国外学者的研究成果。

在文集选编过程中，为了体现原有成果的初始状态，笔者坚持保留原貌的原则，仅对论文中部分重复的内容进行了删改，同时略去了参考文献和内容摘要等，读者如有需要，可从原文中查询。需要特别说明的是，本书收录的许多文章都是结合有关研究项目和课题撰写而成的，大多是个人的研究成果。也有少部分是与其他同行合作完成的成果，这些同行有张婕、耿益群、张蕊、周廷勇、王景枝、葛自发、何欣蕾等，在此向他们表示衷心的感谢。

本书的出版首先要感谢我曾经工作过的单位——国家教育行政学院和中国传媒大学各级领导和同事对我科研工作的大力支持；其次要感谢我的家人30年来默默的支持，这是我不断前行的强大精神动力；最后还要感谢我的博士生刘立荣在前期所做的编排和文字校对工作。

高等教育在不断地创新，我们期待着新的变化！

是为序。

王保华

2016年9月10日

目　录

“智库”建设

高教发展战略

地方高校发展

高教质量评估

专业与课程建设

教师发展

领导力

教育与互联网发展

职业与成人教育发展

民办教育创新

“智库”建设

高等教育公平与服务型政府建设[①]

全面建设小康社会是我们未来的宏伟目标，构建和谐社会是我们的价值追求。和谐社会最关键的是利益关系的和谐，和谐的理想结果就是要实现各尽所能、各得其所、和谐相处的局面。公平正义是和谐社会的重要特征之一，而教育公平是社会公平的基础。高等教育作为一种社会资源再分配的形式，对社会和谐具有重要的调节作用。政府作为高校国有资产的投资主体，作为国有产权的代表，其主要责任是构建教育服务体系。

一、教育公平对政府建设提出了新的要求

我国正处于从传统行政向现代行政和后现代行政迈进的过程中。首先，我们的行政还没有实现真正意义上的现代行政，这就面临着向后现代行政转轨的问题，即面临着双重跨越的问题；其次，我们面临的社会是一个更加复杂化和多样性的社会，冲突和矛盾更加突出，这就是中国行政的现实背景。

传统意味着行政仍然保留着农业社会的痕迹，是一种政治特征极为明显的行政。现代行政是官僚科层组织，是现代工业化的产物。主要的后现代理论家均反对以各种约定俗成的形式来界定或者规范其主义，所以后现代意味着基础假设的不存在。在很大程度上，政府加强公共意识就是要向大多数公民提供基本的公共服务。在高等教育领域，加强政府的公共意识就是要妥善处理好少数与多数的关系、公平与效率的关系、中央与地方的关系、政府与高等学校的关系等。美国著名高等教育专家马丁·特罗认为，高等教育进入大众化教育时期后，其社会属性与意义必然发生根本性的变化，必然要求由精英特权演变为公众权利。[②] 近10年来，我国高等教育快速发展，实际适龄人口的毛入学率逐年递增，2002年达到15%，2007年为23%。按高等教育大众化毛入学率15%的标准，我国已经进入高等教育大众化时期。因此，在现阶段，接受高等教育已经

---

① 本文原载于《国家教育行政学院学报》2009年第2期。

② 参见庞青山、刘鸿：《高等教育资源公平及其实现策略》，《现代大学教育》2008年第3期。

由过去的精英特权变为公众的权利。对于学生而言，高等教育的公平一般包括入学机会公平、教育过程公平、教育结果公平。但是，对于我国大部分城市来说，高等教育大众化的发展并不均衡。所以，在一定层面上，高等教育作为公众的权利还只是一种良好的愿望。这就对政府提出了更高的要求。对于高等学校来说，高等教育公平的最大价值就体现在资源配置的公平上。政府作为资源配置的主体负有重要的责任。因此，构建服务型政府就成为工作的重心。

构建和谐社会的目标是实现国家总体发展的协调和可持续性，公平正义是和谐社会的特征之一，因而实现包括高等教育公平在内的社会公平无疑是构建和谐社会的必然要求。而和谐社会公平与正义的价值理念必然体现在政治体制、经济体制和社会体制上。因此，我国改革发展的每一步进展都有赖于政府改革的实际进程。胡锦涛总书记在政治局第四次集体学习时的讲话突出强调了公共服务体系建设的重要性和紧迫性，即“围绕逐步实现基本公共服务均等化的目标，创新公共服务体制，改进公共服务方式，加强公共服务设施建设，逐步形成惠及全民的基本公共服务体系”。概括地说，服务型政府主要有三大任务：以发展社会事业和解决民生为重点，逐步形成惠及全民的基本公共服务体系；完善社会管理体系，加强和改进社会管理，保持社会安定有序；创新公共服务和社会管理方式，在服务中实施管理，在管理中体现服务。因此，在构建和谐社会的背景下研究高等教育公平与服务型政府建设具有重大的实践意义。

二、构建教育公共服务型政府要做到“两个重新认识”

（一）重新认识政府职能

政府对高等教育的作用是通过政府职能，即一个社会的行政体系在整个社会关系中所扮演的角色和发挥的作用体现的。政府职能主要由政治职能、经济职能和社会管理职能构成。政府的这些职能决定了它不能无视同国家政治、国民经济、社会稳定与发展息息相关的大学的存在与作用，不能不谋求建立某种它认为对自身统治和职能发挥最有利的“政府与大学的关系”①，即通过政策、经费投入等手段来影响高校的发展。

弗兰斯·F·范富格特在《国际高等教育政策比较研究》一书中将政府对大学的影响归纳为两种模式：一种是国家控制模式，即“政府试图控制高等教育系统的动力的一切方面：入学机会、课程学位要求、考试制度、教学人员的聘任与报酬等”；另一种是国家监督模式，即“国家所施加的影响是微弱的，很多有关诸

① 参见张德祥：《市场经济体制下“政府、市场、大学”新型关系的研究报告》，《辽宁教育研究》2004年第9期。

如课程、学位、人员的吸收和财政的基本决策都留给院校自己。国家提出高等教育运作的宽阔的参数，但是有关使命和目标的基本决策乃是系统及其各院校的职权”。从实际运行看，虽然我国政府也在转变职能，试图从“国家控制模式”向“国家监督模式”转变，但目前仍停留在国家控制模式阶段。

1997 年，世界银行把政府确保社会经济发展的基础性工作规定为以下几项：建立法律基础；保持非扭曲性的政策环境（包括宏观经济的稳定）；投资于基本的社会服务与基础设施；保护承受力差的阶层；保护环境。[①] 教育特别是基础教育属于基本的社会服务。尽管高等教育不属于非义务教育，但高等教育的公益性是国内外皆知的事实。尤其是随着知识经济社会的出现，高等教育的作用和价值日益受到世界各国的重视。无论是对于国家利益还是对于个人的收益率都是很高的。但近些年来，国际高等教育遇到了共同的危机，即国家对高等教育的投入相对减少所引发的高等教育财政危机，这使高等教育的公共性受到人们的质疑。

根据《中国教育经费统计年鉴》的数据，政府投入在高等院校收入中所占比例逐渐下降，政府以外的其他收入来源进一步增长。例如，我国 1990 年政府投入在高等院校收入中所占比例为 87.7%，1997 年为 78.9%，1998 年则下降至 64.2%。1999 年高校扩招后，由于高等学校规模的扩大、新校园的建设，加之政府投入在高等院校收入中比例的持续下降（见图 1），使很多高等学校不得不贷款搞建设、主要靠贷款运行。同时，对于大多数教学型大学来说，由于科研开发能力较弱、自身“造血”能力不强，使学校发展面临很大的困境。这其中一个非常重要的原因就是政府无法支撑庞大的高等教育体系、无力支付昂贵的高等教育成本。

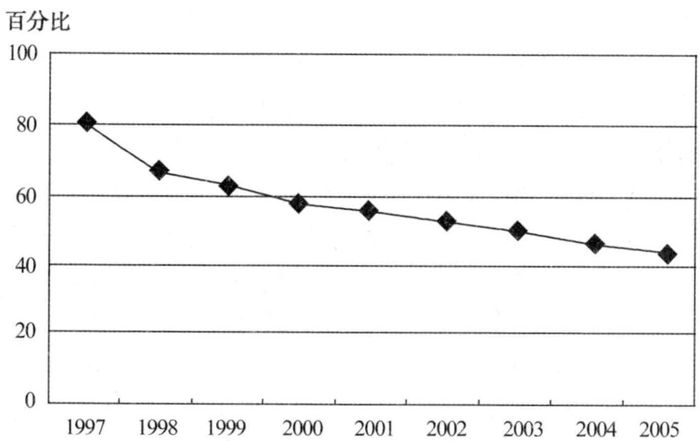

图 1 政府投入在高等院校收入中所占比例

① 参见唐贤兴、王竟晗：《转型期公共政策的价值定位》，《新华文摘》2004 年第 24 期。

近些年来，政府对高等教育的投入呈下降趋势。在市场的驱使下，高等教育中的经济主义思潮在全球范围内有所增长，高等教育的公益性受到了极大挑战。特别是当经济发展到一定阶段之后，社会民众对政府公共职能的发挥提出了更高的要求，希望政府不仅要发挥经济职能，还要承担起社会管理的职能，即构建完善的公共服务体系。

（二）重新认识三种意识

政府是人民公共利益的代表。在当今社会，政府急需增强以下三种意识：

1. 增强"纳税人"意识

"纳税人"意识实质上是责任意识。政府是公众的政府，是人民利益的忠实代表。政府运行经费使用的是"纳税人"的税收。政府的经费如何使用，不仅关系到资金的使用效率和效益，更关系到一种其中所包含的责任。但是，在目前我国的行政界，由于受体制不完善的约束，政府不仅在经费使用上存在着严重的浪费现象，而且还存在着极不公平的现象。这是目前不同类型的高等学校之间意见最大的地方。这就涉及"两级政府"的问题。在资源的分配上，无论是首次分配还是再次分配，都应当体现公平的价值尺度。对于中央教育主管部门来说，主要是首次分配的问题；对于地方教育行政部门来说，是再分配的问题。再分配权力是一个极具争议的话题。新制度主义政策决策模式的代表人物西奥尔·J·卢威在《公共行政与公共事务》一书中指出，再分配政策所关切的事务，"不是资产的使用，而是资产的本身；不是平等的待遇，而是平等的拥有；不是行为的举止，而是本质的存在"。

2. 增强"责任伦理"意识

"责任伦理"这个概念是德国社会学家马克斯·韦伯于1894年在一次演讲时首先提出的。韦伯认为，存在两种不同的政治理念：信仰伦理（以某种终极的信仰和信念作为自己政治行动的指南）和责任伦理（对于某种政治行动的投入是出于某种清醒自觉的内在责任感）。韦伯从政治行动的效果价值和信念价值的角度来讨论责任伦理，并赋予责任伦理更广泛的内涵，比如清明、眼光、激情、与人和事之间的内在超脱、责任感。对于责任伦理而言，首先是政府整体要具有普遍的伦理意识，其次是政府的公务员要具有伦理意识，这两者是相关的。要处理好行政中的责任冲突，对于政府来说主要就是要平衡好效率与公平的关系；对于公务员来说就是要处理好三种形式的行政责任冲突：权力冲突、角色冲突和利益冲突，其中最核心的是利益冲突。近年来，关于高等教育公平与效率问题的讨论主要集中在从高等教育经济学的角度来讨论高等教育成本补偿与高等教育公平及效率的关系、高等教育大众化与高等教育公平的关系、高等教育规模扩展与教育公平等方面，而对高等教育内部的公平问题涉及不多，尤其是对部委所属高等学校与地方高等学校这两类高等学校之间的公平关注甚少。当然，高等教育公平不等于高等教育平等，高等教育公平具有历史性、层次性和相对性，高等教育公平的核心是制度或规则的公平；高等教育公平的实现需要合适的补偿机制。[①]公平与均等(平等)有不同的内涵。均等(平等)的基本内涵是相等或无差别；而公平、正义、公正是合情合理，既合目的又合规律。平等更表现为有客观尺度，公平则不仅有客观标准，还包括主体的价值判断与情感体验。高等教育公平是高等教育效率的前提和手段，高等教育公平是高等教育效率的目的。正如潘懋元先生所言：公平是伦理学上的概念，效率是源于经济学上的概念，两者不属于同一范畴体系。[②] 从人类社会发展的终极目标来说，公平的价值高于效率的价值。特别是在现阶段，高等教育处于大众化时期，高等教育的公平问题显得更加突出，因为它是被作为一种权利来追求的。同时，作为一个独立的法人主体，高等学校自身发展的逻辑也需要政府完善各种服务，所以政府构建公共服务体系显得尤为必要。因此，无论是资源的配置、质量的评价还是信息的提供，都要求政府把公平放在更加重要的位置，这也正是责任伦理的真正体现。

3.增强公共服务意识

党的十六大报告提出，要完善政府的经济调节、市场监督、社会管理和公共服务职能；党的十七大报告提出，把显著增强政府基本公共服务能力作为新要求，把公共服务均等化作为推进区域协调、促进经济又好又快发展的重要举措，把加强公共服务作为我国下一步深化改革的新内容。这不仅是对十六大提出的"小康社会"目标的进一步充实、完善和深化，而且其针对性更强、重点更突出、目标更具体也更有可操作性。公共服务有以下几个特征：公共服务是使用了公共权力或公共资源的社会生产过程；公共服务的对象是公民及其他组织；公共服务满足的是公民及其组织的基本直接需求；公共服务的种类可以根据其内容和形式分为基础性公共服务、经济型公共服务、社会性公共服务和公共安全服务。[③] 提供公共服务是政府的责任，必须有政府介入，但却并不一定须由政府直接提供。在一个社会中，公民及其组织的基本的直接需求、公共服务水平和优先事项安排是由该社会的发展水平、文化传统、价值取向、社会经济体制以及发展战略等多方面的因素决定的。在管理上，必须实现从"牧民之术"(administration of the public)到"为民之术"(administration for the public)的转

---

① 参见陈彬：《论中国高等教育公平的价值追求与政策选择》，《华中师范大学学报》(人文哲社版)2003年第2期。

② 参见潘懋元：《公平与效率：高等教育决策的依据》，《北京大学教育评论》2003年第1期。

③ 参见赵黎青：《什么是公共服务》，2004年11月22日《学习时报》。

变，也就是要从“划桨者”变为“掌舵者”。

构建高等教育公共服务体系可以分两步走，第一步就是要减少管理高等学校的数量和具体事务；第二步就是要通过战略规划、政策指导、经费划拨、质量评价、信息提供等增加对高等教育的宏观管理，而不是微观操作。

三、政府在解决教育公平问题时要处理好两个关系

罗尔斯曾提出两个著名的正义原则：第一个原则是“平等自由原则”，即指“这个或那个人自由地免除这种或那种限制而这样做或不这样做”，它要求社会中的基本权利和义务分配是人人平等的。第二个原则是“机会的公平平等原则与差别原则的结合”，根据这一原则，自由的市场不应该是完全放任不管的，而应当用以公正为目标的政治和法律制度进行调节。在原则次序安排上，罗尔斯认为，第一个原则要优先于第二个原则；而在第二个原则中，机会公平平等原则旨在保障公民平等自由的政治权利，差别原则旨在制定社会和经济利益的分配模式。因此，机会的公平平等原则优先于差别原则，即机会均等优先于分配平等。

当前，在国际上，政府往往成为人们抨击的对象，其原因是效率不高或不作为，或者是作出了错误的决策、造成了严重的失误等，也有人批评政府是官僚机构，这也有一定的道理。严格按照韦伯的科层化理论来看，官僚机构都有一套严格的法律和政策体系。但是在我国，有法不依、执法不严、违法不究的现象在一定范围和一定领域内依然存在，所缺少的是严格的制度和程序。从整体上来说，我国行政建设面临着政府转型和加强管理（规制）的重大任务。在国际上，公共行政建设的目标是建设公共服务型政府。针对中国的现实，我国应建立“规制—服务”型政府，重塑政府的形象。所谓“规制”（regulation），是指政府为了克服市场失灵，以法律为依据，通过法规和行政规章、命令、裁决的方式，对市场经济主体（主要是企业）的交易活动以及社会团体的行为进行干预、限制和约束。“规制”一词源于英文日译，也译作“管制”。相比较而言，“管制”意指强制性的管理，带有计划经济色彩；而“规制”强调市场主体对法律、法规和规章制度的遵守，更能体现这种政策的实质，是与市场经济相对应的概念。对于高等教育来说，强化规制意识就是要明晰中央政府与地方政府在管理方面应承担的责任，关键在于政府要处理好资源配置的公平性和评价标准的差异性之间的矛盾。

（一）资源配置的公平性：部属高校与地方高校

资源公平是高等教育公平的主体与核心[①]，因而对于不同类型的高等学校

① 参见庞青山、刘鸿：《高等教育资源公平及其实现策略》，《现代大学教育》2008年第3期。

来说，首要的问题是解决资源配置问题。在现实中，在高等教育地方化管理的形态下，中央教育主管部门仍然是强势的、是决策者，地方教育政府部门在某种程度上仍然没有摆脱执行者的角色。理想的职责划分应该是：中央教育主管部门和地方教育主管部门都不应该管理具体的高等学校，而是重在制度建设、政策引导、信息提供等。

高等学校大致可分为两类：一类是核心成员，其大部分属于中央部委所属高等学校，是传统意义上的“国家队”，属于典型的强势集团，他们代表着国家的整体利益，也是高等学校的排头兵；另一类是边缘化成员，其大部分是地方高等学校，是典型的“地方队”，属于明显的弱势集团。根据《中国教育经费统计年鉴2002》公布的数据，中央部委院校有 111 所，地方高校有 1285 所；地方高校数量占到了 92%，学生人数占到了 85%，但地方高校获得的教育经费仅占全国普通高等学校经费收入的 57%，预算内教育经费拨款仅占 55%；地方高等学校生均教育经费支出为 12216.37 元，不足中央部属高等学校生均教育经费支出 24596.04 元的一半。同时，地方高等学校经费的地区差异较大，部分地区普通高等学校生均经费太低，难以保证基本的教育质量与正常的教学秩序，严重影响了高等教育的可持续发展。

从以上数据可以清晰地看出，虽然从构成来看地方高校占有很高的比例，但由于我们国家历来主张的是加强重点高校和重点学科建设，因此，地方高校在受重视程度和获得经费支持方面与重点高校无法比拟。也就是说，地方高校是高等教育群落中的弱势群体。由于地方高校已经成为我国高等教育体系中的主要和重要组成部分，而这一部分高校的建设发展又从整体上制约着我国高等教育事业的总体水平和构建和谐社会的进程，因此地方高校的发展应该引起全社会的高度关注。

表 1　　普通高等学校教育经费收入情况(单位：千元)

学校类型	学校数	教育经费总收入	预算内教育经费拨款	生均教育经费支出(元)	校办产业、社会服务收入	捐集资收入
中央部属高校	111	49462142	24239416	24596.04	894866	1117225
地方高校	1285	65054756	29280595	12216.37	735826	610522
总计	1396	114516898	53520011		1630692	1727747
地方高校比重	92%	57%	55%	0.4967*	45%	35%

注：* 为地方高校与中央部属高校生均经费之比(数据来源：《中国教育经费统计年鉴 2002》)。

(二)评价标准的差异性:研究型大学与应用型大学

质量是高等教育的核心。加强质量评价是政府的重要职能,也是体现高等教育公平的重要尺度。政府通过对学校的评估而对学校的办学条件、管理水平、教育质量等办学资格进行认可,并通过比较科学的评估指标体系来引导高等学校进行正确定位、找出自身的定位及在人才培养等方面的差距,并走上可持续发展的良性轨道,这也是评价的最终价值追求。但是,我们目前的现状是用一把尺子——研究型大学的标准来衡量所有的高校,由此导致了千校一面的趋同现象。因此,逐步实施评价标准的差别化战略是高等教育评价的当务之急,即研究型大学与应用型大学的评估标准应有所区别。

高等学校在高等教育系统中的定位问题实质上是高等教育系统的分层问题。高等学校在整个高等教育系统中的定位主要体现在办学类型、办学层次和办学特色三个方面,我们在研究学校定位时主要应考虑后者,即学校的学科结构类型和办学层次。办学层次主要指学术贡献和人才培养的层次,从这个角度来看,目前我国大学的办学层次大体分为研究型、教学科研型(或以本科教学为主)、职业技术型三个层次。不同层次的高校在学术贡献、人才培养层次、对社会服务的方式以及在高等教育体系中所发挥的功能和作用是不同的。

差异性表现为:首先,研究型大学的市场导向是培养高层次研究型人才。据武书连在2003年研究分析,在我国这类大学大约有40所,占高等学校总数(1022所)的3.91%。作为对比,美国的研究型大学占6%。其次,教学科研型大学的市场导向一方面是培养高级专业人才,另一方面是培养大量的职业技术人才。最后,职业技术型院校的市场导向是培养实用型技术人才。

总之,促进高等教育公平与服务型政府建设将是一个长期的系统工程。要实现这一目标需要从制度到观念不同层次的完善和转变,这需要全社会的共同努力,更需要各级政府的大力推动。

"智库"与专业化[①]

——关于高教研究机构作用与发展道路的思考

高等教育研究机构是高等教育科学研究的主要载体。从一定意义上来说，高等教育科学的发展程度与高等教育研究机构作用的发挥密切相关。当前，认真总结改革开放30多年来我国高等教育研究机构所走过的道路，在总结其辉煌成绩的同时，居安思危，思考未来，尤其是从高等教育研究机构的作用和发展道路方面思考其未来的走向已成为一项紧迫的任务。

一、"智库"与专业化问题背景分析

高等教育研究机构的发展是随着高等教育事业的发展而发展的，之所以提出"智库"和专业化问题，主要是基于以下原因：

（一）高等教育研究机构作用的发挥与建设高等教育强国和高等学校改革发展的实际要求还有很大的距离

我国高等教育的发展是在改革开放的大背景下进行的。2008年恰逢我国改革开放30周年，在我国高等教育的发展过程中，高教研究机构发挥了重要作用，这是毋庸置疑的，甚至可以说是成绩斐然。主要表现在：高等教育研究机构队伍不断壮大，主要表现为几乎每一所普通本科高等学校都设有高等教育研究机构；研究人员专业化程度日益提高，突出表现为由过去的兼职人员逐渐向专业研究人员过渡；高等教育学科建设取得了重大进展，其主要表现是具有高等教育学学科博士授予权的单位已有15家，硕士学位授予权的单位近100家；高等教育研究成果丰硕，据《中国高教研究》编辑部针对2008年全国高等学校教育科研论文所作的统计分析，仅2008年一年中国高等学校在14家高等教育类

① 本文原载于《中国高教研究》2009年第11期。

中文核心期刊上刊载的论文就达3530篇[1]；高等教育科研机构为所在学校及政府服务的意识和能力在逐渐增加，主要表现为众多高等学校的研究机构都或多或少地参与了所在学校的政策研究，或者准备为政府的政策研究服务。但是，鉴于建设高等教育强国的形势以及社会各界的热切期盼，高等教育研究机构应该发挥什么样的作用，应选择什么样的发展道路已经成为高等教育学术界和实际工作者关注的热门话题。

笔者认为，当前我国高等教育研究机构面临的突出问题有以下几种：

第一，高等教育研究机构的现实作用与国家战略需要和高校的需求差距较大。尽管我国高等教育机构在学科建设和科学研究方面取得了长足进展，但高等教育改革和实践的现实要求更加强烈。首先，从大的方面而言，建设高等教育强国的现实需要高等教育研究机构做出积极的回应。从2008年开始，《国家中长期教育改革和发展规划纲要》的制定工作成为了教育界关注的一件大事，但是，据了解，除中央教育科学研究所专门抽出人力拿出了一个版本之外，其他专业研究机构参与的主动性并不是很高，参与的热情也不是很高。其次，从高等学校微观层面来讲，转型期高等学校如何适应大众化阶段民众的需求，如何在经费短缺的情况实现自身的可持续发展等问题都需要高等教育研究者提出工作的思路、方案。但是，由于高等教育研究机构受到传统评价方式的制约，高等教育机构和研究者个人对参与学校实际工作的回应并不是十分强烈。

第二，出现信誉危机。高等教育研究机构的学术影响力不大、社会认可度不高。据不完全统计，截至20世纪90年代中期，全国的高教研究机构达800多所；高教研究专职人员约3000名，兼职研究人员数以万计；高教研究的刊物有400余种，每年发表的高教研究文章在1.5万篇以上，每年出版的高教研究专著近百部。这些数据足以表明，中国已经成为一个“高等教育研究的大国”[2]。但是，在众多研究成果中，真正成为或影响政府决策的研究成果寥寥无几。

第三，出现了生存危机，没有学科点的高等教育研究机构如何生存成为了突出矛盾。2008年，教育部直属高等学校进行了岗位设置工作，许多高等学校的高教研究所面临着何去何从的问题。是走研究编制还是走行政编制？是独立存在还是合并到其他单位？这都成了高等教育研究机构不得不面对的重要问题。

---

① 参见《中国高教研究》编辑部：《2008年全国高等学校教育科研论文统计分析》，《中国高教研究》2009年第4期。

② 参见李均：《中国高等教育科学研究30年：历程、经验与瞻望》，《中国高教研究》2008年第5期。

（二）对高等教育研究机构作用的再认识

美国著名政策学家科根认为，政策研究过程中通常有三类人存在：决策者、研究者、中间人。决策者是政策的拍板人，即解决“断”的问题；研究者是理论工作者，是解决“谋”的问题。但是，在政策研究中，其实还存在一个特殊的区域，即介于决策者和研究者之间的“中间人”，他们不同一般意义上的研究者，不是纯粹的理论研究者；也不同于具有决策权的决策者，他们只是提出问题并拿出解决方案供决策者参考。“中间人”通常是具有丰富实践经验的政策分析人员，即高级智库的成员。

所谓“智库”（即智囊机构），也称“思想库”或“智慧库”，英文为“think tank”，是指由专家组成，多学科的，为决策者在处理社会、经济、科技、军事、外交等各方面的问题出谋划策，提供最佳理论、策略、方法、思想等的公共研究机构，是影响政府决策和推动社会发展的一支重要力量。严格意义上的智库是一种相对稳定的、独立于政府决策机制的政策研究和咨询机构。智库的职能主要包括提出思想、教育公众和汇集人才。智库首先通过研究和分析形成新的政策主张，再通过出版书刊、举办各类交流活动、利用媒体宣传等方式，力图使这些主张获得公众的支持和决策者的青睐。

一般而言，智库十分重视研究人员的培养。在美国，智库成员出入政界已成为美国政治的一大特色：一方面智库将精英输送到政府机构任职，由研究者变为决策参与者；另一方面也为在政府换届后的卸职官员提供容身之所。智库在西方发达国家发挥着重大作用，每逢重大政策的决断，一般都是智库先提建议，然后媒体讨论、国会听证，最后政府采纳。

就教育而言，高等教育研究机构咨询的作用就逊色多了。一方面是现实的需要，即我国大多数高等教育研究机构习惯于走学院研究道路，即重视科学研究，重视学科建设。但是，学科建设之路是漫长的，而且随着社会的日益理性，学科建设的思路变得更加务实。对于众多高等教育研究机构来说，学科建设的时机会逐渐减少，而为所在学校服务的功能会逐渐增多。另一方面是由于经费的压力，学校不会单独拿出经费去养活一个不会为自己的发展作出实际贡献的机构。因此，也就逼迫这些研究机构必须学会下海“游泳”，即增强这些机构的独立性。所以，在一定程度上，高等教育机构逐渐成为独立咨询公司的可能性在强化。

那么，管理咨询公司有什么特点呢？管理咨询机构有四个基本特征：首先是一种专业化服务性机构，为企业界和其他行业提供政策建议；其次是具有独立性和中立性，独立于政府和企业之外，具有独立做出价值判断的能力；再次是要具有资格，是被社会所认可的组织，具有公信力；最后是有基本的行业规范要求。[①]

二、高教研究机构的发展路径

（一）传统路径

新制度经济学有两个重要的理论：制度安排和路径依赖。美国新制度经济学家诺斯认为，制度是社会的博弈规则，或者更严格地说，是人类设计的制约人们相互行为的约束条件。这些约束条件可以是非正式的（如社会规范、惯例、道德准则），也可以是有意识设计或规定的正式约束。正式约束包括政治规则（宪法、政治管制）、经济规则和合同。路径依赖是指各国的制度在面临同一技术和市场环境的情况下之所以会产生不同的结果，是因为各国发展的历史轨迹不同，所依据的都是前面的路径。

清华大学史静寰教授的研究表明："在西欧，关于高等教育的研究一直处于探寻自身角色和地位的过程。正因为此，我们可以说，高等教育研究是一项受外力驱动、由偶然性事件触发的工作。"[②]可以说，我们国家与西欧的高等教育现状可谓不谋而合，实际上也是处于探寻自身角色和地位的过程中。

总结改革开放 30 多年来我国高等教育研究机构的生存轨迹，除了专门的师范大学的高等教育研究机构之外，众多的研究机构都处于寻找生存空间和地位的过程中，大致经历了三个阶段：20 世纪 80 年代的学校领导的秘书班子阶段（科学研究的初始阶段）、20 世纪 90 年代的自身科学研究和学科建设阶段（科学研究的中期阶段）和 21 世纪的学科建设与社会服务阶段（科学研究的深化阶段）。如果说高等教育研究机构要生存的话，最大的路径依赖可能就是遵循传统路径——依附于学校。因为在全国 2000 多所高校中，具有硕士点和博士点的单位毕竟是少数，大多数学校的高教研究机构还处于求生存的阶段，还不能引起学校领导的高度重视，主要原因在于其自身的独立性不够。

（二）新的路径

有的学者在研究我国高等教育科学研究 30 年后得出了这样的结论[③]："中国高等教育学科建立之后，高教研究大体上是沿着两条并行而又相互交叉的轨

① 参见赵炬明：《管理咨询与院校研究》，《高等教育工程研究》2007 年第 2 期。

② 参见史静寰教授在全国高等教育研究机构协作组会议上的发言：《以清华大学为例看新形势下中国高教研究机构的功能定位与发展》。

③ 参见李均：《中国高等教育科学研究 30 年：历程、经验与瞻望》，《中国高教研究》2008 年第 5 期。

道发展：一条是以高等教育学科建设为重点的理论研究；另一条是以中国高等教育改革与发展实际问题研究为重点的应用研究。”笔者认为，上述总结比较符合实际。因此，高等教育研究机构要在新的形势下实现发展就需要实行管理创新，需要选择新的路径。笔者认为，当前乃至今后相当长的一个时期，高等教育研究有三条道路可以选择：

第一，学科建设道路。这条道路主要是加强对高等教育学科自身的研究，以及加强对高等学校改革与发展实际所引发的各种问题的理论研究。学科建设道路的目的有两个：一是巩固高等教育的合法地位；二是引导高等学校的实践回归理性道路。学科建设道路适用于目前少数具有博士点的研究机构。

第二，院校研究道路。这条道路主要是为了解决高等教育研究机构设置的初衷与高等学校改革发展需要的契合问题。刘献君教授认为，以单个院校的实际问题为研究对象，以改进管理实践为目的，具有自我研究、咨询研究、行动研究特征的院校研究，更符合大学决策者建立教育研究机构的初衷，应该成为多数大学教育研究机构的主要任务。[①] 这条道路适用于大多数高教研究机构。

第三，智库道路。这条道路主要是为了解决高等教育研究机构的核心影响力问题。目前，众多高等教育研究机构之所以缺乏足够的影响力，主要缘于其专业化程度不高。具体表现为研究人员的基本素养、理念差距较大，研究人员的研究方法和研究成果也距离实践要求相去甚远。这条道路仅适用于个别专业化程度高、核心竞争力强的研究机构。

三、实现高教研究机构的专业化路径

高教研究机构要想成为智库或者管理咨询公司，就要尝试做好以下工作：

（一）在理念上，高等教育机构要有做好“智库”的追求和价值取向

当下的高等教育发展已经呈现出多样化的特征。同时，社会对高等教育也提出了更高的要求，因而，高等学校要承担什么样的社会责任就成了高等教育研究机构必须回答的一个现实问题。龚放教授认为，大学承担的社会责任是多层次性的，大学承担社会责任是有限性的、有特殊的方式的，大学与社会关系的理想模式是“不即不离”。[②] 作为一名院校研究实践工作者，笔者十分赞同龚放教授的观点。这实际上就涉及一个根本性的问题：高等教育研究机构如何在中国的现实土壤里成长为一个专业化程度较高的“智库”。这里面既有价值追求的问题，也有现实条件制约的问题。

---

① 参见刘献君：《大学教育研究机构的主要任务是进行院校研究》，《中国高教研究》2005年第4期。

② 参见龚放：《试论现代大学的社会责任》，《北京大学教育评论》2008年第2期。

就价值追求而言，可能任何一个高等教育研究机构都希望自己成为一个能发挥作用的机构，起到应有的决策咨询、参谋作用，都期望保持自己的独立性和中立性。但是，在我们的国情条件下，高等教育研究机构首要面临的是生存问题。由于大多数高等教育研究机构的学科建设道路十分漫长，甚至有些还不是十分理想，再加上高等教育全球化的危机形势，要想生存，不依靠学校很难。因此，从某种意义上来说，高等教育研究机构走专业化的道路是一个艰难的选择。

（二）在队伍建设上，要建立专业化程度较高的研究者队伍

高等教育研究机构要成为“智库”需要具备很高的条件。国外成功的经验是：“智库”成员要具备多学科背景、多种工作经历、熟悉政府工作流程和决策程序。因此，我们如果要想成为政府或者学校的智囊，就必须吸收具有政府工作经验的官员、具有丰富学校管理经验的专家学者和研究生。

同时，高等教育研究机构专业化建设对于高等教育学今后的招生、教学以及培养目标也提出了新的挑战。对于招生而言，纵观国际上著名的教育学院，教育管理专业的学生均被要求具有实际的工作经验，熟悉工作流程和程序，因此，培养高等教育学研究生要招收有工作经验的学生。在教学方面，要实施案例教学，通过案例提高学生解决问题的能力和水平。最终目标是培养政策分析人员，即既具有理论研究功底、又有实战经验的学生。

（三）在研究范式上，要尝试运用混合研究方法，尤其是加强定量研究方法的运用

无论是院校研究还是作为“智库”提交的研究成果，都要学会运用、使用数据来说话，即加大对定量研究方法的运用，以解决过去大量的思辨式、定性研究所带来的“应然”结果的偏颇，这对于研究者而言无疑是一个巨大的挑战。首先是研究理念的变化，要从已经习惯了的研究方式中走出来是极为不易的。其次是研究时间的大量投入，要花费大量的时间去深入实践，掌握大量一手的信息和资料。最后是研究呈现方式的变化，这不是思辨过程的呈现，而是研究过程和研究结论的展示。作为政策分析人员，不仅要掌握基本的政策研究的技术、方法，而且要了解政策决策的程序、过程；既要把握研究的科学性，又要符合研究对象的实际，即具有可操作性。

走向共赢:院校研究与大学的科学发展[①]

——兼论院校研究工作的几个关系

一、共同的发展:时代的期待

高等学校发展离不开时代环境,更离不开科学研究。从时代环境来说,大学正在经历着突变,面对突变,大学管理者需要理论研究上的指导和支撑。

从中世纪到现代,大学经历一个从简单到复杂的过程。科尔把纽曼的大学比作一个僧侣居住的村庄,把弗莱克斯纳的大学比作一个由知识分子垄断的城镇,把现在多元化巨型大学比作一个五光十色、魅力无穷的大城市。一个村庄、一个城镇和一个大城市的规模是不一样的,复杂程度也不一样,其管理的难度也是逐级递增的。在村庄,一个村长凭自己的经验就可以把村里的事物管理好;但从一个村庄发展到一个城镇、一个大城市,各项事务日渐复杂,仅靠经验是无法完成管理的。在大城市,一个市长在管理的时候,不但需要自己的管理才能,更需要有专门的机构对城市的各项数据进行研究,市政府在充分掌握各方面资料的基础上作出有利于城市发展的规划。

像一个大城市一样的现代多元化巨型大学的管理也不是仅凭经验就能顺利进行的,需要根据教育理论、管理理论进行专门的院校研究,根据研究结果作出科学的决策。

我国的高等教育从1999年开始扩招,现已进入大众化时期。2008年,全国各种形式的高等教育在学人数达2907万人,我国已成为高等教育大国。与此相伴的是大学的规模不断扩大,万人大学不断涌现。2008年,全国共有本科院校1082所,全日制学生的校均规模为1.41万人。[②] 这些万人大学的发展越来越复杂,急需专门的院校研究人员对其进行分析、研究。

---

① 本文原载于《大学》(学术版)2010年第2期。

② 参见国家中长期教育改革和规划纲要工作小组在2009年制订的《教育发展总体战略研究征求意见稿》。

经过诸多研究专家的努力，我国的院校研究从引入到现在已经取得了不少研究成果。现在，国内高教界对院校研究范式的理念有了基本的共识，对院校研究的概念、性质、功能、特征、研究目的、研究对象、研究内容、研究方法等都有了比较清晰的认识。在此基础上，院校研究已经从对院校研究的研究进入到院校研究阶段，很多学校都进行了院校研究的实践，这从《中国院校研究案例》第一辑中的 17 个院校研究的案例中可见一斑。① 还有很多的院校研究成果都在以"提交给决策者的'报告'（以期获得行政部门的认可）"②的形式在院校管理中发挥作用。然而，目前的现状是：两者的发展都不能令人满意。一方面是院校研究急需所在学校的大力支持，如研究经费、研究数据库的建立等；另一方面是大学的科学发展期待院校研究拿出有说服力的成果，即院校研究成果要能够为决策提供坚实的理论支撑。因此，共同发展已经成为必需，但是尚未找到解决问题的最佳渠道。

二、突破困境：院校研究急需处理好三个关系

据了解，不少高等学校的高等教育研究所多多少少在参与所在学校的院校研究工作，研究机构与学校的合作正在增多，但现实的困扰仍不少，主要困境是院校研究机构在与学校的关系处理上存在障碍。根据笔者的工作经验和教训，要解决这个矛盾，在院校研究的过程中需要处理好以下三个方面的关系：

（一）谋与断：院校研究与大学决策的关系

院校研究的性质是对学校的工作进行研究，向学校的决策者提交研究报告，为决策者提供数据和资料，并提出建设性的建议，但不代替决策者进行决断。

院校研究的作用可以概括为一个字——谋。学校的决策者根据院校研究提供的报告对学校的形势和需要作出判断。院校研究对大学的发展提出了建议，但并不代表这些建议就会成为学校的政策。"断"的权力在学校的决策者。决策者根据院校研究提供的报告，综合学校发展的现实与问题，作出适合学校情况的决策。

院校研究者为学校提供的"谋"的内容包括：学校发展现状、发展规划；国内高等教育的发展理论和实践；国际高等教育的发展路径和趋势。

院校研究的"谋"要具有科学性和预见性。学校决策者更多关注的是学校

---

① 参见刘献君：《中国院校研究案例》第一辑，华中科技大学出版社 2009 年版。

② 参见蔡国春：《"院校研究"是什么，不是什么——解读美国"院校研究"》，《比较教育研究》2005 年第 26 期。

内部的实际问题，而院校研究将为决策者提供具有科学性、理论性的建议。此外，院校研究除根据学校的工作要求进行研究和提供报告之外，还需要主动为学校提供学校改革发展需要的高等教育的理论和实践，为学校将来的政策决策提供预见性的信息和资料。

中国传媒大学发展战略研究中心定期编印《高教信息参考》，印发对象为学校的校级领导和中层干部，每半月一期，现已印发40期。每期主题根据各个时期学校的重点工作选定，比如2010年的主题包括“金融危机对人才培养的影响”“大学生就业”“战略规划的实施与评估”等。每期设有固定的栏目，如“短信快发”定位在半个月内高等教育领域的重要政策、会议、事件等；“高校直通车”定位在国内兄弟院校相关的措施和经验；“高教前沿”“高教热点”“名家视点”选编高等教育研究的最新成果；“海外瞭望”选编国外相关领域的理论和实践。由于与学校的工作紧密相关，《高教信息参考》在学校内部受到了普遍的欢迎，产生了良好的效果，为学校的决策者提供了高等教育发展的基本形势、理论和实践的资料。

院校研究为学校工作提供基本的研究报告，但研究报告并不能作为学校的决策。院校研究只起“谋”的作用，“断”的工作需要学校的决策者在院校研究报告的基础上综合多方面的因素进行。

（二）依靠与依赖：院校研究与学校的关系

院校研究机构与所在学校是鱼与水的关系，院校研究需要学校的支持，无论是信息数据的收集还是研究经费，都离不开学校给予的“特许”。[①]

例如，为学校制定发展规划，并对规划进行实施和评价是中国传媒大学发展战略研究中心的一项重要工作，这些工作的开展都需要依靠学校的支持，例如2009年对学校的“十一五”规划进行中期检查就需要学校的支持。高教所作为一个研究部门，不具有领导其他行政部门的权力，信息渠道来源受到限制，进行“十一五”检查又离不开各部门的数据资料。因此，发展战略研究中心争取到了相关校领导的支持，将中期检查与学校的学习实践科学发展观活动相结合，将中期检查作为学习实践活动的一项重要内容。这样，在学校开展活动就比较顺利了。

学校在给予经费支持的同时，必定会对院校研究成果提出学校的要求。这些要求常常是需要研究成果能够为学校的政策提供支持。在这种背景下，院校研究要避免成为大学决策者的“御用工具”，成为学校政策的理论支持者。若要

① 参见王洪才：《院校研究：困境、出路与突围》，《清华大学教育研究》2007年第2期。

做到这一点,保持研究的“科学性”和“中立性”是院校研究者必须遵守的原则。院校研究依靠学校,但不能依赖学校。

笔者所在单位的一个重要院校研究成果是编撰了《中国传媒大学 2008 年度发展报告》(以下简称《发展报告》),该报告立足于我国宏观高等教育背景和学校发展大局,从背景、现状、问题等多个角度,以概况评述、政策解读、横向比较、数据点评等方式,客观地描述和评价了学校在 2007 年的整体发展状况,并对学校未来的改革和发展提出了建设性的意见和建议。

在编写《发展报告》过程中,研究者本着科学和中立的原则,不仅对学校改革与发展的前沿问题进行了深入探讨,同时还对成果和不足及未来改革趋势作了总结和分析,并结合学校改革与发展的需要,有针对性地提出了建议措施。

(三)校内与校外:研究的视域

院校研究的性质决定了研究者必须具备较高的素质和眼光。院校研究的目的是为了本校的科学管理,其研究对象是大学内部事务,但院校研究不能局限于一个学校内部的研究,而要在立足本校研究的基础上,放宽研究范围,在高等教育的领域内进行研究。

中国传媒大学发展战略研究中心在《发展报告》的研究过程中,在充分分析学校内部数据资料的基础上,与其他院校进行了对比——先是将学校放在教育部直属“211”高校的范围上,比较学校的优势、劣势,审视我们的定位、评价标准;然后收集了与学校情况类似的行业类院校的数据资料,并进行了认真的对比,从中分析了与各校之间的差距。通过这两组数据的对比,对学校的发展现状的认识更加客观,更加有利于找出存在的问题。

在国内高等教育研究的基础上,还需要将研究和其他国家院校研究的资料进行对比,将中国大学的发展放在世界高等教育的坐标系中研究,促进我国的高等教育的国际化,实现建设高等教育强国的目标。

不过,在比较研究的过程中发现的问题是各校统计数据的可比性较差。各校的数据项目不同,此校有的彼校没有,或者两校都有的数据项目统计标准又不一致,这样的数据也不具有可比性。因此,建立全国统一的数据库就成为科学有效的院校研究的基础。

在此方面,国外的院校研究已经有了很成熟的经验,例如彭森明的《全国高等教育数据库之建置及运用》一文中就讲到美国“不仅有各院校完整的资料系统,并有专人从事院校研究分析,而且政府有专职单位将各院校之资料整合成大型数据库，并积极辅导大众使用”[1]。对此我们可以充分学习和借鉴，以利于我们未来的院校研究能够进行国内、国外数据的对比研究。

院校研究数据库的建立是我们开展院校研究的基础，因而，制定统一的数据标准，各校依此建立数据库，并将数据共享，形成全国统一的院校研究信息资料库是当前一项紧迫的战略任务。这一工作有赖于政府部门的政策引导、院校研究协会的推动，以及院校研究机构所有同仁的共同努力。

三、加强基本建设：院校研究发展路径的选择

院校研究要实现新的突破，除了赢得学校的经费和政策支持以外，加强基本建设已经成为制约院校研究发展的根本性障碍。因此，院校研究的发展路径为“强基固本”。

在院校研究的实践过程中，以下几个基本要素是不可或缺的：

（一）专业化的研究队伍

在院校研究中，专业化的研究队伍是研究质量的保证。院校研究是一种不同于一般理论研究的研究范式，不但需要研究者有学术研究的理论基础，更需要研究者有大学管理的实践经验。因此，有高等教育研究学科背景的研究者是研究的主力，在此基础上才能联合有院校管理经验的管理者共同完成研究工作。

专业化是院校研究人员发展的方向。专业化是指一个职业逐步发展成熟的社会过程或者状态，专业群体需要经过长期高学历的专业训练，掌握专门的理论知识和技能，可以按照一定的专业标准承担独特而重要的社会任务，发挥特有的社会功能和价值。

院校研究者除了应具备研究能力外，对学校的热爱和对学校发展的责任感也是做好院校研究工作的重要条件。院校研究需要保持“中立性”，但对大学发展的“关切”是全身心投入研究的动力。知晓大学的历史与现状，憧憬大学灿烂辉煌的未来，这是一个院校研究者的感情基础。

（二）规范的研究方法

院校研究与其他针对学校事务进行的“经验总结”和“发言稿”的最大区别在于研究方法。有研究者认为“行动研究”[2]是院校研究的出路，有研究者认为需要将“定量研究与质的研究相结合”，特别是“我国院校研究仍然要十分重视

---

① 赵炬明、余东升：《院校研究与现代大学管理讲演录》，中国海洋大学出版社2006年版，第195页。

② 参见王洪才：《院校研究：困境、出路与突围》，《清华大学教育研究》2007年第2期。

量的研究方法”[①]。正是因为有了这样一套科学、定量的程式和规范，才不仅使院校研究和日常经验性的“工作研究”或“校务研究”很好地区别开来，更重要的还在于它是“院校研究在现代高等学校管理中得到广泛应用并且产生重要功效的保证”[②]。

当前，“用数据说话”是院校研究的主要手段，即通过对数据的统计、分析、对比，结合相关分析，形成研究报告。只有使用规范的研究方法，才能保证研究过程的科学性，才能保证研究结论具有指导学校管理实践的价值。

（三）注重时效的研究内容

院校研究的内容都是大学“现时”遇到的问题，目的是分析出现问题的原因，找到解决问题的途径。因此，院校研究在各个时期会有不同的研究重点，虽然也不排除会有永恒的研究主题。研究重点一般会与高等教育发展的大趋势相吻合，同时结合学校发展的实际情况，有针对性地进行研究。

结合我国高等教育的发展，提高教育质量将会是未来一段时间的重点问题，其中教师的教学质量、学生的学习质量都需要多方面的研究。各个高校提高高等教育质量的院校研究，必将为我国建设高等教育强国做出贡献。

（四）统一有效的数据资源

科学首先是建立在研究的基础之上的，而研究尤其是科学有效的研究，没有数据的支撑就变成了空话，因此加强全国数据库的开发是首要任务。其次是对数据的分析和利用。数据库的建立必须要有统一的规范，如口径的统一、数据的真实和有效；否则，院校研究的基础就会受到质疑，所提供的决策咨询的效用也会大打折扣。

---

① 刘献君：《关于院校研究的几个问题》，《高等工程教育研究》2004 年第 2 期。

② 周川：《院校研究的职能、功能及其条件分析》，《高等教育研究》2005 年第 1 期。

高教发展战略

经济全球化与高等教育管理的政策选择[①]

中国加入世界贸易组织，意味着中国正式、全面进入全球化进程。经济全球化是一个不可逆转的全球性的历史进程，它意味着世界各国都将密不可分，国与国之间的依存度将日益加大。经济全球化突出地表现为生产、贸易、市场、金融、资本、信息的全球化。中国"入世"将迎来工业、农业、商品、贸易、金融、保险、教育、医疗、运输、旅游等方面的冲击和挑战。对于高等教育而言，即将进入新的时代——全方位对外开放的时代，更加重视管理的时代。

全方位对外开放时代的特征是高等教育服务的国际贸易竞争将会加剧，高等教育将在各个方面面临深层次、多角度的开放，因此，高等学校是否具有国际竞争力将成为衡量一所高等学校的重要标准。管理时代的特征是管理力量大于资本力量。一所高等学校办得好不好，不仅取决于各种硬件条件，也取决于管理水平的高低。高等学校承担着培养人才、科学研究、服务社会的职能，尤其是在知识经济社会，高等教育的知识传播、知识创造作用日益明显，高等教育对社会经济的贡献率显得十分突出，因而高等教育发展和管理成了社会各界关注的热点。作为传播知识、运用知识、创造知识的场所，时代对高等学校提出了新的要求，如如何进行知识管理、如何创造新知识、如何运用新知识等，这些都要求高校管理者从管理的高度加以解决。

因此，如何扩大高等教育的国际竞争力、如何占领国内和国外学生市场，就成为衡量高等学校的一个指标。正如一位学者所说——目前，我国高等教育发展仍处在基本上排斥竞争这一市场要素作用的情况下。就高等教育资源的配置来讲，现行高等教育的设置、布局、结构是计划经济体制下形成的格局，总体上反映不出现实的市场选择和市场导向。又由于受发展数量的限制，社会群众就学愿望过大而高等教育提供的就学机会过小，难于充分体现市场竞争环境，还基本处于"卖方"市场状态，按需培养也很难真正纳入轨道，优胜劣汰受到抑

---

① 本文原载于《现代大学教育》2002 年第 5 期。

制，教学和科研水平提高方面缺乏必要的活力和激励机制。因此，中国加入世贸组织之后，从经济全球化的角度来审视高等教育管理，从企业管理科学中吸取有益的营养就显得十分必要。

《哈佛商业评论》的一项研究表明：20世纪是管理科学发展的黄金年代。根据时代的变化，20世纪的管理科学可分为五个阶段：第一阶段是科学管理的时代（又称"行为管理"），第二阶段是政府管制的时代（又称"指导性管理"），第三阶段是营销与多元化的时代（又称"结果管理"），第四阶段是策略和社会变迁的年代（又称"取悦顾客的管理"），第五阶段是知识经济时代（又称"知识的管理"）。

目前，我国高等教育正经历着重大的转型，如经济体制的转换（由计划经济向市场经济的转换）、教育模式的过渡（从精英教育向大众化教育的过渡）、现代社会双跨越（从工业化社会向信息化社会的迈进）等。因此，高等教育的发展必须从经济全球化的角度来思考高等教育的可持续发展。笔者认为，在经济全球化的背景下，高等教育转型时期的高等学校管理应从企业管理中吸取有益的营养。

当前，我国高等教育面临着难得的发展机遇，高等教育发展的突出矛盾是如何处理好日益增长的入学压力、社会的多层次需要与高等学校内在逻辑发展力量的关系。有鉴于此，面对复杂多变的局势，在我国高等教育的管理工作中，作为高等学校的领导或管理者应确立以下几个管理理念：

一、战略管理——科学定位

现代企业经营的一个共同特点是把经营战略放在企业发展的第一位，越来越重视战略管理。据了解，日本企业已有97%实施了战略规划，并将其视为企业发展的法宝。

当前，作为高等学校的领导，工作重点就是做好学校的战略规划，对高等学校进行科学定位，找出可以细分的发展市场。现在，很多高校提出要建设研究型、综合性大学，要建设国内一流大学甚至世界一流大学。这是很好的现象，这说明高等学校的领导已经注意到了自身的定位问题。但是，如何合理定位、办出特色则是一门科学。

（一）战略分析：要学会运用SWOT分析法确定竞争目标

SWOT分析就是把对组织的优势（Strengths）、劣势（Weaknesses）、机会（Opportunities）和威胁（Threats）的分析结合在一起，以便发现组织可能发掘的细分市场。

在企业领域，大型企业进行领域界定和区域界定分析之后，下一步便是确定每一个领域在不同区域的竞争战略及目标。一般来说有四种战略可供选择：发展战略、维持战略、收缩战略、放弃战略。对于高等学校来说也是如此。现在，许多高等学校都在进行学科建设，在学科建设中就要确定好哪些是发展的，哪些是维持的，哪些是收缩的，哪些是放弃的。也许原来有一些学科是优势学科，但是现在未必就是优势学科，具体要看形势的发展和需要；也许有些学科在当前还没有形成气候，但是在不远的将来却是有用武之地的，那就必须从战略的高度加以扶持和发展。

（二）找准定位：要学会运用 CIS 战略

定位（Positioning）是由美国学者 A. 里斯和 J. 屈特提出的。所谓“市场定位”，就是对消费者心智的占领。定位不在定位对象本身，而在消费心理，是在消费者的大脑中占据一个合适的位置。一旦这个位置确立起来，就会使人们在需要解决某一特定需要或其他问题时，首先考虑某一定位于此的事物。

在企业领域，产品的定位有三个层次：产品定位、品牌定位和公司定位。产品定位是将某个具体产品定位在消费者心中，让消费者一旦产生类似的需求就会联想起这种商标的产品。根据科特勒对产品的分析，一个产品应该包含五个层次：核心产品、形式产品、期望产品、附加产品、潜在产品。品牌定位必须以产品定位为基础，通过产品定位来实现。但一旦品牌定位成功，品牌作为一种无形资产就会与产品脱离而单独显示其价值。名牌的价值甚至比产品本身的价值还要高得多，它是市场销量的保证。公司定位于定位阶梯的最高层，公司必须先定位他们的产品和品牌，然后才能在公众中树立公司美好的形象。

对于高等学校来说，可从以下几个方面来定位：一是长远定位和近期定位，这主要是要制定好一所高等学校的长远规划和近期规划。一般来说，近期规划可以考虑 3～5 年，长期规划可以考虑 10～20 年。二是人才培养层次定位，如为升大学做准备的普通学校，为就业做准备的职业技术学校，等等。三是学科定位。确定 1～3 门学科在同类高等学校中的优势地位，培养有实践能力和研究能力的高层次人才，以保证本校在整个高等学校中的分量。四是服务区域定位。要锁定本校在功能上的合理区分，如是以本地区为首选服务对象，还是以本省或全国为服务对象。

在确定完学校的人才培养层次定位和学科定位后，还要着力于学校的形象塑造，要注意营造学校的整体形象。在此方面，我们可借鉴企业管理中的 CIS 战略。CIS 是英文“Corporate Identity Strategy”的缩写，译为“企业形象识别战略”。企业要在日趋激烈的市场竞争中获得竞争优势，就要靠高知名度的良好声誉、高含金量的品牌、高附加值的产品、高质量的品质、高水准的服务、高亲和力的企业文化、高素质的员工和高效率的人文管理。对于高等学校而言，就是要合理运用UIS战略。UIS(University Identity System)意即“大学形象设计系统”或“大学识别系统”，它是CIS理论与大学形象或发展战略的结合。UIS的实质是大学精神的塑造，是大学文化氛围的营造。UIS理论的诞生是社会主义精神文明建设对大学精神呼唤的结果，也是社会主义大学在市场经济条件和新的时代背景下功能拓展的结果。在此方面，云南大学的UIS工程就是一个成功的案例。

1997年5月，《云南大学1997～2000年社会主义精神文明建设规划》(草案)提出要启动两个工程，即“云南大学形象设计与塑造工程”和“云南大学思想道德工作体系工程”，希望将学校的精神文明建设落到实处。通过各方面的努力，云南大学提出云南大学的精神是“会泽”与“至公”。“会泽”与“至公”源于名言“会泽百家，至公天下”。云南大学的办学指导思想为“立足边疆，服务云南，办出特色”。云南大学的办学目标为“建设成为一所具有云南地方特色和自身特点，在全国同类大学中处于先进地位，某些学科在国内具有优势和特色，在国际上有一定影响的全国重点综合大学”。正是通过UIS工程，云南大学已进入省属高等学校的佼佼者之列，并且进入了教育部“‘211’工程”建设之列。

二、员工第一、引进与培养并重

“员工第一”的理念是位居全球三大旅游管理公司之一的罗森帕司旅游公司提出的，这个公司曾出版了一本名为《顾客第二》的全球畅销书。该书把流行于西方近半个世纪的“顾客是上帝”的经营模式大胆地公开予以修正，提出了“顾客第二”的理论。作者在书中提出：员工第一。在市场面前，员工和经理处于同等的地位和责任，这就是管理者和被管理者的双赢策略。

引进是美国在人才使用方面的成功经验，而培养是日本在人才使用方面的良策。由于文化背景不同，美国和日本的管理观念存在极大的差异，对人才的运用与培养也大异其趣。

在人才的开发及使用问题上，美国老板们完全采取“买方市场的态度”。日本则不同。日本公司对于人才的聘用讲求“终身雇佣”，对人才的培养采取群体方式进行。“高价收买”和“终身雇佣”的确对美、日两个发达国家经济与科技的发展起了很大的作用。“高价收买”不仅使美国国内人才辈出，而且吸引了许多外国科学家奔向美国，如爱因斯坦等。美国研制成功第一颗原子弹、导弹，阿波罗登月计划和航天科技的成功，实际上是美国和外国科学家才智的共同结晶。

日本企业所采用的"终身雇佣"制解除了职工对失业的担心，从而自愿地把个人命运与企业的命运连在一起，尽力为企业"效忠"。日本的企业用"终身雇佣"和"晋升制度"这两大人事管理制度调动职工的生产积极性。一些外国经济学家评论说，日本企业职工这种同心协力和信守职责的精神是日本企业经营成功的关键。

三、满意管理——"顾客"导向

在管理领域，所谓"满意管理"就是要求企业应与社会、股东、从业人员、顾客等各方面有最优化的关系，令各方面都感到"满意"。满意管理既是企业长期激烈竞争的结果，也是人类社会发展、文明进步的要求。

所谓"顾客导向"理念就是把学生和社区作为"顾客"，以提供满意服务的一种管理理念。它是相对于政府管理的一种理念，其"满意"包括适合学生需要的多层次课程设置、高质量的教师队伍、弹性的学制、丰富而多样的教学资料、完善的注册制度、高度而广泛的参与决策机制、良好的社会声誉、看好的就业出路等。在我国加入世界贸易组织之后，高等教育管理尽快确立以顾客为导向的理念已成为当务之急。

四、创新管理——制度创新

在企业领域，创新管理就是不仅去努力激发新观念、新构想的产生，而且应努力为这些新观念、新构想的付诸实施开辟道路。所谓"制度创新"的理念就是要以制度为动力，激发组织创造力的一种管理理念。

近几年，高等学校在发展和建设中就出现了许多制度创新的案例，如南京大学在学科建设方面就把学科群的建设放在首位；借鉴经济建设中建立经济特区的思路，进行制度创新，建设学科特区；在生命学科上进行突破，从美国哈佛大学引进人才，给予特殊的政策。经过几年的努力，取得了显著的成效：南京大学连续几年获得教育部科技进步奖和国家自然科学基金奖。沈阳师范学院新校区的建设也是制度创新的结果。沈阳师范学院通过激活"存量"、有序扩张"增量"的办法，通过资产置换或征地形式，盘活资源存量，扩大学校建设规模，从而提高了学校建设的水平。

五、危机管理——树立危机意识

所谓"危机管理"，也称"无缺点管理"或"末日管理"，是要求企业树立危机意识，注意有效的交流，努力消除自身缺点对企业的不利影响。这种理念对于高等学校也具有启发意义。

当前，我国大多数高等学校基本上属于公立学校，就连成人高等学校也会产生高人一等的想法，甚至认为“我们的质量是高的”。尤其是近几年，高等学校经过合并之后，一些高等学校的规模有了急剧的增长，高等学校之间的竞争不断加剧。今后，一所高等学校是否是国内一流大学并不取决于政策的指定，而取决于对人才市场的占有和社会声誉。因此，所有高等学校必须要有危机意识，否则将会遭到社会的淘汰。

重新划分高等教育管理阶段:范式的视角[①]

一、为什么要重新划分高等教育管理阶段

当人们在谈论高等教育发展阶段的时候,似乎更热衷于谈论精英教育与大众教育之别,而疏于讨论当今的高等教育到底处于什么管理阶段。这一方面说明高等教育的发展已经超出了人们的想象,另一方面昭示着高等教育的管理界限似乎已经不那么清晰。为此,我们有必要重新认识高等教育管理阶段的问题。

首先是高等教育发展进入了一个新时代。当谈论高等教育的发展时,我们不能忽略高等教育所处的历史方位和时代。从历史方位来说,我国高等教育自2002年起进入了国际公认的高等教育大众化阶段。从高等教育的需求来说,我国高等教育已经进入了"多样化阶段"(或者说"多元化时代"),不仅有传统的学历教育的旺盛需求,而且也有非学历教育的需求,甚至有继续教育和终身教育的需求。从高等教育的投入来说,经费来源出现了多元化,不仅有政府渠道,还有民间渠道,甚至还有混合所有制的渠道;从高等教育的对象来说,不仅有传统意义上18岁的适龄青年,还有六七十岁的老人;从高等学校自身来说,已经进入到战略管理时代。高等学校自身不仅要面对政府的需求,而且还要回应市场的需要,尤其是要面对教师和学生对未来的新的需要。因此,就不得不从战略的高度把握各种利益群体的资源配置和优先顺序的选择。

其次是高等教育管理进入到了一个新的阶段。之所以这样说,是因为有两个显著标志:第一,2000年之后,我国高等教育宏观管理体制由中央集中管理转向地方化管理,由此带来了各种复杂的关系,如中央与地方谁为主导、资源配置如何平衡等。第二,随着高等教育经费来源的多元化,涉及高等学校的利益群体也日益多元化,既有政府,又有市场、消费者。这些复杂关系的出现迫使高等教育的主管部门和高等学校自身不得不重新审视管理方式和生存方式,并采取

① 本文原载于《教育研究》2007年第10期。

适合自己发展的战略，以求得生存和发展。

上述这些问题都是高等教育管理部门和高等学校自身在过去未曾遇到或者是较少涉及的问题。但是，目前这些问题已经成为教育主管部门和高等学校领导都必须面对的重要课题。因此，从理论的高度弄清当前高等教育管理所处的阶段，不仅是理论研究的需要，而且是高等教育发展和高等教育管理实践的迫切要求。

二、如何划分高等教育管理阶段

关于高等教育管理阶段问题，过去多采用两分法，即以中央和地方作为参照系来判断高等教育管理所处的阶段。这种分析方法自然有一定的科学性，但对高等教育自身发展过程中所遇到的新问题关注不多。科学研究的价值就在于不断创新，不仅包括内容的创新，还包括方法和手段的创新。重新划分高等教育管理阶段取决于采用何种分析手段和分析结果的创新。因此，采用什么分析工具来分析高等教育管理发展阶段就成了首要的问题。

（一）范式视角下的高等教育管理

科学哲学的代表人物托马斯·库恩在《科学革命的结构》一书中把范式界定为“观察世界和实践科学的方法”。具体来说，范式是指一套概念体系和一组假设前提。本文试图运用范式理论，把高等教育管理作为研究对象，对高等教育管理进行新的解读。

所谓“高等教育管理范式”，是指在一定历史条件下，高等教育管理在经济制度环境的约束下，高等学校与其他利益群体关系所形成的阶段性的生存方式和管理特征。

根据范式理论，高等教育管理范式的概念体系涉及社会经济制度和利益群体对高等学校影响力量的强弱等因素。社会经济制度不仅包括政治制度，还涵盖经济制度。在政治制度方面，主要是政府对高等教育的干预方式和程度；在经济制度方面，主要与市场经济的发育程度相关；利益群体主要包括主要权威群体和次要利益群体，主要权威群体是指政府，次要利益群体是指企业、银行和高等学校内部力量（教师和学生）对高等学校影响力量的强弱等。

（二）高等教育管理的三个阶段及其主要特征

根据范式理论，大致可以把我国高等教育的发展划分为中央集中管理、地方化管理、利益相关者管理三个阶段，这三种管理范式之间的区别比较如下表所示。

表　　高等教育管理三种范式的比较

	中央集中管理	地方化管理	利益相关者管理
理论依据	精英论	平民论	理性经济人
价值观	功利主义	公平	信任
价值趋向	最大效用/福利	自由优先权	合作
价值追求结果	效率	公平	双赢、多赢
文化价值意蕴	集体主义价值观	自由价值观	平等价值观
内在表现形式	服从/忠诚	权益	利益
外在权力体现	权力集中	权力分散	权力合作
现实倾向	国家主义	地方倾向	网络
状态	过去	现实	未来

第一阶段:中央集中管理。这主要是1985年以前的管理范式,其突出特征是国家实行计划经济制度,国家对于高等教育的管理主要是采取以行政为主导的管理。政府是作为强势力量出现的,市场还没有发育,高等学校和社会没有多大的自主权,高等学校作为政府的附属部门而存在。在这种管理范式下,由于受经济制度的影响,政治权力高度集中,市场的力量十分微弱,作为社会力量的高等学校无力做出任何选择,只能听从政府的行政指令,因此,政府与高等学校之间是一种垂直的行政关系。

第二阶段:地方化管理。这主要是1985年之后到目前的管理范式,其显著特征是在政府强势之下的地方分权化管理,是一种“胶着”状态。对于高等教育的重大事项,决策权和管理权仍然在中央教育部门,其中一部分权力下移到地方政府和教育部门。在高等教育地方化管理范式阶段,由于社会处于转型阶段,经济也在转型之中,计划经济与市场经济双轨运行,政府还具有强势的威力,但市场的价值作用正在发挥不可估量的作用。总的来看,市场的力量在加大,政府的控制力量在减弱。

第三阶段:利益相关者管理。这是笔者所提出的一种未来的、理想化的高等教育管理范式,是一种建立在信任基础上的合作型、伙伴关系管理,其目的是实现双赢或多赢的局面。这种范式具有明显的超前性和先进性。在中央集中化管理范式和地方化管理范式阶段,在众多关系的处理上似乎都是模糊的、对立的,如政府与高等学校的关系,行政权力与学术权力的关系,高等学校与教师的关系,高等学校与学生的关系,等等。而在利益相关者管理形态中,更多的是一种伙伴关系,虽然各利益相关者之间有利害冲突,但博弈的双方都愿意看到良好的结果。

三、如何建立利益相关者管理范式

(一)建立"利益相关者管理"的理论基础

"利益相关者管理"范式的理论基础可以从以下四个方面来加以认识:

1.效用相互依赖理论

加里·贝克尔认为,一个人从他人效用的增进中获得满足,是一种互惠的利他主义,也是一种保险机制。社会成员的所有需要都应该有一个相应的满足机制。这个机制可以是市场,但市场机制本身是有缺陷的,所以还需要政府的行动。但事实上,政府作用并没有改变利己主义动机,只是将个人活动强制性地转变成协调一致的集体活动,所以也存在自己固有的缺陷。公共选择理论早已得出"政府失灵"的结论,所以还应该寻找第三条道路以弥补市场失灵和政府失灵,这就是利他主义。[①]

2.利益相关者权力理论

利益相关者权力是企业管理领域出现的一种新型的战略理念。美国沃克公司的史蒂文·F.沃克和杰弗里·E.马尔以大量企业案例为参考撰写了《利益相关者权力》一书。作者认为,最优秀的企业是那些同时运用心灵和思想进行经营的企业。用心经营意味着企业要做正确的事情和进行适当的管理,而管理不仅仅要做基本的工作,还要顾及所有那些相互间有作用或者与企业有一定关系的人们(利益相关者)的最大利益。

3.博弈理论

1994年,纳什、泽尔滕和豪尔绍尼三位博弈论学者获得诺贝尔经济学奖,他们是因为追求理性而获奖的。三位获奖者对非合理的行为人在博弈时会出现的结果进行了分析。相比之下,2005年获诺贝尔经济学奖的学者们对人们在社会中遭遇到了什么样的事情以及此时人们会如何行动进行了深入的研究,并因此而获奖。博弈论的分析显示,利益冲突者之间构筑长期的信赖关系会比争一时之利获得更大的利益。

4.组织整合理论

人类组织发展的历史坐标中,有三种基本的和主要的整合因素,分别是权威整合因素、价格整合因素和信任整合因素。[②] 根据组织整合理论可知,农业社会和近代社会在组织中都存在核心成员和边缘化成员。而在现代社会中,未来的发展趋向是成员平等,这主要是基于信任的原则,实现的是"双赢"或"多赢"的局面。

---

① 参见文建东、李欲晓:《市场经济与利他主义、利己主义的界限》,《中国软科学》2004年第2期。

② 参见张康之:《论组织整合机制中的信任》,《河北学刊》2005年第1期。

(二)澄清建立现代大学制度的误区

从实际状况来看,我国高等教育管理处于高等教育地方化阶段,高等教育地方化在实际操作上遇到的最大的问题是如何处理好高等学校与政府、教师、学生以及社会各界的关系。现在,建立现代大学制度成为热门话题,但却出现了以下两个误区:

1. 对大学的时代属性缺乏清晰的认识

大多数研究者把中世纪大学的理念奉为圭臬,强调大学的"4A"原则[①],即学术自治(Academic Autonomy)、学术自由(Academic Freedom)、学术中立(Academic Neutrality)和学术责任(Academic Accountability),这实际上是传统大学崇尚的"教授治校"的理念。现在的大学所处的时代与中世纪不仅大大不同,就是与近代大学相比也迥异。最根本的是,过去强调的是大学的单一责任或狭隘责任——学术责任,而现代大学所处的时代是一个更加复杂的时代,大学还承担着社会责任。

2. 对大学与相关利益者的关系关注不够

美国学者罗索夫斯基曾提出过"大学拥有者"的概念。所谓"大学拥有者"实质上是指与大学有利害关系的人或群体——大学的利益相关者。罗索夫斯基认为,大学的四类群体是最重要群体、重要群体、部分拥有者和次要群体。教师、行政主管和学生是大学的最重要群体,董事、校友和捐赠者是重要群体,政府或议会是部分拥有者,市民、社区、媒体是次要群体。在针对现代大学制度的讨论中,我们强调的是大学与政府之间的关系和大学与大学内部领导管理体制之间的关系,而忽视了很多相关的关系,如大学与教师、学生、出资人、社区、市民、媒体之间的关系等。

(三)处理好"利益相关者管理"范式与高等学校独立法人地位的关系

有的学者认为,高等教育在经历了教授治校、政府集中、董事会托管等管理模式之后,现在开始走向利益相关者共同治理的新模式。[②] 在企业领域,明晰产权是建立现代企业制度的重要一环,所以国内很多学者也提出要明晰高等学校的产权关系,确立高等学校的法人地位。《高等教育法》明确提出确立高等学校的法人地位,这是符合高等学校发展规律的。但是,由于高等学校所处的时代不同,产权关系呈现的状况也是不一样的:有相一致的,也有相分离的;有单一产权,也有多元化的情况。法人地位也是如此,高等学校的法人地位也将呈现

---

① 参见吴松:《我们离现代大学制度有多远?》,《中国大学教育》2005 年第 1 期。

② 参见胡赤弟:《高等教育中的利益相关者分析》,《教育研究》2005 年第 3 期。

多元化的格局。目前,独立学院在法人关系上实际上就是一种混合所有制的形式,因此法人也是多元的。

建立利益相关者管理范式就是要解决新时期、新阶段高等教育管理和高等学校发展过程中出现的新问题,探索和建立这种范式的过程必将是艰辛的,但也是充满希望的。

中国实施可持续发展战略教育面临的困难和选择[①]

1996 年 3 月 17 日，第八届全国人民代表大会第四次会议通过的《中华人民共和国国民经济和社会发展"九五"计划和 2010 年远景目标纲要》明确提出，要实施科教兴国战略和可持续发展战略。

可持续发展战略是 20 世纪 80 年代面对全球人口爆炸、资源匮乏、环境恶化等问题而提出的一种崭新的发展战略。所谓"可持续发展"，就是"既满足当代人的需要，又不对后代人满足其需要的能力构成危害的发展"[②]。它是一种发展的生态观，突出强调了人类与自然、前人发展与后人发展之间的协调。目前，可持续发展已突破了发展生态观的概念，并成为世界经济和社会发展的重要原则。

相关研究表明，可持续发展的特点可概括为以下五点：

(1)可持续发展是人与自然、经济社会与环境的和谐发展。

(2)可持续发展是对资源最优化利用基础上的发展。

(3)可持续发展是人口增长与经济增长相适应的发展。

(4)可持续发展是全国乃至全球的共同发展。

(5)可持续发展是以经济增长为中心的社会全面发展。[③]

综上所述，我们可以看出，可持续发展的核心问题是人。中国实施可持续发展战略的关键是人的素质，而提高人的素质的重要途径是教育。

一、实施可持续发展战略——中国教育的困难

人类即将告别 20 世纪，跨入 21 世纪，各国教育工作者都在思考以下极为现实的问题：我们将以何种姿态进入 21 世纪？我们要把一个什么样的教育带

---

① 本文原载于《辽宁高等教育研究》1997 年第 4 期。

② 参见世界环境与发展委员会在 1987 年提出的报告《我们共同的未来》。

③ 参见刘宁：《可持续发展战略在中国的实践》，《社会科学动态》1996 年第 8 期。

入21世纪?

现在,实施可持续发展战略已成为我国社会经济发展的一条重要指导方针,教育作为"创造未来的原点",具有促进社会整体和谐发展的功能,是提高人的素质的重要手段和途径,是实施可持续发展战略的中介因素。

在重新审视了我国的教育后,笔者认为中国教育面临如下困难:

1.学校教育的主导作用不减,终身教育的观念深入践行尚待时日

可持续发展的固有要义就在于"持续",即一种连续性、可延伸性。教育之所以被世界各国所重视,就在于它能传播人类的文化遗产,给人类带来智慧和力量。终身教育观念恰恰在这方面与可持续发展有着巨大的相似性,它强调教育是伴随人们一生的过程,仅有学校教育是远远不够的;它需要人们以不同的方式不断地学习,为此应建立家庭教育、社会教育和学校教育一体化的终身教育模式。

回顾历史可以清楚地看到,自十一届三中全会以来,我国教育经历了三个阶段:第一阶段是1976年粉碎"四人帮"之后,全国迎来了教育和科学的春天,教育受到了从未有过的重视,全社会的热情空前高涨,各行各业争学文化,出现了第一次"读书热";第二阶段是1986年前后,处于改革开放的中期阶段,商品经济冲击着教育的各个角落,教育作为一种周期长、投资多、见效慢的产业遭到人们的冷落,出现了"读书无用论"的潮流;第三个阶段是1993年前后,伴随着市场经济的起步和国家人事工资制度改革的推进,知识重新升温,学历热居高不下。从上述转变可以看出,学校教育始终是教育的主流,其主导作用始终不减。

然而,作为本世纪教育哲学发展史上的一大改变,终身教育在我国虽引起了不少反响,但其实践还远远没有深入人心,没有成为人们生活中的重要准则,这不能不说是实施可持续发展战略中教育面临的首要挑战。

2.基础教育的应试模式根深蒂固,高等教育的素质教育不容忽视

可持续发展强调的是在对资源实行最优化利用基础上的发展。教育是21世纪社会发展最具有发展潜力的一种资源。作为一个民族的奠基工程,基础教育具有非常重要的功能,是为社会培养高素质的合格公民的"预备站"。从教育资源开发、利用的角度来看,我国基础教育的应试教育模式是对教育资源的一种浪费,以分数作为评价学校、教师、学生的重要手段,甚至是唯一手段,以少数学生的高分数,以多数人丧失对学习的兴趣和"失败"为代价,严重地影响了学校的正常功能和作用的发挥。目前,在基础教育领域正在进行一场深刻的教育变革,即从应试教育向素质教育转轨,现在倡导的素质教育是面向全体学生,实现个体全面发展目标的教育,是对教育资源的一种全面、合理的利用和开发,是

实现教育公平和效率原则的体现。

众所周知,高等教育是一种专门教育。作为培养高级专门人才的载体,与普通中小学相比,高等学校具有较大的智力优势,高级人才密集,图书信息丰富,设备优良。但是,由于受到高等教育导向上的诸多因素的影响,高等教育显现出:"过弱的文化陶冶,使学生的人文素质和思想底蕴不够;过窄的专业教育,使学生的学科视野和学术气氛受到局限;过重的功利导向,使学生的全面素质培养和扎实的基础训练受到影响;过强的共性制约,使学生的个性发展受到抑制。"[①]也正是因为如此,我国高等学府学生的人文素质和科学素质也不容乐观。据《中国教育报》1996 年 12 月 4 日报道,华中理工大学曾受国家教委委托对部分理工科学生的人文素质进行过一次调查,回收的 4500 份有效问卷表明,我国理工科大学的人文素质状况不容乐观:文学知识普遍欠缺,艺术知识严重匮乏,历史知识让人担忧,中国古代哲学知识几近空白,科学知识严重不足。本科教育尤其是在大学一、二年级,学生的基本人文素质和科学素质应该得到基本的培养和熏陶。但遗憾的是,学生虽然身处各种资源相对比较丰富的高等学府,但利用这些资源的效果却并不理想,这不能不引起人们的警觉。由此可以得出这样的结论:基础教育要实施素质教育,高等教育也不能等闲视之。

3. 教育的经费投入呈下滑之势,教育的软件建设亟待加强

可持续发展观认为,可持续发展是人与自然、经济社会与环境的和谐发展。综观世界各国,都是把教育作为一种政府行为,实行"教育先行"的战略,从而使教育与经济、社会的联系更加紧密,即实现"互动"。我国实行改革开放政策近 20 年来,经济飞速发展,教育在国民经济和社会发展中的作用和地位日益受到各级领导的支持,最突出的是各级行政部门的领导开始日益重视教育的投入问题。

教育的发展离不开社会大环境,也离不开学校小环境。教育的迅速发展要充分体现"把提高劳动者的文化科学素质转到依靠科技进步和教育的轨道上来"。从这一点来看,社会大环境中存在的问题仍然很多:首先是教育经费投入严重不足,影响教育事业的发展;其次是人事制度和教育考试制度仍然是制约教育发展或实施素质教育的瓶颈因素。最为突出的是教育经费投入严重不足,正如国家教委主任朱开轩同志在国家教委 1997 年教育工作会议上的讲话中所提到的:"在经过多年努力后,虽然政府预算内教育拨款数、国家财政性教育经费支出以及全国教育经费总支出逐年都有较大幅度的增长,但由于教育规模的扩大及物价上涨等因素,教育经费始终紧张。而且对照法律条文和国家文件规

① 参见文辅相:《我国本科教育目标应当作战略性调整》,《高等教育研究》1996 年第 6 期。

定的精神看,教育投入的若干重要指标一直呈下滑趋势。主要表现在:国家财政性教育经费支出占GNP的比例连续几年呈下滑趋势,1991年为2.85%,1992年为2.73%,1993年、1994年均为2.52%;而1995年为2.46%,比上年下滑0.06个百分点;1996年预计为2.44%左右,又将下滑0.02个百分点。”

从法律的角度来看,《中华人民共和国教育法》第54条明确规定:“国家财政性教育经费支出占国民生产总值的比例应当随着国民经济的发展和财政收入的增长逐步提高。”我国的整个国民经济状况是有了很大的发展,根据可持续发展的理论,教育经费理应随国民经济的增长而增长,但遗憾的是出现了令人不愿看到的结果。

那么,教育的软件建设又如何呢?学校小环境是学校赖以生存的具体载体,校长的领导水平、教师的教学艺术已成为教育改革中的重要因素。柳斌同志曾指出“一个好校长就是一所好学校”,这句话充分说明了校长在学校建设和发展中的重要作用,校长是校之“魂”。他的办学思想、领导水平、管理艺术制约着学校的发展,有了良好的设备、优秀的教师,并不意味着能办好学校,还需要有严格的管理。目前,我国的基础教育和高等教育的质量不高,效益不明显,除了经费投入不足、师资匮乏以外,更严重的问题在于缺乏科学、民主的管理,因此,教育界应该大声疾呼:向教育管理要效益,向教育管理要质量。

学校的中心任务是培养人才,学校的主战场是课堂,课堂的主导性因素是教师,主体性因素是学生。近20年来,我国在教学改革方面作了大量有益的探索,取得了不少可喜的成果,可是对学生如何学习的研究得多,而对教师如何教、如何做一个实施素质教育模式的合格教师却研究得不够。

4.教育改革向深度发展,教育研究在浅层描述

教育要实施可持续发展,教育研究的导向功能和咨询功能理应得到进一步加强。这是教育发展的需要,也是时代进步的体现。

自1985年《中共中央关于教育体制改革的决定》颁布以来,中国教育已走过12年的光辉历程,其主旋律是改革和发展。改革(或者更准确地说“变革”)教育已成为人们的共识,并已转化为丰富多彩的教育改革实践。

纵观近年来的教育变革,不管是基础教育的“两基”“两全”工作,还是高等教育的联合办学、“211工程”,都是在深层次上的进一步拓展。“两基”和“两全”是基础教育向追求教育终极目标的迈进,是实现基础教育自身价值的体现。联合办学和“211工程”是高等教育追求教育内在矛盾统一、实现高等教育价值飞跃的重要举措。这些变革都面临许多新的问题,但是我们的理论研究在报刊、杂志上发表的论文不少,也出版了不少专著,其中也不乏真知灼见的文章,可是大多数停留在对一些现象的描述和总结上,还缺乏超前的预见和强有力的导

引。这是影响教育决策层进行决策、教育实践工作者进行改革的重要因素。

二、实施可持续发展战略——中国教育的选择

1989年在北京召开的面向21世纪教育国际研讨会圆桌会议报告《学会关心:21世纪的教育》中指出:“过去,全世界的教育制度总是成为各种趋势的追随者,而不是这些趋势的创造者。现在,教育应当领先于变革,而不是只是对变革作出反应;应当在帮助塑造一个人们期望的21世纪的过程中发挥重要作用。”① 21世纪正在向我们走来,审视我国教育,要实现可持续发展战略就应作如下的选择:

(一)教育观念——建立终身教育体系,实现学习社会化、社会学习化模式

21世纪是信息化社会,闲暇时间的增多,社会科技进步的加剧,对精神生活追求的强化,社会、经济要保持可持续发展的要求,都对人的素质的要求日益增加。学习和提高将成为人生的重要课题,而现在仅仅靠学校教育就愈来愈显得薄弱,需要建立一种全新的教育模式。因此,我们需要一个与21世纪相适应的教育哲学——终身教育观。

在未来社会中,高等教育在建立终身教育体系的过程中,将发挥越来越重要的作用:一是高等教育以自身固有的人才、信息、智力优势将向社会提供更加丰富的教育项目,不仅提供正规大学学历教育,而且提供各种各样的证书教育,以及提高、培训服务项目。二是随着高等教育的日益大众化,将会吸引更多的社会成员到高校来学习,学生的年龄结构将发生重大变化,可能大龄青年,甚至老年人的比例会急剧增长,女性所占的比重也会加大。三是高等教育的现代化特征日渐成熟,以现代电子技术为基础,以远距离教育方式为特征的教育形式将日益受到人们的欢迎。这将为终身教育的实现带来新的活力。

(二)教育实践——构建素质教育的运行机制

人的素质是历史发展的产物,又给历史以巨大的影响。当代社会发展的关键在于科学技术的发展,而科学技术的发展和运用依赖于人的科学文化素质的优化。要实现可持续发展,人的素质就成为了关键因素。正如柳斌同志所说:“我们国家要走向现代化,如果说有障碍的话,最大的障碍,不是资源问题,不是资金问题,甚至也不是技术和设备问题,而是十几亿人口的素质问题……资金可以自己积累,还可以引进;技术可以自己发明创造,也可以引进。但是13亿

① 国家教委国家教育发展研究中心主编:《未来教育面临的困惑和挑战》,人民教育出版社1991年版,第17页。

人口的素质是无法引进的，必须靠我们自己去提高。从这个方面讲，提高人口素质，是经济和社会发展对人的要求。”[①]因而，实现可持续发展，不断提高人的素质是摆在各级领导面前的首要任务。

目前，素质教育是教育界的一个热门话题，素质教育不仅是一个教育观念的问题，更重要的是一个教育实践问题。正如上海市顾冷沅同志所说，对于素质教育要“少些概念争论，多些教育实战”。现在，大多数人对基础教育和高等教育中应试教育的积弊已深有感触，但是，碍于各种社会因素，许多人在口头上对应试教育有切肤之痛，但面对现实又不得不去执行，或身不由己地去追求。这反映了现实与理想、近期目标与长远目标的冲突。

实施素质教育已成为时代的呼唤，无须太多的笔战，问题的关键在于建立一套实施素质教育的运行机制。

目前，实施素质教育亟待建立教育评价机制。如果把过去的教育概括为应试教育的话，那么，主要是因为过去的教育属于英才教育阶段，过多地强调考试手段的重要性，并把分数作为衡量一切的标准。因此评价机制的建立必须以转变观念为先导，以新的课程体系、结构设置为核心，以淡化分数界限为手段来进行。所谓以转变观念为先导，就是要面向全体学生，全面提高学生的综合素质；所谓以新的课程体系、结构设置为核心，就是以培养未来公民应具备的基础知识、基本技能、基本能力为主线设计课程体系与结构，即“四学”内容——学会学习、学会生存、学会做人、学会关心；所谓以淡化分数界限为手段就是模糊分数之间的精确结果，即实行等级记分制，从而减少分数在决定学生命运时的“危险系数”。

现在人们有这样一种错觉：基础教育需要加强素质教育，似乎高等教育就可以高枕无忧了。其实不然，高等教育中的素质教育更需要科学教育与人文教育的高度融合。

（三）教育战略——确立基础教育的“重中之重”的地位，重建高等教育的精神

世界许多国家的历史经验表明：只注意高等教育的发展，忽视基础教育的核心地位不仅不能产生积极的效果，而且会造成很大的浪费。

教育要实现可持续发展，后劲和基础在于基础教育，基础教育的根本任务是提高全民族的素质。根据我国的国情，中、初级专业人才十分缺乏，因此把基础教育发展作为未来教育发展的“重中之重”已成为现实的战略需要。要保证

① 柳斌：《关于素质教育的思考》，《人民教育》1995年第7～8期。

基础教育的“重中之重”地位需采取以下的措施：一是切实保证基础教育经费投入的到位，使基础教育有一个可靠的停泊点。二是切实处理基础教育中的公平与效率问题，现在人们似乎有一种偏见，即“比较追求‘公平’，而不太讲求‘效率’。其实，过分强调平等，很容易导致低效率的资源使用”①，因此，把握好两者的关系就显得十分重要。在现阶段，恐怕只能做到“效率优先，兼顾公平”。三是树立高等教育为基础教育服务的思想。据报道，上海华东师大、复旦大学等高校为了扩大高等学校的辐射作用，体现高等教育为基础教育服务的精神，他们定期派优秀的教师到中学任教，把服务真正放到基层，实现了为地区服务的意愿。

所谓重建高等教育的精神，就是在21世纪重塑高等教育的科学精神和人文精神，并使之有机地结合，使高等教育真正承担起知识传播、科学创新、制度改造的功能。重建高等教育的精神要采取以下措施：一是进一步确立高等教育的定位，充分释放高等教育的内在功能；二是要进一步实现高等学校的自治权，明晰学校的法人地位；三是加强高校管理人员，尤其是领导有效性的研究，造就新时代的大学领导者、教育家，向管理要质量和效益；四是继续弘扬高等教育的科学精神和人文精神，并把它落实到课程体系、教学工作中去，从而使高等教育在未来的社会中发挥更加重要的作用。

① 许建山等：《公平与效率——关于基础教育改革与发展的讨论》，《上海教育科研》1997年第1期。

关于深化高等教育改革的教育经济学思考①

自1985年以来，高等教育改革已走过14年的历程。在这期间，我国进行了高等教育体制改革、教学改革、教学思想改革。认真总结经验和教训，是进一步深化高等教育改革的基础。本文尝试从教育经济学的角度分析了高等教育改革过程中产生的主要问题以及深化高等教育改革的对策。

一、问题诊断：教育经济学的分析——高等教育改革存在的主要问题

从教育经济学的角度来看，目前高等教育改革除了经费投入严重不足、规模效益低下两个因素以外，主要还存在以下三个方面的问题：

（一）高等教育改革缺乏内在的动力机制

任何改革都有其内在的动力，而缺乏内在动力的改革是不完善的改革。自1978年以来，我国经济领域内的改革可以说都是内在动力促成的结果。然而，我国的高等教育尽管进行了大量的改革，取得了一些进展，但从根本上来说仍然没有明显的内在动力，高等教育的资源配置仍待优化，高等教育改革与发展的瓶颈制约因素仍然没有得到有效解决。究其原因，国有企业改革和高等教育改革都缺乏必要的内在改革动力机制，国家财政支持和危机意识不足是其突出的特征。

那么，高等教育改革缺乏哪些内在的动力机制呢？

1. 供求机制

目前，我国正在由计划经济向市场经济过渡，但是，市场经济运行的规则和制度在高等学校并没有完全建立起来，高校仍然沿用计划经济体制下的运行模式和准则。从高等学校的供求来说，招生和分配是体现高等学校办学自主权的两个主要方面，但是，在招生和分配方面，高校的自由度仍然十分有限。招多少

① 本文原载于《教育与经济》1999年第3期。

学生，就有多少额定经费(即综合定额)。高校招生的多少往往是根据国家下达的指标而定，高校自身在招生方面的自主权也很小。在毕业生分配方面，虽然近年来实行了“双向选择”，但实际上是“户籍制度之间的双向选择”，学校在学生的分配上只起一个中介作用，并无太多的权力和影响力。

值得注意的是，据有关部门统计，1996 年我国有普通高等学校 1038 所，成人高等学校 1132 所，加起来一共有 2170 所。从整个社会的需求而言，随着社会经济的迅猛发展，社会和个人对高等教育的需求呈增长趋势。尤其是改革开放较早的东南沿海地区，在个人日益富裕之后，人们对知识的渴求、对高等教育需求日渐高涨。另外，从每年的高考升学率来看，只有 6%的青年才有上大学的机会，这意味着有大批青年还不能实现上大学的愿望。因而可以推断：高等教育在相当长的一段时期内，仍然是需求大于供给，高等学校培养的学生仍为“买方市场”，即使近年来大学毕业生分配中存在“分配难”的现象，但实际上是一种假性饱和现象，主要是由于受传统教育观念的影响，大部分学生不愿到农村和基层去工作。

正是由于上述原因，作为高等教育载体的高等学校并没有感到太多的危机和压力，因为招生的多少、学生的好坏都不可能太多地影响高校的生存和发展，反正是国家提供财政支持，国家包分配毕业生，因而改不改革并不能触动自身的利益，所以高等教育改革和发展就缺乏内在的驱动力。

2.淘汰机制

学术界曾关于市场经济手段是否可引入到教育领域的问题争论不休。依笔者之见，问题的关键不在于是否可以引入，而在于如何引入。市场经济和计划经济是两种不同的运行模式，市场和计划是经济中常用的两种调节手段，本身并无好坏之分，问题的实质在于不同的社会、不同的经济时期采用不同的调节手段，或者市场因素多一些，或者计划因素多一些，只要有利于社会的发展、文化的进步、经济的前进，都可以使用。但是，由于我国长期受计划经济模式的影响，市场经济规模运用得少，竞争的意识和观念也不够深入，反映在高等教育上就表现为：在学校设置、办学主体上，强调国立、公办大学多，民办、社会团体办学少，公立大学缺乏竞争意识。回顾现代中国高等教育的发展，就可以看出端倪：1952 年，我国高等教育进行院系调整时，就接管、改造了旧大学，把私立大学全部改为公立，这样我国就只有国家拨款的一种办学形式了。截至 1996 年，全国共有普通高等学校 1038 所，其中具有颁发学历资格的民办高等学校仅有 16 所，占全国高校总数的 1.51%。国办、公立大学占据统治地位，可谓“一花独秀”，其优势在于能够集中调配毕业生，解决社会急需部门的需要。然而，像任何事物都有两面性一样，国立、公办大学的突出弊端是过分依赖国家，自身缺乏适应市场竞争需要的意识和能力，不管好坏都能生存下去。

（二）高等学校缺乏合理的资源配置

所谓教育资源配置，就是将有限的人力、物力、财力等进行合理的分配，以期得到充分有效的使用。合理的资源配置是发挥资源效益的前提，也是衡量管理水平高低的一个十分重要的指标。有学者研究发现，我国普通高等教育结构问题比较突出（层次结构、科类结构、布局结构、知识结构和能力结构严重不适应21世纪科技发展和社会主义建设的要求），成人高等教育的“滥”“低”和“学用脱节”现象比较严重，高等职业技术教育也十分薄弱。这种结构性浪费比师生比例偏低产生的影响要大得多。①

（三）高等学校办社会的积弊亟待解决

自1985年高等教育体制改革以来，学术界和实践工作者曾对高等学校存在的弊端进行过认真的总结和剖析，并达成了较为一致的共识：“高等学校办社会”已成为阻碍高等教育发展的重要因素之一。这主要表现在：

1.非教学人员比例偏高

高等学校人头费占去了学校经费的90%，教学科研开支难以保证。如广东省在1990～1995年间全省高校教职工净增2623人，而其中专职教师只增加817人，占31.15%，即近七成调入高校的是非专任教师。这样就导致了1995年全省高校专任教师占教职工总数的比例只有39.92%。这说明教育事业费的一半以上不但被人员费占用，而且是大部分（六成）被非专业人员费耗用。②

2.非教学因素严重冲击和影响学校领导工作的中心

很多理应由社会承担的责任都由学校承担，例如住房、交通、子女上学等因素已成为学校领导工作中的重要内容，使其无法把主要精力投入到抓教学和科研中去。

二、应对措施：教育经济学的思考——市场、淘汰、转换

针对本文第一部分所分析的三个方面的弊端，笔者提出了以下改革对策：

---

① 参见邓晓春：《关于21世纪初中国高等教育发展战略与结构布局的思考》，《辽宁高等教育研究》1997年第3期。

② 参见邢最智：《从广东省“八五”期间经济增长的动因引发对高等教育发展的思考》，《教育研究》1997年第9期。

(一)健全人才市场,拉动高等教育改革向纵深方向发展

在当前,高等教育改革和社会变革应当同步进行才能取得较好的成果。在社会变革方面(即外部条件),要像经济领域、文化领域里的经济市场、文化市场一样,教育和人事部门要通力合作,建立和健全人才市场,通过规范化的中介机构——人才市场吸纳人才,引导高等教育朝着良性循环的方向发展。对于高等学校而言,要强化以下四个意识:

第一,强化人才成本意识。高等教育属非义务教育,上大学需缴纳一定的学费,以弥补教育事业费的空缺。在高校,全面实现收费制已成为必然。

第二,强化高等学校的生产意识。高等学校人才培养是一种更高层次的人才生产,是人力资本的再生产。在此要矫正人们过去对教育的传统偏见:教育是一种半公共产品,是一种消费产业。

第三,强化高等学校的合格意识,使人才培养与社会需要相吻合。要进行必要的层次结构、专业结构、科类结构、知识结构、能力结构调整,以适应社会的需要,从而使社会为了使用高等学校所培养的合格人才而为高校多投资,并形成一种良性循环机制。

第四,强化高等学校的生存意识,使高等学校有一种危机感。打破国办与民办高等学校的割据,形成公、私立高校并存的局面,在一定程度上,要鼓励民办高校的发展,从而使公立高校有一种危机感和责任感。

(二)建立合理的资源配置模式,形成有效的高等教育淘汰机制

高等教育改革实际上是解决教育资源的配置方式。根据本文第一部分中关于高等教育改革缺乏合理的资源配置的分析,目前我国高等教育的资源配置不合理,首要的问题是结构性问题较为突出,要解决此问题须采取以下步骤:

第一,把制度变迁作为基础,把社会公共选择的结果作为导向,调整高等教育改革的思路。体制是社会制度变迁的核心因素,因此,高等教育改革的关键是理顺体制,即处理好政府与学校的关系,实现“谁受益,谁投资,谁来办高等教育”的体制,从而逐步缓解高等教育多年来经费投入不足的问题。所谓“把社会公共选择的结果作为导向”就是要形成一个多元化的需求之下的多元化办学主体,使公立和私立高等学校出现同时并存、各有千秋的局面,促使高等教育朝着竞争、优胜劣汰的趋势发展。

第二,组建全国性的民间大学评议组织。通过公布各类型、各层次大学的评分标准,通过排行实现高等学校自身的优胜劣汰,从而实现关、停、并、转,促进高等教育结构的合理配置的最优化。这种民间组织的作用在于增大改革的

透明度，通过广泛的舆论宣传，加大高等学校自身生存的危机感，加大政府的宏观调控力度，从而实现高等教育自身的优化。

（三）高等学校的后勤要逐步走向社会化，实现职能的转换

在我国，由于市场经济的发展落后于资本主义国家，短缺经济一度占据主要地位，从而使计划经济的模式运行了近半个世纪，福利型的社会供给制在高等学校中曾发挥了重要的作用，给高校后勤带来了不少好处。但是，随着市场经济的不断发展，短缺经济将日益被丰富的市场经济所取代。社会服务的专业化程度日益提高，为高等学校后勤摆脱沉重的包袱、实现社会化提供了条件。因此，针对当前高校后勤的实际情况，高等学校后勤社会化的思路和步骤为：

第一，以转换机制为前提，把原高等学校后勤服务职能转由社会性实体来承担。裁减后勤服务人员，提升高技术、高水平服务在高等学校后勤工作中的含量，把高等学校后勤部分变成自负盈亏的与高校签订合同的社会实体。

第二，以工资和人事制度改革为基础，把教师住房、交通、医疗服务等福利性项目货币化。应当把教师的住房、交通、医疗服务纳入整个社会服务体系之中，实行商品化，尽快建立社会保险体系，并较大幅度地提高教师的工资，使教师安于教学、长于科研，从而使高校真正成为人才培养和输出中心，最终使高等教育改革进入良性循环的轨道。

论高等教育以"客户"为导向理念的确立[①]

所谓以"客户"为导向理念就是适应市场机制需要，把学生和社区作为"顾客"，以提供满意服务的一种管理理念。这种理念最早应用于企业管理领域，在20世纪20年代以后逐步被引入教育领域。以"客户"为导向理念的核心在于满意，它是相对于以政府为导向理念的一种思想。在教育领域，这种满意是指教育服务机构为顾客提供适合学生需要的多层次课程设置、高质量的教师队伍、弹性的学制、丰富而多样的教学资料、完善的注册制度、环境优美的学习环境、高度而广泛的参与决策机制、学校良好的社会声誉、看好的就业出路等服务。

一、以"客户"为导向理念的由来

以"客户"为导向理念多使用于企业管理领域。在企业管理领域，由重视资本到重视客户曾经历了一个漫长的转变过程，甚至可以说是管理理念的根本性变革。根据《哈佛商业评论》的权威分析，20世纪是世界管理科学发展的黄金时期，尽管管理学派众多、理论纷杂，但基本上是按照互有联系的三条路径演进的：一是组织理论研究，从经济人组织向社会人组织、自我实现人组织、文化型组织、学习型组织的演进；二是管理方式方法研究，从科学管理方法向行为科学方法、管理科学方法、流程管理方法、信息和知识管理方法的演进；三是管理对象由对资本的管理转向对人的管理的演进，尤其是"关注顾客"已成为主流内容和趋势。

在企业领域，在市场因素的主导下，以顾客为本的理念已变为企业的生意经；但是在高等教育领域，并不是所有国家的高等教育都能做到以顾客为本。在市场经济发达的国度，高等教育对经济的反映就敏感些，在市场经济不太发达的国家，高等教育对市场的回应就显得迟缓。如美、英等国，高等教育就较早地确立了客户导向理念，建立了一套适应市场经济的高等学校运行机制。然而，在某些国家，

---

① 本文原载于《辽宁教育研究》2002年第1期。

高等教育的客户观念就显得非常不够，这在我国表现得尤为明显。

二、高等教育领域以“顾客”为导向理念的实例——美国的经验

美国是世界上高等教育最发达的国家之一。在其发展过程中，由于受地方分权制的影响，不同的州形成了不同的管理模式，呈现出多样化的特色。但是，鲜为人知的是美国已经形成了以市场为指导、以顾客为导向的教育理念。这种理念主要体现在以下几个方面：

（一）高等教育为什么存在：高等学校的发展——成为国家利益的重要组成部分

美国高等教育在发展过程中深受政治论和实用主义哲学的影响，因此，高等教育表现出了强烈的国家意志。正如一位学者所言：现代美国大学强调积极地为动态的、民主的社会服务。相对于英国和德国大学的概念来说，美国大学的任务是力求为美国生活的基本需要服务。

美国高等教育服务的最大的客户就是美国政府，高等教育的存在已成为国家利益的重要组成部分。这种服务是通过人才培养、科学研究和社会服务来实现的。

（二）高等教育为谁服务：高等教育机构的多样化——满足不同客户的多层次需求

美国著名社会学家、高等教育学者伯顿·克拉克认为：“专门知识是学院与大学占支配地位的特征，学院和大学的组织与权力围绕在专门知识的周围。”斯坦福大学的维克多·鲍德里奇认为，大学和学院是一种独特的专业组织。这种学术组织是为顾客服务（client-serving）的机构。学院和大学是“加工人”（people-processing）的场所。社会将有特殊需求的顾客送入学校，学校对他们加以培养，然后再把他们送还更广大的社会。顾客的需要极端重要，常常会对学院的决策过程产生重大的影响。

正是由于美国高等教育形成了为顾客服务的理念，所以美国的高等教育机构呈现出了多样化的特色：既有研究型大学，又有实用型社区学院、职业技术学院；既有正规大学，又有非正规大学（如远距离大学），从而为不同层次的客户提供了丰富多彩的学习机会，进而满足了广大客户的多样化需求。

（三）高等教育如何运作：高等教育管理的民主化、自治化和科学化——教师、学生、社区成员广泛参与的决策机制，弹性化的学制和学分制

为了体现为顾客服务的理念，美国高等学校在管理模式、学制安排、课程设

置等方面都建立了一套行之有效的办法。

在学校管理方面，为了使高等学校能全方位满足公众的多层次需求，使各项决策进一步民主化、科学化，美国的高等学校大多形成了教授治校，教师、学生和社区成员共同参与的决策机制，几乎每一所高等学校都设有教授会、学生会，教授会和学生会不是形式上的虚设，而具有实实在在的现实作用，它们在重大问题上（如专业设置、课程设置、收费标准、学术权力等）享有较高的发言权和决策权，这对保护教师和学生的合法权利、满足教育消费者的需求起到了重要作用。据了解，在美国大学，许多学生组织在加强大学管理和维护自身合法权益方面起到了举足轻重的作用。一旦学校和学生在学费方面发生分歧时，学生会不仅会通过校内渠道加以解决，而且还有可能通过法律手段加以解决，大学有时可能被告上法庭，甚至也有败诉的情况。这说明，美国高等学校的管理已建立了较为完善的教育消费者保护机制。

在教学管理方面，美国高校在19世纪20年代就在学术自由思想的影响下开始实行选课制和弹性学制。选课制在美国大学的确立是高等教育的一次革命性进步。正如一位学者所言：首先，选课制打破了传统的教学组织，使教学活动更具有弹性化、个性化，适应于多种多样的社会需求和学生个体的需求，有利于各种类型、层次的人才的培养；其次，选课制的确立有利于大学教师的创造能力的发挥以及新学科的出现；最后，选课制的推行进一步扩大了美国高等教育的规模，促进了高等学校从“象牙塔”中走出来。

三、为何在我国要确立高等教育以“客户”为导向的理念

（一）高等教育外部环境的变革要求高等教育理念的调适

当前，我国高等教育发展的外部环境正发生着深刻的变革，突出表现是我国社会面临着四大转型，这给高等教育理念的变革提出新的课题。

一是我国正在进行体制更新——由计划经济向市场经济的转换。尤其是我国加入世界贸易组织之后，国际贸易的规则要求我们必须以市场的眼光审视高等教育的发展，虽然高等教育不能产业化，但是高等教育必须对外部市场给予关注，包括考虑学生、劳动力市场及其他潜在“客户”的需要。

二是我国正经历着艰难的“双跨越”——由工业化社会向信息化社会转换。高等教育如何以更快的速度、更高的质量培养适应信息化社会所需要的人才显得更为迫切，人才的培养不能按照原有的学科优势来发展，而应根据新的变化确立新的增长点。

三是我国正面临着经济结构的战略性调整——由资源消耗型向技术集约

型转换。经济结构的调整必然带来人才培养模式的变化，人才培养就不能沿用传统的重理论、轻实践的思路，而应把创新能力和实践能力放在首位，最大限度地满足社会各方面的需求，尤其是要培养适应经济发展需要的大批实用型人才。

四是我国正面临如何把沉重的人口负担转化成现实生产力的困惑。因此，高等教育在实现人口素质提高方面将面临着艰巨的任务。

(二)高等教育内部环境的突变也要求高等教育理念的创新

目前，我国高等教育正面临着两大突变：一是教育模式的过渡——从精英教育向大众化教育的转换，社会各阶层对高等教育的广泛需求要求高等教育从教育理念、管理方式等方面作出重大选择和调整；二是高等教育服务贸易市场分割的加剧、人才市场的争夺将要求高等教育从满足人才计划的需要转向满足人才市场的需要。在世界四大高等教育消费输出国中，中国在境外消费的人数占的比重最大，因而国际、国内高等教育市场之间的竞争将日益加剧，谁能提供优质、多彩的教育服务，谁就能及早占领教育市场。所以，高等教育必须要在教育理念上作出创新，而最重要的创新是要树立客户导向理念，以满足社会的多方面需求。

四、在我国如何确立高等教育以“客户”为导向的理念

(一)高等教育理念创新：真正实现由政府转向客户

联合国教科文组织于 1998 年 10 月在巴黎召开了首次世界高等教育大会，大会通过了《世界高等教育宣言——为了 21 世纪：视野和行动》和《高等教育变革与发展的优先行动框架》等划时代的文件。大会认为，高等教育的根本使命是促进社会可持续发展和进步。具体来说，高等教育具有两个使命：一是高等教育要“培养高素质的毕业生和负责的公民，他们能够融合于人类活动的各个领域，要通过学习不断适应当前与未来社会所需的课程，使他们获得适当的职业，包括高水准的知识与能力”。二是高等教育“通过研究、创造和传播知识，通过恰当的科学鉴定，为社区服务，促进文化的、社会的与经济的发展，促进科学技术研究的发展，促进社会人文的发展以及艺术创造领域的发展”。在我国，高等教育在当前被社会和民众寄予了比以往任何时候都更多和更高的期望，承担了更多的使命。

改革开放 20 多年来，虽然社会主义市场经济体制已在我国逐步确立，但是由于受多年计划经济体制的影响，我国高等教育的改革和发展一直还没有完全

摆脱计划经济观念的束缚,高等学校在一定程度上的行政部门“附属单位”的地位还没有得到根本性转变。高等学校作为独立法人,如何适应社会经济发展对人才培养的客观需要、如何真正做到依法办学还是一个急待解决的问题。要真正解决这些问题,最重要的是要实现观念的飞跃,即高等教育要真正树立客户导向的理念,始终把为学生和社区服务当作生存和发展的宗旨,由过去的主要面向政府转向面向客户,从而实现高等教育理念历史性的突破。

(二)高等教育服务机构的调整:真正实现教育的多样化、一体化和终身化

联合国教科文组织于 1993 年 11 月在第 27 届大会上明确地把高等教育定义为“高等教育包括由大学或国家核准为高等教育机构的其他高等学校实施的中学后层次的各种类型的学习、培训或研究型培训”。这个定义最大的特点在于不仅强调了学习,而且也把培训列为高等教育的重要内容,从而为高等教育系统的多样化提供了理论依据。

就我国高等教育机构而言,主要存在以下几个问题:

1. 重视传统意义的高等学校,轻视非正规、非正式教育

社会上经常把普通高等教育视为真正的高等教育,而对其他形式的高等教育机构提供的教育和培训往往持一种鄙视的态度,因而本已丰富多彩的高等教育变成了“一枝独秀”。因此,要确立高等教育以客户为导向的理念,就必须确立高等教育系统多样化的结构框架。所谓“高等教育的多样化”是指高等教育服务机构的多层次和多主体。多层次是指高等教育的提供者包括研究型大学、省级和地区性院校、专业院校、职业院校、远程教育等。多主体是指高等教育机构的经费提供的多元化,既有政府、工业界、商业界,又有非政府性组织;既有公立,又有私立。因而,根据世界银行和联合国教科文组织高等教育与社会特别工作组提供的《发展中国家的高等教育:危机与出路》报告所描绘的世界高等教育系统多样化的框架,我国高等教育多样化的发展也可描绘为如下图所示的结构。

2. 高等教育服务机构之间缺乏必要的衔接和沟通,尚未形成一体化的格局

这主要表现为不同层次的教育之间如职业教育、技术教育和正规高等教育之间没有取得共识,缺乏衔接,如学分的认可、学位的认可、相互转学等。在美国,职业技术教育、社区学院和其他高等教育机构之间形成了一种相互认可和衔接的纽带关系,从而为客户提供了多层次、多样化的学习机会。

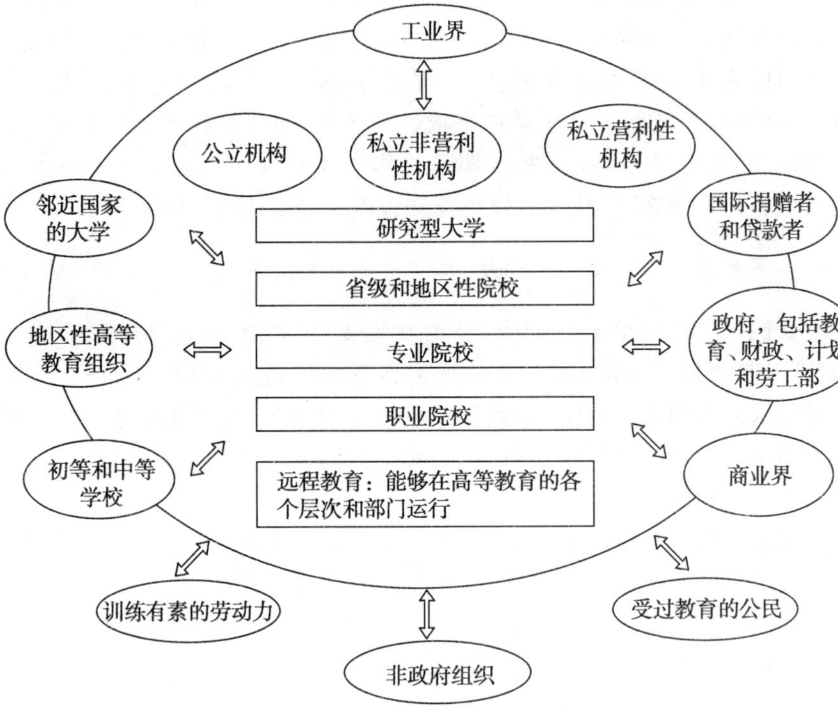

我国高等教育多样化的发展图

3.高等教育服务机构重视一次性教育(学历教育),忽视客户多层次的现实需求(培训),尤其是终身学习的要求

随着时代的发展,终身学习和培训已成为“通向未来的桥梁”,所以,传统意义上的高等教育服务机构就必须要把客户需求的转向作为调整学科、专业的指挥棒,及时、迅速地满足教育消费者的现实要求,只有这样,高等教育才能适应大众化时代人才培养的要求。

(三)高等教育管理方式的改革:真正实现客户的广泛参与

高等学校是提供学习和培训的场所,也是以学科和专业为主的学术性组织,所以,教师、学生和社区成员的广泛参与就显得十分重要。在我国高校,招生、学科专业设置、学费标准等重大事项均为教育主管部门和学校的事情,客户(学生和社区成员)几乎没有参与决策的任何权利,因而常常存在“两张皮”现象,即客户的需要不能及时得到满足。所以,高等学校要确立为客户服务的理念就必须在以下两个方面作出重大变革:

一是高等学校要努力尝试建立真正意义上的董事会决策机制,增强高等学校“经营”的能力，以适应加入世界贸易组织之后国际高等教育服务贸易市场的剧烈分割。虽然近几年我国有一些高等学校设置了董事会，吸收政府官员、企业名流、教授和社区的部分人士参加，但大多数董事会形同虚设，没有发挥实质性作用。在国外，大学董事会之所以能够长期存在，说明其具有一定的合理性，因而作为一个成功的经验应该在我国加以尝试，从而使高等学校真正成为社会各界关注、广泛参与的独立法人机构，成为实现自我约束、自我发展的社会性学术组织。

二是高等学校要逐步凸显教授、学生和社区成员在办学中的主体性地位。要建立实质意义上的教授会和学生组织，使他们在事关学术、学生事务（如课程设置、专业设置、学费标准）等方面发挥应有的作用。

高考制度改革与创新能力培养[①]

人们常说,中国是考试的故乡。科举制度在中国已有1300多年的历史,真可谓源远流长。对个人而言,考试中有不少激励人心的动人故事,也有不少令人心醉、难以忘怀的回忆。

作为目前全国通行的一种选拔制度,高考制度被人们称为"准干部选拔制度"。从现实的意义来讲,高考是一种较为公正的评价学生的形式。但是,正像任何事物都有两面性一样,高考制度在评价功能、评价形式、评价导向方面仍存在着不能令人满意的地方。

据统计,在对现行高考制度"质疑"的意见中,改革呼声较高的方面主要有:减少考试科目、变全国统考为高校单独考或联考、实行全国统一录取分数线、实行考试批次化、对命题标准的准确把握、改进阅卷方式、克服"高分低能"和"一试定终身"等。但我个人认为,高考作为一个指挥棒,最大的偏差是不利于创新能力和创新意识的培养。

人们戏称高考的七月为"黑色的七月",这道出了人们对高考的期待、担心、忧虑和恐惧。有学者提出,考试要体现出以下六个人道原则:考试必须以人为出发点,为人的全面发展服务;考试必须体现出对学生的爱心,对他们处境予以关心和帮助;考试必须体现人的尊严,对学生予以最大的尊重;考试必须体现出对人的价值的重视;考试必须调动学生的主观能动性,体现人的主体精神;考试必须服务于人类的根本利益。但我认为,高考制度要最大限度地体现人的创造精神和创造意识。

然而,当我们审视高考制度时,我们会发现许多方面有悖于此:

第一,功能偏差。高考重在测评掌握知识点的多少,即书本知识的多少,对口头表达能力、动手操作能力、应变能力则无法测评。因此,在高考指挥棒的导引下,形成了"考什么,学什么",学校单纯变成了知识传播的阵地,中小学成了

---

① 本文原载于2000年7月19日《光明日报·教育周刊》。

“应试教育”的训练场，学生的创造力不能得到训练和培养。

第二，形式偏差。高考一年一次，机会偏少；全国统一，各个高校缺乏自主权；统一标准答案，学生的创造性不能得到体现；闭卷考试，形式单一，创造性题目难于操作。

第三，导向偏差。高考重分数、轻能力，重智商、轻情商，导致分数成为衡量学校、教师、学生的唯一标准，客观上造成了忽视学生的基本素质，尤其是公民基本能力的形成。

人们常说，我们国家在世界奥林匹克学科竞赛上常常是金牌得主，但是诺贝尔各项大奖却常常与我们失之交臂。这里面固然有众多原因，但其中一条就是缺乏民族创新精神。

杨振宁、李政道、朱棣文是华人的骄傲，是诺贝尔奖获得者，但他们的成功均是在美国，这不得不令国人沉思。那么，到底是什么因素影响了我们的创造力呢？我认为是人才选拔制度，即目前我们通用的高考制度。

制度创新是人才创新、能力创新的前提和基础。良好、完善的制度是人才辈出的摇篮。

笔者认为，我国高考制度的改革应遵循以下三个思路：

第一，高考制度的改革要看是否有利于优秀的创造性人才的选拔。也就是说，高考的指导思想要适应知识经济时代的要求，把适合培养创造性人才的考试思路引入到高考制度中，在强调统一性的同时，要加强多样化试验。扩大各高校的自主权，使高考成为选拔人才的有力手段，而不是障碍。

第二，高考制度的改革要看是否符合终身学习的价值原则，是否符合学习化社会的人才选拔需要。也就是说，“宽进严出”应作为高考改革的必由之路。

第三，高考制度改革的内容应以人类科学技术发展的最新成果为导向，强调基础性、超前性、应用性。

21世纪我国高等学校设置原则初探[①]

一、探讨21世纪我国高等学校设置原则的必要性

21世纪我国高等学校在社会生活中的作用将更加突出。有人称大学的力量对社会政治、经济、文化所构成的影响为“知识经济的发动机”“国家创新体系的核心”“科学技术的孵化器和辐射源”，凡此种种，无不说明高等学校在社会生活中的地位之重要。正因为如此，在新的世纪即将来临之际，对事关高教事业发展大计的高等学校设置原则问题有必要认真加以研究。

所谓高等学校设置，是指对高等学校的性质、任务、专业以及审批、认可程序等方面的法制性规定。它是高等学校制度的组成部分，是规范和评价高等学校的基本内容。

在高等学校设置中，目前存在的主要问题包括：

(1)高等学校设置条例极不完善，法制化建设任重道远。虽然我国于1986年12月15日颁布了《普通高等学校设置暂行条例》，但该条例颁布至今已达14年之久，内容不仅不够全面，而且配套措施缺乏。如在高等学校的办学形式方面缺少私人办学条款，对于高等学校基准的评价缺乏明确的规定，对于高等学校的升格、更名缺少规范和依据，等等。

(2)高等学校的类型和层次结构定位不清晰，存在盲目升格的现象，办学模式趋同，缺乏个性化。众多高等专科学校和独立设置的学院忽视自身优势、特色，盲目向综合性大学看齐。不少师范学院也不安于现状，纷纷抛掉师范的帽子，向综合性大学看齐。

(3)高等学校资源配置的科学性有待提高。目前，高等学校设置布局的新调整中，行政主导作用大于市场调节因素，似乎陷入了求大、求全的怪圈。

近几年，我国高教界进行了以深化高教管理体制改革为主要内容的改革，

① 本文原载于《高等教育研究》2000年第5期。

旨在打破多年来形成的条块分割、自成体系、封闭发展的"小而全"、重复设置、建设的办学格局，以优化教育资源配置。这次改革以"共建、调整、合作、合并"为主要途径，其中合并属力度最大的改革。1999 年底，国务院下发了《关于进一步调整国务院部门(单位)所属学校管理体制和布局结构的决定》(下文简称《决定》)。《决定》明确提出：除教育部和少数部门和单位继续管理其所属学校外，国务院部门和单位不再直接管理学校。高等学校的管理实行"中央与地方共建，以地方为主"的体制。从总体上看，合并取得了一定的成效，但主要还是政府行为，高校的角色是服从。人们不禁要问，高等学校设置的调整和变革，主要是靠政府干预为主，还是以市场调节为主？即使以政府干预为主，是否还有更为科学、有效的手段和机制？

尽管 1985 年《中共中央关于教育体制改革的决定》就提出"扩大高等学校的办学自主权"，1993 年的《中国教育改革和发展纲要》又提出"在政府与学校的关系上，要按照政事分开的原则，通过立法，明确高等学校的权利和义务，使高等学校真正成为面向社会自主办学的法人实体……学校要妥善行使自己的权力，承担应负的责任，建立起主动适应经济建设和社会发展需要的自我发展、自我约束的运行机制"，但高等学校自我发展、自我约束的机制至今尚未形成。

总之，高等学校设置似乎还未引起人们的足够重视，但它在高等教育发展中却是一个关键问题。高等学校设置从一开始就决定了一所学校的性质、任务和发展方向。因此，研究高等学校设置的原则问题就不仅是一个实践问题，而且是一个理论问题。

二、21 世纪高等学校设置应遵循的原则

(一)法制化原则——实现高等学校依法设置和大学依法自主办学

所谓法制化原则就是我们在考虑高等学校设置时应以相关的法规和制度为准则。这样有利于对设置的高等学校实行科学的定位、评价与管理，这就要有一套完善的高等学校设置条例。

我国 1986 年颁布的《普通高等学校设置暂行条例》已暂行 14 年之久，时至今日，无论办学主体、投资渠道各方面都发生了重大变化，该条例不加以完善显然难以适应形势和办学的实际需要。设置条例的重建应重点解决高等学校的自主与责任、政府与高校的关系等问题。所谓大学的自主与责任就是要落实高等学校真正的独立法人地位，在大学内外事务上真正做到自我决策与自我负责。高等学校在运行过程中不仅应享有专业设置、课程设置、招生、学位授予等权限，还应做到权利与义务相平衡，责任与利益相协调。政府真正做到通过立

法、执法、监督、协调、拨款、服务等手段对高等学校进行管理,高等学校真正做到依法自主办学。

(二)市场化原则——在高等学校设置管理中引入市场竞争机制

所谓市场化原则就是教育主管部门在涉及高等学校设置管理的重大问题上要坚持运用市场竞争机制,以经费拨款机制和社会中介机构的评价为导向,来调节高等学校设置的布局、结构,从而实现高等学校资源配置的优化。

西方国家发展高等教育的经验也许会给我们一些有益的启示:在美国和英国,中介机构在调节政府与高等学校之间的关系方面发挥着重要的作用。美国的高等教育质量认定组织就是一个典型的实例。美国的大学评价方式可称为“基准认定的大学评估方式”①。所谓“基准认定”是由各个大学提供资金和人员组成基准协会,根据大学设定的基准来推进大学及其教育项目的改善和质量的提高。其特点是把政府和外部团体排除在外,大学集体自治,政府的参与只限定于大学许可设置时的评价。

基准协会认定大学的质量是否符合评价基准时一般由以下六个步骤组成:

(1)基准协会代表对评价对象进行预访。

(2)被评价大学进行自我评价。

(3)基准协会在研究被评大学自我评价的基础上,组成考察团对接受评价的大学进行实地考察,并撰写评价报告。

(4)在实地考察团的报告书初稿完成后,要给予被评价大学校长阐述自己意见的机会。

(5)基准协会的高等教育机构评审委员会对被评价大学的自评报告、实地考察团的报告及该大学对此报告的反馈意见进行研究,然后作出相应的决定。

(6)接受评价的大学根据自评和考察团的建议进一步研究自身的工作,采取改进的行动。

美国的这种认定制度的积极意义在于通过中介机构的评价作出对某一大学的基准认定资格的评判:首先通过自身的自我评价自查原因、自我诊断;其次是通过一定组织的客观评价,在外部施加社会舆论的压力,促进高等学校提高教育质量。这种不靠政府而靠市场、中介的方法是值得借鉴的。

当今中国教育行政部门也应该转变政府职能,建立有效的教育经费拨款机制和社会中介机制来促使高等学校的设置朝着布局和结构更加合理、规模和效益显著提高的方向努力。

---

① 参见[日]喜多村和之著,朱洪涛、孙维才编译:《美国大学的设置许可和大学评价》,《高等教育研究》1998年第4期。

(三)国际化原则——实现高等学校设置的多样化和开放性,学习、借鉴国际办学经验

随着世界经济一体化步伐的加快,中国在加入世界贸易组织后将面临严峻的挑战,这种挑战实质上是人才的挑战。面对新的千年,研究和思考高等学校设置就必须站在全球的角度,立足于中国的现实,用国际化的准则来审视高等学校设置问题。

运用国际化准则来重新看待中国高等学校设置,主要应做好以下几项工作:

首先,确立公立与私立平等的观念,强化正规教育与非正规教育同等重要的意识。从国际高等教育发展的趋势来看,高等教育办学主体已呈现出多样化和开放化特征,这一趋势是与高等教育大众化乃至普及化相吻合的。我国今后高等学校设置的主体也应顺应这一趋势。当前的主要问题就是要打破公立、私立的界限,正规与非正规教育的分野,使两者相互沟通,相互补充。

其次,确立高等学校设置分级管理、区域化和非均衡化的分类指导模式。有人说中国高等学校有“三分天下”的格局,所谓“三分”就是教育部直属高校、中央部委属高校和地方属高校。《中国教育改革和发展纲要》指出:“高等教育要逐步形成以中央、省(自治区、直辖市)两级政府办学为主、社会各界参与办学的新格局。”“在地区发展格局上,从各地经济、文化发展不平衡的实际出发,因地制宜,分类指导。”这种指导方针是十分正确的,关键在于从高等学校设置一开始就要一步到位,或者是在调整时充分利用这些规则,不要出现问题后再去补救。

所谓“分级管理”,就是针对高等学校设置的现状,下活中央和地方两盘“棋”,尤其要做好地方高等学校设置这篇大文章,使中央直接管理的高校减少到最低限度。目前,教育部直属高校逐渐增多,教育主管部门管理高校过多就有可能回到像过去一样的“事务堆”里,又成为高等学校新的代理人,高等学校依法自主办学的地位就不能真正确立。

所谓“区域化”和“非均衡”化,就是在新设立高等学校时,要把高等学校为区域经济发展服务作为首要因素予以考虑,打破平衡分布的常规,重点规划和发展某些与经济发展密切相关的高校,以实现高校在经济发展上的跳跃式发展。

(四)现代化原则——实现高等学校设置手段的现代化

教育的现代化包括教育思想、教育内容、教育手段等方面的现代化。高等学校设置手段的现代化是要以现代发达的信息技术为手段,实现设置评价方式

的现代化。以信息技术为代表的高新技术的发展和运用，以及民众对高等教育需求的空前高涨，对高等学校设置的手段和功能也提出了新的挑战。

传统意义上的高等学校设置的手段在一定程度上已不适应形势发展了，其原因是：

(1)手段落后。传统手段依靠传统的公文运转来回请示太浪费时间。

(2)信息不准确。传统手段主要是依靠公文和报表，而不是社会中介组织提供的客观信息，其中有些数字不仅是不准确的，而且有浮夸的可能。

(3)评价不客观。传统手段主要是通过官方的大学设置评议委员会来作出决定，往往带有浓厚的行政色彩。

从功能上来说，传统上高校设置仅限于某一高校设置时的资格鉴定，而缺乏制度约束(如周期性的评价要求)和必要的社会舆论监督。为此，应做好以下工作：

(1)完善高等学校设置信息的网络化建设，即建立高等教育信息库。每一所高校应有一套完整的资料，包括学校名称、性质、办学规模、教师人数、专业设置等。据了解，高等教育文献保障体系(CALIS)正在建设。中国高等教育文献保障体系(China Academic Library and Information System，简称 CALIS)是“211 工程”公共服务体系的建设项目之一，是实现“211 工程”建设总体目标的重要保障。本项目已经国家发展计划委员会批准，自 1998 年开始实施，2000 年内鉴定验收。CALIS 是一个广域网环境下的文献信息共享服务系统，其目的是与正在建设的“中国教育和科研计算机网”(CERNET)相配合，使资源网与信息网协调发展，借助于现代化的技术手段，建立一个整体化、自动化、网络化、数字化的现代文献信息保障体系，提供高水平、高效率的文献信息服务，为“211 工程”建设及中国高等教育和科学研究与国际水平的同步发展提供基础条件。同时，作为全国文献资源保障体系的一个组成部分，CALIS 还可以为中国高等学校设置提供更为准确的信息，这可以说是为高等学校设置提供了一个信息基础。

(2)增强高等学校设置评价结果的社会化功能。所谓“社会化功能”是指增加大学评价的透明度和客观性，以及评价结果利用的多元化。最近，中国网大进行了“大学排行榜”上网工作。尽管人们对其科学性准确性有不同的看法，但其做法无可厚非。当然，这项工作最好由社会认可的权威机构来完成。定期公布大学排行榜的作用首先是可以把高等学校按项目进行打分、排序，使大学的社会声誉和地位公众于世，使每个高校有一个“位置”概念；其次是增大了大学自身的紧迫感和危机感，使大学处于社会监督之下，再也不是任何一个行政部门认可是重点大学就行了；最后是有利于考生报考学校、选择专业，甚至有助于学生日后的就业，因为名牌大学的“名牌效应”是不可估量的。

分类发展:高等教育发展的理性选择[①]

从现代意义上来讲,我国的高等学校已有100多年的历史,在其发展过程中也曾有过曲折的历程。新中国成立后,1952年进行了第一次院系调整,20世纪90年代末又进行了第二次高等教育管理体制改革和布局结构调整。两次调整都涉及高等学校的分类问题:第一次是由综合院校向单科或专科院校方向发展,强调高等学校的专业性;第二次调整是由单科院校向综合性院校方向发展,强调高等学校的综合性。从上述变化可看出,如何对高等学校进行分类,不仅涉及高等教育发展的理念,而且已成为影响高等学校发展的一个重要因素。

一、高等教育分类发展的基本内涵和特征

所谓高等教育分类发展,是指根据社会经济的发展需要,由高等学校依据其内在的规律,按照类别,实行自我优化、自我发展的模式。分类发展是针对统一发展而提出的。分类发展是市场经济高度发展的结果,而统一发展是计划经济的产物。

统一发展是计划经济时代的要求,体现了当时的需要,主要强调统一的办学模式、办学风格、质量要求,其主要特征为一致性和单一性。随着时代的发展和高等教育体系的日益完善,也出现了分工的需要。因此,高等学校分类发展就成为必需。

高等教育分类发展的要求缘于顾客的挑战、竞争的挑战和高校内部管理体制的挑战。所谓"顾客的挑战"是指高等学校将面临日益严峻的客户的需求,如就学人数的猛增、就学年龄的多样化、学习需求的多样化、对质量追求的多样化等。所谓"竞争的挑战"是指高等学校将面临投资多元化、人才市场分割加剧、公私立大学竞争的局面。所谓"管理体制的挑战"是指高等学校将面临日益强化的内部机构行政化的影响。这主要表现在受整个社会"官本位"思潮的影响,

---

① 本文原载于《中国高等教育研究》2002年第11期。

高等学校争取副部级待遇的要求更加强烈。另外,高等学校内部机构设置和待遇也吸引了更多的博士和硕士放弃研究,去从事与自己专业相去甚远的行政工作。

高等教育分类发展的特征表现为个别化、适应力和创造性。个别化是指不同层次、类别的高等学校本身更加具有独特性、个性化,具有区别于其他高等学校的优势和影响力;适应力是指高等学校具有在某些领域的优先权和影响力,因而具有相当的适应性;创造性是指高等学校在某些领域具有研究和开发的潜力,具有明显的创造功能。

二、高教发展的理性选择:分类发展

像任何事物的发展一样,世界高等教育的发展也经历了由低级到高级的过程,这种变化源于社会对高等教育的要求。从我国高等教育发展的实际来看,高等教育的分类发展不仅是社会经济发展对高等教育发展自身提出的内在要求,而且是对高等学校管理者提出的挑战和必须作出的理性选择。

(一)我国高等教育面临着教育模式的转型和加入世贸组织后人才的激烈竞争,现实要求高等学校必须进行分类发展

首先,我国高等教育正处于从精英教育向大众教育过渡的时期,在高等教育大众化的过程中,高等教育的对象将发生重大变化,尤其是在市场导向下,高等教育的客户需求将成为影响和制约高等教育发展的一个重要因素。具体来说,一是随着大众教育时代的到来,高等教育出现了客户的需求大于市场供给的局面。也就是说,愿意接受高等学校教育的人数激增,这是世界上多数发达国家由农业化国家迈向工业化国家时所经历的一个重要过程。二是随着终身教育理念的深入人心,高等教育出现了客户需求多元化的趋向。也就是说,学生由原来希望能上大学,演变到希望上一所好大学。学生自主选择的要求更加迫切,如对公立大学与私立大学的选择、对学历教育与非学历教育的选择、对学分与非学分的选择、对全日制与非全日制的选择、对学科与专业的选择、对课程的选择、对教师的选择等都将出现多元化的走向。三是随着学习化时代的到来,高等教育出现了客户年龄结构的变化和性别的变化。也就是说,高等学校的学生由原来的18～23岁的青年变成了23岁以上的大龄青年甚至中老年。同时,值得注意的是,在高等学校接受师范教育或者硕士以上层次教育的人员中,女性的比例呈上升趋势。

其次,我国加入世贸组织之后,高等教育作为国际服务贸易的一部分,人才市场的竞争和分割在加剧,这就要求高等学校必须以“人无我有,人有我优”的

战略来取胜。高等教育人才市场的竞争表现在两个方面：一是公立大学和私立大学在人才培养方面的争夺；二是国内高等教育机构和国外高等教育机构的争夺。因此，对于高等学校而言，谁拥有特色，谁就能占领人才市场；谁拥有某一领域的优先权，谁就能拥有研究和开发的空间。

(二)我国高等教育在发展过程中存在着严重的与分类发展规律相悖的误区，这就要求高等学校管理者必须作出理性的选择

20世纪80年代以来，我国高等教育管理体制进行了重大改革，取得了突破性进展，到2000年底，初步形成了"以中央管理为主，以地方管理为主"的格局。从总体而言，高等教育管理体制改革取得了应有的成效，但是，在体制转换过程中也出现了一些与分类发展相背离的现象，或者说是误区，具体包括：

1."大学同一论"

该观点认为，只要是高等学校，就可以培养高级人才，而不管层次和质量的差别，盲目追求高层次、高规格，忽视内在的差别与特色，缺乏合理定位。

2."规模大小论"

该观点是把规模的大小作为评价一所高等学校的重要指标，甚至是唯一指标。当然，在高等教育发展过程中，教育主管部门历来把结构、质量、规模、效益作为高等教育管理的四个因素加以控制，但不容讳言的是，在现实中，确实不同程度地存在着"以规模论英雄"的现象。

3."学科优势论"

该观点过分强调某些学科在发展中的固有优势，如原有的研究基础和力量的强弱，但是往往忽略这一学科在当前乃至今后的发展走向和实用价值而盲目发展。众所周知，随着科技的发展，科学日益朝着综合化的方向发展，以至于出现了新的交叉学科。

4."重点直属论"

该观点是把行政指令上的是否重点、是否直属教育部管辖作为一所高等学校水平高低的衡量标准。在计划经济时代，区分重点与非重点、是否归教育部管辖本来无可厚非。但是，在市场经济时代，在以市场和客户为导向的年代，如果仍然以重点和是否直属教育部作为主要依据来确定高等学校的社会声誉就会在一定程度上阻碍高等学校的发展。

三、对我国高等教育分类发展的建议

(一)理念创新：高等教育分类发展应坚持差别化和可持续发展原则

在企业领域有一种管理叫"差别化管理"，就是针对不同的生产和销售部门

采取不同的管理模式，以适应市场经济的需要。这种差别化原则同样也适用于高等学校分类发展的实际。我国东部、中部和西部地区不仅经济发展水平存在巨大差异，而且高等教育发展水平也不一而足，实行分类指导原则早已写入《中国教育改革和发展纲要》。然而在现实中，分类发展并没有得到很好的贯彻。"千校一面"就是最有说服力的例证。比如，现在很多高等学校都有自己的校训，但是具有独创意义的不是很多，而雷同者居多。因此，在高等教育领域倡导分类发展就是要形成各具风采的特色，而不是大一统的色调。任何一个层次的高等学校都应该树立"人无我有，人有我优"的原则。这样，各高等学校就能找到自己的定位，而不至于在盲目追求高层次的过程中失去自我。

可持续发展就是此事物的发展不影响或不损害其他事物发展的一种发展观。高等教育的不同层次和类型在形成的过程中都有其存在的合理性和必要性，就像自然界的生物链一样有其相关性和依赖性。高等专科学校有自己的发展方向和目标，即以某些学科为主，强调职业发展和职业技能的培养；独立设置的学院也有自己的使命和责任，即以一些学科为主，以学历教育和职业发展两种方向为取向；大学则承担着更高的义务和使命，即以培养高层次科学研究人才为主导。因此，分类发展不仅是高等教育自身的应有之意，而且也是实现高等教育可持续发展的义不容辞的责任。

目前，在国内关于高等学校的分类有三种分法：一是传统意义上的层次分类法，即把高等学校分为高等专科学校、独立设置的学院、大学；二是以教学、科研为导向的层次分类法，把高等学校分为研究型大学、教学科研型大学、教学型大学、职业技术大学；三是以行政隶属关系和体育运动队为标准的分类法，把高等学校划分为国家队、省级队和地方队。笔者认为，我国高等学校应遵照差别化和可持续发展原则，按社会对人才的需求来划分，大致可分为三个层次：第一个层次的高等学校是培养具有两年大学学历的一般公民，其要求是培养具有一定的文化知识、具有公民的一般道德素养、具有一定实用职业技能的建设者。这类高等学校是学制为两年的职业技术学院和社区学院。这类高等学校具备两种功能——培养学生的就业能力，使学生毕业后就具备就业的基本技能；在提供第一种服务的基础上，如果学生有继续升学的愿望，在承认已有学分的基础上转入其他高等学校继续深造，获得学位。第二个层次的高等学校是培养受过四年大学教育的通用高级专业人才，一般应具有某一专业的基本知识和基本技能。这类高等学校多为四年制本科大学，具备培养硕士的能力，培养出来的学生具备社会某些行业的实际需要。第三个层次的高等学校是培养具有高深研究能力的高层次专业人才，这类高等学校大多具有硕士和博士学位授予权，尤其是要具有博士学位授予权，而且每年培养的博士生要有一定的数量。这类高等学校应在国家的社会经济生活中发挥重大作用，应着力解决事关国计民生的重大问题，如军事、医疗、环保、交通、通讯、能源、航空等方面的重大课题。作为高等教育的佼佼者，第三个层次的高等学校目前存在的严重问题是竞争力不强，缺乏培养大批国际顶尖人才和学科的强有力的基础，如研发能力不强、科研成果转化率不高等。

（二）制度创新：高等教育分类发展要坚持标准、拨款和评价三方面的创新

对于高等学校的管理，教育主管部门在市场导向和客户导向下，其职能应放在制度建设（确定高等学校的分类标准）、确定拨款和宏观评价三个方面，并努力推进创新。

在高等学校的分类制度方面，建议教育部应尽快组织力量制定《高等职业技术学院法》《社区学院法》和《大学法》以规范高等学校的设置和发展。在学校的性质上，可分为私立和公立两种。上述法律颁布后，各个高等学校可根据实际情况制定自己的章程，以保证高等教育依法治校。

在高等学校的拨款制度方面，建议尽快组织力量制定新时期的《高等学校拨款法》，以改变传统的拨款方法。要打破现行的按行政隶属关系拨款的方式和按人头拨款的方式，应建立"项目拨款机制"和"以问题为导向的拨款机制"，不管私立和公立大学，谁能完成项目，谁就能得到经费资助，从而形成竞争的良性循环机制和合理配置高等教育资源的目的。

在高等学校的评价制度方面，建议教育部应尽快组织力量确定高等学校不同层次的质量标准，在社会中介机构中通过一定的程序和方式遴选和确定若干民间高等教育认证机构，参与高等学校的评价，以加大社会评价机制对高等学校的影响力和约束力。

高校定位应遵循市场规则[①]

笔者认为,高校定位的实质就是——占领客户。《中华人民共和国高等教育法》明确规定:"高等学校是独立的法人实体。"对于一个发展中国家来说,资源总是稀缺的。高等教育经费紧张已经成为一个全球性话题,而不是中国独有的现象。因此,从某种意义上来说,面向市场寻求适合自己的资源已不是口号,而是一种现实的选择,也可以说是一种现实的行动。若从更进一步的角度探讨,从市场营销的角度来说,高等学校定位实质上是要解决两个根本性的问题:为谁服务?如何服务?

一、高等学校定位的实质是占领客户——学生的心智

定位来源于企业管理领域,是营销中的重要一环。所谓市场定位是对消费者心智的占领。定位不在定位对象本身,而是在消费者心底,是在消费者的大脑中占据一个合适的位置。一旦这个位置确立起来,就会使人们在需要解决某一特定需要或其他问题时首先考虑某一定位于此的事物。

高等教育发展到今天,高等教育作为服务贸易中的一种,它的产业属性更加被强化。尤其是在高等教育大众化阶段,高等教育的竞争将最终体现在服务的水平和质量上,因此,在一定意义上,高等学校定位的实质就是要让学生在心理上认同你这个高等学校,即占领学生甚至家长的心智。只要一所高等学校能招来更多、更优秀的学生,并让学生在毕业时找到合适的工作,那这所学校就是一所好学校。

所以,高等学校的好坏最终是由学生市场、用人市场来评判。但是,由于目前我们国家体制因素的制约,政府的行政干预过于强大,市场发育不够成熟,市场主体也不够理性,因而,政府政策性因素占据主导地位,市场的作用还没有得到有效的显现。往往是政府只要给予政策的倾斜、扶持和大量经费的投入,这

① 本文原载于2005年9月28日《人民政协报》。

所高等学校就会在短时间内发生实质性的变化。

二、高等学校定位的关键是找准“细分市场”和“卖点”

从服务贸易的角度来说，高等学校作为“生产者”就必须满足“客户”的需求，而满足需求的最大要求就是要找准自己的“细分市场”和“卖点”。

根据市场经济理论，市场细分就是根据消费者明显不同的需求特征将整体市场划分成若干个消费者群的过程，每一个消费者群都有一个具有相同需求和欲望的细分市场，通过市场细分，企业能向目标子市场提供独特的产品服务及其相关的营销组合，从而使顾客需求得到更为有效的满足，并维持顾客的忠诚度。

高等教育也存在市场划分和市场细分的问题，高等学校定位实质上就是要在同一类别的市场中如何找到自己的一份。

卖点即特色。从某种意义上说，特色就是水平。高校办学特色定位是形成办学多样化的有效途径，是高校在教育市场中具有竞争力的表现，也是高校吸引生源、形成社会地位的基础。

高等学校是一个特殊的社会组织、学术组织。随着世界高等教育的发展，高等教育这一概念的作用和功能也在发生重大变化——从高等教育（Higher Education）到中学后教育（Postsecondary Education）再到第三级教育（Tertiary Education），这说明高等教育正在逐渐面向劳动力市场。经济合作与发展组织的一份报告认为：用“第三级教育”取代“高等教育”已成为经合组织国家高等教育发展的一个重要趋势，其主要原因是“高等教育”更多地指传统意义上的大学，而“第三级教育”则意味着更多的教育机构，以及教育机构所培养的人才与社会劳动力市场的“亲和”关系。从世界范围内来看，高等学校面临着巨大的困境：如何实现学术自治与面向市场的矛盾。从这个意义上来说，高等学校定位首先是高等学校要面向市场，而不是面向政府，因而，在市场经济逐步发育成熟的过程中，社会的理性选择应该是不断扩大市场机制的作用，逐步淡化政府在不可作为领域的主要角色作用。

新世纪的高等教育管理[①]

——中国高教管理研究会 2001 年学术年会综述

2001 年 12 月 5～8 日，中国高等教育管理研究会和海南师范学院联合在海口市召开了主题为“新世纪的高等教育管理”的学术年会。与会专家围绕以下问题进行了热烈讨论。

一、关于加入世界贸易组织对高等教育的影响和对策问题

与会专家认为，我国加入世界贸易组织，是在综合国力竞争加剧、经济全球化进程加快形势下的主动选择。加入世界贸易组织对我国的高等教育将产生一系列的影响，我们需要采取积极的对策，以抓住机遇，迎接挑战。

有专家指出，我国加入世界贸易组织不仅对经济体制的转型产生影响，而且也影响着文化教育的转型。要在国际竞争中居于主动，国民就应具有与之相适应的价值观念及素质，以及相应的生存方式：人要依靠其勤奋和创新能力生存；人要依靠其行为的理性化和制度化来不懈地追求社会成就。大学应担当起时代赋予的使命，充分发挥其在科学文化创新中的重要作用。

有专家认为，加入世界贸易组织，将对我国高等教育的若干基本政策产生重大影响。在新的形势下，高等教育仅传授知识已不能满足培养具有创新精神和实践能力人才的需要；仅重视科学主义也不能满足当今科学素养和人文精神协调发展的要求，仅注重专门职业化已不能适应科学技术高度综合化的发展趋势。当前，高等教育的课程评价政策以国家统一标准、统一大纲、统一教材、统一考试为主，这已不适应高等教育大众化的需求。因此，必须按照新的高等教育质量观调整高等教育评价政策。随着经济全球化步伐的加快，金融、资本、技术、知识、人才等生产要素将会跨国自由流动，我国高等教育管理以行政干预、直接管理为主的手段将被市场手段、法律手段所取代。根据世界贸易组织协议

① 本文原载于 2002 年第 3 期《教育研究》。

的规定，外资可以来我国投资办学或合作办学，这必将引起我国高等教育投资政策的变化，也将加剧我国高等教育市场的进一步分割。

加入世界贸易组织后，我国地方高等教育的发展问题也受到与会专家的关注。有的专家认为，入世对于我国地方高校来说，在面临人才争夺“战犹酣”、生源竞争“白热化”、部分毕业生“就业难”等挑战的同时，也有难得的机遇，主要包括能促进学校等级观念的改变，人才需求量的扩大必将促进地方高校的发展，“鲶鱼效应”将促进地方高校的改革，教育投入环境将有大幅度的改善，等等。

二、关于高等教育质量保证问题

高等教育质量保证问题是本次会议的主要议题之一。许多专家对高等教育从“精英教育”向“大众化教育”过渡中的质量问题表示出了极大的关注。

有的专家对高等学校的扩招进行了利弊分析，认为高校扩招有利有弊，但利大于弊。利是扩招带来的长期效益，弊仅是短期存在的负面影响，只要重视解决所出现的弊端，趋利避害，高等教育就会健康地发展。与会专家主张：树立高校全员的质量意识；建立健全高校内部质量保证和监控体系；变人才质量由高考入口控制为毕业离校出口控制。

有的专家指出，高等教育大众化必须以保证教学质量为前提。人才质量是学校教育价值最终的和具体的体现。影响人才质量最主要、最直接的因素就是学校的教学质量。在市场经济条件下，经济领域的“名牌效应”已在高等教育领域内迅速泛化。高等学校的教学质量备受考生、家长、企事业单位、政府、社会有关各界的关注，成为他们评价、认可、选择学校的基本依据。规模与质量是高等学校在发展过程中必须面对并且必须设法处理好的问题。没有质量的教育，规模再大也毫无意义，而且是巨大的浪费；只讲质量不讲规模的教育其效益必然不高，也很难持续发展；只有以质量为前提，教育的规模发展才有实际意义，才能持久。高等学校建立教学质量保证体系应解决以下几个问题：正确认识教学质量保证体系的主体、体制和机制；正确制定高等学校的发展战略；理性地思考和应答来自外部的信息；构建适合学校具体情况的教学管理与质量保证体系；全面提高教师与管理人员的综合素质。与会专家特别强调，提高教学质量的难点与关键是教师的教学水平和对教学工作的投入。

三、关于高校内部管理体制改革问题

20 世纪 80 年代以来，我国高等教育在积极推进管理体制改革的同时，也在积极地推进以人事分配制度改革为重点的高校内部管理体制改革。所以，高校内部管理体制改革有何新进展和新举措就成为许多与会专家关心的问题之一。

有一些专家认为，高等学校内部管理体制改革要遵循以下原则：

(1)以学科建设为原动力，推进高校的内部管理体制改革。

(2)深化人事分配制度的改革，推进高校的内部管理体制改革。

(3)把合理配置校内资源，作为高校内部管理体制改革的重要内容。

(4)以后勤社会化为突破口，建立高校新的后勤服务保障体系。

有专家指出，在高校内部管理体制改革中，人力资源管理存在以下问题：

(1)不承认管理人才的特殊性。

(2)认为高校管理干部应该“双肩挑”。

(3)将干部轮岗作为干部管理的主要手段。

(4)注重行政权力，疏于思想沟通。

(5)改革中缺乏政策的严肃性。

解决上述问题的关键，一是要更新观念，走出误区；二是要加大改革力度，进行制度创新。

有的专家提出，在新世纪，高等学校管理要加强人力资源的能力建设。人力资源能力建设不仅指人的一般能力的提升，还包括能力容量的扩展。人力资源能力建设是为应对经济全球化和新经济挑战的需要而提出的，具有鲜明的时代特色，已成为各国综合国力和发展潜力的关键因素，是当今世界各国都十分关注的课题，且被各国列为谋求在 21 世纪进行国际发展的基本战略。在高等学校加强人力资源的能力建设要做好以下几项工作：

(1)建立扁平化、知识创新型的组织结构。

(2)创设多元开放的高校组织文化。

(3)创建学习型社会，培育集体创造力。

四、关于高等教育管理中信息技术运用的现状和发展趋势问题

与会专家认为，随着信息技术的快速发展，网络大学和虚拟大学不断出现，这给教育带来了革命性变化。现代信息技术的发展实现了教育传播手段的革命性跃进，现代信息技术是加速高等教育发展的“特别快车”，现代信息技术在大学的应用将促使大学教育教学思想发生根本性变革。现代信息技术在教育中的应用有利于培养学生的主体性和开展个性化教育，这对传统的教育机构和教育模式提出了挑战。同时，现代信息技术也给教育带来一系列问题，如学生的集体观念、人与人之间的情感、社会能力的培养问题，新的单调性问题，教育平等问题，等等。

有的专家还指出，科学技术是一把“双刃剑”。随着信息技术的发展，人类自身的尊严将受到挑战。重视物质、忽视精神已对青少年构成严重的影响，如

何合理有效地利用网络？如何有效地鉴别、抵制不良信息？如何利用网络进行高校思想政治工作？这些都是高等教育管理者亟待加以研究的问题。

五、关于高等教育发展战略问题

有专家指出，未来10年我国高等教育能否确保"积极、持续、健康发展"战略的实施，关键在四个方面：一在于能否进一步坚持和发展在新理念、新举措下的科学结合；二在于能否适应国家经济结构的战略性调整，适时地做好人才培养结构的战略性调整，使高等专门人才的层次、科类结构与知识经济、信息革命和经济全球化条件下的国家现代化发展需求相适应，确保规模扩大与结构优化在动态中有机统一；三在于能否确保教育质量，能否确保规模扩大与质量提高的有效统一；四在于能否充分认识信息技术对教育产生的革命性影响，加速教育技术现代化和教育信息化进程，实现教育发展与教育变革的有机统一。

有的专家还提出，高等教育要适应新世纪发展的需要，应确立以"客户"为导向的教育理念。所谓以"客户"为导向的教育理念就是适应市场经济需要，把学生和社区作为"顾客"，提供满意服务的一种管理理念。在教育领域，这种满意是指教育服务机构为顾客提供如下的服务：适合学生需要的多层次课程设置、高质量的教师队伍、弹性的学制、丰富而多样的教学资料、完善的注册制度、环境优美的学习环境、高度而广泛的参与决策机制、学校良好的社会声誉、看好的就业出路等。

高校战略管理研究述评与思考①

目前，我国高等教育正处于多样化时代和利益相关者时代。所谓“多样化时代”是指高等教育处于精英教育和大众教育并行的阶段，不仅高等教育的办学形式、办学理念、评价标准存在着多样性，而且高等教育的投资来源、经营方式也呈现出多元性。所谓“利益相关者时代”是指高等学校办学主体的生存和发展环境与其他利益主体的关系日益复杂化，由原来的各种隶属关系甚至对立关系发展成为一种战略合作伙伴关系。在这种背景下，高等教育的发展就面临着与计划经济体制环境截然不同的发展模式，高等学校作为办学主体就不得不重新确认自身的价值，寻找优势，以适应时代的需要。因此，战略管理就成为当代高等教育发展的重要手段和工具。

从总体上来说，我国高等教育在经历了管理体制的重大变革之后，在“巩固、深化、提高、发展”方针的指导下，高等教育从整体上保持了快速发展的势头，实现了从精英教育向大众教育的过渡。同时，高等学校作为办学实体正在适应市场经济对高等学校的严峻挑战。在“十五”期间，众多高等学校已经制定了各自的发展战略规划，在“十一五”到来的时候，许多高等学校已经在重新审视自己的发展战略，以谋求更大的发展。准确定位、寻找特色已经成为高等学校各个层面关注的话题。

“战略”一词对于高等学校领导而言可谓耳熟能详，对高等学校如何进行战略管理，如何使自己的高等学校在一定时期内凝聚各方面的力量、保持良好的发展势头，都始终是高校领导普遍关注与致力探讨的问题，因为战略管理是高等学校在面临环境重大变化之后所采取的一项变革性的举动。本文针对当前高等学校进行战略管理的理论研究现状和实际，就以下问题进行讨论，以期引起大家的重视，来共同推动高等学校的健康发展。

---

① 本文原载于《辽宁教育研究》2007年第10期。

一、高校战略管理研究回顾

在国内，虽然关于高校战略管理研究是一个比较新的研究领域，甚至可以说是高等教育管理界涉足较晚的一个领域，但近些年来，无论是高校还是主管部门，都普遍强调和重视高校制定发展战略规划工作，并将其视为促进学校管理迈上新台阶、实现可持续发展的重要一环。回顾已有的研究文献，主要集中于以下几个方面：

（一）关于何谓战略管理概念的研究

关于什么是战略管理的问题几乎没有什么分歧。一般认为，战略管理是指组织为了长期的生存和发展，在充分分析组织外部环境和内部条件的基础上，确定和选择组织战略目标，并针对目标的落实和实现进行谋划，进而依靠组织内部能力将这种谋划和决策付诸实施，以及在实施过程中进行评估与控制的一个动态管理过程。刘向兵、李立国所著的《对高校实施战略管理的思考》一文认为，战略管理包含三个环节：战略规划、战略实施和战略评价。① 刘献君教授认为战略管理的关键点为：外向性是战略的主要特点，定位是战略的核心，舍弃是战略的精髓，战略实施是战略管理的主体。高校战略管理的基本特征是：复杂性、灵活性、差异性。② 刘克利、钟志华教授认为，高校战略管理既是一种现代管理理念，又是一种新的管理方式，更是一个动态管理过程，具有综合性、长期性、导向性等特点。③

在关于高校实施战略管理的意义方面，学者们的认识是一致的。在国际化背景下，大学战略规划与战略管理不仅关系到大学的生存，更关系到大学的发展。大学战略规划与战略管理的意义在于促进大学明确办学方向，更快地提高办学水平，实现跨越式发展；增强大学适应复杂和快速变化的环境的能力，积极应对激烈竞争，实现大学的使命。

（二）关于大学校长与战略的研究

关于此方面的研究主要分为两类：一类是理论研究，另一类是工作研究。

在理论研究方面，刘献君教授曾经专门撰文阐述大学校长重视战略的重要性和大学校长在战略管理中应关注的问题，并提出要把战略实施作为战略管理

---

① 参见中国高教学会高教管理分会秘书处编著：《2005 中国高等教育管理现实与理想：科学发展观专辑》，中国传媒大学出版社 2005 年版，第 200 页。

② 参见刘献君：《论高校战略管理》，《高等教育研究》2006 年第 2 期。

③ 参见刘克利、钟志华：《推进战略管理实现科学发展》，《中国高等教育》2007 年第 3～4 期。

的主体，将提高教育质量作为学校的核心战略，将经费的筹措、规划放在战略管理的突出地位，战略规划应该多样化，学校战略要体现校长的信仰、理念等。[①]李培根教授以华中科技大学发展历程中的几位校长为例，分别论述了大学校长对大学发展战略的把握和推进：在战略把握方面，大学的目标在某种程度上是校长理想的体现；办学理念是治校的大政方针；学校的文化是一所大学的魂，是出人才的重要条件；学术生态的多样性、生态链和环境气候使得学校生态繁荣，并维系和谐，而贯穿始终的是具有前瞻性的学校发展重点的选择；在战略推进方面，要超越现实、捕捉机遇、不断跟进、重构、善于协调。[②]

关于工作方面的研究，主要体现在教育部2004年举办的中外大学校长论坛上，其中围绕"大学发展战略规划"这一主题，国内外大学校长分别介绍了自己所在学校的情况。如英国牛津大学第一副校长威廉姆·麦克米伦介绍了牛津大学的《21世纪大学的学术战略》，主要涉及以下几个问题：为谁制定学术战略、何时制定学术战略、为什么制定学术战略、学术战略包括的内容和学术战略是如何制定的。主要有三个方面的内容，即职责、资源和范围。[③] 另外，伦敦政治经济学院院长霍华德·戴维斯介绍了《制定21世纪大学的发展战略规划》，主要内容是大学制定计划必须考虑高等教育参照环境的变化，当代大学中各相关利益群体的期望的变化，以及制定战略规划要遵循六个步骤，即决策体系、在核心价值观上达成共识、必须实事求是地理解院校本身的优势和弱点、明确自由度、明确表述和沟通、实施和监督。[④]

（三）关于对国外高校战略管理的研究

战略管理是一个完整的过程，它包括战略规划、战略实施和战略评价，越来越多的专家将战略规划视为当今大学实施战略管理的重要组成部分和必要手段。在他们看来，战略规划与其说是一个文本(Strategic Plan)，不如说是一个过程(Strategic Planning)。这一过程既是影响管理行为的各方意志输入、体现的过程，也是大学各种资源重新分配和整合的过程。

目前，多数高等学校的战略管理停留在战略规划阶段或已经进入到战略实施阶段，所以在研究领域内，对于战略管理的研究和介绍始于20世纪90年代之后，主要集中于最近几年。介绍国外战略管理的文章主要集中在美国、英国

---

① 参见刘献君：《大学校长与战略》，《高等教育研究》2006年第6期。

② 参见李培根：《大学校长之战略把握与推进》，《高等教育研究》2006年第7期。

③ 参见教育部中外大学校长论坛领导小组：《中外大学校长论坛文集》第二辑，中国人民大学出版社2004年版，第135～177页。

④ 参见教育部中外大学校长论坛领导小组：《中外大学校长论坛文集》第二辑，中国人民大学出版社2004年版，第135～177页。

等发达国家,介绍的内容也是战略规划偏多,散见于各种期刊上。介绍国外战略管理完整过程的文章亦有一些,如刘念才教授在编译的《英国高等学校战略规划指南》中就对战略规划循环进行了总体描述,并对战略规划循环中的规划、形成规划文件以及规划的实施与监控作了详细介绍;在《美英高校规划工作概况及文献资料简介》中对美英高等教育规划的发展阶段和规划程序与内容(如环境评估、战略规划、专项规划、操作性行动计划、规划的实施、规划的监控等过程)分别加以阐述,并提出了美英高校规划的经验借鉴。还有学者以国外高校为例,对高校战略管理加以介绍。如湛毅青、彭省临教授以美国爱荷华州立大学为例,对其 2005～2010 年度规划编制工作的组织、规划文本形式、规划有效实施的措施等各环节进行了介绍①;张弛副研究员以美国威斯康星麦迪逊大学为例,对美国研究型大学的战略规划工作作了探析,介绍了麦大战略规划工作的基础和背景,分析了麦大战略规划的内容及特点以及麦大战略规划工作的组织体系和过程。②

二、对高校战略管理的几点思考

战略管理对于国内大多数管理者来说是一个崭新的领域,所以现有的研究文献对人们初步认识战略管理具有重要的价值和意义。但是,现有的研究是零碎的甚至是稀少的,还不能从根本上解除人们对高等学校实施战略管理的各种顾虑,因此很有必要从理论和实践上弄清以下问题:高校战略管理如何追求卓越?战略规划重要还是战略实施重要?战略管理的目光应放在什么地方?实施战略管理的最终结果是什么?

(一)从追求传统的齐头并进转为有选择地追求卓越

对任何国家、任何高校来说,高等教育资源总是稀缺的。在资源有限的情况下,高校的战略管理怎样突出战略重点、将有限的资源运用到学校发展的关键领域,是高校领导必须思考并进行抉择的问题。

耶鲁大学在莱文校长的带领下,于 1998 年制定了耶鲁大学的十年发展规划。耶鲁大学深入分析了学校的使命与价值,系统评价了学校的优势与不足,确立了战略选择的两个基本原则,即有选择地追求卓越和依托强势学科带动交叉学科发展的规划原则。尽管耶鲁大学是美国最富有的大学之一,但仍缺乏足够的资源来支撑所有学科的发展,因此必须有选择地追求卓越。通过强势学科

---

① 参见湛毅青、彭省临:《美国高校战略规划的编制与实施研究——以爱荷华州立大学为例》,《现代大学教育》2007 年第 4 期。

② 参见张弛:《美国研究型大学战略规划工作探析》,《高等教育研究》2005 年第 10 期。

带动发展交叉学科，不仅可以培育新的学科增长点，而且能够快速提升新兴、交叉学科的水平。

密歇根大学在学校发展战略规划的制定中亦追求“有选择性的卓越”。据柯尔曼校长介绍，即使是像密歇根大学这样的世界一流大学也不可能在所有的领域都保持领先，唯一可行的就是让大多数学科保持在世界先进水平，而在一些关键领域努力争取世界领先。根据这一原则，密歇根大学在几年前就根据自身的情况，在经过充分论证的基础上，确定了生命科学和能源领域为未来学校发展的重点。

对我国这样一个发展中的高等教育大国来说，高等教育资源更是稀缺。因此高校在制定战略规划时，必须根据自身的基础条件找准位置，明确定位，解决好“建设一个什么样的高校”和“怎样建设这样高校”的问题。通过制定充分发挥自身优势与特色的战略规划，提高高校的核心竞争力，实现可持续发展的目标。

(二)从重视高校战略规划转向重视战略管理

高校发展战略规划为学校未来的发展绘制了蓝图，而只有战略规划的实施才能将蓝图变为现实。但在高校中普遍存在的问题是重视规划的制定，轻视规划的实施及相应的评价、监控等工作。这是发展战略规划没有在高校的改革发展中发挥应有作用的重要原因。

我们知道，战略管理是通过战略规划的制定、战略规划的实施和战略规划实施的评价实现组织目标，并超越不同职能的决策方案的艺术和科学。所谓科学就是战略管理包含一个完整的过程，即战略规划的制定、战略规划的实施和战略规划实施的评价。所谓艺术就是指组织的领导者是否善于运用战略管理的原理，妥善处理组织所遇到的各种难题，因此就有一个运用是否得当的问题。①

耶鲁大学制定战略规划之后，每两年对规划的执行情况进行评估检查，并根据形势的变化对规划进行必要的修改和完善。以规划中的国际化目标为例，1998 年耶鲁大学制定规划时的目标是扩大对本科留学生的资助和建立未来领导人奖学金计划，2000 年检查评估后增加了建立全球化研究中心和设立国际化研究方面的交叉学科教席等目标，2002 年评估检查后又增加了设立国际事务办公室的目标。

密歇根大学在战略规划的执行过程中，全员上下紧紧围绕规划的目标和内

① 参见张婕：《高等学校战略管理的若干基本问题》，《教育研究》2006 年第 11 期。

容而工作。由于在战略规划中生命科学和能源领域确定为未来学校发展的重点，因此在执行中密歇根大学将由学校控制的经费（占预算总额的4%）基本投入到这两个领域。据了解，新成立的生命科学学院由柯尔曼校长直接管理，并委任了专门的校长助理负责该学院的具体联系，并注重在能源等学科领域的有效投入和调整，使得密歇根大学在这两个领域形成了学科有效交叉的良好发展态势，从而保证了密歇根大学在今后世界科技发展的关键领域始终处于领先地位。

目前，大多数高等学校都把注意力放在了战略规划上面，与过去相比这无疑是一个巨大进步。但是，没有具体的实施措施，一切就是空谈。战略实施就是执行。所谓执行就是更为有效、更为仔细、更为注重细节地完成某项工作。当前，作为独立的法人代表，高等学校必须面对市场的各种挑战，必须去满足不同利益群体对高等学校的要求，通过实施来达成目标。战略实施的过程实际上也是组织作出战略性选择的过程。

对于高等学校来说，战略性选择包括对战略模式的选择、对资源配置重点的选择、对组织人员的选择和对组织文化的选择。战略模式的选择包括：是选择相对优势战略，还是核心竞争力战略。资源配置重点的选择包括：是重视长线专业，还是重视短线专业；是重视现有的优势学科，还是未来具有发展潜力的学科。组织人员的选择包括：是否改变组织的人员配备，是否改变组织的机制和机构等。组织文化的选择包括：是否建立新的组织文化观念，是否保留原有的组织建制等。虽然战略性选择包括上述四个因素，但是，在现实中组织文化的选择应该是所有高等学校关注的重要问题之一，其原因在于战略决策的出台往往是建立在对组织文化的选择，尤其是一个高等学校共享价值观念的重新塑造和形成的过程。它对于其他几个战略性选择具有决定性影响。只有组织的文化注入了新的活力，那么战略实施才会有思想基础。有了共同的价值基础，资源配置、组织人员配备以及战略模式的选择就比较容易落实。

（三）从关注大学自身发展到关注大学利益相关者

战略管理是一个系统工程，它涉及大学的方方面面。战略不仅是大学校长一个人的事情，而是大学所有相关者的大事。我们在前面已经提到，高等教育已经进入到利益相关者时代。有的学者把大学的利益相关者划分为三类：权威利益相关者——教师、学生、出资者、政府等；潜在利益相关者——校友、捐赠者和立法机构；第三层利益相关者——市民、媒体、企业界、银行等。[①] 笔者认为，

① 参见胡赤弟：《高等教育中的利益相关者分析》，《教育研究》2005年第3期。

这种分类有其合理性，具有启发意义。结合中国的国情，本文认为大学的“利益相关者”主要包含三个方面的关系：政府、出资者(校友、捐赠者)；市场(市民、企业界、银行、媒体等)；高等学校(教师、学生、管理者)。要使高等学校办学主体与其他利益主体发展成为一种战略合作伙伴关系，就要实践“以人为本”的办学理念。

如密歇根大学就非常推崇“以人为本”的办学理念，而且在实际工作中进行了非常好的贯彻。密歇根大学将创办一流高水平大学作为办学目标，把优秀的教授和研究人员队伍视为办学的最重要条件。在密歇根大学，学校的各级领导和各个部门都把促进学生的自由充分发展作为办学的核心价值追求，有强烈的为学生服务的意识，重视学生的评估、反馈，确保教学水平，对学生实行全程及跟踪的关怀，努力为学生的个性化发展积极创造条件，把关心学生诉求以及实现对学生创新能力的培养落在实处。作为一所公立学校，密歇根大学虽然招收的许多学生并不是出身于上流社会和富裕家庭，但该大学的基金已达 51 亿美元，居全美高校第五位，在美国公立高校中名列第一，这其中绝大部分都是由校友捐赠的。究其原因，就是因为密歇根大学始终坚持以学生为本，重视感情投资，给学生提供使他们终身不忘并永远热爱学校的事件和环境，才使得密歇根大学与校友建立并保持了广泛的联系，拥有四十万之众的校友队伍，而且校友积极支持学校的发展，乐于向学校捐款，成为了办学的重要资源。密歇根大学的“以人为本”还表现在其把优秀的教授和研究人员队伍视为办学的最重要条件。教师处于学生培养的前沿，是学校高水平成果的主要创造者，他们塑造了学校的学术声誉和公众形象，为学校贡献新的思想和发展思路。师资队伍是决定大学综合实力的关键性因素，一流人才是高水平研究型大学的办学成功之本。教师队伍的建设不仅是要提供良好的科研条件、实验装置及较丰厚的收入，更重要的是要充分体现以教师为本的一种文化，尊重他们的创造，尊重他们的意愿，在学校的重大事务中充分发挥他们的作用，在他们当中形成自我管理、自我约束的机制，并努力形成使教师真正感觉到他们是学校主人的文化。①

我们认为，中国高等教育管理范式将从中央集中管理范式向地方化管理范式过渡，最终将走向“利益相关者管理”范式。“利益相关者管理”范式的核心在于建立各种利益群体之间的伙伴关系，这是区别于过去任何一种管理范式的主要特征。所以，无论是中央集中管理范式，还是高等教育地方化范式，都应树立以人为本的理念，相互信任，共同发展，最终达到双赢的目的。

---

① 参见张婕、陈江锋：《美国密西根大学的办学经验及其启示》，《国家教育行政学院学报》2006 年第 10 期。

特色大学建设与战略管理[①]

——C 大学战略规划与实施案例研究

2009 年上半年,全国 2000 多所高等学校进行了针对科学发展观的实践活动,这不仅是政治形势的要求,也是高等学校自身实现科学发展的内在需要。在针对科学发展观的实践活动中,许多高等学校都再一次围绕着“建设一所什么样的大学”和“如何建设这所大学”这两个根本性的问题进行了深入的思考和研究,应该说,各高校对于自己要办成什么样的大学是明确的。然而,对于在如何达成自己的发展目标的过程中遇到的问题虽然有共同之处,但由于各个高等学校的历史条件和传统不同,学科发展的基础迥异,因而在发展的路径上大异其趣。

根据笔者观察,目前,全国普通高等学校面临的突出问题是:如何在办出特色的基础之上,实现高水平的目标。因此,在当下认真思考并回顾大学建设的发展历程,从战略管理的角度研究大学发展就成了一个迫切的问题。本文从我国高等教育建设发展的视角,以一个行业特色型大学的战略规划和实施为案例进行剖析,以期对我国高等学校的建设有所启示。

一、C 大学战略规划管理的背景

(一)高等学校的发展更加趋于理性化

20 世纪末至 21 世纪初,我国的高等教育建设经历了一个突变时期,人们对这段历史的发展也经历了从非理性甚至盲从逐渐到理性的发展历程。1998 年高等教育的扩招成为高等教育快速前行的重要航标。高等学校招生规模的扩张为高等教育发展进入新的发展时期奠定了基础。从 2003 年开始,我国高等教育建设进入了一个新的发展阶段——大众化阶段。对于大众化阶段的高等

① 本文原载于《大学》(学术版)2009 年第 10 期。

学校如何建设，无论是教育主管部门，还是高等学校自身都经历了一个“摸着石头过河”的探索阶段。

首先，政府对于高等教育建设和发展的认识逐渐趋于理性。1993 年《中国教育改革和发展纲要》提出了建设“211 工程”的目标，时隔 5 年，在 1998 年(恰逢北京大学 100 周年校庆)科教兴国战略得以实施，国家开始建设“985 工程”，计划连续 3 年拿出中央财政收入的 1%作为建设“世界一流大学”的资金，重点支持部分高校创建世界一流大学和高水平大学，这反映了国家提高我国高等教育水平的决心。2000 年前后，高等教育管理体制的调整为高等学校的发展提供了一个新的机遇，众多高等学校在政府政策的指导下合并了一些学校，学科更加齐全，综合实力更加雄厚，但是也引起了一些误导：似乎只有“大而全”才是好学校。因此，在接下来的几年中，“综合性”“研究型”“世界一流大学”成为国内很多高校追求的目标。但是，我国仍是一个发展中国家，经济基础还不雄厚，资源极其有限，还不足以全面支撑庞大的高等教育系统。因而，并不是所有的大学都适合以“世界一流大学”为目标，各大学也不应都追求同样的目标。况且每所大学都有自己的创建背景，有自己的历史传统，有自己的发展基础。因此，各高校的发展需要根据自己的条件，发展成为“有特色”的大学。2009 年召开的第 19 次直属高等学校咨询会议正式把“有特色、高水平”作为大会的主题口号，向社会发出了这样一个信息：高等教育强国需要高水平的大学，而高水平的大学是有特色的大学。这其实就是告诉社会，一流大学的建设是一个漫长的实践过程，中国高等教育的发展必须符合中国的国情，也必须适应国际高等教育发展的规律。一流体现在高水平上，任何大学都可以在自己的层次上创造自己的一流业绩。

其次，高等学校对于大学如何建设的认识也开始趋向理性和清晰。俗话说：“不想当将军的士兵不是好士兵。”同样，不想当一名一流大学校长的管理者也不是优秀的管理者。但是，现实是，高等教育是一项昂贵的事业，没有充足的资源，要办好大学就不是一件容易的事。大学都希望自己能够不断发展壮大，做大做强，成为综合性的一流大学。愿望是良好的，但资源是有限的，大学的战略发展需要突出战略重点，将有限的资源运用到学校发展的关键领域，“有选择地追求卓越”才是大学发展的有效策略。经过 30 多年的改革开放，国际交流和合作使更多的大学管理者，特别是教育主管部门和高等学校的领导者逐步认识到：高等学校要实现跨越式发展，战略管理是一个关键环节。正如有的学者指出的那样：我国高等教育经过大众化的快速发展，正在从高等教育大国向高等教育强国迈进，大学的战略管理已成为当代高等教育发展的重要手段和工具。[①] 在国际上，已有一些大学成功地实施了这个策略。

例如，耶鲁大学在1998年制定了耶鲁大学的十年发展规划，通过深入分析学校的使命与价值，并系统评价学校的优势与不足，确立了战略选择的两个基本原则，即有选择地追求卓越原则和依托强势学科带动交叉学科发展的规划原则。尽管耶鲁大学是美国最富有的大学之一，但仍缺乏足够的资源来支撑所有学科的发展，必须有选择地追求卓越。通过强势学科的带动发展交叉学科，不仅可以培育新的学科增长点，而且能够快速提升新兴学科、交叉学科的水平。

同样，密歇根大学在学校发展战略规划的制定中，亦追求"有选择性的卓越"。据柯尔曼校长介绍，即使是像密歇根大学这样的世界一流大学，也不可能在所有领域都保持领先，唯一可行的就是让大多数学科保持在世界先进水平，而在一些关键领域努力争取世界领先。根据这一原则，几年前，密歇根大学根据自身的情况，在经过充分论证的基础上，确定了生命科学和能源领域为未来学校发展的重点。

(二)C大学的基本现状

C大学是教育部直属的国家"211工程"重点建设大学。C大学在2004年之前归属国家广电总局管理，以培养广播电视人才为主要任务。建校50多年来，学校培养了大批广播电视领域的高层次人才，为党和国家的传媒事业以及经济社会的发展做出了重要贡献，被誉为"中国广播电视人才摇篮""信息传播领域的知名学府"。由于带有鲜明的行业特色，这自然也形成了学校在传媒发展领域的优势和特色。

在学科建设方面，C大学形成了以新闻传播、广播影视艺术、信息科学与技术为龙头，文学、工学、管理学、法学、经济学、理学等多学科协调发展、相互交叉渗透的学科体系。目前，学校设有14个学院，拥有新闻学、广播电视艺术学2个国家重点学科，1个国家重点培育学科，4个北京市重点学科，4个博士后科研流动站，24个博士点，48个硕士点，3个专业硕士类别，78个本科专业。

二、C大学战略规划的制定

战略管理是指组织为了长期的生存和发展，在充分分析组织外部环境和内部条件的基础上，确定和选择组织战略目标，并针对目标的落实和实现进行谋划，进而依靠组织内部能力将这种谋划和决策付诸实施，以及在实施过程中进

① 参见张婕、王保华：《高校战略管理研究述评与思考》，《辽宁教育研究》2007年第10期。

行评估与控制的一个动态管理过程。刘向兵和李立国在其合著的《对高校实施战略管理的思考》一文中认为，战略管理包含三个环节：战略规划、战略实施、战略评价。[①] 战略管理以科学理性的战略规划为基础，同时有一套确保战略规划贯彻实施的具体政策和措施，还有一套自我监测和评价的体系，以对规划的实施进行监控包括必要的调整。

(一)通过 SWOT 分析，确定 C 大学为传播领域培养骨干人才的特色

许涛在其所著的《问题解决型战略与世界一流大学创建》一文中提出，制定战略规划的第一步是进行 SWOT 分析，即调查学校的内外部环境，分析学校所处的优势(strength)、劣势(weakness)、机遇(opportunity)、风险(threat)。[②]

1. 现代传媒的迅速发展为 C 大学带来的机遇和挑战

现代传媒在技术上和内容上都快速发展，正在深刻地影响着现代人的生活方式。同时，大众传媒将从卖方市场进入买方市场，传媒业竞争日趋激烈。为准确的服务对象提供优质的媒介内容将是未来传媒业的竞争重点，依托大众传媒发展文化产业是未来产业结构调整的方向之一。国家扶持和鼓励有条件的高校整合相关学科资源，集中开展文化事业、文化产业重大理论和现实问题研究，为先进文化建设服务。到“十一五”末，文化创意产业将成为首都经济的支柱产业。

2. 高等教育发展带来的机遇与挑战

我国进入了高等教育大众化阶段，面临着工作重心的转移，即由外延扩展为主转向以内涵发展为主。围绕内涵发展，高等学校要明确自身定位，办出特色；要在教学质量、科研质量和社会服务质量上苦练内功；要改革与现代大学不相适应的管理模式和运行机制，建立符合现代大学组织特点和功能的先进制度。

传媒类高等教育的格局正在发生重大变化。当前，众多国内外知名院校涉足传媒高等教育领域，竞争版图悄然变化，C 大学“一枝独秀”的领先地位已经受到动摇。以新闻学为例，1994 年以前，全国新闻学类专业点共有 66 个；到 2005 年专业点已达 661 个，硕士点约 80 个，博士点 11 个。

C 大学必须适应高等教育由外延扩展向内涵发展的战略转型，紧紧抓住“211 工程”二期建设和“质量工程”的契机，围绕内涵发展的关键因素和核心内容，提升办学质量、学术水平和综合实力。因此，C 大学在国家传媒事业发展中

① 参见中国高教学会高教管理分会秘书处编著：《2005 中国高等教育管理现实与理想：科学发展观专辑》，中国传媒大学出版社 2005 年版，第 200 页。

② 参见刘献君主编：《中国院校研究案例》，华中科技大学出版社 2009 年版，第 206 页。

肩负着重要的历史使命，必须站在国内外高等教育变革和传媒业、文化产业发展的前沿，未雨绸缪，潜心规划学校的发展。

3. C 大学的优势

我国传播业高速发展的外部环境，对人才、科研、智力服务产生了巨大需求空间，为 C 大学提供了广阔的发展舞台。传播业作为新世纪的朝阳产业是社会生产力发展至今天的必然结果，并成为渗透在社会各个行业中最为活跃的生产要素。C 大学一直坚持为传播领域培养骨干人才，这已凝练成为学校最主要的办学特色。

C 大学多年来面向传媒业开放办学，与传媒业界特别是广播电视业界保持鱼水相依的紧密联系。划归教育部直属以后，仍由教育部和国家新闻出版广电总局实施两期共建，国家新闻出版广电总局、新华社、人民日报社作为学校董事会的领导为 C 大学的工作提供了多方面的支持。C 大学的各个部门、师资与管理队伍都与传媒业界保持密切往来，保持了教学与实践相结合、科研与业界运行相结合、人才培养与社会需求相结合的优良传统。

C 大学基本建立了以信息传播为特色的组织和学科架构。多年来在没有国内外经验可借鉴的情况下，根据传媒业发展需要，首创了一批专业，打造了一批具有鲜明特色的优势学科，形成了以优势、特色学科专业为骨干，围绕传媒领域，文、理、工、法、管理、经济多学科发展的格局。

C 大学 50 余年的发展形成了社会公认的品牌效应，在国内外的知名度和美誉度不断提升。50 年校庆时，学校更名为 C 大学，标志着从“广播影视教育”扩展到“传媒教育”，实现了从行业性专业学院向传媒领域多学科大学的重大转变，更是国家对该校五十年励精图治、贡献社会的高度认可。新的品牌将会吸纳更加丰富的优质教育资源，为学校发展注入新的动力。

4. 学校的劣势

历史基础薄弱与现实快速发展导致了 C 大学办学上的局促和紧张。历史上，C 大学是单科行业性院校，在特定历史时期为我国广播电视事业的发展提供了人才保障和智力支持，但是却不足以支撑现代传媒业对人才培养和科学研究的需求。C 大学已初步建立起了适应未来传媒业发展的学科专业体系，但是内涵的充实提高却任重道远。

C 大学教育教学改革和人才培养模式创新的力度不够；国内外知名学者、高水平中青年学术带头人较少，教师队伍的整体素质有待提高；处于国内领先水平的学科较少，学术力量较为分散，存在部门本位主义现象，学科专业结构需要进一步调整和理顺；科研整体实力有待加强，有重大影响的标志性成果不多；学风、教风和校风方面的某些问题比较突出。

C大学校内管理体制和运行机制改革需要进一步深化;依法治校、民主管理、教授治学等方面的制度建设需要进一步推进;财务、资产、后勤、产业等方面的管理需要加强,资源紧张与资源浪费现象并存;社会服务能力较弱,经费来源渠道较窄,办学条件不足与规模扩大的矛盾还较突出。

(二)调研分析,确定了"世界知名高水平传媒大学"的发展定位

鉴于以上事实,C大学进行了调研分析。调研主要分校内和校外两个方面:

首先是分析了C大学在国内外的多个大型排行榜中的排名,分别从国内排名、国际排名、学科排名三方面对C大学的发展水平和地位进行了客观的分析,正确认识了学校的现实位置和未来发展定位。通过大学排名榜,明确了C大学与世界一流大学的差距,与国内综合性大学的差距,发现了C大学在学科发展方面的优势。同时,在校内对多个部门(文科科研处、科技处、学科办、财务处、教务处、国际交流与合作处、研究生院、人事处)进行了走访,就学校发展目标定位和规划草案基础数据广泛征集了各单位的建议。

通过综合分析,学校管理者确定了学校建设"世界知名高水平传媒大学"发展定位。这一定位既反映了学校的"传媒"特色,也确定了学校发展目标是"世界知名高水平"。定位突出了学校的特色,体现了学校"有选择地追求卓越"的指导思想,在传媒领域做到"世界知名高水平"。

同时,根据学校的发展定位,学校管理者又确立了C大学"十一五"期间的基本定位是:

(1)办学类型定位:教学研究型大学。

(2)人才培养目标定位:培养具有强烈社会责任感和国际视野,基础扎实、实践能力和创新能力强的传媒领域精英人才。

(3)学科结构定位:以新闻传播学、艺术学、信息与通信工程为重点,文、工、管、经、法、理、教等多学科协调发展。

(4)人才培养层次定位:突出本科教育的主体地位,稳步发展研究生教育。

(5)服务面向定位:立足广播影视行业,为传媒、文化及相关事业和产业服务,为国家及地方经济社会发展服务。

(三)制定规划,确定发展重点和具体措施

根据确定的学校发展目标和基础定位,学校管理者制定了学校的"十一五"规划,将学校的发展重点确定为提高人才培养质量、优化学科布局结构、提升整体教师水平、构建现代大学制度,同时还确定了C大学的具体发展目标及具体

措施。

随后，围绕发展规划初稿召开了7场不同范围的座谈会，包括职能部门负责人座谈会、学院院长座谈会、教代会代表座谈会、离任老领导和博士生导师座谈会、中青年骨干教师座谈会、硕士生和博士生座谈会、本科生座谈会。在汇总各方面意见和建议的基础上，经过修改与完善，提出了《C大学"十一五"发展规划》。

三、C大学战略规划的实施与监控

高校发展战略规划为学校的未来发展绘制了蓝图，而"战略实施是战略管理的主体"[①]，在实施过程中，战略规划的监控是极其重要的一步。C大学的战略规划的监控主要有三种形式：任务分解、年度发展报告和中期检查。

（一）任务分解，将规划任务落实到具体的部门和领导

C大学的"十一五"发展规划确定了学校各项事业发展的具体目标，指明了全校努力的方向。为了落实各项发展任务，确保各项目标的按时完成，C大学将规划中具体的目标和措施进行了分解。每一项任务都有明确的负责人，具体的组织实施的单位和协助完成的部门。

通过任务分解，使得发展规划的目标和措施都有人负责、有单位实施，也使各单位和部门明确了自己在"十一五"发展规划中承担的任务，将本单位的日常工作与学校的发展规划相关联，为发展规划目标的实现做出自己的贡献。

（二）年度发展报告

在C大学"十一五"发展规划通过的第二年，学校发展战略研究中心就以年度发展报告的形式，对发展规划的实施情况进行了监控。

编写和发布年度发展报告是学校进行战略管理，对战略规划实施过程进行检查总结、监控评价的手段之一。本着"记载大事、反映变化、分析问题、展望未来"的宗旨，学校年度发展报告力图使学校领导、中层干部和广大师生对学校的发展规划进程有一个清晰的认识和科学的判断，从而找准下一步工作的着力点，推进学校战略规划的进一步落实。

《年度发展报告(2007)》立足于我国宏观高等教育背景和学校发展大局，从背景、现状、问题等多个角度，以概况评述、政策解读、横向比较、数据点评等方式，客观描述和评价了该校在2007年的整体发展状况，并对学校未来改革和发展提出了建设性的意见和建议。

---

① 刘献君：《论高校战略管理》，《高等教育研究》2006年第2期。

《年度发展报告(2007)》分为三部分：第一部分为2007年中国高等教育的发展状况和C大学的大事和政策文本概要分析。第二部分则分别从办学条件、师资队伍、教学、科研、社会服务、国际交流与合作等多个方面对学校在2007年的发展状况进行了适当的、定量的系统描述，对取得的成绩和存在的问题进行分析，同时为了更好地审视学校的发展水平，选择了部分兄弟院校进行了横向比较，在比较中找出了学校发展的优势和不足。第三部分立足于对高等教育宏观发展背景和学校发展环境的分析，展望未来趋势。

《年度发展报告(2007)》涵盖了学校工作的各个方面，对"十一五"规划第二年的工作做了全方位、立体式的检查和回顾，及时反映了在规划执行过程中出现的问题，为学校相关部门和人员提供了权威、全面的资讯和评述，反映了学校发展动态及潜在问题，分析了未来发展方向。该报告对学校改革与发展的前沿问题进行了深入探讨，亦对成果和不足及未来改革趋势做了总结和分析，并结合学校改革与发展的需要，有针对性地提出了措施建议。

(三)中期检查

在战略管理过程中，需要对规划执行情况进行检查，及时掌握发展规划的实施和执行情况，确保发展规划事业发展目标的实现。在"十一五"规划执行的第四年，C大学就对发展规划进行了中期检查。

在中期检查过程中，首先要求学校各单位和部门根据《C大学"十一五"发展规划》任务分解，自查本单位的执行情况，对照规划的重要指标、重要任务分析完成情况，并就规划任务实施中的面临的困难、问题及原因作出分析，提出下面两年落实规划的对策与建议。

依据各单位的自查报告，学校对各部门的工作进行检查，听取各单位的意见和建议，最终形成了《C大学"十一五"发展规划中期检查报告》。

实施"十一五"发展规划后，C大学在事业规模、教学工作、科研工作、学科建设、教师队伍和国际交流等方面，围绕着既定目标，重点抓住落实，各项指标的完成进度良好，有些指标提前甚至超额完成，但也有一些层次较高的发展目标还需加大力度，力争在预定时间内完成，如教学工作、教师队伍建设、科研工作、学科建设等。

中期检查分析了各部门工作中存在的困难和问题，总结了规划实施中的经验和不足，提出了下一步实施过程中应注意的问题。

通过中期检查，C大学切实掌握了"十一五"规划的目标完成情况，并总结了规划前半期实施中的经验和不足，促进了规划后半期的顺利实施，确保了规划目标的实现。

四、C大学战略规划与实施对中国大学建设的启示

(一)大学有选择追求卓越和重视品牌建设的过程实际上是大学管理者成熟的表现

在C大学战略规划的制订过程中,学校领导者的自觉意识非常突出和重要。因为资源是有限的,大学自身的优势,尤其作为一所行业特色型大学,与其他综合性大学相比显得比较单薄。具体来说,一是历史积淀没有综合性大学深厚。一般来说,综合性大学有很多具有百年的历史,而C大学建校仅50多年。二是学科的优势相对比较单一,综合性大学学科门类齐全,学科发育比较成熟,而C大学的学科主要集中在1～2个学科领域。因此,朝综合方向发展,不是没有可能,而是经济条件和人力储备不足,无法在短时间内实现其发展目标。所以,在发展过程中,如何保持传统优势仍然是一个不容忽视的问题。也就是说,我们不可能得全能冠军,但可以在单项方面拿到冠军,保持领先地位,这仍然需要作出抉择和判断,特别是要付出相当人的努力。这一方面需要领导者平和的心态、清醒的认识,另一方面需要打破社会盲目的从众心理和急功近利的功绩观念。

(二)大学建设趋于理性和科学发展需要高等教育研究机构发挥"智库"的作用

C大学在战略的制定和实施过程中,C大学的高等教育研究机构发挥了重要的作用。无论是前期的调研、论证、分析,还是后期的规划检查,都体现了高等教育研究机构的专业化作用。例如大量的基层访谈、中外大学排名的数据分析、年度报告的质量控制和反馈这些事情,从表面上来看是一个研究性工作,但实际上是一个科学谋划的过程,与我们过去习惯性的决策程序相比多了科学的理性成分,少了拍脑袋的随意成分。

(三)大学发展涉及的因素繁多,但是前瞻性的顶层设计和忠实的执行是大学取得实质性进展的关键环节

大学是一个特殊的生态系统,由于其承载使命的崇高、任务完成的艰巨,它所涉及的因素可谓方方面面。但是,如果没有一个具有超越现实而又符合实际的战略设计,大学的发展就没有方向感和风向标;同时,只有美丽而诱人的蓝图而没有切实、不折不扣的执行,一切理想和蓝图也只能是梦幻中的奇影罢了。有一些战略学者认为,在我们的现实生活中存在着非常不好的现象,即"唱功"比"做功"好。因此,高等教育事业的发展,尤其是高等学校的健康发展需要我们社会各方面,特别是高等学校自身参与者的共同努力。

地方高校发展

大学与社会共生:地方高校发展的模式选择[①]

——从美国相互作用大学看我国地方高校的发展

地方高等教育发展和地方经济发展水平是相辅相成的。发展地方经济需要高等教育提供强有力的人才和智力支持,地方高等教育的发展也需要以地方经济实力为基础。从世界范围内来看,高等教育区域化是国际高等教育发展的一种趋势。高等教育区域化有助于实现高等教育与地方经济发展的紧密结合,形成高等教育发展的地方特色。美国相互作用大学(Interactive University)就是典型的范例。

所谓"相互作用大学",是美国在20世纪90年代产生的一种新型大学,其核心精神是"以他方为中心"。相互作用大学在形成过程中有五个标志:确立大学的基本结构、大学与社区相结合、大学获得社区的尊重、社区的尊重对大学的挑战、以他方为中心的积极态度。所谓"确立大学的基本结构",就是这类新型大学要具有合理的规模和相当完全的专业设置。所谓"大学与社区相结合",就是大学要致力于社区的重要发展,解决社区面临的问题。所谓"大学获得社区的尊重",就是要看社区各界的领导人是否愿意把他们自己的孩子送到这所大学来上学,或建议他们的朋友或助手的孩子到这所大学去上学,尤其是看那些有条件去外地任何大学上学的社区上层人士的孩子是否会以选择这所当地大学而感到自豪。所谓"社区的尊重对大学的挑战",就是大学要应对社区提出的新要求,发挥大学在繁荣社区经济、提高人民生活质量方面的作用。所谓"以他方为中心的积极态度",就是大学不仅愿意而且能够吸收社区公民成为学校发展的"利益相关者"或"共同产权人"。

一、相互作用大学的由来:迎接新经济的挑战

相互作用大学是一种新型大学,其"新"主要表现在它主动适应了新时代、

---

① 本文原载于《高等教育研究》2003年第5期。

新经济的需要。

首先,相互作用大学是美国迎接新经济时代的产物。正如美国马里兰大学巴尔的摩县分校校长胡克在1989年末所说的那样:“当前正在出现一个知识驱动的时代,这个时代正改变着美国高等教育的特征,把研究大学转变成‘知识工厂’。在这样的‘工厂’里,创造经济价值的是人的智能而不是工业能”,“我们并不打算为此而照搬现有的研究大学或任何其他类型院校的模式”,“简单地说,我们正在尝试创建一种完全新型的美国大学,以适应新时代的需要”。在新的知识经济时代,工业经济向信息经济转变,地域条件、交通因素以及原材料等问题已经不再是维持经济繁荣的决定性因素,人的智能和高科技通讯系统成了推动21世纪经济发展的动力。科技的进步和经济的发展对劳动者素质提出了新的、更高的要求,教育成为提高每个劳动者工作效率的关键因素。因此,社会迫切需要高等教育对此作出积极的反应,建立适应社会发展需要的新大学。

其次,相互作用大学满足了美国社会对高等教育的需求。J·韦德·吉利在其《相互作用大学——美国重振活力之源》一文中提出,进入20世纪90年代后,美国高等教育面临着建立新型大学的挑战,但由于美国大部分地区人口增长不大,所以建设新型大学的任务不是增设新的大学,而是把现有院校改造成为新型大学。① 美国20世纪50～60年代建立的新大学多是地方性大学,或从两年制学院演变而来。这些大学不同于传统意义上的名牌院校,没有悠久的历史、雄厚的实力和名牌大学的优越感,但却具有很强的适应性。面对社会变化和经济发展的挑战,这些大学充分认识到了与社会各界的密切合作是在新环境下地区性高校发展的关键性问题。因此,他们主张以丰富的智力资源为社会利益做出贡献,加强高校同社会各界的密切合作,致力于为地方的经济发展服务。在20世纪90年代初,美国一些地方性高校进一步提出了大学改革的相互作用战略,即改变传统大学“以自我为中心”的观念,树立以社会为中心的“他方中心论”的新观念,与大学所在社区的企业界、公众及政界的领导建立一种积极的、双向作用的伙伴关系,为实现社区经济繁荣和社会公正的共同目标而努力。② 实行相互作用战略的大学因此而被称为“相互作用大学”。

二、相互作用大学的生长点:谋求共同的利益

相互作用大学不仅是美国新时代、新经济的产物,同时也是大学改革的一种战略。实施相互作用战略的大学的经验是:有一位倡导相互作用战略的校长;与地区或当地社区密切合作,解决地方面临的具体问题;将学校相互作用战

① 参见葛守勤、周式中:《美国州立大学与地方经济发展》,西北大学出版社1990年版,第80～85页。

② 参见葛守勤、周式中:《美国州立大学与地方经济发展》,西北大学出版社1990年版,第80～85页。

略的重点放在解决全国性问题上；通过实践形成学校与社会的相互作用新传统。因此，相互作用大学的生长机制是与当地社会经济发展相结合，谋求共同的利益，而这种生长机制的核心理念是“以他方为中心”。

综观相互作用大学的实践，为谋求共同的利益，相互作用大学主要从以下几个方面寻找生长点。

（一）发挥智力优势，拓展服务范围

随着教育对社会经济发展的重要作用日益显现，社区对建立能够主动适应社会需要的新型高等教育的要求也日益强烈。美国缅因州第二大城市路易斯顿—奥伯恩市曾是该州唯一没有高等院校的城市。这个工业城市在 20 世纪 80 年代面临严重的经济问题，教育也很不景气，中学生毕业率和高校入学率都很低。当时的州政府领导人意识到只有通过改善教育条件，建立一所学院或大学才能解决该市最迫切的问题，学院将使“枯黄了的草地”变成“绿茵”。经过多方面的考证，路易斯顿—奥伯恩市邀请南缅因大学在这里开设分校，原因是这所大学的专业设置方向比较对路，近年来在社会地位和声望以及入学率等方面不断提高，并富有进取精神和为社区服务的积极态度。为了保证新学校的经费来源和教育质量，南缅因大学与路易斯顿—奥伯恩市根据社区的需求，结合本校的实际情况，制定了一个富有创造性的方案——建立了一个有别于一般大学分校的特色学院，由自己的院长领导，有自己的专业设置和专业教师队伍。1989 年秋季，新学院成功地开办，为当地社区以及南缅因大学都带来了新的希望。目前，这所大学已经成为全美迎接社区挑战的一个成功范例。

位于北弗吉尼亚州的乔治·梅森大学也是成功地与社区合作的一所相互作用大学。距离该校 32 千米的威廉王子县是弗吉尼亚州发展最快的一个县，也是全州最大的一座没有高等学校的城市。同缅因州路易斯顿—奥伯恩市的社区领导一样，该县的执政者认识到拥有一所设在本地的大学对于本地的未来发展至关重要。于是，乔治·梅森大学接受了社区的要求，并根据自身条件与特征，制定了一个将原来的大学改造为“分散型大学”的方案，把学校分成几个学院，包括文理学院、国际关系学院、威廉王子学院等，并通过通信系统将各个学院联系起来，既解决了学校资源的集中与分配问题，又满足了本地区许多人口稠密而交通不便的社区对高等教育的迫切需求。

（二）利用科研优势，促进地方经济

匹兹堡是美国宾夕法尼亚州西部的一个城市，原是一座以炼钢为主的重工业城市，被誉为“钢都”。由于当时匹兹堡环境污染十分严重，是全美肺结核的高发区，因此也被人称作“黑乡”。在工业化进程中，匹兹堡急需进行技术更新和产品替代，对高新技术有很迫切的需求。为此，卡内基·梅隆大学利用自己的高科技优势，紧密结合匹兹堡的经济发展状况，积极开展高新技术研究，通过技术转让、技术入股等方式创办高技术公司，开发新产品，不断提升地方工业产品的附加值。从20世纪80年代初起，匹兹堡的经济结构发生了重大变化，逐步形成了以高新技术和知识创新为主的支柱产业群，如信息技术、机器人、环境技术、特殊钢材等，匹兹堡也从炼钢城市转变为美国的高科技中心之一。据1998年美国匹兹堡市发布的《技术资本》文件统计，在1993～1997年之间，卡内基·梅隆大学共创办了70多家高技术公司，其中不少成为美国的著名公司，如Carnegie Learning和Fore System等，有些公司还开设了子公司，并将业务扩展到了南非、俄罗斯、波兰等国家。目前，匹兹堡地区70%以上的计算机公司与卡内基·梅隆大学的高新技术发明有关。

在匹兹堡，卡内基·梅隆大学的计算机专业可谓闻名遐迩，匹兹堡大学则以生物医学技术而著称，两校均有很强的科研力量和先进的实验设备。两校通过科研合作创办高技术公司，取得了很好的社会效益和经济效益。目前，人体器官移植已经成为匹兹堡当地的支柱产业。可以说，相互作用大学在推进匹兹堡地区的社会经济结构调整、发展高新技术方面功不可没。

从相互作用大学与当地社会经济发展相结合以谋求共同利益的实例中，我们不难发现，地方性高校的办学定位十分重要。地方性高校如果找不准方向，不能将自己的触角伸向社会，而是眼光向内，就会丧失自身的优势，坐失发展的良机。美国旧自治领大学就是一个颇具代表性的例子。旧自治领大学的前身是创建于20世纪30年代的一所两年制初级学院，在60年代得到了迅猛发展，并升格为四年制本科学院，不久又扩大成为大学，开设了一些硕士专业及少量博士专业课程。但当长期任职的老校长L·韦布在1974年卸任后，旧自治领大学在迅速变革的社会系统中却照搬了老牌研究型大学的办学模式，选择了内向发展的方针，热衷于内部事务，拒绝变革，因而成了一所止步不前的大学。乔治·梅森大学副校长J·韦德·吉利曾指出，旧自治领大学在办学方针上的错误就在于“一个起步晚的新学校却要跟在一个具有悠久历史的名牌学校后面亦步亦趋”。而在1990年新校长上任后，旧自治领大学转变了办学方针，学校也取得了快速的发展。这充分说明，在迅速变革的社会系统中，各个大学都有获得发展的机会，关键是要及时抓住并善于利用这种机会，顺应社会发展的潮流。

三、我国地方高校发展的模式选择：大学与社会的共生

（一）我国地方性高校发展状况

从总体上来说，我国的高等学校主要集中于直辖市和省会城市，高等教育资源的过分集中已严重影响到经济的发展和人才的培养。根据2001年版教育部发展规划司文件《中国高等学校》的统计，在普通高等学校（1033所）中，4个直辖市拥有138所，28个省会城市拥有417所，占我国全日制高校总数的53.73%。以广东省为例，尽管20世纪80年代以来，在一些中心城市设置了一批本专科学校，但是高校布局不甚合理的状况并未得到根本改变。例如，55.77%的全日制普通高等学校集中在广州地区，而广州地区人口占广东全省的比重却不到10%，国内生产总值也不到全省的20%，广大的珠江三角洲其他地区、东西两翼和粤北地区的高等教育基础薄弱。高校布局的不合理，使得高校的辐射半径在某些地区高度交叉、重叠，而在有些地区却产生了高等教育的"盲点"。[①]

据不完全统计，到2001年，在我国的1033所普通高等学校中，地级城市高等学校占478所，占所有高等学校数量的46.27%。尽管地级城市高等学校占有很大的比重，但不论是空间布局还是整体发展，都不能适应社会发展的需要。

首先，地级城市高等学校分布不够均衡。这表现在两个方面：一是东高西低。从东中西部高等学校在地级城市的分布情况看呈现出东高西低的态势，即越是经济不发达的地区高等学校的分布越集中。在全日制高校中，地级城市高等学校在本省高校所占比例最高的是河北省，占74.51%；最低的是青海省，青海省仅有的7所高等学校中有6所在西宁，地级城市只有1所。

其次，高等学校过于集中在中东部地区。按行政区划，我国地级城市的分布东中西部大致均等，但全日制高校的分布却相差悬殊，中东部地区地级城市高等学校远远多于西部地区。西部地区的面积占全国的56.8%，人口占20.23%，GDP占14%，但地级城市拥有的全日制高等学校数仅占全国地级城市高等学校数的15.69%。因此，高等教育在这一广阔而特殊的地域尚未发挥应有的作用，极具开发的潜力。

由于高等学校分布的不均衡，地区间在校生的分布也很不均衡。我国基础教育办得很好的一些中西部地区（如四川、湖南等省）和沿海地区的一些中小城镇（如苏北、浙西、鲁南等地区），由于当地没有或只有很少的大学，每年都要输

---

① 参见熊志翔等：《广东高等教育现代化研究》，广东高等教育出版社2000年版，第221页。

送大批优秀的高中毕业生到全国各高等院校,而大学毕业后能够再回到本地工作的为数很少,这对于这些地区的经济建设和社会发展是十分不利的。

最后,学科专业设置严重脱离经济发展。特别是在西部省区,现有高校一般是20世纪50年代设置的师范院校,只有部分师范院校开设了适合本地经济发展需求的经管专业、农林专业等,多数高校依然维持着原有的师范院校的功能,只能为当地培养师资力量。由于当地的高等教育没有结合区域经济的特点,不能很好地为区域经济发展服务,其结果只能是培养走出西部的人才,为发达地区输送人才,而无法留住自己的人才建设西部,发展西部。

(二)未来我国地方性高校发展模式

借鉴美国相互作用大学在社会经济发展中发挥的独特作用,结合我国地方性高校的实际,我国可以采取以下几种模式发展地方高等教育。

1.独建型

20世纪90年代以来,我国出现了一批经济发展快、人口密集的城市或地区,由于这些地方没有高等院校,使当地缺乏研究开发力量,因此难以就地培养急需的人才,这在一定程度上影响了经济的进一步发展。珠江三角洲、江苏、山东等地的一些城市和地区正在纷纷要求并自发地兴办地方高等院校。我国东部和中部地区大部分省份的地级市或地区行政公署管辖的范围内一般有200万～400万人口,GDP总值为200亿～500亿元,中心城市的经济和社会发展至少需要建立一所高等院校。根据当地的需要,可以建立社区学院或二年制大学、职业技术学院、四年制综合性学院或大学。西部地区由于经济和社会发展的状况有较大差异,不可能要求在所有的自治州或地区一级建立高等院校,可以考虑几个自治州或地区联合建立一所社区学院或四年制综合大学。

以湖南永州为例:永州是一座历史名城,经济不发达,农业人口多,工业化、农业产业化、城镇化程度不高。永州的经济要发展,最需要的是基础理论知识适度、技术应用能力较强,能在生产、建设、管理第一线服务的高等技术应用型人才。永州职业技术学院成立两年多来,在人才培养目标模式上坚持“对准市场设专业,对准岗位设课程,对准实践抓教学,对准入世育人才”,学校以生态养殖、高级护理、医学影像、园林花卉等4个专业为教改试点,把培养本科“压缩型”的专科知识型人才和中专低层次应用人才转变到培养真正意义上的高等技术应用型人才上来。为了适应和促进当地农业结构的调整和升级,学院新征土地5000亩,建起了省级农业高科技园,在园内成立了优质杂交稻、果蔬、优良畜禽、花卉苗木、优质水产品、医药等多个研究开发中心,从而为地方经济发展提供了人才支撑、技术支撑和龙头产业支撑。2001年,永州职业技术学院先后举办了23期短训班，培训各类人员2700余人，这些都为带动当地种植和养殖业的发展及促进农村产业结构调整起到了积极的作用。在2002年召开的全国高职高专“产学研结合”经验交流会上，时任教育部副部长的周济同志充分肯定了永州职业技术学院立足本地经济，以服务求生存，以贡献求发展的办学经验，并指出地方性高校“要正确定位，走快速发展之路；要改革创新，走特色发展之路；要集合各方力量，走集成化发展之路”。

2.依托型

具有一定经济实力的地级城市可依托名牌高校，采取建立分校或专科学院、设立大学城等方式，来满足当地对不同形式高等教育的需求。如广东珠海本着“不求所有，但求所在”的思路创建大学城，将位于唐家镇海滨3.5平方千米的土地和原珠海大学(筹)价值3亿元的建筑物无偿地捐给了中山大学；划出12平方千米的土地建大学城，推出无偿使用土地等优惠政策，以吸引国内外名校，目前已与暨南大学、北京理工大学、哈尔滨工业大学和清华大学签约共建。广东中山市依托中山大学创立的孙文学院经过数年的发展，解决了中小城市和广大农村急需基层性人才的问题，是一次很好的尝试。此外，深圳虚拟大学园，秦皇岛、宁波、无锡等地的大学城也都有很好的经验。

3.改建型

我国实行的西部大开发战略为西部调整经济产业结构、形成有地方特色的优势产业提供了发展的契机，同时也对西部地区高等教育的结构(主要是学科门类)提出了新的要求。如前所述，由于西部省区高等教育资源相对匮乏，这些地区应注重发挥高等学校在区域内的辐射功能，现有的师范院校应通过改善师资条件，拓展专业范围，设置当地急需的、有自身特色的专业，如农、牧、渔、林、果、家禽及副业生产技术知识，使毕业生不仅能教授文化课，而且能传授有关职业技术知识，从而提高城乡劳动者的素质。与此同时，这些师范院校应积极探索与当地教育、经济相结合的路子，由单一的师范教育转向不仅为当地教育输送合格的师资力量，而且为当地经济建设培养技术人才，体现民族特色、师范特色和西部区域特色。

4.校企型

中东部有异地发展需要的高校，还可以与地方的企业集团合作办学，为当地培养专业技术应用型人才，以促进区域经济与高等教育的持续发展。华南师范大学与广东增城康大企业集团共同创办的“华南师大增城康大学院”就是高校利用无形资产投资、企业注资兴办学校开展职业技术教育的一个例子。这种办法比较好地解决了经济较为发达地区存在的经济发展与人才不足、人民群众接受高等教育的强烈愿望与当地举办高等教育条件不具备的矛盾。

5.远程型

截至目前,我国已有31所高校开展了远程教育项目。这31所学校可以设本科、专科的专业教育,本科部的学科设置可以突破教育部的学科目录限制。如像电子商务,虽然教育部的专业目录里没有,但很多网校就可以开设这门课程。截至2001年底,我国普通高校网络远程教育已经自主开发相关网络课程课件6269门(个),购进课件233门(个)。此外,另有5566门(个)网络课程的课件正在计划开发中。这类教育资源的建设已经初具规模。① 相对于东部而言,西部地区地广人稀,气候恶劣,而远程教育通过新型的无线电技术能以较少的成本提供高质量的信息服务,因此,在发展传统高等教育的基础上,通过现代远程教育的发展培养西部边疆地区需要的高层次人才就显得尤为重要。这是促进西部大开发,尽快缩小东西部地区差距的重要举措。教育部制定的《面向21世纪教育振兴行动计划》明确提出要实施"现代远程教育工程",形成开放式教育网络,构建终身学习体系。为此,国家投入巨大财力兴建了中国教育科研网络、卫星电视教育传输网络中央站,建设了全国远程教育资源库和教育软件开发基地,启动了高等学校远程教育实验。教育部将重点建设西部地区的远程教育体系,2002年投入7000万元用于西部地区发展远程教育,同时组织西部信息专项,进一步推进西部信息化的基础设施和信息网络建设。教育部还将实施"西部高校校园网计划",计划用3年左右的时间推进西部高校校园网的建设、完善和升级。政府集中组织实施的全国远程教育将使得每一所高校都能够以最小的成本建立自己的"远程教育大学"。这将有助于加强试点高校的横向合作,在办学和教学中实现更多的协作和合作,促进更多的网络课程资源共建共享、网络课程学分互换互认、学科专业的共同开设,还可以尝试建立特定地域(如中西部)和特定学科领域(如工程、农林、医学、师范教育等)的虚拟大学联合体,以满足西部地区对高等教育的多种需求,促进西部地区社会经济的发展。

总之,地方性大学要在经济建设中发挥积极的作用,就要以积极的态度去寻找与地方共谋利益和发展的生长点,探索与社会共生共荣的途径与方法。

---

① 参见教育部高教司:《试点高校网络远程教育2001年检年报资料统计》(初稿)。

加快城镇化建设:实施地级城市高教发展的差别化战略[①]

党的十六大报告提出了全面建设小康社会的宏伟目标,为我国实现富民强国和基本实现现代化绘制了美好蓝图,而城镇化是实现小康社会的重要指标。

所谓城镇化[②],狭义上讲,一般是指人口城市化,指城市数量的增加和城市规模的扩大,人口在一定时期向城市聚集的过程。其实质含义是,人类进入工业社会时代,社会经济发展导致农业活动的比重逐年下降、非农业活动的比重逐步上升,与这种经济结构的变动相适应,出现了乡村人口比重逐渐降低,城镇人口比重稳步上升,居民点的物质面貌和人们的生活方式之间向城镇性质转化和强化的过程。建设部1998年颁布的《城市规划基本术语标准》(中华人民共和国国家标准GB/T50280－98)中对城市化进行了如下定义:"城市化,是人类生产和生活方式由乡村型向城市型转化的历史过程,表现为乡村向城市人口转化以及城市不断发展和完善的过程。"可见,城镇化既是城镇数量、城镇人口和城镇建设规模不断增加的过程,更是城镇经济社会发展进步,城镇体系和功能不断完善的过程。实现城镇化,建立适合我国国情的城镇化发展模式,不仅是社会经济发展的要求,也是解决我国现阶段社会经济发展中一系列深层次矛盾的重要突破口。

未来20年是我国城镇化快速发展的时期,因此,要实现城镇化这一现代化进程中的重大目标,就必须抓住历史机遇,迅速发展教育和提升人力资源开发水平,把沉重的人口负担转变为人力资源优势和经济财富,这是对实现小康目标的一个严峻考验,也为地级城市高等教育的发展创设了重要的发展机遇期。笔者前一阶段的研究表明:截至2001年,我国省以下地市县有各类高校478所,占我国高校总数(1033所)的46.27%,超过了省会(自治区)城市高校数

---

① 本文原载于《辽宁教育研究》2003年第12期。

② "城镇化"与"城市化"的含义基本相同,本文采用"城镇化"一词是由于我国采取"积极发展小城镇"的战略,故使用"城镇化"一词更符合我国的国情。——作者注。

(417所,占全国高校总数的40.36%)和4个直辖市高校数(138所,占全国高校总数的13.36%)。从数量上看,地市高等教育在我国高等教育体系中占"多数",是我国高等教育体系中的重要组成部分。在我国城市体系中,大城市是少数,而地级城市和县级市是多数。各地市及其所辖县市的面积、人口占全国面积、人口的绝大多数。发展地级市高等教育,也就是发展我国最广大地区、最广大人口的高等教育。

一、城镇化:现状与趋势

(一)我国城镇化的建设现状

进入新世纪以来,我国的城镇化建设稳步进行。主要表现在:

1.城市人口规模和区域进一步扩大,城市化水平继续提高

2000年,我国撤销了江苏省的锡山市、吴县市和广东省的番禺市、花都市,将其并入无锡市、苏州市和广州市,成为市辖区;天津、重庆两大直辖市新增辖区,即武清区(原武清县)和黔江区(原万州移民开发区、黔江开发区、黔江土家族苗族自治县);撤销县级淮安市,设立淮安市楚州区。截至2000年底,全国共有建制市663个,比1999年减少了4个,比1995年增加了23个,增长了3.6%;比1990年增加了196个,增长了41.97%。如果按照2000年人口普查资料统计,我国城市化水平在2000年底达到了36.09%,比1990年提高了9.9个百分点,接近1995年发展中国家38%的平均水平。

2.城市综合实力继续增强

2000年,我国城市经济继续保持较快发展势头,在整个国民经济的发展中发挥着中坚作用。全部地级城市(不含辖县)2000年实现国内生产总值46351亿元,比1999年增长13.5%,高出全国国内生产总值的增长速度5.5个百分点。其中第二产业增加值23262亿元,比上年增长15.6%;第三产业增加值20840亿元,比上年增长15.7%,分别高出全国的增长幅度6个和7.9个百分点。地级以上城市国内生产总值占全国的51.8%,比1999年提高3个百分点。其中,全部地级城市的第二、第三产业增加值分别占全国的51.1%和70.2%,比1999年提升了1.5个和3.6个百分点。

(二)我国城镇化的发展趋势

党的十六大提出全面建设小康社会,把统筹城乡经济社会发展作为全面建设小康社会的重大任务。较大幅度提高城镇人口比重,农村富余劳动力向非农产业和城镇转移,是工业化和现代化的必然趋势。要逐步提高城镇化水平,坚

持大中小城市和小城镇协调发展，走中国特色的城镇化道路。

根据我国国情确立的城市化水平在“十五”期间要达到40%，意味着每年需增加城镇人口1000万，相当于新增10个大城市，即使分摊到现有的城市中，也必然带来相当的压力。因此，今后我国城镇化的推进依然要遵循“控制大城市规模，合理发展中等城市和小城市，积极发展小城镇，促进大中小城市协调发展”的方针。具体来说，我国的城镇化的发展会呈现以下三大趋势：

1.中心城市的地位作用日益凸显

目前，我国已经开始形成向以经济为纽带、以大城市为中心的城市群发展的趋势，如环渤海湾、长江三角洲、珠江三角洲等大规模的城市群；中西部较小规模的城市群正处于形成和发展之中，如吉中、黑东、福厦、成都平原、郑洛汴、长株湘等。这些城市群的形成和发展将对中西部的发展起到关键的作用。

2.中小城市的发展趋向专业化

所谓城市专业化主要是指城市产业结构的特征而言，城市产业专业化可以使生产实现集约化、专门化，提高生产效益。目前，中小城市专业化趋势已在我国出现，到2000年底，我国共有建制城市663个，其中矿业城市约占五分之一，其中包括石油城市（大庆、东营、盘锦等）、煤炭城市（大同、平顶山、阳泉等）、有色金属城市（个旧、金昌、东川等）、钢铁城市（鞍山、包头、攀枝花等）、化学化工城市（格尔木、自贡等）、陶瓷建材城市（宜兴、景德镇等）及综合性矿城（邯郸、唐山等）。

3.小城镇将成为推动城镇化进程的重要载体

小城镇在城乡协调和城乡融合方面发挥着重要的作用，特别是在吸纳农村劳动力就业方面的能力与潜力巨大。2000年末，全国建制镇约20000个，居住着1.3亿非农业人口，占全国非农业人口的42%。如果每个城镇吸纳1000人，全国就可以达到2000万人。因此，小城镇的建设和发展直接关系到我国经济的发展和城镇化进程。

二、国际经验：城镇化进程与高等教育发展的作用

从发达国家的城市化水平与工业化程度的相关系数可以看出，发达国家的城市化水平同工业化水平存在着异常高的相关关系。而工业化水平的提高是在高等教育蓬勃发展、科学技术突飞猛进、在生产领域广泛推广和应用先进技术的基础上得以实现的。人力资本在现代社会发展中占有越来越重要的地位，许多欠发达地区缺少的并不完全是资金、技术或先进设备，而是使用和管理它们的人才。美国经济学家舒尔茨曾指出，现代经济的发展速度和质量主要取决于人力资本的丰裕程度，自然资源的丰瘠以及多寡已经不起决定性作用。因

此，城市化的发展进程与社会经济的发展、高等教育的发达程度存在着内在的相互促进关系。

（一）世界城市化发展历史进程

从世界范围来看，由于各国社会、经济、教育、文化及城市发展的历史的不同，城市化发展速度与模式也不尽相同，但城市化作为世界经济发展的一个重要组成部分，其发生、发展到成熟存在着一般性规律。总体来看，世界城市化发展进程大致分为三个阶段：

1. 世界城市化运动的兴起阶段

18 世纪至 19 世纪中叶，城市化水平低于 20%。这一阶段仅有英国成为当时世界上第一个城市人口超过总人口 50%的国家。这一阶段是市场经济典型的野蛮时期，高等教育作为服务于上层社会的工具，注重贵族心智的培养和性格的养成，在经济发展和城镇化建设中处于被忽视状态。

2. 世界城市化广泛扩张阶段

19 世纪中叶至 20 世纪中叶，伴随着工业化在欧洲的发展，城市已经遍及全境，并陆续向北美洲、南美洲、大洋洲、亚洲、非洲等地扩展，新的城市不断涌现。这时，世界城市化的基本格局大致是：英国作为起步最早的工业化国家，城市化已经发展到高度发达的阶段；欧美其他发达国家则进入基本城市化阶段；发展中国家的城市化开始起步。这时世界城市化的平均水平低于 30%。这一阶段是机器大工业发展阶段，是市场经济与高等教育发展相互推动的时期，高等教育在城市化建设中发挥独特作用的同时自身也得到了相应的发展。如英国的城市大学以为当地工业发展服务为目的，重视研究和开发技术，特别是对工业发展极具意义的革新研究，如润滑法、煤矿抽水机、肥皂、啤酒、四冲程发动机等工艺和产品，都是在城市大学科技人员的研究和推动下得以改进的。许多城市大学发展成为具有当地特色的工业研究中心，如利兹学院为纺织业研究中心、谢菲尔德学院为钢铁工业研究中心、伯明翰学院为酿酒业研究中心、利物浦学院和纽卡斯尔学院为海运业研究中心，等等。它们对加速发展工业、聚集城市人口、推进城市化进程起到了重要作用。

3. 世界城市化加速发展阶段

从 20 世纪 50 年代至今，世界城市化总体水平由 30%增长到 47%，城市化的发展速度明显加快。到 1985 年，市场经济国家的城市化水平已达 77%，中上等收入的国家为 75%，中等收入的国家为 50%，低收入国家为 31%，城市化已成为世界发展的大趋势。这一时期是教育优先发展、经济发展建立在以高等教育为内在支撑的时期。如这一阶段是美国高等教育规模急剧扩大和稳步发展的时期，高等教育与国家安全之间建立了密切的联系，大力开展科学研究，使美国在科研和创造知识方面走在了世界的前列；高等教育实现了从精英高等教育到大众高等教育的发展，全力发展研究生教育培养高级专门人才为美国提供了前所未有的多样化的智力资源。正是由于高等教育的内在支撑，使美国国民生产总值由 1946 年的 2096 亿美元上升为 1974 年的 14129 亿美元，共增长了 5.7 倍。而这期间，美国的城市化呈现出大都市区化，即以大城市为轴心横向扩展，从而使郊区规模不断扩大，城市化水平不断提高。从 1940 年到 1990 年，美国大都市区数量由 140 个发展到 268 个，居住在大都市区的人口占总人口的比例也由 47.6%上升到 79.6%。

(二)世界城镇化发展中高等教育的作用：内在支撑

研究表明，城市化的加速发展与现代化经济增长，是城市化与工业化、现代化互促共进规律所决定的，而其中高等教育起着内在支撑作用。从世界城市化发展进程中可以看到，城市化的进程是与经济、社会、教育、基础建设等多方面发展相一致的，即城市化进程与社会经济的发展、高等教育的发达是相互促进、相互依托的。社会经济越发展，城市化程度越高，对高等教育发展的要求越迫切；高等教育越发达，对社会经济发展的支撑力度越大，城市化程度越高。这种在城市化进程长期探索中逐渐形成的经济与教育发展相结合的模式也被称作“西欧模式”。

二战后，日本在它的城市化进程中，从国民义务教育、教育优先发展开始，坚持教育超前发展，迅速普及中等教育，大力发展高等教育，培养了几百万中高级技术人才，使日本经济在迅速恢复的基础上不断发展。特别是钢铁、化工、石油等工业成为了日本工业化的主要推动力，日本城市化水平也从 1945 年的 27.8%跃升至 1971 年的 72%，成为世界上现代化与城市化同步发展的典型国家，基本实现“赶超欧美”的目标。日本的城市化发展不能不说得益于教育的优先发展。这种建立在教育发展基础上、在教育超前发展中求得自身发展的模式被称作“东亚模式”。

世界银行对 100 多个国家经济增长和发展实绩作了系统研究后，提出了“以知识促发展”的新发展战略，强调知识在经济增长和发展中越来越显著地发挥着主导性作用。有学者曾对美国 50 个州的高等院校数量、分布密度与各州的人口总数、人口密度、地域面积、州生产总值及人均收入作了相关性分析，结果表明：各州高等院校数与其经济发展状况(GSP)及人口数量呈相互促进关系。经济越发达，人口越多，将会推动当地教育事业的发展，高等院校数量就越多；同时，高等教育越发达，则越有利于当地经济及社会的发展。

三、应对建议：实施地级市高教发展的差别化战略是加快城镇化建设的历史选择

与发达国家相比，我国经济处于落后水平，要赶超世界经济发展强国，就不可能再采取传统的、循序渐进的常规发展模式，而应借鉴成功实现赶超的"东亚模式"，制定自己的赶超型战略，走出一条跨越式发展的新路。

在信息技术日新月异的今天，要有效地促进经济社会的高速发展，高水平的人力资源是实现经济社会发展的最重要资源，而要实现人口资源与高素质人才之间的有效转换，必须依赖教育，特别是适应社会发展需要的高等教育。因此，发展地级城市的高等教育，是推动区域内高等教育与经济协调发展、有效地缩小地区经济发展差距的战略抉择，也是我国全面建设小康社会目标下加快城镇化建设的必然选择。

众所周知，城市的综合经济和人口数量是衡量一个国家城市化发展水平的主要指标，而教育是经济发展和科技进步的基础和前提条件。城镇化建设是一项复杂的系统工程，我国作为人口众多、地区经济发展不平衡的发展中国家，要实现城镇化战略，就更需要以知识促发展，通过高等学校的知识创新、技术创新和人才培养，形成高水平的人力支撑平台，依托新知识、新技术，遵循因地制宜的基本方针，向实现城镇化目标逐步推进，并逐步形成城镇型教育体系。

笔者对我国2000年底地级城市高等学校的数量、在校生人数与2000年底地级城市综合经济(国民生产总值)、人口数量的情况分别进行了统计分析，并绘制成了下图。

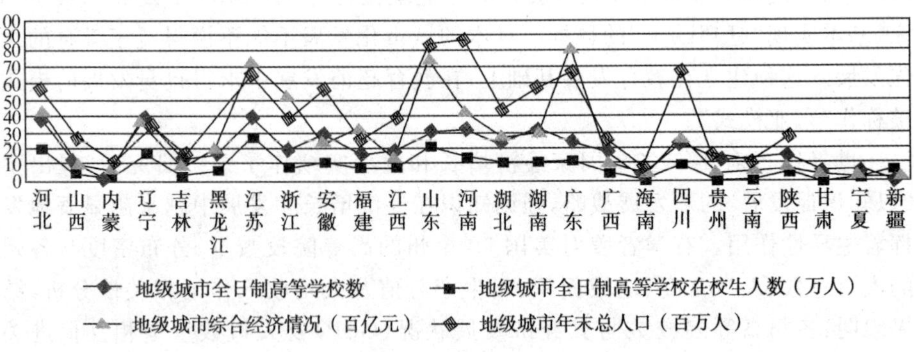

地级城市高等教育与综合经济、人口情况分析图

由于综合经济(国民生产总值)和人口数量是与城镇化发展水平密切相关

的指标，高等学校数量和在校生人数是高等教育发展规模的重要指标，因此，通过对它们的分析可以粗略了解到地级城市高等教育发展与城镇化发展水平的关系。从图中我们可以看出，地级高等学校的数量与在校生人数与地级城市综合经济与人口有着相当大的一致性，即目前我国的高等教育发展与综合经济状况同世界城市化进程中高等教育与经济发展的相互促进的规律大体是相一致的，也就是说经济较为发达、人口较多的省份，高等学校的数量和在校生人数也较多，高等教育较为发达的地区，一般综合经济情况较好，城镇人口也较多。

根据上图，我们可以把地级市高等教育分为三类来分析：

第一类为城镇化发展水平较高地区的高等教育，如江苏、山东和广东三个沿海省份地级城市的综合经济和人口数量的指标在国内都比较突出，高等教育的发展规模也相对比较好。在这三个省中，相对来说，广东作为综合经济指标最高的省份，其高等教育的发展规模是最小的；在这三省之外的浙江省，其地级城市的综合经济和人口数量的指标都高于辽宁省，但高等教育的规模却远远低于辽宁省。因此，加快发展高等教育，包括职业技术教育，对广东和浙江两省来说是最为迫切的。

第二类为城镇化发展水平不平衡地区的高等教育，如河北、安徽、江西、河南、湖南、湖北、四川省在城镇化进程中，城镇人口数量较大，但综合经济发展水平却较低。特别突出的是河南和四川两个省份。四川省的地级城市高等教育的规模略高于浙江省，但综合经济指标却远远低于浙江省，而城镇人口数量又远远高于浙江省；河南省的高等学校规模和综合经济水平与河北省大体相当，但河南的城镇人口却远远高于河北省，居全国的榜首。对于这样的经济并不发达的人口大省来说，充分理解高等教育对振兴地方经济的强大的后效力，将人口大省转化为人力资源大省，培育新的经济增长点，对促进区域经济发展具有十分重要的意义。

第三类为城镇化发展水平较低的地区的高等教育，如山西、内蒙古、吉林、黑龙江、广西、海南、贵州、云南、陕西、甘肃、宁夏、新疆等省份，其城镇化程度较低，地级城市高等教育也不够发达。这些省份要么是农业大省，要么是资源大省，其中许多地级城市是建国后兴建的资源型城市，属于呈现专业化发展趋势的中小城市。这些资源型城市基本有以下几个特点：一是依资源而居，远离工商业发达地区，城市功能单一，自我发展能力较弱；二是支柱产业单一，城市对资源产业的依赖性很大；三是在管理体制和利益机制上矛盾突出，容易造成企业办社会、政府办企业功能错位的状况。这些城市经过几十年的开采或单一经营，目前许多已经出现了资源枯竭的现象，如果城市的主导产业衰退，新的替代产业尚未形成，就会发生矿竭城衰的现象。据中国矿业协会统计，目前已经形成的390多座以采矿为主的资源型城市中,20%处于成长期,68%处于成熟期,12%处于衰落期。如新疆克拉玛依、黑龙江大庆、河南平顶山、山东枣庄、山西大同、甘肃白银、四川攀枝花等城市均面临如何转型的考验。城镇化发展水平较低地区的城镇建设同这部分资源枯竭型城市一样,必须按照自身的特点进行经济转型,寻找新的经济增长点。例如,大庆将发展石油化工产业作为未来发展的方向,逐步使大庆的第一大产业由石油和天然气开采转变为化工产业,使石化产业成为大庆最大的替代产业和最大的经济增长点;大同转型的方向主要集中在旅游和煤炭的深加工方面;平顶山的转型方向除了煤化工和旅游外,还将发展盐化工;克拉玛依则将发展旅游业和现代农业;鸡西发挥生态优势,正在构建全国绿色食品主产区,大力发展生态旅游;鹤岗利用地缘优势,发展绿色食品和林木深加工业;双鸭山发展生态农业,建立了一批规模化、集约化的优质粮食作物、经济作物生产基地。但这些产业的发展在很大程度上受市场、生产规模的限制,也受到技术支撑、应用人才匮乏的限制,成为城镇经济的新的增长点尚待时日。

针对上述情况,我们需要作进一步的分析,使不同类型的地级城市高等教育根据本地区经济发展的实际对自身发展战略作出相应的调整。

(一)城镇化发展水平较高的地区的高等教育:要发挥优势、技术和中心作用

人才紧缺是目前我国城镇化进程中面临的普遍问题,无论是人才的培养数量,还是人才的层次、类型以及质量,都远远不能满足产业结构转型的需要。据估算,发达国家科技进步对经济增长的贡献率普遍达60%以上,我国目前为35%左右,存在上述差异的主要原因在于我国现有人力资源的科学文化素质不高,基层科技人才密度低,应用性开发研究的科技人员比例低,在信息通信技术、计算机网络与软件开发、生物工程等关键领域的高层次人才总量严重不足,适应进入世贸组织需要的财政、金融、法律、贸易和管理等领域的高层次人才也相当匮乏。2002年《国际竞争力报告》的数据表明,我国现代化建设进程中的多项发展指标均处于后列。经济转型和产业结构升级相关的人力资源水平极不理想,教育的人才培养数量、规格、层次、类型以及质量都不能满足社会经济发展的需求。在现代化建设进程中,信息、农业、金融、财会、外贸、法律和现代管理等领域都急切需要高素质的专业人才,国家重点发展领域的生物技术、环保技术、新材料方面更是需要高层次的跨领域、跨行业、跨学科的复合型人才。

人口素质偏低是我国城镇化进程中面临的又一问题。到2020年,预计我国城镇化水平将达到60%左右,城镇中将出现2.2亿左右的新增人口,其中绝大多数为转移来的过剩农村人口。另外,由于农业劳动力转移的培训与公有制

企业下岗职工再培训交织在一起，将使成人教育和职业技术教育面临更大的压力。由于过剩劳动力优先转向经济较为发达的地区，因此，在经济较发达地区的城镇中这一点将表现得更为突出。

高起点的城市是提高区域发展的重要载体。目前，在这一类经济比较发达的地区，中心城市的地位和作用日益凸显，已经开始形成向以经济为纽带、以大城市为中心的城市群发展的趋势，对人才的需求已经出现攀升的态势，现有的地级城市高等学校培养出的毕业生难以满足社会的需要。虽然目前这些经济发达地区能比较轻松地吸引到全国各地大学的毕业生到本地就业，通过这种外部人才引进的方式部分满足当地经济发展对人才的需要，但随着城市人口的激增，学习化社会对教育的呼唤，以及高新技术的发展和产业不断升级，生产、管理、服务和技术第一线对更高层次的技术应用型人才以及高级技术工人的迫切需求使得这类地区不可能长期靠引进解决经济发展对人才需求的矛盾。因此，加大力度发展普通高等教育、满足社会对高层次应用型人才的需求是这类地区的一项重要任务。同时，加强职业高等教育和成人高等教育，发挥其职业技术培训的优势，也是解决人才短缺、提高人口素质的重要举措。因此，职业高等教育和成人高等教育要针对新增人口和下岗待业人员的文化层次、年龄、流向、职业等特点，有组织地开展培训，增强职业技能培养，提高就业能力，确保农村转移人口的受教育机会和教育质量，使每个进入城镇的农民都有一技之长，使下岗职工再就业问题得到顺利解决，以保证经济的持续稳定发展和城镇人口素质的不断提高。

在这类地区，地级城市的高等教育主要应在以下三个层面上发挥作用：

一是把发展高新技术作为突破口，利用自身科技优势，发挥高等教育直接为经济建设服务的功能。在城镇化水平较高、工业基础好的经济发展地区，应保证实施教育优先发展的战略，不断探索有利于创新的体制与机制，引进与拓展教育、科技、人才资源，确立高等教育为地方经济服务的指针。高等学校要面向经济建设主战场，根据不同地区城镇化发展进程中经济建设对高等教育的多样化需求，根据自身条件与可能，实现高等教育规模的扩张和学科专业的调整改造，发挥高等学校人才培养优势、科学技术与学科优势以及地域优势，把以信息、生物、新材料、新能源等学科为基础的新兴产业作为中心城市的主导产业和创新企业，完善区域创新体系，实现高科技成果向现实生产力转化，从整体上提升经济发展的质量和水准，促进区域经济的可持续发展。

二是进行职业技术教育。在有条件的中心城市设置以为当地培养具有实用技术的应用人才为目标的高等职业技术学校，设置符合当地经济发展需要的学科专业，培养为本地区经济建设服务的专业技术和管理人才，满足地区经济建设对不同层次、类型和规格的人力资源的需求，为社会经济发展培养职业技术型人才，提高城镇人口的就业技能，为经济发展提供高水平的人力支撑平台，使当地的经济建设获得持续、高效、健康的发展。

三是建立学习化社会。随着城镇化水平的提高，人们的收入结构和消费习惯也在发生着变化。据 2002 年 5 月中国人民银行储户问卷调查显示，在各项储蓄目的中，按选择人数多少，教育储蓄列为储蓄动机的第一位，高达 19.8%，高于第二位养老储蓄 6.2 个百分点，高于第五位购买耐用消费品储蓄 1 倍。可见，在城镇化进程中，适应经济社会发展和群众的实际需求，完善城镇型教育体系、构建学习化社会将成为高等教育为社会发展服务的又一重要领域。

（二）城镇化发展不平衡和水平较低的地区的高等教育：要发挥传播、应用和反馈作用

区域经济理论告诉我们，区域发展是以城市为中心实施的，城市是区域经济的增长极。任何一个城镇的形成与发展都是和相关区域的经济发展联系在一起的。由于中心城市基础设施、通信联系等投资环境相对较好，有可能形成适应本地区优势资源开发的优势产业，促进中心城市形成区域增长极。而增长极的形成不仅可以对周围地区产生吸引力和向心力，而且还可以扩展到外区外省，将人才、技术、资金、产品以及大批的劳动力吸引到极点来，使极点的经济实力、人口规模迅速扩大，加速城镇化的发展，形成所谓的极化效应。增长极发展到一定程度，将通过其产品、资金、人才、信息的流动，将其经济动力和创新成果传导到广大的腹地，促使腹地经济成长，在自身壮大的同时，不断推动周围地区的发展，即形成所谓的“扩展效应”。这样，在一些条件比较好、交通比较便利的腹地就可以发展起一些企业，并会扩大、兴起一批城镇，逐渐形成以中心城市或专业城市为核心，辐射带动周边中小城市与城镇协调发展的有机城镇体系，带动整个区域的经济发展。

在城镇化进程中，教育始终应该处于优先发展的地位，高等教育将扮演越来越重要的角色。在城镇化发展不平衡和水平较低的地区，也要通过优先发展高等教育，发挥区域经济优势，促进地区经济的发展和城镇人口素质的提高，推进城镇化建设健康发展。在这类地区中，地级城市高等学校应着重发挥好知识与技术的传播、应用和反馈的作用。所谓传播，即是地级城市高等学校根据地域优势并结合自身优势学科，将来自高水平大学的研究成果和最新知识动向进行筛选和分类，将符合区域发展的知识和技术以易于被群众接受的形式向学生和社会传播，使在校学生和社会上更多的人认识和掌握新知识、新技术，特别是加强城乡的专业职业技术教育，努力提高新一代劳动者的劳动技能，从而达到

提高人口素质、增强就业能力的目的。所谓应用，即是根据本校的科研能力，利用高校间的校缘关系与高水平大学开展合作研究，将适合区域经济发展特点的先进技术应用于地方产业，帮助企业进行产业结构适时、有效的调整，并积极开发新的支柱型产业，为地方经济发展培育新的经济增长点，达到形成优势产业、推动区域经济发展的目的。所谓反馈，即是将本地区社会经济发展的状况和需求反馈到高水平的大学，增强高水平大学服务社会的针对性，使高水平大学的知识创新直接为这类地区的经济建设服务，达到知识创新始终支撑地方优势产业、推动区域经济可持续发展的目的。

论发展地级城市高等教育[①]

一、全面建设小康社会:更加重视地级城市高等教育发展

在现代国民教育体系中,高等教育占有重要的位置,承担着重要的使命。我国确立的在21世纪前20年实现全面建设小康社会的目标对高等教育提出了更高的要求。为此,高等教育要努力完成以下使命:首先,必须为全社会提供强有力的人才和智力支持,科学合理的开发人力资源;其次,要增强高等教育为地方经济发展和社会服务的能力,使高等教育真正成为当地社会的重要组成部分;最后,高等教育在建设学习型社会中要发挥主力军作用。

要完成上述任务,高等教育必须要在战略上进行调整,要在建设"国家队"的同时,把高等教育发展的视点转向提高和建设"地方队"上来,即高等教育发展的重心应适当下移,以满足全面建设小康社会的新要求,走高等教育地方化的道路。具体包括:

第一,全面建设小康社会不仅包含经济指标,而且包含文化指数。全面建设小康社会的基础在于教育,尤其是高等教育要提供强有力的人力资源基础。

正如十六大报告所指出的那样:"我们要在本世纪头二十年,集中力量,全面建设惠及十几亿人口的更高水平的小康社会,使经济更加发展、民主更加健全、科教更加进步、文化更加繁荣、社会更加和谐、人民生活更加殷实。"但是,"现在达到的小康水平还是低水平的、不全面的、发展很不平衡的小康。"其中很重要的原因是:当前中国生产力和科技、教育还比较落后,人力资源面临着严峻挑战。原教育部部长陈至立认为,人力资源面临的挑战来自三个方面:一是国民科学文化素质偏低,我国人均受教育年限约为8年,而世界许多国家人均受教育年限都超过了10年,我国年高等教育毛入学率为14%左右,低于世界平均水平。二是我国劳动力知识结构重心偏低,与发达国家差距较大;三是我国人

① 本文原载于《教育研究》2003年第4期。

才状况不适应国际竞争和产业结构调整的要求。[①]

第二,高等学校“内在功能的缺失”现象和教育与经济“两张皮”现象是全面建设小康社会的不利因素,应引起社会的高度重视。

在20世纪,我国高等教育取得了举世瞩目的成就,高等教育在社会经济中的作用日益被社会所认可。现在,许多高等学校提出了要培养“顶天立地”的人才的口号。所谓“顶天”就是要培养一批创新拔尖人才,解决人类社会的重大问题。所谓“立地”就是要培养数以亿计的高素质劳动者和数以千计的专门人才。但是,目前在高等教育发展过程中存在着明显的高等学校“内在功能的缺失”和教育与经济“两张皮”现象。所谓高等学校“内在功能的缺失”是指一些高等学校不顾实际情况,盲目追求升格,不能合理定位,丧失了内在的功能,造成人才培养“雷同化”,以及高等学校之间的明显的“缺位”和“越位”现象。所谓“两张皮”现象可以说是老生常谈,主要是指人才培养严重滞后,不能为当地经济建设服务的问题。

第三,对于高等教育而言,全面建设小康社会的核心在于缩小地区之间的知识差距,增大知识资本在经济和社会发展中的作用。然而,目前高等教育发展的不平衡性在加大,因此,要适应全面建设小康社会的目标,高等教育就必须协调、均衡发展,在今后乃至相当长一段时期内,高等教育发展的重点除了重视一流大学建设之外,要更加重视地级城市高等教育的发展。

在战略上来说,一个发展中国家在一定时期内集中力量建设一批具有竞争力的大学是十分必要的。但是,我国是一个经济发展十分不均衡的国家,地区之间的差异极为明显,其中一个十分重要的原因就是高等教育发展的不均衡。

从总体上来说,我国的高等学校主要集中于直辖市和省会城市,高等教育资源的过分集中不利于其他城市和地区经济的发展和人才的培养。根据教育部发展规划司编著的《中国高等学校》(2001版)统计,在普通高等学校(1033所)中,4个直辖市拥有138所,28个省会城市拥有417所,占我国全日制高校总数的53.73%;在成人高校中,4个直辖市拥有121所,省会城市拥有337所,占我国成人高校总数的64.06%。在我国城市体系中,大城市是少数,而地级城市和县级市是多数。各地市及其所辖县市的面积、人口占全国人口、面积的绝大多数。发展地市高等教育,也就是发展我国最广大地区、最广大人口的高等教育。因此,在新的时期,要实现全面建设小康社会的目标,高等教育发展的方向应是走高等教育地方化的道路,积极发展地级城市高等教育。

---

① 参见尹鸿祝、吕诺:《教育部部长陈至立解读中国教育发展目标》,载2002年12月19日《中国教育报》。

二、缩小地区知识差距:加快发展地级城市高等教育

(一)发展地级城市高等教育的几个理论依据

1.“回波效应”理论

“回波效应”原为地理学名词,这里是指由于较发达、较先进的地区积聚、吸引资源的能力较强,因而在教育的绝对水平上升的同时,中心地区同边缘地区、发达地区同欠发达地区教育的相对差距将会越来越显著。

我国直辖市在教育和经济发展水平等方面均居国内中上水平,各省会城市作为省(区)的经济文化中心,集中了本省(区)1/5 以上的工业产值,有的甚至高达 1/3。在普通高等学校中,直辖市和省会城市集中了 555 所普通高等院校和 458 所成人高校;在地级城市中,东中西部地区在高等学校的数量、专业设置方面也存在很大的差距。可见,除了社会经济发展方面的差距外,在高等教育发展方面,地级城市与直辖市、省会城市之间,以及地级城市之间也存在相当大的差距。如果不采取相应的措施,这种差距的加大将直接造成地区间人才培养上的差距,进而成为制约社会经济全面发展的重要因素,导致所谓“回波效应”的出现。因此,如果说高等教育发展的不平衡是社会经济发展不平衡的结果,那么它也将成为社会经济发展更加不平衡的原因。

2. 国民财富理论

美国人口普查局通过对 1998～2000 年个人收入与受教育年限的调查,发现两者在持续 25 年上升的基础上继续攀高。到 2000 年,84%的 25 岁以上的美国人达到了高中以上水平,其中 26%达到大学以上水平。而在 1975 年,这两组数据分别为 63%和 14%。全日制工人的平均年薪,高中以下学历的为 23400 美元,高中以上学历的为 30400 美元,准学士学位的为 38200 美元,学士学位的为 52200 美元,研究生学历的为 62300 美元,博士学位的为 89400 美元,而拥有终身教授职位的为 109600 美元。可见,受教育年限与个人收入成正比。据研究,由受教育水平引起的个人收入上的差距自 1975 年以来呈上升趋势。在 1975 年,具有学士学位的全日制工人其平均收入是具有高中学历工人的 1.5 倍,1999 年差距已经扩大到 1.8 倍。同期,与具有高中学历的工人的平均年收入相比,硕士以上学历的全日制工人的平均年收入由原来的 1.8 倍上升到现在的 2.6 倍。

可见,在信息技术日新月异的今天,要想有效地促进经济社会的高速发展,高水平的人力资源最重要的,而要实现人口资源与高素质人才之间的有效转换,必须依赖于教育,特别是那些适应社会发展需要的高等教育。因此,发展地

级城市的高等教育，是推动区域内高等教育与经济协调发展、有效地缩小东中西部高等教育、经济发展差距的战略抉择，也是我国实现全面建设小康社会目标的必然选择。

3. 缩小知识差距理论

世界银行在 1998 年的报告中指出了缩小知识差距的三个主要途径：一是获取全球或全国知识生产本地知识，提高知识的获取能力；二是提高广大公民吸收知识和运用知识的能力；三是培养和加强广大公民交流知识与信息的能力。知识是当代经济发展和社会转型中最重要的因素，知识创造财富，知识促进发展。

城乡二元结构是发展中国家共有的最重要的一个特征。所谓二元结构，就是在一个国家内，较先进甚至是现代化的成分和落后的甚至是原始的成分同时并存的社会现象。我国是一个发展中国家，城乡差别极为严重，而城乡差别主要表现在知识上的差距。要缩小差距就必须依靠教育，尤其是高等教育。地级城市高等学校正处于城乡的结合点上，因此，发展地级城市高等教育就成为当务之急。

（二）地级城市高等教育的发展现状

所谓地级城市高等教育，是指高等教育资源行政区域分布的概念，主要指分布在省会城市以外、中心城市以下的地区（州、盟）所在地城市及其所辖县市的不同办学主体（中央、省、地市）主办的各类高等教育机构。[①] 据初步统计，目前，全国有地级市 290 个，共有高等学校 735 所（其中普通高等学校 478 所，成人高等学校 257 所）。分布在我国地（州、盟）市的高等学校从隶属关系上来看，既有部委所属高校、省属院校，还有市属院校；从层次上看，专科学校较多，有一部分本科学校，还有少量具有硕士博士授予权的高校；从类型上来看，师范类院校、医学、农学类院校较多，还有一部分理工类学院；从分布看，我国地区（州、盟）的高校主要分布在地（州、盟）市政府所在城市，只有个别地区（州、盟）所辖县市分布着有关高校。

地级城市高等教育有如下几个特点：

1. 高校分布失之均衡发展

高校分布不均衡性表现为两个方面：一是从东中西部高等学校在地级城市的分布情况看，越是经济不发达地区，高等学校的分布就越集中。在全日制高校中，地级城市高等学校在本省高校所占比例最高的是河北省，占 74.51%。最

① 参见王锡宏：《发展地市高等教育应有战略眼光和有力举措》，《中国高等教育》2002 年第 9 期。

低的是青海省，青海省仅有的7所高等学校中，有6所在西宁，地级城市只有一所，仅占14.29%。成人高校中，地级城市高等学校在本省所占比例最高的也是河北省，占71.43%。最低的青海省仅有的2所成人高校全部设在省会城市，地方没有一所成人高校。

二是过于集中在中东部地区。按行政区划，我国地级城市的分布东中西部大致均等，但全日制高校和成人高校的分布却相差悬殊。西部地区的土地面积占全国的56.8%，人口占20.23%，GDP占14%，其地级城市所拥有的普通高校数与成人高校数只占全国地级城市高等学校数的16%和15%，高等教育在这一广阔而特殊的地域未能发挥应有的作用，极具开发的潜力。

2.学科专业脱离经济发展

学科专业设置不能很好地适应地方经济发展需要是各省普遍存在的问题。总体来说，经济发展较好的地区（如东部）主要设置的专业从数量上依次为经管类、理工类和师范类专业。从设置的方向来看，比较注意发展适应地方经济发展需要的学科专业。经济发展不是很好的地区（如中西部）设置的专业从数量上依次为师范类、经管类和理工类专业，从设置的方向来看，适应地方经济发展需要的学科专业较少。特别是在西部省份，主要高校是20世纪50年代设置的师范院校，只有部分师范院校开设了适合本地经济发展需求的经管专业、农林专业等，多数高校依然维持原有的师范学校的功能，只能为当地培养师资力量。由于当地的高等教育没有结合区域经济的特点，不能很好地为区域经济发展服务，其结果只能是培养走出西部的人才，为发达地区输送人才，而无法留住自己的人才建设西部，发展西部。如甘肃拥有辉煌的古代文明和艺术成就，具有得天独厚的丰富的石油矿产水利资源，也是我国石油、冶金、机械等工业基地，但在甘肃地级城市的高等学校只有4所师范类学校，其中只有2所涉及有关经管类的专业，理工农林等相关专业均为空白。而作为开发西部急需的基础设施建设、交通、环保、水土流失治理、石油天然气开发、干旱地区的农林牧等方面的专业人才，当地的高等学校无法培养与输送，可以说，这是造成这些地区的工业以资源密集型和资本密集型产业为主，停留在传统的、粗放型工业化阶段，难以赶超其他地区的重要原因。

（三）发展地级城市高等教育的政策建议

为了全面建设小康社会，缩小我国东中西部地区经济教育发展的差距，加大发展地级城市高等教育的力度，推动知识促进发展的进程，我们认为应抓住以下三个着力点。

1.创造与获取——技术追赶战略

以高新技术作为突破口，通过发展新兴学科和边缘交叉学科，培养高素质的创新人才，主动与有研究实力的高校与科研院所合作，实现技术追赶。

中西部地区要实现跨越式发展，必须重点发展新兴学科和边缘交叉学科，把发展高新技术作为突破口。以信息、生物、新材料、新能源等学科为基础发展起来的信息技术、计算机网络技术、生物技术、航天技术等为代表的第五代新技术革命是实现超越经济发展阶段的主要力量和手段。中西部地区要赶上甚至超过东部地区，一方面要加快信息产业的发展，大力发展与新技术、新产业相关的学科专业，为中西部建设培养高素质的创新人才，充分利用新技术推动经济的全面发展；另一方面有条件的地级城市高等学校也可以寻找合作对象，有选择、有重点地开展与区域经济发展关系密切的高新技术研究。目前，在地级城市的普通高等学校中，有9所进入了第一批“211工程”建设名单，同时，一些高等学校也参与了“863计划”项目，具有较高的教学水平和科研水准，在获取生产本地知识方面具有其他院校无法替代的作用。

2.吸收与应用——技术扩散战略

知识不仅需要创造与获取，还要吸收和应用，才能实现知识的价值，推动社会的发展。地级城市发展高等教育的重点应放在吸收与应用知识这个环节上。

地方高等教育发展水平和经济发展水平是相辅相成的：发展经济需要高等教育的有力支持；高等教育发展需要一定的经济实力做基础。因此，地级城市高等教育的发展要从经济发展不平衡的实际出发，认真研究高等教育的布局结构、学科专业的改造调整，确立区域发展的战略重点，实现各地区协调发展。

总体来说，东部地区大多为沿海地区，外向型经济较为发达，工业化和城镇化程度较高，一些地市基本实现了农村工业化和农业机械化，具有发展经济的综合优势。因此，高等学校要针对当地外向型经济较为发达、工业化程度较高的特点，调整和改造现有专业。中部地区地处铁路、河流的枢纽，矿产资源比较丰富，有较好的工农业生产基础，而且将成为东部地区劳动密集型企业的扩散地，完成科技成果向现实产品的转化。因此，中部地区高等教育发展必须重视实施型技术人员和技能型操作人员的培养，以有效地做好工业成型产品的转产，以及农业成熟技术的推广工作。西部地区土地辽阔，资源丰富，地级城市的高等教育与中东部相比，存在着明显的弱势。但是也要看到，随着西部大开发战略的启动，东中部的企业技术要素将向西部转移，在知识的扩散和传播上西部高等教育可以发挥“船小好掉头”的优势，在实用技术和能力运用上做文章。

具体来说，不同区域可根据自身情况，选择适合本区域社会经济发展的高等教育发展方向。一是面向高等教育大众化，实现高等学校的合理布局，可以考虑在经济条件较好的地区，一般有 200 万～400 万人口，GDP 总值在200 亿～500 亿元的地区，根据当地需要，设立具有本地产业特点的、以培养应用型专门人才为目标的地方院校，真正解决中小城市和广大农村急需基层性人才的问题。二是面向经济建设主战场，实现学科专业的调整改造，设置符合当地经济发展需要的学科专业，培养为本地区经济建设服务的专业技术和管理人才。三是转变单一形式的办学模式，发挥高等学校在区域内的辐射功能。高等教育资源相对匮乏的地级城市，可以借助原有的师范院校，通过改善师资条件，设置当地急需的、有特色的专业，开展城乡职业技术培训，由单一的师范教育转向为当地教育经济建设培养人才，进一步体现民族特色、师范特色和区域特色。四是具有一定经济实力的地级城市依托高等教育资源丰富的大中城市的高等学校，建立专科学校、社区学院、职业技术学院等各类地方院校。如广东中山市依托中山大学创立的孙文学院为解决中小城市和广大农村急需基层性人才的问题做了一次很好的尝试。五是鼓励中东部地区有条件的普通高校，发挥学校的人才与资源的优势，在条件比较艰苦的地区，特别是西部地区，采取定向招生或委托培养的方式，使更多的学生在学成后来建设家乡，改变落后面貌。六是加强校企合作，利用先进技术扶持西部企业的发展。中东部有异地发展需要的高校还可以与西部当地的企业集团合作办学，为当地培养专业技术应用型人才，促进区域经济与高等教育的可持续发展。例如，华南师范大学与广东增城的康大企业集团共同创办的“华南师大增城康大学院”就比较好地解决了经济较为发达地区存在的经济发展与人才不足、人民群众接受高等教育的强烈愿望与当地举办高等教育条件不具备的矛盾。

3. 扩散与传播——学习型组织战略

地级城市的高校要在学习型社会的建设中发挥作用，培养和加强广大公民交流知识与信息的能力方面发挥作用。

地级城市的高校一般建在较大的社区，在全面建设小康社会的背景下，可以发挥辐射作用，促进学习型社会的形成。同时，还可以发挥智力资源优势，借“西部大开发”的政策东风，发展远程教育和网上教学，使更多的人掌握交流知识和信息的能力。

关注地级城市高教发展[①]

——对全国73所高校校长的问卷调查报告

近几年来，我国高等教育体系结构发生了很大变化，一大批原属中央有关部委的高等院校划归地方政府管理。截至2002年，中央部门所属的普通高校从367所减少到111所。在目前全国1396所普通高校中，有1285所为地方政府所属，占92%。可以说，这一部分高校的建设发展水平将影响着我国高等教育事业的总体水平。

国家教育行政学院重点资助的"地级城市发展高等教育研究"课题组采取自愿、不记名的方式对在国家教育行政学院进修学习的第23期高校领导干部进修班的全体学员进行了问卷调查，希望能够为地级城市发展高等教育提供参考。本次调查共发放问卷95份，收回有效问卷72份。其中11份来自直辖市，35份来自省会城市，26份来自计划单列市和地级城市。

一、发展状况

(一)管理体制与学校类型

在参与调查的校长、书记中，多数来自省属高校，占75.71%，10%来自教育部所属院校，4.29%来自其他部委所属院校，10%来自地方政府所属院校。就学校类型来讲，其中研究型大学占7.14%，研究教学型大学占41.43%，教学型大学占31.43%，专科型学校占20%。因此，本次问卷调查的结果偏重于省属高校和以教学研究型、教学型为主的高校。

(二)投资体制

58.82%的高校经费的主要来源为地方政府，其次为中央政府拨款和学生

① 本文原载于2004年5月21日《中国教育报》。

学费，以自筹为主的只占9.41%。从经费到位情况看，只有15.94%的高校经费可以完全到位，68.12%的高校经费基本到位，还有10.14%的高校经费难以到位，5.8%的高校经费不能到位。

本次调查涉及高校的管理体制有85.72%的高校归属省教育厅和地方政府，但在投资体制上以地方政府拨款为主要来源的高校仅占58.82%，说明省教育厅和地方政府对地方高校重视和支持的力度还不够。一般来说，地方高校，特别是地级城市高校高等教育资源配置市场化程度较低，教育经费融资投资机制不健全，导致其发展速度和整体发展水平低于大中城市的高校。

(三)经费到位情况

总的来看，高等学校经费到位情况还是比较好的，完全到位和基本到位的分别达到了16%和68%，难以保证和不能保证的占10%和6%。在直辖市、省会城市和地级城市高校的比较中发现，地级城市高校经费完全到位或基本到位情况是最差的，为72%；而直辖市和省会城市都已达到了90%。

(四)内在运行状况：办学条件

从总体来看，目前尚没有人对高校的办学条件感到很满意，比较满意的为50%，不太满意的为44%，很不满意的为6%。在直辖市、省会城市和地级城市高校中，对办学条件很不满意的主要集中在地级城市高校，达到12.5%。下面笔者仅从教学仪器设备和图书资料两个与教学活动直接相关的方面来探讨高等学校的办学条件。

与1998年相比，2001年我国高校的规模几乎翻了一番，而全国本科院校生均教学仪器设备值由13.5元下降为10.3元，增长率为-24%，但仍然达到了教育部于1996年颁布的《核定普通高等学校办学条件标准》要求。从本次调查来看，1.41%高校的教学仪器设备达到"先进适用"标准，67.61%的高校可以做到"基本适用"标准，有25.35%的高校的教学仪器还不能很好地适应教学需要，还有5.63%的高校急需更新教学仪器设备。

通过分地区统计，我们可以看到，不论是直辖市、省会城市，还是地级城市，都有30%～40%的高校教学仪器设备不能或不能很好地适用于教学需要。

目前，由于我国学术图书总供给量不足，导致多数本科高校，尤其是万人以上高校的生均藏书量近年来大幅度下降。教育部规划司委托的"普通高校基本办学条件监测指标"研究项目的调查表明，2001年与1998年相比，全国本科院校生均藏书量由115册下降到70册，增长率为-39%。

在本次调查中，没有高校表示本校的图书资料能很好地满足教师和学生的需要，但表示能比较好地满足和基本能够满足教师和学生需要的高校高达80.28%，只有19.72%的高校的图书资料尚不能满足教师学生的需要。从分地区的统计来看，直辖市不能满足教师和学生需要的高达40%，而省会城市和地级城市的高校分别为11.43%和23.08%。

点评：出现这种情况的原因可能有多方面。首先，直辖市的高校地处政治经济信息高度发达的环境，教师和学生对获取的信息量有更高的需求；其次，满足与不满足不是一个客观的量的标准，而是一种心理感觉。但高等学校图书资料日趋紧张，出现总体资源短缺是一个不争的事实。

二、教学状况

1.专业设置与课程设置

从统计结果来看，专业设置非常适应和比较适应当地经济发展需求的占近86%，其中省会城市高校所占比例最高，为88.57%。关于学校的课程设置在结构的合理性、针对性以及突出办学特色方面，74.29%的校长认为本校做得比较好，15.71%的校长认为本校做得不太好，没有认为做得很好和很差的。

有一种现象很值得注意，那就是省会城市高校在专业设置非常适应和比较适应当地经济发展需求方面比例最高，达到88.57%，但在课程设置诸方面做得不太好的所占比例也最高，占32.35%。这说明省会城市在专业设置满足地方经济发展的基础上还要进一步深化课程改革，加强课程设置的合理性、针对性，进一步突出自己的办学特色。在对课程内容的评价上，66.2%的校长认为学校的课程内容在具有科学性、先进性、实用性和趣味性方面做得比较好，33.8%认为做得不太好，且直辖市、省会城市和地级城市在比例方面没有表现出明显差异。

点评：在学校所选教材的适用性方面有一个很有趣的现象，即直辖市的高校存在着“两头高”的特点：教材的先进适用与不能很好适用的比例直辖市都高于省会城市，省会城市又高于地级城市。究其原因，一是由于评价标准属于心理量，不同环境对适用产生不同的标准；二是教材更新跟不上，有能力更新教材的人顾不上编教材，而编教材的人又跟不上形势的发展。

2.教学的方法与手段

在教学方法与多媒体教学方面，教学方法的灵活多样与多媒体的运用完全成正比关系。如直辖市高校多媒体教学很普遍的仅占10%，但教学方法灵活多样的达20%；而在省会城市多媒体教学很普遍的达到了14.71%，但教学方法灵活多样的仅占5.71%；省会城市高校多媒体运用不太普遍和很不普遍的占47.06%，直辖市高校占40%。但省会城市高校教学有灵活性的比例为77.13%；而直辖市高校为70%。

点评：从以上数据可以看出，多媒体教学有助于教师在教学方法方面的改进但并不是唯一的途径，教师对知识结构的占有程度、教学经验的积累以及对前沿信息的吸纳程度等多方面的因素都将直接影响教学效果和对教师教学方法的评价。

值得重视的是，本次调查的数据表明，有40%左右的高校多媒体教学还不太普遍，在省会城市和地级城市还有3%左右的高校多媒体教学还很少。因此，高校在硬件建设中更要注重教学硬件设施的建设；同时需要认识到，要保证教学质量的稳步提高，最重要的是要重视教师的继续教育。

点评：从以上分项来看，地级城市高等学校在教学仪器设备、图书资料以及教学手段、教学方法与手段等方面的满意率与其他地区高校的差别并不明显，这同地级城市高校对办学条件不满意率最高的结论并不相符。这说明，地级城市高校对调查的各分项还是比较满意的，而对包含在办学条件之中但尚未调查的分项，如校舍及基础设施建设、教师学生方面的因素等影响了对办学条件整体的满意率。

三、张力与互融：学校与社会的关系

1.学校与社会的关系

作为地方高校，要明确只有为地方经济建设服务，很好地为地方社会发展培养所需人才，并帮助地方和行业解决经济发展中的技术问题甚至决策问题，才能获得政府和社会对学校的全力支持。同时，地方政府也要清晰地意识到，只有充分发挥高校人才高地和知识高地的优势，才能够加速当地经济文化的可持续发展的速度，因此，地方政府应加大对地方高等学校的支持力度。

在评价“本校对当地经济建设起怎样的作用”时，30.43%的校领导认为学校对地方的经济建设“很有帮助”，62.32%的校领导认为“有一定作用”，只有4.35%和2.9%的校领导认为“没什么帮助”和“说不清有什么作用”。

在评价“当地政府和社会对高校的支持环境”时，结果就有些不对等：4.41%的高校表示很满意，57.35%的高校表示比较满意，35.29%的高校不太满意，2.94%的高校很不满意。

作者点评：这种心理上的不对等，有可能是导致高校与当地社会关系不融洽的重要原因。在高校付出努力、作出贡献却没有得到预期回报时，必然影响其进一步努力的程度和方向。而高校一旦偏离为地方经济文化建设服务的方向，必然会失去地方政府和社会的支持。

通过问卷调查，我们发现非常值得重视的问题是，在直辖市、省会城市和地级城市的高校中，对支持环境的不满意率呈上升态势，这在某种程度上反映出了地方政府对高等教育的重视程度与支持力度随行政级别的降低而降低的现象。

2.经济建设对高等教育的需求

从统计结果来看，近几年直辖市、省会城市、地级城市在急需人才的学历层次需求方面表现出了一定的梯度。直辖市对博士和本科层次的人才需求最高，为36.36%，其次是硕士；省会城市对硕士的需求最高，为45.95%，其次为博士和本科，再次为专科；地级城市对本科的需求最高，为42.31%，其次为硕士、博士、专科及专科以下。这说明不同经济发展地区对人才需求的规格也是有差异的，并不是层次越高越好，而是适用且略偏高为好。

从急需人才的专业方向来看，直辖市、省会城市与地级城市比较没有明显的差别，直辖市在外语、法律人才需求方面较省会城市和地级城市略高。总体来看，急需的专业人才分别为理工(68.49%)、经济(68.49%)、管理(57.53%)、法律(39.73%)、外语(38.36%)、旅游(32.88%)、农林(28.77%)、医学(24.66%)、师范(20.55%)。大家对地级城市最急需的专业人才的估计按百分比高低依次为理工(60.27%)、经济(42.47%)、管理(30.02%)、农林(32.88%)。

点评：直辖市和省会城市与地级城市高校自己的估计有所不同，如直辖市和省会城市估计地级城市急需理工人才的高达60%和70.22%，而地级城市仅为46.15%；而在经济、财会、外语、法律、师范等人才需求方面地级城市又明显地高于直辖市和省会城市的估计。这种估价的偏差，实际上说明我们对地级城市人才需求市场的认识与实际情况还有距离。

据教育部统计，从院校类别看，教育部直属高校毕业生就业情况较好，初次就业率为85%，部门高校次之，地方院校较差。从学历看，用人单位对学历高的毕业生需求高于对学历低的毕业生需求。研究生供需比约为1∶2.6，本科生约为1∶1.3，专科高职生约为1∶0.4。

如果高等学校，特别是地方院校将自己的办学目标定位在为地方经济建设与社会发展服务，成为地方各类专业技术人才继续教育、终身教育的培训基地与教育基地上，不仅可实现为地方培养人才、科技创新、社会服务的职能，为地方高校的发展开辟广阔的道路，而且能为地级城市和区域经济的发展建设打下坚实的基础。

四、存在的问题

(一)管理体制：有待明确

分别从直辖市、省会城市、地级城市高校来看，教育部对地方高校的管理

“具有指导作用”的百分比逐级下降，而“缺乏指导”的百分比逐级上升。

近几年来，随着高等教育宏观管理体制改革的不断深入，我国高等教育体系的结构发生了很大变化，基本解决了部门办学、条块分割而导致的重复建设、布局不合理、单科性院校过多的问题；解决了中央与地方的关系问题，形成了中央和省级人民政府两级管理、分工负责，在国家宏观政策指导下以省级人民政府管理为主的新体制；促进了多学科融合，提高了办学质量，有利于人才培养。那么，在这样的管理体制下，教育部对高等学校起着怎样的作用呢？

从总的统计结果来看，47.83%的高校认为教育部对地方高校的管理具有指导作用，34.78%的高校认为教育部对地方高校的管理缺乏指导，14.49%的高校认为干预过多，2.9%的高校反映教育部工作没有涉及地方高校。从直辖市、省会城市、地级城市高校的顺序来看，“具有指导作用”的百分比逐级下降，而“缺乏指导”的百分比逐级上升。

这一结果引发我们思考的问题，一是教育部出台的高教政策的针对性，是否考虑直辖市等发达地区高校的需求过多，而考虑不发达地区高校的需求偏少；二是地方政府在贯彻落实教育部相关政策方面渠道是否畅通、工作是否到位、教育部的政策能否真正落实到高等学校当中去。

在询问地级城市高等学校的管理体制以何种体制为好时，不同地区高校有不同的看法。有50%的直辖市高校认为，以地方政府管理的形式为最好，其次为共建(30%)、省教育厅管理(20%)；省会城市44.44%的高校认为，以省教育厅管理为最好，其次为地方政府管理(30.56%)、共建(22.22%)、国家部委管理(2.78%)；而地级城市42.31%的高校认为，以省教育厅管理为最好，其次为共建(26.92%)、地方政府管理(19.23%)、国家部委管理(11.54%)。

点评：这一结果同地方政府和社会形成的对高校支持的环境是一致的：从理论上讲，地级城市高等教育主要应由地方政府承担(正如多数直辖市高校的观点)，但出于地方政府在政策水平、经济实力、支持力度等方面因素的考虑，由省教育厅管理会更好一些(如省会城市和地级城市多数高校的观点)。由于地级城市高等学校对地方政府及社会的支持环境满意率最低，因此更不信任地方政府，更倾向于共建，甚至还有11.54%的地级城市高校希望划归国家部委管理，这一点特别值得地方政府思考。

(二)教师流失严重：值得警惕

地级城市高校教师流失严重的比例高于直辖市30多个百分点，达到65.38%。

总体来看，直辖市、省会城市和地级城市高校在地级城市面临的主要问题上看法比较一致。“教育经费紧缺”是首要问题，占79.45%，其中74.14%的将其列为最主要问题；“教师流失严重”位居第二，占43.84%；“管理体制不顺”居第三位，占32.88%；“学生生源不理想”居第四位，占24.66%；“专业设置不适合市场需要”居第五位，占21.92%。

从不同地区的高校来看，有共性的问题，也有各自具有独特性的问题。经费短缺是各高校共有的问题，但省会城市和地级城市高校的比例要高于直辖市高校近20个百分点，说明较直辖市高校来说，其他地区高校的经费短缺问题更加普遍。这与相关研究和人们的经验是一致的，即越是在经济发达地区，地方政府、社会和个人等对高等教育的总投入水平就越高；越是在经济落后的地区，高等教育经费短缺就越严重。长此以往，其后果就是发达地区和落后地区的高等教育在质量上和数量上的差距将越来越大。

作为经济不很发达的中小城市，地级城市在国拨经费十分有限的情况下，如果其高校不能取得地方上的财政支持、加大横向联合办学的支持力度，高等学校的发展必然就会受到很大的限制。因此，政府在下大力气建设世界一流大学的同时，更应关注通过财政转移支付方式加大对经济落后地区的高等教育投入，以保证经济落后地区的高等教育数量和质量。同时，地方政府和社会各界，特别是企业界应该认识到占有了人才就等于占有了市场，在人才培养方面投资是收益最大的投资。而作为地级城市高等学校，必须主动服务社会，赢得地方政府和社会各界的支持。只有做到高等学校和地方政府及社会各界携手共建，才能达到教育社会同步发展、实现共赢的战略。

点评：为当地经济建设培养不同层次的专业人才和建设者，关键还在于教师。地级城市高校教师流失严重的比例高于直辖市30多个百分点，达到65.38%。因此，地级城市高等学校在发展过程中一定要特别重视师资队伍建设，转变为培养而培养人才的观念，意识到人才培养的目的在使用，使其产生效益，发挥作用。因此，即使在学校发展还比较困难的时期，也要尽力保证教学人员具有比较好的工资福利待遇和生活环境，并为不断提高其专业知识技能提供必要的条件。这一点对于经济较不发达的地级城市具有特别重要的现实意义。

（三）教学管理：警钟长鸣

地级城市高校最急于改善的方面是经费投入和基础设施建设，这是与地级城市高校经费投入到位率低、对办学条件很不满意率高是一致的。

从问卷来看，直辖市、省会城市和地级城市高校普遍认为改善经费投入是最主要的方面，占65.75%，其中62.5%将其作为最急于改善的方面；排在第二位的是加强教学管理，占60.27%，其中63.64%将其作为最急于改善的方面；

排在第三位的是加强基础设施建设，占 20.55%，其中 60%将其作为最急于改善的方面；排在第四位的是加强管理体制改革，占 60.27%，其中 26.67%将其作为最急于改善的方面。

地级城市高校最急于改善的方面是经费投入和基础设施建设，这是与地级城市高校经费投入到位率低、对办学条件很不满意率高是一致的。可以说，由于近年来的扩招，学生人数急增，导致校舍紧张，基础建设任务加重，使许多地级城市高校处于加紧进行硬件建设时期，而无暇在学生管理、校园文化建设、师德建设、班子建设以及管理体制改革等相对“软”的方面下工夫。

千万别冷落了地方高校[①]

全面建设小康社会是我们未来的宏伟目标，构建和谐社会是我们的价值追求。和谐的理想结果就是要实现各尽所能、各得其所、和谐相处的局面。但是，在全面建设小康社会、构建社会主义和谐社会的过程中，当高等教育发展从整体上进入到大众化阶段，局部地区已进入普及化阶段时，仔细审视高等教育发展，仍存在一些不和谐的现象。坚持科学发展观，构建和谐的高等教育局面，急需处理好五对矛盾：

(1)精英与大众孰轻孰重：如何认识高等教育发展三个阶段所带来的变化？

(2)强势与弱势如何调节：如何发挥好“国家队”“地方队”的作用？如何使强势更强，弱势变强？

(3)高等学校理想的多样化与现实的雷同化如何化解：如何建立引导不同类型、层次高校分类发展的制度基础？

(4)经费短缺与追求卓越如何破解：在全球高等教育经费日益萎缩的情况下，我国的高等学校如何办出特色，走向社区、走向市场？

(5)政府干预与市场调节如何平衡：政府控制经费来源，但远远不够；市场发育不够成熟，市场主体又不够理性。

本文重点探讨地方高等学校发展存在的若干问题。

一、“弱势群体”弱在哪里

(一)从高等学校的构成比例来看，地方高校占有最大比例。但是，获得经费数、得到政府重视程度都不太令人满意，是高等教育群落中的“弱势群体”

根据有关研究结果，1998年以后，我国的高等学校出现了两大变化：第一，我国普通高校的隶属关系和举办主体发生了重大变化，由过去的中央政府管理为主体转变为以地方政府管理为主体，地方高等学校成为了高等学校中的大多

① 本文原载于2005年9月23日《中国教育报》。

数;第二,高校布局向地级市延伸,地级城市高等学校成为地方高等学校的主体。

在20世纪末,从总体上来说,我国的高等学校主要集中于直辖市和省会城市,高等教育资源的过分集中不利于其他城市和地区经济的发展和人才的培养。截至2001年,我国省以下地市县有各类普通高校478所,占我国高校总数(1033所)的46.27%,超过了省会(自治区)城市高校数(417所,占全国高校总数的40.36%)和4个直辖市高校数(138所,占全国高校总数的13.36%)。从数量上看,地市高等教育在我国高等教育体系中占"多数",成为我国高等教育体系中的重要组成部分。在我国城市体系中,大城市是少数,而地级城市和县级市是多数,各地市及其所辖县市的面积与人口占全国人口与面积的绝大多数。发展地市高等教育,也就是发展我国最广大地区、最广大人口的高等教育。但是,由于我国高等教育长期实行扶优保重的政策,所以导致中央部属高等学校与地方高等学校、重点高等学校与一般高等学校之间的差距不是在缩小,而是在人为地加大,使有限的资源过于集中在少数高等学校身上。

截至2003年7月1日,我国有1517所高等学校,其中可以授予博士学位和硕士学位的高校为245所,可以授予硕士学位的高校为457所,可以授予学士学位的为620多所。重点学科、重点实验室、省部级以上的科研经费、科研成果基本上被"211工程"学校和有研究生院的学校包揽。

如果把中央部属高校称为重点高等学校,把地方高校称为非重点学校的话,那么两类高等学校在教育经费收入方面差距是很大的:占全国普通高等学校数92%、学生人数85%的地方高校获得的教育经费仅占全国普通高等学校经费收入的57%,地方高等学校获得的预算内教育经费、校办产业和社会服务等收入、捐集资收入等的这一比例更低,很多地方高等学校科研经费极少。而地方高等学校生均教育经费支出和生均预算内教育经费支出分别仅为中央部属高等学校的49%和43%。地方高等学校经费的地区差异较大。部分地区普通高等学校生均经费太低,难以保证基本的教育质量与正常的教学秩序,严重影响了高等教育的可持续发展。

(二)从缩小地区差距的角度来看,地方高校的作用是不可低估的。但是,地方高校的作用发挥程度是有差距的

目前,我国高等教育之间的差距十分巨大。其原因是多方面的,有制度、政策方面的,也有高等教育自身的问题。国家教育行政学院"高等教育地方化"课题组于2004年上半年采取自愿、不记名的方式,随机对在国家教育行政学院进修学习的第25期高校领导干部进修班的部分学员进行了问卷调查,并对东中

西部高校的部分学员进行了回访，希望能够为地方高等教育生存和发展提供政策方面的建议和咨询意见。本次调查共发放问卷 96 份，收回有效问卷 84 份。其中 27 份来自东部地区高校，16 份来自中部地区高校，41 份来自西部地区高校。从本次问卷调查来看，主管部门为省（市）教育厅或省地共建、以省为主的高校占 72.29%，也就是说目前我国地方高校是以省为主进行统筹的。具体问题包括：

1. 地方政府对当地高等教育的重视程度尚不理想，在中部地区表现尤为突出

问卷调查结果表明，目前我国地方高校的主管部门普遍比较重视高等学校的工作，有近 70% 的主管部门能够把当地高等学校作为地方工作的重要内容，其中在经济发达地区达到 90%。

在分地区统计中，大多数东部和西部地区的高校领导认为，本地的高教主管部门比较重视地方高等教育，分别有 77.78% 和 70.73% 的高校领导认为，当地主管部门始终或一般能将高等学校工作列入地方工作的重要内容，而中部地区则有 50% 的高校领导认为，当地主管部门很少甚至从未将高等学校工作列入地方工作的重要内容。

2. 地方政府对高等学校的管理职责尚需根据地域特点进一步明晰并加以改进

地方政府对高等学校的管理依次体现在政策指导（37.65%）、经费投入（30.59%）、管理人权事权（28.24%）等方面。值得重视的是有 20% 的高校领导认为主管部门对学校管理的内容不明确。

从分地区统计来看，东西两大区域在对高等学校管理的内容方面存在一定差异。东部地区高校领导认为，政府部门政策指导居多，其次为管理人权事权，然后才是经费投入，即管得多、投得少；而西部地区排在第一位的是经费投入，其次是政策指导、管理人权事权。

3. 政府拨款是地方高校经费的主要来源，但到位情况并不理想

目前，地方高校经费的主要来源为地方政府拨款，占总数的 46.15%。中央政府拨款仅占 1.92%，与部属高校及重点支持的高校相比，中央政府对地方高校的关注显然不够。以学生学费、学校自筹经费作为学校经费主要来源的比例也比较高，分别占 27.94% 和 23.99%。这也从一个侧面反映出地方高校维持正常运转的经费十分紧缺。

从地区统计来看，东部地区高校经费的主要来源呈现出以地方政府拨款为主，学校自筹、学生学费辅之的多样化趋势，所占比例均在 27% 到 43% 之间，这可以从一个侧面说明东部地区的高校具有较强的自我筹措资金的能力和自我

发展空间。西部地区主要依靠地方政府拨款,其比例达到54.17%。由于西部地区经济不发达,学校自筹经费能力较弱,因此,就全国水平来看,西部地区高校以学校自筹经费和学生学费为主要经费来源的比例最低,自我生存能力较弱。

近半数的地方高校经费的主要来源是政府拨款,那么这部分经费的到位情况如何呢?从问卷调查的情况来看,地方政府拨款能够完全到位的高校仅占总数的7.14%,基本到位的占58.33%;而27.38%高校的政府拨款难以到位,还有7.14%的高校的政府拨款不能到位。在高等教育步入大众化的过程中,高等教育的大发展与65.47%的经费到位率显然是不相称的。

从地区统计数据来看,东部地区经费到位率最高,但也只有70.37%,还有近30%的高校拨款难以保证和不能到位,这些高校不能不通过自筹经费或将学生学费用作办学经费。东部作为经济较为发达的地区,地方政府对高等教育又比较重视,应该说有能力保障高校拨款的到位,但令人不解的是,政府拨款不能到位比例最高的恰恰出现在东部地区,占11.11%。

4.地方高校正在融入当地经济社会发展之中,东部地区高校走在全国的前列

从问卷调查中可以看到,78.82%的高校已经将为地方服务纳入学校的办学目标之中,准备纳入的占17.65%,尚未纳入的只占3.53%。其中东部已经纳入的占85.19%,准备纳入的占14.81%。

78.05%的西部地区高校已经将为地方服务纳入学校的办学目标之中,准备纳入的占14.63%。但值得注意的是,本次调查中,尚未将为地方服务纳入学校的办学目标的高校都在西部地区,占西部地区高校的7.32%。也就是说,西部大开发要取得预期的成效,除了政策倾斜、经费支持外,在近一个时期,转变观念仍是一个根本性问题,也是影响西部地区高等教育发展的一个极其重要的问题。

最值得关注的是中部地区。调查表明,中部地区68.75%的高校已经将为地方服务纳入到学校的办学目标之中,准备纳入的占31.25%,与中部地区高校受传统文化观念影响较深,观念更新较东部地区慢,有“醒得早,起得晚”的感觉。中部地区81.25%高校的专业设置与课程设置很好地或较好地体现了办学目标,18.75%高校的专业设置与课程设置也能部分体现办学目标,但6.25%的高校很少随着社会经济的发展调整专业设置。

5.地方高校与当地的企事业单位建立了一定的合作关系,中部地区显现发展潜力

在调查中,只有东部18.52%的高校与当地建立了广泛的合作关系,中西部地区均为零。可见,我国地方高校与当地社会经济发展的密切程度还比较低。

令人感到欣慰是，中部地区87.5%的高校与当地建立了比较广泛的合作关系，在东中西部地区位居榜首，遥遥领先。之所以会有这样的情况，究其原因有以下几方面：一是中部地区多为人口大省，近年来经济发展较慢，在高校中“孔雀东南飞”的现象比较普遍，师资队伍面临很大的挑战，且地方高校近年来扩招的规模都比较大，办学的硬件条件日渐匮乏，加之高校的经费到位率低，许多中部地区高校办学面临极大的困难。在这种情况下，学校不能不调整办学方向，面向社会和企业，在为地方服务中谋求新的发展出路。二是中部地区的很多城市原来就具有一定的工业化基础，如果有一定的智力与技术的支撑，就比较容易发展，这就为高校与当地企事业单位合作奠定了物质基础。

6.地方高校对当地经济建设发挥了一定的作用，但还有很大的潜力

问卷结果显示，地方高校领导对高等教育在当地社会经济建设中的作用发挥的认识比较充分，认为自己所在学校“对当地社会经济建设很有帮助”与“有一定作用”的比例达到96.47%，其中东部地区达到100%，西部和中部也分别达到97.56%和87.5%。同时，地方高校领导并未满足于此，他们普遍认识到高等学校在为当地经济建设服务方面所发挥的作用还有很大的潜力。在调查中，有50%的高校领导认为，“目前地方高校在为当地经济建设方面所起的作用应该很大，但尚未完全发挥”。这说明地方高校充分认识到高等学校的三大任务归根到底还是要为当地社会经济建设服务，高等教育在社会经济建设舞台上将有更大作为。

值得重视的是，绝大多数领导已经对地方高等教育促进当地社会经济发展有了比较充分的认识，并根据市场需要及时或比较及时地调整专业设置。但事实上，地方高校的专业设置、人才培养仍然与当地的社会经济发展的优质资源需求有一定的距离。调查结果显示，学校的专业设置、人才培养与当地社会经济发展的优势资源极为密切的只占12.94%，较为密切的占43.53%，有一定联系的占42.35%，而不太相关的占2.35%。这说明我们地方高校的办学目标并没有完全转变到为地方经济建设服务、发展区域经济的方向上来，这里有政策导向方面的原因，同时，重“学”轻“术”的传统教育价值观念，也在一定程度上阻碍了高等教育为地方社会经济发展服务目标的实现。

7.地方为高校发展建设提供了一定的支持，但高校对当地和政府的支持环境不够满意

从问卷调查来看，各地根据当地发展的实际，为地方高校的发展建设提供了不同方面的支持，其中提供项目支持的占37.18%，提供学生实践基地的占48.72%，提供宽松政策的占32.05%，提供资金投入的占24.36%，提供其他支持的占14.10%。总体来看，地方为高校的发展建设提供的支持主要是提供学

生实践基地和项目支持。但不同地区有所差别:东部主要是资金投入(45.83%),然后才是提供学生实践基地(41.67%)和项目支持(41.67%);中部地区主要靠宽松政策(62.5%)和提供学生实践基地(62.5%),其次是项目支持(31.25%)和资金投入(31.25%);西部地区主要是提供学生实践基地(47.37%),其次是项目支持(39.47%)和资金投入(39.47%)。

在问及"当地政府和社会对地方高校的支持环境"问题时,东中西部地方高校领导感觉很满意的均为零,这表明在地方高校领导看来,我国高等教育并没有成为全社会关心与支持的事业,当地政府和社会的支持与高校的期望值之间还存在较大的距离。

二、自身的努力尚有空间

要想构建和谐的高等教育体系,就要充分发挥地方高等学校的作用。为此,必须从两方面入手。

从外部来说,政府要营造公平的竞争环境。首先是政府要转变职能,变划船者为掌舵者;其次是高等教育评价体系要从单一的学术性标准变为多元的评价标准;最后是高等教育资源的配置要变人头拨款为绩效拨款,鼓励不同层次的高等学校争创一流。

从地方高等学校内部来说,要着重做好以下工作:

1. 地方高等学校的定位:从政府定位向市场定位转变

目前,社会各界都在呼吁高等学校的发展要科学定位,分类发展,但高等学校的定位总是难以落实。问题的实质是:定位的实质是什么?定位的主体是谁?其实人们并不是十分清楚,或者是由于现实的压力而不能合理定位。而且,高等学校的定位有这样几个误区:一是高等学校定位取决于政府的认定;二是高等学校定位取决于高等学校的主要领导;三是高等学校定位取决于高等学校自身。其实,最根本的是没有抓住定位的本质。

从营销的角度来说,高等学校定位要解决的两个根本性的问题是"为谁服务"和"如何服务"。

(1)高等学校定位的实质:占领客户——学生的心智定位来源于企业管理领域,是营销中的重要一环

营销大师科特勒认为,营销不仅是一个商业交易的问题,而且还涉及社会价值观。每一个被生产和销售的产品都执行一种社会功能。营销是一种社会行为。

所谓"市场定位"是对消费者心智的占领。定位不在定位对象本身,而是在消费者心底,是在消费者的大脑中占据一个合适的位置,一旦这个位置确立起来,就会使人们在需要解决某一特定需要或其他问题时首先考虑某一定位于此

的事物。

在企业领域，定位理论的发展经历了三个发展过程：独特销售理论、品牌形象理论和定位理论。其观点经历了“强调产品的特性及利益→塑造形象、长远投资→占据位置、心理第一”的过程。

高等教育发展到今天，作为服务贸易中的一种，它的产业属性更加被强化。尤其是在高等教育大众化阶段，高等教育的竞争将最终体现在服务的水平和质量上。因此，在某种意义上，高等学校定位的实质就是要让学生在心理上认同你这个高等学校，也就是占领学生甚至家长的心智。哪一所高等学校能招来更多、更优秀的学生，并在毕业时能找到更合适的工作，哪一所学校就是好学校。

所以，高等学校的好坏最终是由学生市场、用人市场来评判，但是，由于目前我们国家体制因素的制约，政府的行政干预过于强大，市场发育不够成熟，市场主体也不够理性，因而，政府政策性因素占据主导地位，市场的作用还没有得到有效的显现。往往是政府只要给予政策的倾斜和扶持、大量经费的投入，这所高等学校就会在短时间内发生实质性变化。

(2)高等学校定位的关键：找准“细分市场”和“卖点”

从服务贸易的角度来说，高等学校作为“生产者”就必须满足“客户”的需求，而满足需求的最大要求就是要找准自己的“细分市场”和“卖点”。

第一，要从市场夹缝中找“细分市场”。高等教育也存在着市场划分和市场细分的问题，高等学校定位实质上就是要在同一类别市场中如何找到自己的一份。高等学校定位应该从三个层面来考虑，即高等学校在整个社会大系统中的定位、一所学校在整个高等教育系统中的定位和学校内部各要素在学校发展中的定位。

高等学校在高等教育系统中的定位问题实质上是高等教育系统的分层问题。高等学校在整个高等教育系统中的定位主要体现在办学类型、办学层次和办学特色三个方面。办学类型涉及多个方面，如按隶属关系来分，有部属高校、地方高校；按办学主体来分，有国家主办的高校、民办高校；按学科结构来分，有单科性学校、多科性学校、综合性院校。我们在研究学校定位时，主要应考虑后者，即学校的学科结构类型。办学层次主要指学术贡献和人才培养的层次，从这个角度来看，目前我国大学的办学层次大体分为研究型、教学科研型(或以本科教学为主)、职业技术型三个层次。不同层次的高校在学术贡献、人才培养层次、对社会服务的方式以及在高等教育体系中所发挥的功能和作用不同。

第二，要在“卖点”上下工夫。卖点即特色，办学特色是指学校与其他学校相比所表现出来的独特的办学内涵。办学特色可以体现在办学观念、办学风格、培养目标、学科水平、课程体系、管理方式等诸多方面。办学类型、层次不等于办学水平，办学水平往往体现在办学特色上。从某种意义上来说，特色就是水平。高校办学特色定位是形成办学多样化的有效途径，是高校在教育市场中具有竞争力的表现，也是高校吸引生源、形成社会地位的基础。

(3)高等学校定位要注意的几个问题

目前，高等学校定位中要注意的有两个方面的问题：

第一，处理好研究性与职业性的关系。根据我国的情况，应该实施并行战略、分类发展。一方面要努力创建若干所世界一流大学和一批一流学科，形成国内高水平大学群体和创新型人才基地。另一方面，要大力发展短期性、社区性的高等职业教育及培训，造就大批生产、服务、管理第一线需要的实用型人才。

第二，要处理好大与小的关系。大小并不是评判高校的唯一标准，而特色和水平是关键。

2.地方高等学校的战略：从“自我中心论”向“他方中心论”转变

地方高等学校不同于中央高等学校的地方在于：要更多地适应劳动力市场的需要，更多地面向地方，以地方求生存和发展。要从自身的学术逻辑逐渐过渡到市场的轨道。

在这方面，美国的地方高等学校曾一度出现过一种新型大学，即相互作用大学。所谓相互作用大学是实行相互作用战略的大学，它产生于美国。20 世纪 90 年代初，美国一些地方性高校提出了大学改革的相互作用战略，即改变传统大学“以自我为中心”的观念，树立以社会为中心的“他方中心论”的新观念，与大学所在社区的企业界、公众及政界的领导建立一种积极的、双向作用的伙伴关系，为实现社区经济繁荣和社会公正的共同目标而努力。

相互作用大学在形成过程中有五个标志：确立大学的基本结构、大学与社区相结合、大学获得社区的尊重、社区的尊重对大学的挑战、以他方为中心的积极态度。所谓“确立大学的基本结构”就是这类新型大学要具有合理的规模和相当完全的专业设置。所谓“大学与社区相结合”就是大学要致力于社区的重要发展，解决社区面临的问题。所谓“大学获得社区的尊重”就是要看社区各界的领导人是否愿意把他们自己的孩子送到这所大学上学或建议他们的朋友或助手的孩子到这所大学去上学，尤其是看那些有条件去外地任何大学上学的社区上层人士的孩子是否会以选择这所当地大学而感到自豪。所谓“社区的尊重对大学的挑战”就是大学要应对社区提出的新要求，即大学在繁荣社区经济、提高人民生活质量方面的作用。所谓“以他方为中心的积极态度”就是大学不仅愿意而且能够吸收社区公民成为学校发展的“利益相关者”或“共同产权人”。

3.地方高等学校的作用：从“追求、发展和传播知识”向“敏感、积极应对市场反应”转变

传统大学的一些重要特征是学校脱离社会，扮演一个置身于社会之外的批

评者角色,而不是充当一个社会的积极参与者的角色。从世界高等教育的发展趋势来看,我国高等学校,尤其是地方高等学校急需从重视“学”向“术”的转变,即从“追求、发展和传播知识”向“敏感、积极应对市场反应”转变。

表 1　　普通高等学校教育经费收入情况(单位:千元)

学校类型	学校数	教育经费总收入	预算内教育经费拨款	生均教育经费支出(元)	校办产业、社会服务收入	捐集资收入
中央部属高校	111	49462142	24239416	24596.04	894866	1117225
地方高校	1285	65054756	29280595	12216.37	735826	610522
总计	1396	114516898	53520011		1630692	1727747
地方高校比重	95%	57%	55%	49%※	45%	35%

注:※为地方高校与中央部属高校生均经费之比(数据来源于:《中国教育经费统计年鉴 2002》)

表 2　　部分省区地方普通高校生均费(单位:元)

	地方高校平均	明显低于全国平均水平的部分地区
生均教育事业费	9791	贵州(3889)青海(6305)新疆(6509)内蒙古(6841)安徽(7230)湖北(7654)江西(7935)
生均预算内教育事业费	6816	贵州(2125)新疆(2162)四川(3180)湖南(3214)河南(3284)内蒙古(3470)湖北(3702)安徽(3710)江西(3829)
生均预算内公用经费	2614	内蒙古(248)新疆(347)贵州(408)安徽(499)湖南(969)

注:数据来源于《中国教育经费统计年鉴 2002》

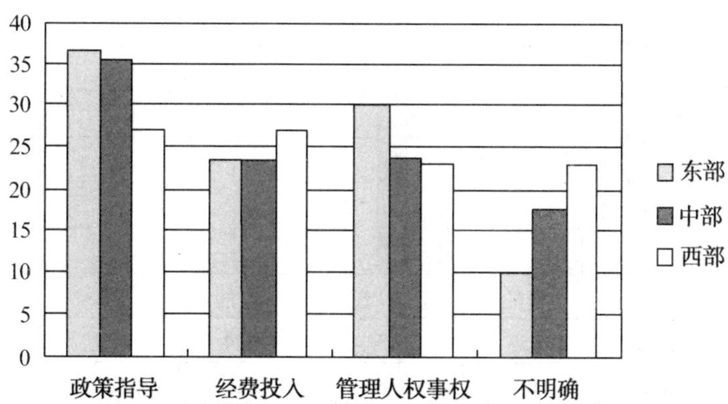

图 1　主管部门对高等学校的管理

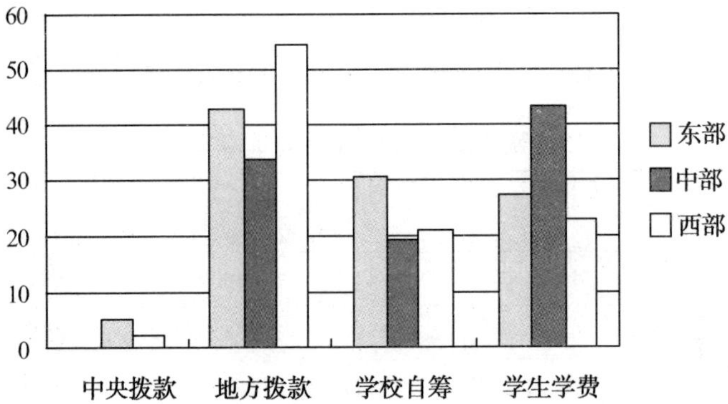

图 2　地方高校经费的主要来源

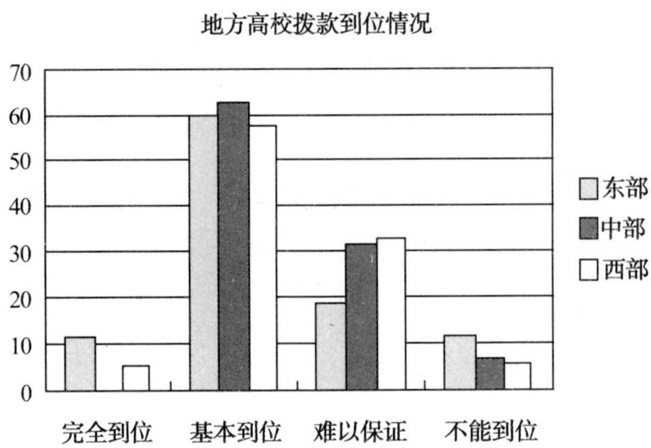

图 3　地方高校拨款到位情况

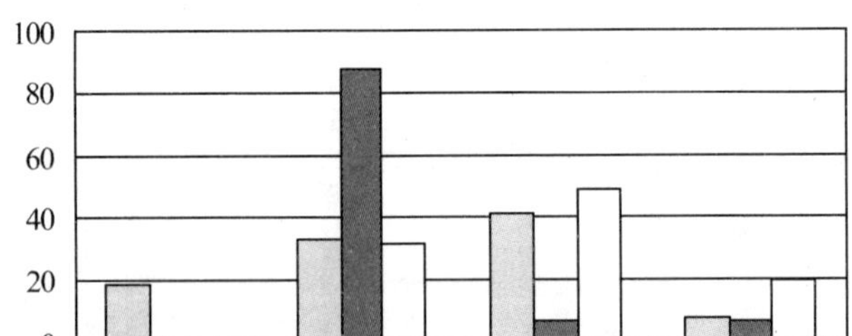

	广泛的	比较广泛	一定的	很少
东部	18.52	33.33	40.74	7.41
中部	0	87.5	6.25	6.25
西部	0	31.71	48.78	19.51

图 4　地方高校与当地企事业的合作关系

地级市高教应面向地方经济主战场①

在20世纪90年代，高等教育界曾经有过一场讨论：高等教育如何由“边缘”走向“中心”，在那时，争论的焦点是高等教育与社会的关系，以及高等教育的社会服务职能问题，强调高等教育的整体要从社会的边缘走向社会的中心。那么，在高等教育内部的成员之间是否也存在一个从边缘走向中心的问题呢？

回答是肯定的。因为组织整合理论告诉我们：在人类社会的发展过程中，在农业社会和近代社会，组织中都存在着核心成员和边缘化成员。在现代社会中，未来的发展趋向是成员趋向于平等，主要是基于信任的原则，实现的是“双赢”或“多赢”。

就我国高等教育的组织构成而言，我们历来就有“国家队”和“地方队”之分。所谓“国家队”就是指属于国家部委直接管理的一部分高等学校，所谓“地方队”就是指属于地方政府部门管理的一部分高等学校。在“地方队”这支队伍中，占居多数的是地级城市的高等学校，那么，地级城市高校在强手如林的情况之下，如何由边缘化成员成为核心成员，如何在信任的基础之上实现与国家队的“双赢”或“多赢”，就成了地级城市高教面临的现实问题。

一、地级城市高教在高等教育大众化的进程中起着举足轻重的作用

随着知识社会的到来，高等教育在国家和社会发展中的作用日益受到各国政府的重视，高等教育逐渐走向社会的中心。这主要体现在两个方面：一是政府加强对高等学校的干预；二是高等学校逐渐从“象牙塔”走向社会，扩大服务社会的领域和范围。

为社会服务是高等学校的重要职能之一。无论是为地方服务还是为全国服务，都是一种服务，不存在高低和优劣的问题。根据组织的分工，不同层次的

① 本文原载于2007年12月3日《中国教育报》。

高等学校应当承担不同的任务，应有不同的定位。现在，总的发展趋向是：无论是公立研究型大学，还是非研究型大学，抑或是私立高等学校，都在探索为地方服务的途径和方式。

作为地级城市的高等教育，由于身在地方，因此服务于地方发展是情理之中的事。我们认为，地级城市高教从服务地方发展的边缘走向服务地方发展的中心是可能的。

近年来，随着"中央和省级人民政府两级管理、以省级人民政府管理为主"的高等教育管理体制和"在国务院的领导下，分级管理、地方为主、政府统筹、社会参与"的职业教育管理体制的确立和不断完善，高校布局逐步向地级市延伸，成为高等教育发展的一个重要特点，使高校在地级城市的分布和设置状况明显改观，有力地促进了地级城市经济和社会的发展，提高了地方政府发展高等教育的积极性。

截至 2006 年年底，在全国 2286 所普通高校中，2179 所为地方高校，占全国普通高校总数的 95.3%。到 2005 年，在 2179 所地方高校中，除辽宁、浙江、吉林、湖北、内蒙古、陕西、甘肃、青海、宁夏外，其他省份地级城市中分布的普通高等学校数已经超过了省级中心城市。从数量上来说，地级城市高教发展是高教发展中的一个新的增长点；从作用上来说，地级城市高教在高等教育大众化的进程中起着举足轻重的作用，而且对于统筹城乡高等教育的发展具有重要的现实意义。

从面临的条件来看，地级城市高教的有利条件大于不利条件：

第一，地级城市高等学校的作用日益凸显。中国是一个发展中国家，是一个农业大国，对于广大的地区来说，缩小差距的重点和难点在农村。地级城市高等学校处于城市和农村的交界地带，是当地经济、文化的中心，理应发挥更加重要的作用。

第二，政府宏观政策的引导更加趋于理性和完善。随着社会公平要求呼声的增高，政府管理高等教育的策略也越来越趋于理性，方法也越来越臻于完善。例如，在"重点工程"建设中，2006 年，教育部和财政部联合实施了职业技术教育工程，旨在不断提高职业技术教育的水平。这是对地级城市高等教育发展极为有利的政策措施。

第三，各类高等学校自身也逐渐趋于理性和富于战略思维。随着高等教育市场细分的加剧，不同层次和类型的高等学校都在有选择地追求卓越。其中，一些地方高校也调整发展方向，制订适合自己的战略规划，以谋划更大的发展。不少地方高校正在把目光投向所在的地区，把发展定位在当地。

当然，地级城市高教发展仍面临不少不利条件，如基础薄弱，发展有待加强等问题，但是，从大势来看，可以说前景看好。

二、眼睛向下，实现"立地"目标

地级城市高教服务地方经济发展仅有发展的可能性还不够，更重要的是有发展的现实条件，那就是要采取正确的战略和策略。地级城市高等学校应当与公立研究型大学实行差别化战略，走不同的发展道路，选择不同的发展策略。

鉴于地级城市高等教育所处的历史地位以及自身的发展条件，其高校面临不少不利条件。如何化不利为有利是当前亟待解决的问题。因此，在发展道路选择上，就必须采取务实的态度，走高等教育地方化的道路，即眼睛向下，实现"立地"的目标。

本文所指的"高等教育地方化"，其实就是指地级城市的高等教育要为地方经济建设服务，其核心在于，地级城市的高等学校要真正发挥高等学校应有的职能，解决学校与社会脱节的问题。

对于高等学校整体来说，人才培养、科学研究和社会服务是其三大职能，但是对于地级城市高等学校来说，由于大部分是一些教学型大学，所以主要任务是人才培养。当然不是不需要科学研究和社会服务，而是科学研究和社会服务的形式不同于研究型大学的科学研究和社会服务。

地级城市高等学校科学研究的重点是如何提高教学质量和水平，如何提高教师的实践技能和水平，从而提高学生的实践能力；社会服务的重心在于让学生学到实际的服务技能和本领。而人才培养的目的是：使学生除了学习基本的生活知识、生活的价值之外，特别要掌握今后走向社会之后，生活和工作的技能和本领。这与研究型大学所培养的学术性人才不同。这就要求地级城市的高等学校要通过人才培养这个"关口"，来实现为地方经济服务的职能。

地级城市高等学校的毕业生大多数是要回到地方为当地服务的，学术性人才的需求毕竟是少量的，大量的是技能型人才，其检验标准是社会用人单位对毕业生的认可程度，包括是否具有实际工作能力、是否具有良好的职业道德、是否具有合作和沟通的能力等。

总而言之，地级城市高教的发展方向应该是面向地方经济的主战场，地级城市高等学校的道路选择是走地方化道路，以培养大量应用型人才为主，在知识、素质和能力三个因素中，尤其要强调能力的重要性，特别是动手能力和实践能力，在知识中更多强调的是应用型知识，在素质中更多地要体现过硬的实际素质。这些问题说起来容易，但是做起来就十分不易，其不仅涉及社会价值观念，而且涉及教育理念、教师水平、办学条件等复杂因素。但是，如果方向对头，就可能实现预定的目标。

三、因地制宜，走分类发展之路

地级城市高等教育在发展中要解决的问题很多，除了发展道路选择之外，最根本的问题是要解决一个策略选择问题：是走一般普通高等学校的发展思路，发展学位教育，还是走创新型大学之路，以特色制胜？

传统的普通高等学校的发展模式是不断追求规模的增加，不断提高学位的层次，以学术性为导向；而创新型大学的则应当是不断适应市场变化的需要，不断提高人才培养的适应性，以职业性为导向，走特色之路。

首先，从办学实践来看，地级城市高等教育要办出特色就需要因地制宜，走分类发展之路。对于地级城市的高等学校来说，要区分不同的地区和不同的类型。不同的地区主要体现在经济水平的差异上，不同的类型主要表现在学校的层次上。

其次，从经济发展水平考量，地级城市的高等学校要着力解决经济发展对人才的需求问题：发达地区的高等学校要着力满足工业高速发展对高级技能人才和管理人才的需求；中等发达地区的高等学校要解决学历补偿需求和中等技能人才需求；欠发达地区的高等学校要解决学历需求和一般技能人才的培训需求。

最后，就课程内容与性质而言，应当处理好通识教育与职业教育的关系。其中，课程设计是关键，通识性课程应占有一定的比例，但多数的课程应该是职业性课程，重在满足学生的职业需要，同时兼顾学生的人文素养，特别是为一少部分学生今后进一步的提高和发展打下坚实的基础。

高教质量评估

高等教育质量文化的反思与超越[①]

当今，高等教育发展已经从外延式发展进入到内涵式发展阶段，以质图存和特色发展成为社会各界关注的重要议题。提高高等教育质量既是一个实践问题，又是一个理论问题。它不仅涉及高等教育的外部因素，而且涉及高等教育的内部因素，更涉及文化深层次的问题，因而亟待进行深入研究，厘清头绪。本文就高等教育质量文化的六个基本问题进行了思考，以期对读者有所启发。

一、高等教育质量文化研究：文献综述

有一位哲人曾经说过一句富有哲理的话："人们讨论最多的问题，正是人们知道得最少的问题。"本议题不幸被其言中。高等教育质量文化是近一段时期高等教育质量建设中出现频率较高的词汇，那么其研究进展如何呢？究竟对我们的实践有何启发呢？

通过 CNKI 文献检索，从 1990 年到目前为止，以"质量文化"为关键词进行检索，共检索到文献 245 篇。通过分析笔者发现：关于高等教育质量文化的研究始于 20 世纪 90 年代，勃兴于 21 世纪初期。大致可分为两个阶段：高等教育质量文化研究的初始阶段（1990～2000 年）和高等教育质量文化的深入阶段（2001 年至现在）。高等教育质量文化研究的议题主要集中在以下几个方面：

（一）高等教育质量文化的涵义

高等教育质量文化是高等教育质量文化研究的逻辑起点。这里主要涉及"什么是质量文化"和"什么是高等教育质量文化"两个问题。

1. 质量文化

王耀辉、崔爱丽比较早地提出了质量与质量文化的内涵。质量就是反映实体满足明确或隐含需要能力的特性的总和。"所谓质量文化就是企业和社会长

① 本文原载于《山东高等教育》2015 年第 8 期。

期的生产经营中自然形成的涉及质量空间的意识、规范、法律观念以及风俗习惯和传统惯例等‘软件’的总和。它不仅直接呈现为产品质量、服务质量、管理和关注质量，而且还延伸表现为消费质量、生活质量和环境质量，集中体现为民族素质的高低。”①在世界范围内，较为有说服力的质量文化的定义是欧洲大学联合会所给出的定义：“质量文化是一种致力于永久性提高质量的机构文化，具有两个特有的元素：一个是文化（或心理）元素，即关于质量的共享的价值观、信仰和期望；另一个是机构或管理元素，即提高质量和协调机构工作人员努力而制定的质量管理程序。”②有不少学者都认为，质量和质量文化源于企业，是企业发展到一定阶段的产物。

2. 高等教育质量文化

关于高等教育质量文化的含义没有太大的争议，国内主要代表性观点是何茂勋在 2004 年所下的定义：“高校质量文化，是指高等学校在长期教育教学过程中，自觉形成的涉及质量空间的价值观念、规章制度、道德规范、环境意识及传统、习惯等‘软件’的总和。”③后来的研究大多是在此基础之上的沿用与延伸。董立平、孙维胜对大学质量文化的本质特征与结构进行了剖析，认为大学质量文化理论主要是从企业质量文化中借鉴过来的，其实质就是企业质量文化在高等教育系统中的应用。④

（二）高等教育质量文化的国际经验

在一定意义上，高等教育质量文化是一个舶来品。那么，国际经验是什么样的呢？从期刊中发表的文章来看，高等教育质量文化建设的国际经验主要集中于发达国家，地区以美洲和欧洲为主，美洲主要以美国为代表，欧洲主要以英国为代表。

美国的经验主要是内部问责制和制度与文化共生机制。徐丹提出，制度与文化的共生是加州大学伯克利分校的教育质量保障之道。伯克利大学之所以有如此卓越的成就就在于有一套质量保障体系：院校认证、专业认证、项目评价、教师评价，以及学术评议会的机制与功能，并且形成了追求全面卓越的质量文化。⑤ 袁潇、徐辉提出，内部问责制是美国公立高等院校问责制的重要转向。主要问责内容有：课程与教学、学术与科研、教师与学生、学校组织机构的质量；

---

① 参见王耀辉、崔爱丽：《论企业质量文化》，《哈尔滨市经济管理干部学院学报》2001 年第 1 期。

② 参见范怡红、黄洁：《西班牙第斯托大学的内部教学质量管理》，《复旦教育论坛》2011 年第 4 期。

③ 参见何茂勋：《高校质量文化论纲》，《高教论坛》2004 年第 3 期。

④ 参见董立平、孙维胜：《大学质量文化的本质特征与结构剖析》，《当代教育科学》2008 年第 13 期。

⑤ 参见徐丹：《制度与文化的共生是加州大学伯克利分校的教育质量保障之道——与约翰·奥布雷·道格拉斯教授的对话》，《大学教育科学》2011 年第 2 期。

实施途径包括内部审查、内部审计和自愿问责。[①]

范怡红、黄洁介绍了西班牙第斯托大学的内部教学质量管理，简称“第斯托模式”。该模式的目的在于使学生成为学习的主导者，并完成个人、社会、道德、学术和职业五个方面的全面发展。[②] 宋鸿雁介绍了欧洲高等教育质量文化检查的情况，认为欧洲大学联合会在2009～2012年进行的高校“质量文化检查”是2002～2006年“质量文化项目”的延伸与深化，是欧洲大学联合会建立高校内部质量文化建设体系活动的延展，其目的是为了推进质量文化建设。[③] 王保星介绍了英国新世纪十年教育质量保障的新进展——质量文化与学生参与，他认为英国大学教育质量保障的新理念是“质量文化”，主要体现为院校层面的质量文化、个体层面的质量文化、质量文化建设的“苏格兰模式”；英国高等教育质量保障的新手段是学生参与；英国高等教育质量保障的新路径是质量自治。[④]

（三）中国高等教育质量文化建设存在的问题

罗儒国、王珊珊提出，高校在教育质量文化建设过程中呈现出了狭隘化、形式化、功利化、割裂化等误区和偏差。[⑤] 张继平提出，我国高等教育评估存在十大问题：评估理论薄弱、评估制度混乱、评估标准笼统、评估主体单一、评估方法粗糙、评估成本过高、评估关系疏离、评估认识偏差、评估结果失效和评估文化缺位。[⑥]

（四）中国高等教育质量文化建设的策略

高等教育质量文化建设的策略研究主要集中于高等教育评估应坚持的价值取向、高校质量文化建设的方法选择和高校内部教学质量保障体系建设的实践探索等。

1.高等教育评估应坚持的价值取向

毕家驹提出，高等教育质量保证以内部为主；以学习产出为重；以质量文化为魂。[⑦] 唐文提出，培育以学生为中心的高等教育质量文化。[⑧] 马星、刘贤伟提

---

① 参见袁潇、徐辉：《内部问责制：美国公立高等院校问责制的重要转向》，《教育研究》2013年第10期。

② 参见范怡红、黄洁：《西班牙第斯托大学的内部教学质量管理》，《复旦教育论坛》2011年第4期。

③ 参见宋鸿雁：《欧洲高等教育质量文化检查探析》，《世界教育信息》2012年第21期。

④ 参见王保星：《质量文化与学生参与：新世纪十年英国大学教育质量保障的新思维》，《杭州师范大学学报》（社会科学版）2012年第1期。

⑤ 参见罗儒国、王珊珊：《高校质量文化建设的误区与出路》，《现代教育管理》2013年第10期。

⑥ 参见张继平：《高等教育评估的十个基本问题探析》，《上海教育评估研究》2014年第1期。

⑦ 参见毕家驹：《高等教育质量保证小议》，《高教发展与评估》2007年第4期。

⑧ 参见唐文：《培育以学生为中心的高等教育质量文化》，《江苏高教》2009年第6期。

出，我国高等教育评估的价值取向与制度设计要基于全面质量管理理论。[①] 翟亚军、王战军提出，制度—伦理—文化是高等教育评估软环境的三个基本向度。[②]

2. 高校质量文化建设的方法选择

余会春、孙明保提出，我国高校本科教学工作的水平评估实质是一种"控制"理念，是一种自上而下的质量管理机制，有巨大的优越性，但最大的缺陷是对"自由"的贬抑。今后，我国本科教学评估的基本方法应该是"控制"与"自主"的平衡。[③] 安心、张鹏提出，应构建内生型和外发内生型高等教育质量文化。所谓内生型就是要让质量文化成为大学成员的一种生活方式。[④] 杨立军等提出，技术与文化的融合是构建高校教学质量保障体系的路径。[⑤]

3. 高校内部教学质量保障体系建设的实践探索

傅大友介绍了常熟理工学院在内部教学质量保证方面的积极探索，其主要做法是：构建理念先行；组织保障到位；注重循序渐进；重视理论研究的局面。[⑥] 詹亚力、史庆、郝杰介绍了中国石油大学的经验。其主要做法是：在理念上，实施全面质量管理，注重教师激励与指导，发挥师生的主体作用；在保障上，实行政策制度保障、师资队伍保障、教学条件保障、质量文化保障；在质量文化保障上，向所有成员明确质量目标，定期研讨教学质量问题，注重教学成果的展示与交流。[⑦] 孙培廷等介绍了大连海事大学的经验。其主要做法是：加强质量管理组织机构建设；建立健全教学质量保障体系；依托质量体系管理建立本科评估长效机制。[⑧]

从以上介绍可以看出，高等教育质量文化研究已经有了很多的研究成果，不仅有对高等教育质量文化内涵的探索、国际经验的总结、中国存在问题的查

---

① 参见马星、刘贤伟：《我国高等教育评估的价值取向与制度设计——基于全面质量管理理论》，《华北电力大学学报》(社会科学版)2014 年第 2 期。

② 参见：翟亚军、王战军：《制度—伦理—文化：高等教育评估软环境的三个基本向度》，《高等教育研究》2014 年第 5 期。

③ 参见余会春、孙明保：《控制与自主：我国高校质量文化建设的方法选择》，《湖南师范大学教育科学学报》2009 年第 3 期。

④ 参见安心、张鹏：《构建内生型和外发内生型高等教育质量文化》，《中国高等教育》2012 年第 12 期。

⑤ 参见杨立军等：《技术与文化的融合是构建高校教学质量保障体系的路径》，《大学》(学术版) 2013 年第 3 期。

⑥ 参见傅大友：《新建本科院校教学质量保证体系构建的实践与思考——以常熟理工学院为个案的研究》，《常熟理工学院学报》(教育科学版)2011 年第 6 期。

⑦ 参见詹亚力、史庆、郝杰：《高校内部教学质量保障体系建设的理念与实践——以中国石油大学(北京)为例》，《石油教育》2012 年第 1 期。

⑧ 参见孙培廷：《高等教育质量管理体系的构建与实施——大连海事大学质量管理体系运行 15 周年的探索与思考》，《航海教育研究》2013 年第 3 期。

找，而且也有对高等教育质量文化建设策略的深入探讨和个别高等学校的有益尝试，可谓理论与实践并重。但是，仍有不少问题值得探究，例如，高等教育质量文化的内在约束到底是什么？为什么高等教育质量文化在20世纪90年代受到重视？为什么在中国的环境下高等教育质量文化建设如此困难？为什么美国的高等教育质量文化较为昌盛？中国高等教育质量文化建设的路径是由技术走向文化的吗？

二、高等教育质量文化：内在约束要素

通过上述文献综述可以看出，人们谈起质量时，往往与优秀、卓越相联系。最初的质量文化概念与企业的质量标准与价值观紧密相连，因此我们可以这样说：质量文化是指一个国家、地区的事物在保证优秀品质基础之上所秉持和蕴含的文化价值观，如顾客至上、持续改进、科学等。那么，高等教育质量文化就是高等教育发展过程中坚持的质量标准与秉持的质量价值观，是外在的客观性与内在的主观性的统一。所谓“外在的客观性”就是高等教育质量的标准，如不合格、合格、优秀等；所谓“内在的主观性”就是高等教育利益相关者内化的思维方式、行为规范、行为方式等，如以学生为中心、持续改进质量、卓越等。

高等教育质量文化的内在约束是价值观在发挥根本作用，外在的质量标准是内在价值观的体现。因此，高等教育质量文化的核心在于以顾客为主，强调关注过程与结果的并重，注重持续改进的质量，追求卓越的品质。

三、高等教育质量文化：再认的思考

通过深入分析世界各国质量文化的发展进程，我们可以清晰地看到，20世纪90年代是世界各国开始重视高等教育质量文化的肇始期。其原因在于：

（一）高等教育在整个社会发展中的地位受到重视

2009年世界高等教育大会通过了两份划时代的文件，并强调了高等教育在社会进步中的作用。正是由于高等教育受到了前所未有的重视，因此世界各国纷纷从战略的高度来谋划高等教育的发展，而高等教育发展面临的最突出问题正是质量问题。

（二）高等教育国际化竞争的加剧

国家之间的竞争说到底是人才的竞争，而反映一国高等教育水平的重要标志之一就是该国高等教育的国际化水平。高等教育国际化包含众多指标，但其中有个指标是最有说服力的，那就是留学生数量。到一个国家留学的人员越

多，证明该国高等教育的质量越有保障，高等教育的影响力也越大。

改革开放之后，我国成为最大的留学输出国，近年来来华留学人员的比例也在增加。王洹星在《中国已成为世界上最大的留学输出国》一文中指出，从1978～2013年底，我国各类出国留学人员累计达306万人；根据联合国教科文组织公布的数据，我国出国留学规模居世界首位。这些数据说明，高等教育国际化已经从过去的政策转变为了高等学校对生源的竞争。

(三)政府教育经费投入减少与就业压力增大对高等教育的拷问

20世纪90年代是全球范围内政府高等教育经费投入不断减少的时期，同时也是高等教育培养的人才就业压力增大的时期。政府财政经费的减少预示着高等学校必须面对市场的考验，高等学校必须着力提升自身的竞争力吸引生源，扩大学费收入，以弥补财政经费的不足。与此同时，高等学校还要面对高等教育大众化、普及化带来的学生数量激增以及就业的困境。在我国表现得最为显著的就是1999年的高校扩招，高校毕业生就业压力逐渐增大。在此大背景下，高等学校首要思考的问题是生存与发展，而核心问题是质量问题。我国高等教育经历了学生从没有学校可上，到有学校可上，再到要上好的学校的转变。事实进一步说明，优质学校和高质量的教育是社会的稀缺资源。因而，提升高等教育质量就成了社会关注的焦点，也成了高等学校自身生存与发展的首要任务。

四、中国实施高等教育质量文化建设：困境的成因

与西方发达国家相比，我国在高等教育质量文化建设方面的步伐相对滞后，总结其原因，大致有如下几个方面：

(一)发展阶段的约束性

目前，比较一致的观点是，我国正处于并将长期处于社会主义初级阶段。我国没有经历资本主义发展阶段，所以在一定程度上市场经济不是很发达，各种机制和体系尚不健全。尽管改革开放之后我国在短时间内走完了西方资本主义国家所经历的阶段，取得了长足进展，但是我们的国情决定了我们的高等教育质量文化建设不可逾越发展的阶段性。

(二)文化传统的局限性

论及中国高等教育质量文化的滞后，不能不涉及中国文化传统的局限性。客观地说，中国文化传统中有精华，也有糟粕。问题的关键是，我们如何理性地

看待这些问题。有学者认为:“中国传统教育比较重视描述,能把简单的事情搞得很复杂,而西方思维方式强调动手试验和系统地收集数据,然后抽象出普适的结论。中西对比使我们发现,西方文化的特征是把复杂事物简单化,而东方文化却善于把很简单的事情复杂化甚至神秘化。这与历史上长期形成的生产方式有关。”“中国的传统文化不注重试验和分析,更重视经验和感觉。”[①]有学者则从系统的方法入手,分析了中国传统文化对社会发展的局限性,如“重农抑商”的观念对经济发展的影响,“君子不器”“学而优则仕”的观念对科学技术的影响,以及没有树立法律至高无上的理念,等等。[②] 概括这些学者的分析,笔者认为中国文化传统重视经验的累积,缺乏科学的方法,这些是中国文化传统的局限性。

(三)文明建设的长期性

我国是一个发展中国家,从建国前仁人志士所追求的民主、科学精神,到当今的五大文明建设——物质文明、精神文明、政治文明、社会文明、生态文明,足以说明社会的文明建设是一个漫长、渐进的过程。高等教育质量文化属于政治文明的一部分,它要求我们高等教育界和社会各界要具有文化的四个结构属性:道德、物质、制度、行为层面的文明。而这四个层面的建设的确非一日之功,而是需要几代人的努力才能完成。但是,社会总是需要不同层面的呼吁者、建设者、分享者、改革者。当前是一个呼吁加建设的时期,需要的不仅是勇气,而且有笃行,没有几代人的努力和奋斗是难以实现此目标的。

五、美国高等教育质量文化:繁荣的探究

(一)企业质量文化中“卓越”和“科学”精神的昌盛

有比较才有鉴别。在企业质量文化建设方面,西方发达国家有其成功的经验,美国就是一个典型的范例。在企业界有一句名言:保持短期的繁荣比较容易,而做到基业长青,甚至百年不败就非常不易。认真研究美国质量文化的历程,我们会发现美国企业长青的根本在于卓越和科学精神的昌盛。

美国企业界在质量管理方面经历了三个阶段:全面质量管理、六西格玛(6SIGMA)和平衡计分卡。全面质量管理是以质量管理为中心,以全员参与为基础,目的在于通过让顾客满意和本组织所有相关方受益而使组织达到长期成

① 老牛拉破车的博客:《中国传统文化的局限性》,[EB/OL]. http://blog. sohu. com. cn.

② 柯博夫的博客:《浅论中国文化的生命力、局限性及其对中国现代化进程的深刻影响》,[EB/OL]. http://blog. sina. com. cn/hskbf689.

功的一种管理途径。所谓“六西格玛管理法”是追求卓越的阶梯，体现了对顾客真正的关注、数据驱动的管理、对过程的管理、主动管理、无边界的合作和追求完美但容忍失败。[①] 平衡计分卡是目前公认的能比较全面地衡量企业绩效的一个绩效评估体系。它从财务(Financial)、顾客(Customer)、内部业务流程(Internal Business Progress)、学习与成长(Learning and Growth)四个方面来衡量组织的业绩，并通过一套具有因果关系的指标体系将组织的战略转化为日常行动。

(二)美国高校对企业文化的反哺与借鉴

20 世纪 90 年代，随着政府高等教育经费投入的不断减少，高等教育出现了质量危机。在此情况下，作为一种顺应变革的政策性工具，全面质量管理和 ISO9000 族标准被引入到高等教育领域，成为控制高等教育质量的一种辅助方法[②]。如克劳士比曾提出质量文化的六个方面：了解、承诺、能力、改正、沟通、持续[③]，并成为了高等学校质量文化建设的借鉴依据。起初是一种模仿、探索，后来就成为了一种较为普遍的管理行为。有关研究表明，美国在 1992 年就有 220 所高等学校运用了 ISO9000 族标准。[④] 资料显示，至 2000 年底，全球采用 ISO9000 族标准的学校和教育机构在北美洲有 139 个，在欧洲有 263 个，在亚洲有 123 个。[⑤] 全面质量管理理论和 ISO9000 族标准在美国高校的广泛运用不仅使高校引入了新的管理理念，而且使高等学校增加了对高等教育质量管理的全员性、全程性管理和市场竞争意识，从而促进了美国高等教育的发展。

六、中国高等教育质量文化建设的路径选择：转型与超越

如何超越高等教育质量文化的困境是当下亟待思考的问题。有不少学者认为，我国高等教育质量文化建设的路径是由技术走向文化[⑥]，由控制走向自觉[⑦]。笔者认为，这些观点只是说对了一半。为什么这么说呢？问题的关键是，在我们过去的质量管理领域，无论是技术还是控制都是起步较晚，发育不成熟的。就拿高等学校本科教学评估工作来说，其起步于 20 世纪 90 年代，真正操作于 2003 年之后，尽管有不少争论，尽管存在不少令人诟病的问题，但是高等

① 参见唐晓芬：《六西格玛质量之旅：管理者读本》，中国标准出版社 2006 年版，第 5 页。

② 参见王建华：《高等教育质量管理：文化的视角》，《教育研究》2010 年第 2 期。

③ 参见陈玉琨等：《高等教育质量保障体系概论》，北京师范大学出版社 2004 年版，第 20 页。

④ 参见谢安邦、覃玉荣：《全面质量管理与 ISO9000 在高校的运用》，《中国高教研究》2005 年第 9 期。

⑤ 参见杨天平、吴孔宝：《学校引入 ISO9000 的探索与反思》，《教育导刊》2006 年 8 月上半月刊。

⑥ 参见王建华：《高等教育质量管理：文化的视角》，《教育研究》2010 年第 2 期。

⑦ 参见崇玉山：《从质量控制到质量自觉》，《淮南师范学院学报》2013 年第 2 期。

学校本科教学评估的实际意义要远远大于存在的弊端。其原因就在于，我们国家的评估制度建设和实践都远远落后于发达国家很多年。

从技术层面来说，我们是一个重经验、轻科学的国度。就拿全面质量管理和ISO9000标准而论，在国内高校实施者可谓凤毛麟角。所以在严格意义上，我们的高等学校在质量管理方面不是技术太多，而是技术太少；不是质量控制得太多，而是失之于太散。不少高校在教学管理方面不仅内部的质量监督体系没有建立，而且存在质量管理规范执行不力的问题。因此，我们国家高等教育质量文化建设的任务任重而道远。

有学者指出："高等教育质量文化是以道德层为引导，以制度层为支撑，以行为层为体现，以实物质量为基础的立体型结构。"[①]笔者认为，这种观点很有道理，值得我们借鉴。在我国推进高等教育质量文化建设需要实现以下转型和超越：

（一）服务对象的转型与超越

高等学校要从满足教师需求为焦点转向服务学生为焦点，即树立以学生为中心的高等教育质量文化理念。这是当前乃至今后相当长一段时期内高等教育质量文化建设的逻辑起点。没有这个转型与超越，就没有高等教育质量文化建设的前提。只有把学生当做高等学校服务的对象才能从根本上转变发展方式，更新教育理念，提升高等教育的水平和能力。

（二）过程与方法的转型与超越

高等教育质量文化的建设离不开文化建设的过程和方法。如果说过程是衡量质量文化的阶段，那么方法就是衡量高等教育质量文化的手段，在手段中最根本性的是技术手段的运用。我们一直在强调，高等教育质量文化来源于企业的质量文化，在改进企业质量文化中最根本的要素是技术的创新与运用，因而从一定程度上而言，高等教育质量文化建设要在过程和技术上下工夫，过程就是要注重高等教育质量提高的环节以及质量的持续改进，技术就是要采用新的、成熟的技术手段来改进高等教育质量。例如，在高等教育质量保证的制度层面，要引入国际通行的方法适当加以改进，以适应我国高等教育建设的需要。

（三）道德的转型与超越

道德的转型与超越主要是实现组织成员和组织行政伦理的转型与超越。

---

① 董立平、孙维胜：《大学质量文化的本质特征与结构剖析》，《当代教育科学》2008年第13期。

作为组织成员，要成为一个有伦理规约约束的人，主要是处理好“有我”与“无我”的关系。“有我”就是在一个组织中，作为一个社会成员要有“螺丝钉”精神，知道质量是从自己开始做起的，每一个人都是质量提高的承担者，质量不仅仅是管理者的事情，也是每一个组织成员的责任。“无我”就是在组织利益与个人利益发生冲突时，要有工作伦理作为办事的依据，而不是因为于我有利就改变行事的原则，从而满足个人的一己之利。作为组织行政伦理，主要是体现在两个方面：一是要有一定的规范文本要求，二是在出现问题时要体现在对行为的把握上与执行上。当前在高等教育质量文化建设中，道德伦理的缺失是非常明显的，也是应当引起我们高度重视的，如高等教育评估专业伦理理念、专业伦理规范、专业伦理运行机制等的失调等。[①]

（四）制度的转型与超越

制度的转型与超越主要是在制度上要实现高等教育质量文化的无约束或者少约束到硬约束。当前，高等教育质量文化建设在制度方面的突出问题是管理要素的缺失比较明显。一是高等教育质量保证的制度体系要尽快确立，比如教育部高等教育教学评估中心提出的“五位一体”的评估制度要尽快通过法律的形式予以确立，树立其权威性。二是高等教育质量保证体系的社会认同问题亟待解决，即要加大高等教育质量保证体系的宣传与传播工作，要从高等教育内部的传播走向社会大众，从而实现社会大众对高等教育质量保证的正向认同与广泛接受。三是要加大对高等教育质量控制的技术引导。目前较为普遍的看法是，当前高等教育质量控制重视技术成分过重，而笔者认为，我国的高等教育评估也好、高等教育质量保证体系也好，不是技术过重的问题，而是技术应用不足的问题。与美国、英国等发达高等教育国家相比，我们在技术的运用上仍有不小的差距。如高等教育全面质量、ISO9000标准、六西格玛、平衡计分卡等方法，在国际高等教育界都有不少的尝试与运用，但是在我国使用者却凤毛麟角，这在一定程度上说明，我们的科学精神、技术创新的意识还不到位，还有待继续提高。

（五）行为的转型与超越

行为的转型与超越主要是实现社会成员从较少质量意识转到高层管理者与全员相结合的质量意识，最终实现行为的改变。这从社会现象上就可以窥见一斑。从高等学校来看，重视质量是最近一段时期的事情，似乎大家一直在忙

① 参见翟亚军、王战军：《制度—伦理—文化：高等教育评估软环境的三个基本向度》，《高等教育研究》2014年第5期。

于数量与规模的扩展。单从教学与科研的关系来看，重视科研的劲头更足，而重视教学又似乎只停留在口头上，甚至停留在管理者当中；教学质量从总体上来说尚未变成高等学校全体教职工的共同意识与行为。自实施高等教育质量工程和教学评估以来，高等学校的质量意识有所提升，但与高等教育质量文化的形成相比尚有不小的距离。更进一步来说，要从意识变为行动还有漫长的路要走。高等教育质量文化建设的当务之急就是要把质量的提升变为高等学校教职工的一种生活态度与行为方式，这恐怕要经过几代人的努力才能实现。

（六）物质的转型与超越

物质的转型与超越主要需要通过道德、制度、行为的改变来实现其有形物质质量的提升与超越。高等学校要实现高等教育质量文化的提升，在物质方面主要体现在学校建筑、实验室（实习基地）、课程质量上。从建筑上来看主要体现在三个方面：一是建筑的质量，要能够经受百年的洗礼，不是豆腐渣工程；二是有一定的艺术性；三是体现学校的历史发展脉络和传承。从实验室（实习基地）上来看主要体现在两个方面：一是要给予学生知识、技能的提高；二是要有人文的底蕴，在教育中传承文化。从课程上来看要体现两个方面：一是课程内容的科学性、技能性；二是课程体现出的人文精神。总之，就是要通过高等学校的有形物质让学生在学习中掌握知识、技能，体现文化。

高等教育质量传播：价值、内容与策略[①]

——基于传播学的方法

高等教育质量不仅是一所高校办学效果的重要标志，也是一个国家综合国力的重要体现，更关系到民族的振兴和国家的富强。自改革开放以来，我国高等教育事业步入了蓬勃发展的“快车道”，在人才培养、知识创新、服务社会等方面发挥着越来越重要的作用。与此同时，我国高等教育也出现了专业设置不合理、与实际需求脱节、教育质量下滑、社会认同度低等一系列问题。如何正视当前我国高等教育领域出现的质量问题，提升国内大众对我国高等教育质量的信心；如何在激烈的国际高等教育竞争中取得话语权和生源市场，提升我国高等教育的对外传播水平，已经成为摆在我国高等教育行政部门和高校面前的一个现实而又紧迫的问题。

本文试图运用传播学的研究方法，结合我国高等教育的实际，探讨高等教育质量传播的意义与内容，以及高等教育质量对内和对外传播的策略，以期引发社会各界对高教质量传播的重视。

在现代社会，传播承担了极为重要的功能。特别是进入互联网时代以来，信息传播更成为了影响人类生存和发展的重要活动。1948 年，美国现代传播学奠基人之一的拉斯韦尔在《传播在社会中的结构与功能》一文中把传播过程表述为“5W”，即“谁”(who)、“什么”(says what)、“渠道”(in which channel)、“向谁”(to whom)、“什么效果”(with what effect) 。

拉斯韦尔认为，传播具有监视环境、协调社会、传承遗产三大功能。1959 年，赖特在拉斯韦尔“三功能”说的基础上，将娱乐引入传播的基本功能中，这标志着人类对传播的基本功能的认知基本清晰。尔后，施拉姆和拉扎斯菲尔德等人提出，传播不仅在现代社会中承担了政治、经济、文化和社会的功能，还会产生一定的负面效应，如麻痹精神、降低审美水平和批判能力。即便如此，传播对

① 本文原载于《现代传播》2013 年第 8 期。

人类社会产生的重大意义不可抹杀。

一、高等教育质量传播的现代价值

“高等教育质量关系到人的全面发展和社会的健康发展，关系到国家的核心竞争力和软实力的提升，因而世界各国都十分重视高等教育质量建设。”[①]随着高等教育在知识经济、国家创新体系中的作用愈发突出，《国家中长期教育改革和发展规划纲要(2010～2020年)》明确提出了建设“高等教育强国”的战略目标。在我国高等教育由“高等教育大国”向“高等教育强国”迈进的过程中，信息传播的作用不容忽视。在全球化、信息化的背景下，有效整合资源，提升高等教育质量的传播水平，对我国建设“高等教育强国”具有重大而又深远的意义。

(一)有利于提升高等教育质量

高等教育质量的提升不仅有赖于高等教育主管部门、高等学校及全社会的共同努力，也有赖于高等教育质量信息的有效传播。首先是新媒体等高科技手段为高等教育质量的广泛传播提供了技术保障，借助于网络、手机等移动终端，高等教育的教学形式、交流途径、信息传播等将更为便捷和高效。其次是大量引进、宣传国际上先进的教育理念、科研成果有助于转变国内的教育理念，提升科研水平；与此同时我国大批优秀的办学理念、教学经验、科研成果的广泛宣传有利于形成示范效应，直接提升高等教育水平。最后是借助大众传媒披露高等教育发展过程中的问题和不足可以避免其他高等学校重犯同样的错误。通过舆论监督发挥大众对高等教育事业的监督作用可以约束高等教育机构，提升高等教育主体的责任感和使命感。

(二)有利于重塑高等教育形象

从总体上来讲，我国高等教育事业发展正处于关键时期，机遇与矛盾并存。当前，高等教育改革正处在深水区，面临的困难更加复杂。一方面，我国高等教育处于转型期，特别是互联网等新媒体的出现，丰富了高等教育的手段和形式，也对高等教育的进步和发展提出了更高的挑战。远程课堂、多媒体教育、虚拟大学等教育现象的出现，进一步降低了高等教育大众化的门槛，提升和扩大了高等教育的效率和受益人群。与此同时，我们也应该清醒地看到，无固定场所、不受时间限制、知识代言角色分离的虚拟网络大学的出现极大地冲击了传统的高等教育模式，实体大学的存亡引起了社会的争议。另一方面，当前我国高等

① 王姗姗:《刍议高等教育质量文化》,《教育探索》2011年第7期。

教育事业还存在行政主导、市场化色彩过浓等问题，学风不正、教育不公、学术腐败等现象依然存在，大学生就业难、科研成果含金量低等问题依然突出，这严重影响了我国高等教育的形象。因而，加强传播效果研究，尊重高等教育事业的发展规律，科学、客观、全面地传播高等教育信息有助于减轻片面、不实信息对受众的误导作用，提升国际社会以及国内大众对我国高等教育事业的关注度和认同感。

（三）有利于开拓国际教育市场

当前，高等教育的国际化趋势日益凸显，许多高等学校都把国际化作为一项战略来加以实施。特别是在高等教育生源市场竞争加剧的情况下，向世界传播我国高等教育的政策、现状、趋势有助于提高我国高等教育的国际认同，吸引世界范围内的优秀人才和研究成果，提高我国高等教育的吸引力，开辟国际教育市场，从而提升我国高等教育的整体水平与实力。

（四）有利于提升中国软实力

高等教育质量传播不仅是教育领域的事情，而且涉及国家的形象。高教质量的高低与优劣不仅反映一个国家高等教育的形象，而且是国家软实力的重要体现。1990 年，美国哈佛大学肯尼迪政府学院（Kennedy School of Government）前院长约瑟夫·奈（Joseph Nye）教授提出了“软实力”的概念。奈认为，美国在此前的几十年中利用文化和价值观方面的软实力，成功地获得了很大的国际影响力，但后来越来越多地使用“硬实力”（尤其是军事力量和经济手段），影响力反倒日趋式微。“软实力”的概念诞生于国际关系领域，原来指的是某个国家依靠文化和理念方面的因素来获得影响力的能力。在企业界有一句形象的说法，可以说是对软实力最形象的揭示，即“三流企业卖苦力，二流企业卖产品，一流企业卖专利，超一流企业卖标准”。

在高等教育领域，美国是高等教育的旗舰国家，不仅有众多世界一流的研究型大学，而且在留学生教育方面也遥遥领先于其他国家，这反映了美国在高等教育领域的软实力。如果我国在高等教育质量方面传播成功的话，就在一定程度上反映了我国高等教育软实力的增强。如我国的“211 工程”“985 工程”计划中的重点大学和学科建设就得到了一些国家的效仿，孔子学院在世界各地的开设更是我国软实力增强的重要体现。

二、高等教育质量传播的内容

“传播内容从来都是传播的中心环节。”①内容的选择必须以传播意图为导向。选择高等教育质量传播的内容，需要明确高等教育质量传播的主要目的在于向国内外宣传我国高等教育质量的真实现状与形象，促进高等教育事业健康发展。这就要求我们树立正确的高等教育质量传播观，既要正面宣传，又要实事求是；既要承认问题，又要澄清事实。

我国高等教育质量传播的内容主要包括四个方面：

第一，高等教育改革与发展政策。这主要包括中央政府关于科教兴国、高等教育发展的政策和指导性意见；立法部门出台的关于高等教育的法律、法规；教育主管部门制定的高等教育政策、制度、意见及规定；地方政府及教育主管部门出台的促进地方高等教育发展的意见、建议等内容。

第二，高等教育发展数据。这是高等教育质量传播信息披露的重点。主要包括：高等教育的规模和结构，入学率、升学率、就业率，高等教育投入占GDP的比重，高等教育科研经费，教育对经济增长的贡献率，学科建设数据，科研与学术产出数据等。

第三，高等教育发展理论与成果。一是我国作为一个发展中国家在高等教育发展方面的基本理论和基础；二是我国高等教育发展取得的成就，包括科研成果、人才培养、对社会经济发展的贡献等方面，国内外高等教育主管部门及科研院所主导的先进教育理念、人才培养模式及经验做法；三是我国高等教育发展存在的问题及改革方向。在高等教育质量传播中，要正视高等教育在发展过程中存在的各种问题，如学术失范、质量下滑、就业率偏低等，理性引导社会舆论，并给出中肯的意见。

第四，高等教育国际评价与舆论。如国际组织、团体、跨国媒体对我国高等教育的评论，其他国家社会和民间对我国高等教育的印象等。

三、高等教育质量传播的策略

著名传播学专家拉斯韦尔将传播学研究分为控制分析、内容分析、媒介分析、受众分析、效果分析五大方面，这对于我们研究和从事高等教育质量传播实践具有重要的启发意义。制定合理的高等质量传播策略，也应从传播者、传播内容、传播渠道、受众等角度考虑问题，从高等教育的基本功能出发，全面考虑高等教育的内部特点与外部影响因素，结合大众传播的实际，努力提升高等教

① 胡正荣：《传播学总论》，北京广播学院出版社1997年版，第211页。

育质量的传播效果。

（一）高等教育质量的对内传播

1. 严格规范信源行为

第一，要建立新闻发布制度。作为高等教育事业的主管部门，国家教育部和省市级教育厅（局）在高等教育质量传播过程中处于主导地位。他们直接掌握高等教育事业的整体发展情况，对高等教育信息发布拥有绝对的话语权。在高等教育信息传播的过程中，教育主管部门必须明确目的、做好定位，建立科学的新闻发布制度，定期发布高等教育发展战略、改革政策、成果，以及高等教育过程中涌现出的优秀人物、典型案例。同时，高等学校也应结合自身实际，制定新闻发布规范，设立新闻发言人，充分利用大众传媒和校园网资源，定期发布本校的年度质量报告。遇到突发情况，还应启动应急新闻发布制度，在第一时间客观、公正地向公众和媒体发布信息。第二，要主动设置媒体议程。传播学理论告诉我们：大众传媒往往不能决定人们对某一事件或意见的具体看法，但可以通过提供信息和安排议题来左右人们对某些事实和意见的关注，以及他们关注议题的先后顺序。为提升高等教育质量的传播效果，教育主管部门和高等学校可结合我国高等教育发展的实际情况，定期发布高等教育质量白皮书、组织高等教育质量评优、开展高等教育质量研讨等活动，主动设置媒体议程，并努力形成受众议程，在全社会营造良好的高等教育信息传播氛围。第三，要重视“意见领袖”的作用。作为“二级传播”的关键人物，“意见领袖”往往比大众媒介拥有更为直接的传播影响力。高等学校是大批高层次知识分子较为集中的地方，是“意见领袖”的重要聚集地。把优秀的学者、专家及优秀毕业生作为高等教育质量的传播者，发挥好校友的作用，有助于提升高等教育质量传播的可信度和说服力。

2. 科学把关传播内容

第一，要树立新高等教育质量理念。当前，我国高等教育质量理念在不同程度上存在着与社会需求、教育本质相脱离的情况。黄启兵、毛亚庆提出，要树立新高等教育质量观，并认为“新的高等教育质量观要求以知识为中心，要求培养现代知识人”[①]。这提醒我们，在高等教育质量传播的过程中要树立“以人为本”的理念，完善教育质量的评价指标及制度建设，加强新高等教育理念的传播，努力促使高等教育质量传播正本清源。第二，要用发展的眼光选择传播内容。“高等教育的质量问题是一个价值判断问题，是人们对高等教育的认识观，

① 黄启兵、毛亚庆：《高等教育质量的知识解读》，《清华大学教育研究》2009 年第 12 期。

是主观见之于客观的过程。在精英阶段，高等教育的质量以精英教育的标准来衡量，在进入大众化阶段以后，应建立与此阶段相适应的质量观。”[①]当前，我国高等教育已迈入大众化阶段。在传播内容的选择上，应充分认识到高等教育质量是一个由统一性向多样化过渡的过程，结合当前我国高等教育的基本特点，应用发展的眼光选择传播内容。高等教育质量传播要在四个方面下工夫：政策、数据、理论与成果、评价。当前，尤其要在高等教育解决入学机会、教育公平和学生学习效果方面加强宣传和传播，从而让社会各界认识到高等教育大众化阶段所取得的成绩。第三，要注重传播技巧的使用。霍夫兰分别从传播者、传播技巧和受众视角对如何提高信息传播的有效性做了研究。在选择高等教育传播质量传播内容时，也需加强对说服技巧的使用。从传播者的角度来说，应该选择信誉好、权威度高的机构作为信息源，如国家教育主管部门、国家统计部门、权威的高等教育研究机构及著名专家、学者等。从传播技巧角度来说，应针对受众的特点，正视当前我国高等教育质量存在的问题，实现两个转变：由绝对数量到整体质量提升的转变和由说教模式向服务模式的转变，摒弃一味以绝对数字说话，夸大高等教育成果的做法，避免只作表面分析、缺少理性反思的情况。从受众角度来讲，要充分考虑不同知识层次、利益距离之间受众的个性及关注点，做到有的放矢，提高传播的针对性。当前，急需加强高等学校对所在地区社会、经济、文化等方面的服务与宣传，加强与所在地域企业、社区、学生家长的沟通，取得这些受众的认同与支持。

3. 积极拓展传播渠道

第一，要发挥大众传媒的舆论引导作用。在我国，大众媒介是党和国家的喉舌，承担着政策传达、舆论引导的功能。对于高等教育事业而言，大众媒介同时扮演了社会监督和舆论宣传的双重角色。高等教育主管部门、高校应与大众传媒建立战略合作关系，联合开设高等教育质量专栏、节目，联合发布高等教育研究成果。要加强与中央媒体之间的合作，如发挥好《光明日报》、中央电视台等在教育方面的舆论引导功能。第二，要利用新兴传媒的渗透功能。网络媒体时代，高等教育质量传播由传统的单向变成双向甚至多向，从线性文本转向超文本，从信息传播衍生为关系传播。高等质量的传播对象主要为高校教师、管理人员、在读学生、家长及其他知识阶层，这一群体多偏爱在互联网上浏览信息。因此，高等教育质量传播要充分借助网络传播，与门户网站、视频网站开展合作。此外，微博等社会化媒体不仅可实现信息的即时分享，更以关系聚合和情感联系为传播方式，受高等教育熏陶的大学生和高校教师逐渐成为了“微生

① 柏昌利、周燕来：《大众化背景下高等教育质量标准体系》，《长安大学学报》（社会科学版）2010年第3期。

活”的主要群体，由他们在社会化网络中分享高等教育质量信息，可实现更为自由、更有人性、更具说服力的传播效果。因此，高等教育主管部门和高校要充分利用网络的优势进行高等教育质量传播，如办好各种层次和类型的教育手机报，扩大宣传的效用。第三，要发挥高等教育本体媒介的作用。高等教育活动本身就是一个信息传播的过程，其本身即具备一定的媒体功能，如高等学校的自有媒体，包括门户网站及内宣传媒，高等学校组织的研讨、宣传活动，开展的国际项目合作及培养对象等均可作为高等教育质量信息的传播媒介，发挥相应的传播功能。

4. 合理定位传播受众

根据社会学的理论，国内高等教育质量传播的受众可分为：核心利益者、利益相关者、边缘利益者，其主要构成如下表所示：

高等教育质量传播的受众划分表

核心利益者	中央、地方教育主管部门 高等学校 高校管理者 高校教师 在读学生
利益相关者	已毕业学生 家长
边缘利益者	其他社会大众

有效的传播需要定向和精准，制定差异化策略。高等教育质量传播要针对受众类型的特点进行，做到有的放矢。对教育主管部门，应传递发达国家在高等教育领域的先进理念、最新政策与趋势，反映广大师生及社会大众对高等教育的利益诉求，指出我国高等教育在发展过程中存在的问题；对高等院校及其管理者，应突出横向对比，宣传优秀的高校在人才培养、学科建设、科学研究等领域的典型做法，注重教学和科研经验的分享和交流；对高校教师，传媒应承担起教育政策的上传下达功能以及教学、科研、社会服务经验的宣传推广工作，引导广大教职工爱岗敬业、追求一流；针对在校学生的信息传播活动，则需要在准确传达国家的教育政策、方针及院校的管理制度之外，重点关注大学生的学习、生活、情感及心理需求，突出高等教育的人文关怀；对其他社会大众，需突出高等教育在国家富强、社会进步、文化传承等方面的推动作用，以及国家的政策动向、高等院校的专业特色和社会声誉等。

(二)高等教育质量的对外传播

加强高等教育质量的对外传播,不仅有助于促进我国与其他国家开展高等教育交流与合作,提升我国高等教育在国际上的话语权,还有助于提升国家形象、增强国家竞争力。在高等教育的对外传播中我们要努力做到以下几点:

1. 传播者的国际化

第一,要转变传播理念。与对内传播不同,对外传播必须转变对内宣传的观念,遵循国际公认的话语体系。高等教育质量的对外传播也要以国际范围内可以接受的方式进行。在具体传播手法上,要遵循新闻传播的客观性原则,尊重高等教育发展的普遍规律,把握传播的平衡性。

第二,要重视民间传播。"目前,我国对外传播在很大程度上都是由国家唱主角,以政府为主导,民间传播比例很小。而民间进行的对外文化传播的动力是自发性的,又能迅速结合专家的知识、技能、意见,让公众在对外经济、文化、教育传播中扮演积极角色。"[①]官方传播以整体为主,突出权威、宏观的特点,以官方渠道为主;民间传播自由、零散,通常借助于网络或人际媒介进行。高等教育质量的对外传播不仅要发挥主管部门及高等学校的主体作用,还应发挥科研人员、高校教师、留学生及其他民间组织的桥梁纽带作用。

2. 传播内容的国际化

第一,要选取国际认同的视角。在对外传播中,要以国际社会易于接受的方式进行,使传播更有说服力,挑选国内比较成功的高等教育国际合作项目、言论、观点,在国际公认的话语体系下,突出我国高等教育的特色。

第二,要注重对外传播技巧的运用。高等教育传播内容的选择要尊重目标国家或地区的方针,本着"相互理解,互相尊重"的方针进行。

第三,要坚持以正面为主,把握信息平衡。开展高等教育质量的对外传播,主旨在于提升我国高等教育在国际上的地位和形象。因此,在高等教育信息质量的对外传播过程中,要坚持以正面传播为主,突出我国高等教育所取得的成就,但不能回避我国高等教育事业存在的问题和不足。

第四,要树立高等教育品牌。培养一批国际知名的高等院校及专家学者,如借鉴孔子学院的成功经验,树立我国高等教育事业的国际品牌。

3. 传播媒介的国际化

第一,要借助中国媒体国际化发声。随着我国在世界上的话语权和全球经济中的地位不断加强,我国加速了中央媒体国际化的进程,这为我国高等教育

---

① 刘海燕:《对外宣传与传播策略研究》,西南政法大学 2007 年硕士学位论文。

质量的传播提供了有利契机。教育部门应该加大与中央电视台、新华社等媒体的合作,在其海外媒介中开设专门板块、栏目,提升高等教育事业的海外传播范围。

第二,要利用国际媒介发声。借助国际媒体发声,更有助于提升我国高等教育质量传播在国际上的可信度。加强与国际媒体合作,可组织国际媒体到国内开展高等教育事业联合采访等活动,主动向国际媒体提供国内高等教育事业发展的信息。

第三,要挖掘本土媒介的对外传播潜能。可充分利用与国际教育组织、境外高等教育机构的合作机会,通过联合办学、联合科研、国际会议、校际交流等形式宣传我国高等教育事业取得的成绩;建立国际化的师资队伍和学生群体,借助互派留学生、专家等形式开展对外交流。

第四,要借助新媒介传播。“在对外传播中要采取灵活多样的传播方式和传播渠道,除传统媒体外,还要利用网络等新媒体,在全球舆论舞台上引导国际社会和民众,从而掌握更多的主动权,提升我国软实力。”①如通过挑选国内高等教育精品课程作为网上公开课内容,将强化精品作为对外传播的重要举措。

4.受众观念的国际化

国际受众具有显著的差异性特点,在高等教育质量传播过程中需要区别对待:首先,要区分不同国家和地区的关注焦点。以欧美为代表的西方国家高等教育事业较为发达,理念先进,较多关注中国的教育理念及制度建设及创新性问题。而对于发展中国家,则要突出我国高等教育事业取得的成就,突出高等教育在我国现代化建设过程中发挥的作用。其次,要针对海外受众关心的热点、难点、疑点问题进行传播。如我国高等教育事业规模发展与质量提升问题、学生就业问题、学术规范问题等。要通过数据和事实,有理有据,进行理性分析,妥善回应国际社会对中国高等教育事业的质疑,从而扩大我国高等教育的正能量。

四、高等教育质量传播需要处理的几对关系

信息传播是一把“双刃剑”。高等教育质量传播需要遵循一定的规律,应处理好以下关系:

(一)质量建设与质量传播

质量是高等教育的生命线,也是高等教育质量传播的基石。提升高等教育

① 谢稚:《沟通、理解、宣传、引导——我国媒体在对外传播中提升国家形象的策略》,《理论月刊》2010 年第 2 期。

质量传播效果的根本在于高等教育质量的提升。然而,在信息传播过程中,不排除有些部门脱离事实,一味夸大成绩,否认不足;或将脱离高等教育质量建设,颠倒质量建设与宣传的主次关系。上述现象不仅不会增强社会对高等教育的认同感,反而会弄巧成拙,损害高等教育事业的形象。因此,高等教育质量传播必须建立在质量建设的基础之上,以质量建设为核心,科学、客观地进行信息传播,才能达到预期效果。

(二)民族化与全球化

民族的才是世界的。"每个民族均有各自的优势和劣势,在跨文化交际过程中,我们要充分认识到这些差异,尊重他国的文化,取人之长、补己之短,继承和发扬本民族文化中的精华、清除糟粕,更要以实事求是的眼光,客观地对待目标文化和自身文化,消除跨文化交际中的障碍,达到中西方文化的融合。"[①]在高等教育质量的对外传播过程中,我们也要充分保持高等教育事业的民族特色,避免盲目崇洋媚外、不辨是非地完全照搬西方,更不能任由西方教育思潮肆意侵袭。这就要求我们一方面要高度重视高等教育的对外传播工作,将高等教育事业视为国家外交的重要资源,将高等教育的对外交流视为国家对外交流的重要组成部分;充分参与国际分工,提升国内高校的国际化水平,改革大学课程,开展双向的学生交流计划,加强学术人员的国际交流、增强与国外机构的教学科研合作,开展合作研究项目;从国家层面制定高等教育战略,与国外高校合作,参与国际教育组织,跨国办学,援助落后国家和地区的高等教育事业。另一方面,要注重保护本土高等教育事业的发展,在引进国外先进教育的理念和做法的同时,保护本土研究高等教育机构及工作者的积极性,从政策上和体制上鼓励和保护国内高等教育的先进做法,避免全盘照抄所谓的"西方先进的高等教育理念",维护好本土高等教育事业的主体性和民族性。

(三)硬实力与软实力

高等教育国际传播能力在一定程度上是实力的体现。实力又分为硬实力与软实力。在当前的国际形势下,发达国家拥有更为雄厚的政治、经济实力,把握着国际舆论和教育市场的话语权。在高等教育质量的国际传播过程中,他们必然会借助其先进的理念、经验、制度及媒介渠道向发展中国家输出其价值观,危害发展中国家高等教育事业的本土性和民族性。相反,由于实力不对称,发展中国家无力或很少能向发达国家传播饱含其特色的高等教育质量信息。这

---

① 赵凤兰、冯汉才:《从跨文化交际角度看国际高等教育交流与合作中的文化交流问题》,《白城师范学院报》2011 年第 4 期。

提醒我们，在高等教育质量的对外传播过程中，既要充分做好输入信息的把关工作，剔除那些对我国高等教育事业发展不利的负面信息，又要积极主动地利用各种渠道在国际舞台“发出自己的声音”，努力缩小高等教育质量信息传播的“剪刀差”。当前，要提升我国高等教育质量的传播能力，必须从手段（语言技巧）和专业能力两个方面入手，做好传播人才的培养，尤其是要重视传播类复合型人才的培养。只有这样，才能真正提升我们的传播软实力。

（四）信息公开与信息安全

高等教育质量传播的过程实际上就是高等教育信息披露的过程，这涉及高等教育信息的公开与信息安全问题。但是，任何国家都有自身的利益。“尽管经济全球化和国际化的趋势日益明显，但也应看到，国家间的竞争也日趋激烈，战争、贸易保护、意识形态和文化的输出等，在很大程度上都是国家利益的体现。”[①]这要求“我们不仅要有国防安全、政治安全和经济安全的意识，更需要有文化安全的危机感和防范措施”[②]。高等教育领域有众多涉及国家安全的信息，如有关军事科研、经济政策、重大科技发现及其他涉及国家秘密的信息，一旦被泄露将危害国家安全。因此，在对外传播过程中，高等教育质量传播主体应该始终保持清醒的头脑和敏锐的保密意识，制定严格的信息发布制度和防范措施，确保国家高等教育信息安全。

（五）政府传播与民间传播

高等教育质量信息的传播途径有两种：官方传播和民间传播。在实践中，二者相辅相成，不可偏废。对政府部门而言，对内传播应发挥官方传播的主导作用。特别是高等教育领域出现负面舆论时，应及时通过官方渠道公开信息，引导民间舆论走向。在高等教育质量的对外传播中，应坚持二者并重。一方面发挥国家媒体的对外传播作用，借助国际合作、交流等机会传播我国的高等教育事业；另一方面还应利用高等教育机构、师生及社会大众的对外传播功能，借助互联网等新兴媒体，提升我国的高等教育形象。

---

① 邬大光、赵婷婷、李枭英、梁燕玲、李国强：《高等教育强国的内涵、本质与基本特征》，《中国高教研究》2010 年第 1 期。

② 赵风兰、冯汉才：《从跨文化交际角度看国际高等教育交流与合作中的文化交流问题》，《白城师范学院报》2011 年第 4 期。

重建高等教育评价标准——从一元到多元[①]

一、事实描述

目前，我国的高等学校正面临着三大挑战：规模的扩张、形式的多样化和发展的大众化。所谓“规模的扩张”是指高等学校运用外延式发展模式，通过招生人数的急剧增加来筹措办学经费，实现学校短期内的跨越式发展。这已经成为目前国内许多高等学校发展的重要思路。在20世纪80年代，大多数高等学校的在校生规模控制在2000～4000人，现在万人以上规模的学校已比比皆是。所谓“形式的多样化”是指高等学校的办学性质、经费来源、办学层次等方面已出现多样化。如在办学性质上，有公办高等学校，也有民办高等学校；在办学层次上，有学历教育、职业教育、证书教育等；在经费来源上，有来自政府的经费，也有来自民间的经费。所谓“发展的大众化”是指我国高等教育正处于从精英教育向大众化教育迈进的时期，即高等教育毛入学率达到15%以上。

在上述背景下，教育主管部门如何管理高等教育，如何通过制度来实现高等教育健康、持续的发展就成为一个亟待研究的课题。

对于基础教育来说，如何缩小差别，实现均衡化是一个急需解决的问题；而对于高等教育而言，如何缩小不同高等学校政策之间的差别，如何加大高等学校之间的多样化，实行差别化发展战略就显得尤为重要。

为什么这样说呢？请看以下“镜头”：

（一）高等学校发展趋同现象严重，分类发展不足

20世纪80年代以来，我国高等教育管理体制进行了重大改革，取得了突破性进展，到2000年底，初步形成了“中央全面统筹，以地方管理为主”的格局。从总体而言，高等教育管理体制改革取得了应有的成效，但是，在体制转换过程

---

① 本文原载于《西安欧亚职业学院学报》2003年第1卷第2期。

中也出现了一些与分类发展相背离的现象，也可以说是误区。

1. 大学同一论

所谓“大学同一论”就是认为只要是高等学校，就可以培养高级人才，而不管层次和质量的差别，盲目追求高层次、高规格，忽视内在的差别与特色，缺乏合理定位，不仅在人才培养上缺乏个性，而且相互争夺生源，试图达到更高一层次学校的标准。

2. 规模大小论

所谓“规模大小论”，就是把规模的大小作为评价高等学校的重要指标，甚至是唯一指标。当然，在高等教育发展过程中，教育主管部门历来把结构、质量、规模、效益作为高等教育管理的四个因素加以控制，但是，不容讳言的是，在现实中，不同程度地还存在着以规模论英雄的现象。

在国际范围内，巨型大学是存在的，但这类大学多以远距离教育为主。而且巨型大学只是说明大学存在形式的出现、规模的扩大、学生数量的增加，并不代表高等学校水平的高低。众所周知，加州理工学院是一所只有 2000 多名学生的学校，生师比也很低，但是，在 1999 年全美大学排行榜中却名列榜首。这说明规模大小并不代表水平的高低和质量的优劣。

3. 学科优势论

所谓“学科优势论”就是过分强调某些学科在发展中的固有优势，如原有的研究基础和力量的强弱，但是往往忽略这一学科在当前乃至今后的发展走向和实用价值而盲目发展。众所周知，随着科技的发展，科学日益朝着综合化的方向发展，以至于出现了新的交叉学科。

目前，全国高等学校都在进行学科建设，而且都在争取建设重点学科。然而，对于如何建设重点学科却存在着巨大差异。学科建设可以说是百年大计，对于每一所高等学校而言，在传统意义上，可能都存在一定的优势学科。但是这些学科在国家的整体人力资源建设中是否是急需的，是否是培养的人越多越好呢，这些问题都值得我们认真思考。

近几年，在高等学校布局结构调整过程中，很多高校合并的初衷之一就是要实现学科的融合，实现学科的交叉，从而形成优势学科。但是由于受多种原因的影响，合并的高校在学科融合方面尚有艰难的路程要走，离形成优势学科的距离还很远。因此，如何处理老学科与新学科的关系、单一学科与交叉学科的关系仍是高等教育亟待关注的热点问题。

4. 重点直属论

所谓“重点直属论”，就是把行政指令上的是否重点、是否直属教育部管辖作为一所高等学校水平高低的评价标准。在计划经济时代，甚至在工作方法上，区分重点与非重点、是否归教育部管辖本来无可厚非，但是，在市场经济时代，在以市场和客户为导向的年代，如果仍然以是否重点和直属为由来确定高等学校的社会声誉就会阻碍高等学校的发展。

高等学校的分类发展不仅涉及高等学校的分类标准，而且也涉及高等学校的评价标准，现实要求急需对高等学校分类标准进行重新审视。

目前，在国内关于高等学校的分类有两种分法：一是传统意义上的层次分类法，把高等学校分为高等专科学校、独立设置的学院和大学；二是现代意义上的以人才培养和教学、科研为导向的层次分类法，把高等学校分为研究型大学、教育科研型大学、教学型大学和职业技术大学。从严格意义上来说，两种分法没有太大的差别，只不过第一种分法笼统一些，第二种分法更具体化、更具有针对性。

(二)全国高校在行动——追求研究型大学

2003 年是国家学位授予单位第 9 次申报和评审的一年，可以说它牵动了全国众多高等学校的神经。对于国家来说，通过一定的机制引导学科的发展本身无可厚非。但是，目前的评审状况却令人担忧，即用一把尺子来衡量全国所有的学校，这个标准就是研究型大学的学术标准。由此所产生的效应是，高等学校不断在名称、层次上做文章，民办高等学校争取进入国家认可的行列。在公立高等学校中，专科想升本科，本科想办成综合性大学，综合性大学想办成研究型大学，研究型大学想办成一流大学。高等学校在一种无序状态中竞争——精英教育的理念仍然在引导着大学。

(三)人才市场拉响的警报：用人单位在呼唤应用型人才

据劳动和社会保障部日前发布的全国 89 个城市劳动力市场 2003 年第二季度职业供求状况信息表明：私营、个体、股份制企业用人占主体，专科以上文化程度供求人数均下降；职业资格证书获得者仍受宠。当然，非典疫情影响了劳动力市场。这说明，社会不仅需要研究型大学，而且，从目前来看，社会更需要那些具有实用技能的职业型人才。

(四)创新型高校的评价标准

最近笔者在做这样一个课题：中国创新型高校与公共政策调整研究。笔者发现了一个有趣的现象：有些高校不拿政府一分钱，但是发展得很好，而且实现了跨越式发展。这其中，不仅有公办高校，而且有民办高校。在与高校领导的交谈中，他们透露出了一条经验："要想快发展，最好无人管。"

二、问题诊断

为什么会出现上述情况呢？笔者个人认为必须从制度层面找原因：

美国新制度经济学家诺斯认为：制度是社会的博弈规则，或更严格地说，是人类设计的制约人们相互行为的约束条件。这些约束条件可以是非正式的（如社会规范、惯例、道德准则），也可以是有意识设计或规定的正式约束。正式约束包括政治规则（宪法、政治管制）、经济规则和合同。政府作为社会组织，其主要功能之一在于制定政策——“博弈规则”，引导大众的行为。

当前，很重要的一个问题是要重新认识高等教育评价问题。主要应从以下三个角度来考虑：

（一）高等教育发展观与高等教育质量观

质量是人们对事物的内在属性的量度的判断。高等教育质量是人们对高等教育达到其预定目标程度的衡量。高等教育质量观的核心是：由谁来确定高等教育发展目标，由什么样的标准来检验目标的实现程度和该目标实现对社会各方面的意义。一般而言，有什么样的高等教育发展观，就会有什么样的质量观，反之亦然，值得我们借鉴的英国高等教育界的观点大致有以下四点[①]：

1. 市场观

该观点认为，高等教育是一个特殊的生产过程，“生产”的是合格的劳动力，学生是“产品”或“产出”，其实用价值（utility value）将在劳动力市场上得到体现。学生在劳动力市场的能力如何是高等教育的质量高低的一个标志。

2. 研究观

该观点认为，高等教育是未来研究工作生涯的训练。因此，高校教育质量的高低不是表现在学生的学习成绩上，而是表现在学校教学人员的研究水平。

3. 管理观

该观点认为，高等教育是一种对教学工作进行有效管理的教育。在他们看来，在高等教育大众化的时代，管理的效率应该是高等教育的特点之一，于是提出要用管理的效率（efficiency）来衡量高等学校的教育质量。但管理的效率不是指学校的办学规模的大小，而是指学校为社会输送合格毕业生数量。

4. 生涯观

该观点认为，高等教育是拓展生活机遇（extending life change）的教育。高等教育的价值在于为学生提供进入主流社会和成为现代社会受益者的机会。

---

① 参见朱镜人：《英国高等教育质量理论研究述评》，《比较教育研究》2003年第6期。

与此相应的是，在有关高等教育质量的讨论中，英国出现了以下几种观点：

(1)质量应与产品的说明和标准一致。要建立不同层次和类型的学校办学目标和标准，可以为所有的院校提供"追求质量"的机会。

(2)质量应与目的或目标相适应。质量是对产品（服务）达到目的或目标程度的裁定，不同层次和类型高等学校质量应当依据其办学目的或目标来评定。

(3)质量与高等院校达标过程中的效率一致。一所高质量的院校应当能够清楚地阐明自己的使命或办学目标，并且能够在达标的过程中取得效益和效率。

(4)质量在于满足消费者明确表达的和隐含的需求。评价高等学校的质量不仅要看产品（服务）是否符合规定的标准（即学校的目标），还要看其满足消费者需要的程度。

因此，高等教育质量观是高等教育发展观的反映。只有办学者和管理者具有正确的发展观，才能有正确的高等教育质量观。特别需要说明的是，在高等教育大众化时代，不管高等学校认为学生的质量有多么高，但最终检验的是用人单位，即只有满足消费需要的高等教育才是"真正"的高等教育。

（二）制度类型与高等教育评价

正如英国高等教育学家阿什比所说：任何大学都是遗传的产物。那么，高等教育评价也是社会制度的产物。

从制度类型来说，不同的制度就会产生不同的高等教育评价方式。

一般而言，实行计划经济的国家，对高等教育的管理大多实行高度集中的管理体制，政府的干预十分突出，在对高等学校的评价上往往只承认政府评价，而对其他评价原则上不予认可。我国就是一个明显的例子：国家教育部只承认自己组织的普通高等学校本科教学工作水平评估，而不承认民间的网大评估和广东科学院武书连进行的大学评估。

相反，实行市场经济的国家，特别是市场经济发育十分完善的国家，对高等教育的管理大多实行中央和地方分权的管理体制，对高等学校的评价多采取多元的评价体系，既有政府评价，又有民间评价。如英国和美国对高等学校的评价就呈现多元化的局面。

因此，高等教育评价可概括出两种模式：

模式一：计划经济——高度集中的管理体制——政府评价（不承认其他组织的评价）。

模式二：市场经济——中央地方分权管理体制——多元评价主体（政府、社会中介机构）。

(三)高等教育发展阶段与高等教育评价

综观世界高等教育的发展,高等教育评价与高等教育的发展阶段呈现出极为密切的关系,即不同的高等教育发展阶段高等教育评价所采取的标准和方式也极为不同。

根据美国高等教育学家马丁·特罗的观点,世界高等教育的发展分为三个阶段:精英教育、大众教育和普及化教育。据有关资料显示,到2002年,我国高等教育总规模已达到1600万人,高等教育毛入学率达到了国际通行的大众化的标准,即15%,这说明我国正处于高等教育大众的初始阶段。

一般来说,精英教育阶段的高等教育评价多是一元化的评价,对高等教育的评价主要集中于对教学质量的评价,往往以传授知识的多少为评价标准。例如,教育部组织的普通高等学校本科教学工作评估,就将评价指标主要集中在教学所涉及的方方面面:办学指导思想、师资队伍、教学条件与利用、教学建设与改革、教学管理、学风、教学效果以及特色项目。

相反,在大众化教育阶段,世界各国对高等教育的评价是多元化的,不仅关注教学的质量,更关注学生的能力以及高等学校自身的"外化"能力,如科研成果转化率、社会服务功能等,即更加关注劳动力市场的需求。

因此,高等教育的评价模式可概括如下:

模式一,精英教育:一元的评估标准——高等教育质量=教学质量=以知识传授为中心的评价。

模式二,大众教育:多元的评价标准——高等教育质量=知识+"外化"能力。

三、国际做法

高等教育的发达程度是反映一个国家实力的重要表现,也是折射国家管理水平高低的重要体现。不同的国家在高等教育评价方面所采取的方式也各有特色,因此,学习和借鉴其他国家高等教育评价的方法就显得尤为重要。

(一)美国

美国是一个典型的分权制国家,其高等教育的评价主要采取质量认证制度,即依赖社会参与的非官方独立的联合机构,其主要有三类,并发挥着不同的作用。

1. 官方认可的认证机构,发挥"引导"作用

美国高等院校的认可机构主要有两类:一类是地区性的认可机构。这类机

构由已得到认可的学校组成，负责从整体上对一所学校进行全面鉴定，即所谓一般认可，以保证学校必须具备合格的办学条件和教学标准。目前，全美国范围内 6 个最大的地区性认可机构是新英格兰学院和中学联合会、中部各州学院和中学联合会、南部学院和中学联合会、中北部学院和中学联合会、西北部大学和中学联合会及西部大学和中学联合会。另一类是专业认可机构。这类机构由同一专业的成员组成，对大学的专业院系和独立的专业学院进行鉴定认可。属于此类的全国性认可机构有工程学专业的工程师专业发展理事会、工商管理专业的全美大学工商学院联合会和牙科学专业的美国牙科协会下属的牙科教育理事会等。美国高等院校资格鉴定委员会是对各种认可机构的协调性组织，其下有 7 个理事会和 1200 多所成员院校。它的主要目的是制定适当的认可标准和公平的认可程序，鼓励各院校诚实达标并纠正鉴定认可过程中的不正之风。

2. 非官方自愿性联合团体，发挥“自保”作用

美国没有对各级教育的集中控制和管理，但教育发展的方向却受到一系列非官方自愿性联合团体的影响。在高等教育领域最主要的联合团体是美国高等教育理事会，其团体成员有 1200 多所高等院校和 200 多个高校组织。作为推进高等教育的全国协调中心，理事会通过下属的学术事务委员会、行政事务委员会、联邦关系委员会、国际教育委员会和计划与目标委员会开展工作，另外一些重要的联合团体则为在某些方面有共同利益的院校提供服务，实行分类管理。这些团体包括美国学院联合会（旨在促进公立和私立文理学院的发展）、美国大学联合会（代表一批主要的综合性大学，谋求维持这些大学高水准的研究生和专业教育）、全国州立大学和土地赠予学院联合会和州立大专院校联合会（主要目的在于加强公立院校间的协调与合作）、美国初级学院联合会（其宗旨为促进 2 年制学院的发展并提高其水准）。此外，还有代表高等院校教员和科研人员利益的各种联合团体，如旨在保障学术自由和教师权益的美国大学教授联合会。

3. 院校排名发挥“舆论监督”作用

与认可制度一样，对美国大学的排名评级也是社会对高校控制和约束机制的一种体现，愈演愈烈的名次之争激励着各院校努力追求教学的高质量与科研的高水平。一个非常有趣的现象是，20 世纪 80 年代初，美国国家科学院曾出面召集美国学术团体理事会、美国教育理事会、国家研究理事会和社会科学研究理事会四大机构共同筹划、组织评鉴工作。经过 2 年的资料收集整理和电脑分析，终于完成了这项评鉴，并于 1982 年分作 5 册发表。此 5 册分别包含人文学、社会和行为学科、生物学科、工程学科及数学和物理学科 5 大学科共 32 个

系别,为此后美国高校系科的评鉴奠定了基础。

与此同时,新闻媒体也介入了对大学的评价,其中《美国新闻和世界报道》每年都会公布全美大学排行榜。这家杂志每年年初将一份详尽的问卷寄给全美 1400 多所四年制大学和文理学院的 2000 余位校长、院长和招生办主任,要求他们就学术声望给与本校同类的院校打分,并结合录取难度、师资力量、财务状况、毕业率、校友满意程度等方面具体的数据和名次得出各院校的总分,从而列出美国大学分类排行榜。1994 年列该杂志排行榜前 25 名的大学依次是:哈佛大学、普林斯顿大学、耶鲁大学、麻省理工学院、斯坦福大学、杜克大学、加利福尼亚理工学院、达特默斯学院、哥伦比亚大学、芝加哥大学、布朗大学、赖斯大学、宾夕法尼亚大学、西北大学、康奈尔大学、埃默里大学、弗吉尼亚大学、范德比尔特大学、圣母大学、华盛顿大学(密苏里州)、密歇根大学、约翰斯·霍普金斯大学、加州大学伯克利分校、卡内基·梅隆大学、乔治敦大学。美国大学的排名在短期内是比较稳定的,很少有大起大落的现象。哈佛大学、普林斯顿大学、耶鲁大学已连续 3 年蝉联排行榜的前 3 名。《美国新闻和世界报道》每年还公布全美最好的法学院、医学院、工商管理学院、工程学院、艺术学院等专业学院及研究生院各学科的排行榜。

从以上可以看出,美国的高等学校排名社会认可度较高,其原因一是标准较为科学,二是按照类别进行评价,是一种分类发展的质量观,符合高等教育的规律,也适应大众的需求。

(二)英国

英国的高等教育评价也很有特色。英国在高等教育评价方面由官方和民间共同抓高等学校教育质量。在英国,质量控制是大学自身的事,政府不加干涉,但对质量审核和质量评价政府则严加管理。

1. 官方发挥"指挥棒"作用

大学基金委员会对高等教育实施基金分配和质量监督。它根据每 4 年一次的评估结果制定大学基金分配方案,并与大学签订合同,监督经费的使用效益,从而保证高等教育的方向和经费的合理配置。

国家学位委员会对高等教育实施水平评估,它主要对大学以外的高等院校,如师范学院、继续教育学院进行质量监督,统一颁发学位、文凭和证书。

2. 民间发挥"中介和监督"作用

高等教育质量协会和高等教育质量保证署是受高等学校资助的、独立的、非营利的有限公司,承担质量保障、公众信息、标准确认、证书框架的管理,以及为各高等教育机构申请政府拨款的条件制定可操作的规范。

同时，在英国，《泰晤士报》自1992年后每年公布一次英国大学排行榜，由于指标设计合理（包括教学、科研、学生录取水平、师生比例、优秀本科毕业生、毕业生就业等）、数据来源可靠、具有较高科学性和社会公信度，因此其成为了英国政府和大众评价英国高等学校质量的重要依据之一。

四、几点建议

作为政府宏观调控的手段，评价在高等教育大众化的时代无疑要根据社会的需求进行变革。当前，要保持高等教育的健康和可持续发展，在高等教育评价上要努力做到以下三点：

（一）评价主体从一元到多元

所谓“从一元到多元”，就是实现从单一的政府评价到多维的评价主体，如社会中介机构、院校自身、学生等。鉴于我国高等学校的实际，主要提倡院校自评和社会中介机构的评价。院校自评就是要强调院校经常性的评价，增强院校自我质量控制意识。社会中介机构评价在于增加社会对高校的认可，增加社会参与的广泛性和透明性。笔者建议成立大学基金委员会和大学评价委员会，以扩大社会对高等学校的认可度。

（二）评价内容从统一到分类

目前，我们的评价比较重视标准的统一性，而对差异性或特色注意不够。尤其是用一个标准来评价所有不同类型的高等学校，容易造成高等学校的雷同和功能的缺失。因此，笔者建议成立类似美国的各层次委员会，以突出不同类型和不同层次高等学校之间的评价，如成立综合大学委员会、地方大学委员会等。

（三）评价标准从预成性到生成性

所谓“预成性”是指高等教育达到了某一预先设定的标准而被认为是质量合格的；所谓“生成性标准”是取决于高等教育需求主体的需要，越是满足主体需要的就是高质量的，即高等教育的评价不仅仅在于高等学校自己，而在于劳动力市场对人才的评价。[①]

我们已习惯于精英教育的评价标准，但是，对于高等教育大众化时代的高等教育质量标准还很陌生，甚至有抵触情绪，因此，评价观念的变革是前提，评

① 参见王洪才：《论均衡的高等教育质量观的建构》，《教育与现代化》2002年第2期。

价标准的改变是关键，社会市场经济的发育程度和劳动力市场对人才需求的层次和规则是基础，三者可以说是缺一不可。

在美国，私立大学是高质量的代名词，而在我国，过去私立大学往往是低档次，甚至是质量不高的代名词。那么，现在这种观念就需要改变。据了解，陕西省的民办高校之所以办得红红火火，其主要原因是他们每年解决了 7 万学生的就学愿望，满足了广大家长和学生的需要，因此，在一定意义上，他们是成功的。不仅如此，学生毕业后，也都找到了工作，甚至很多学生的收入要高于一般公办高等学校的学生。所以，笔者认为，高等学校的评价标准要从原有的预成性过渡到生成性，这是时代的呼唤，人民的声音！

重视单一评价对高等教育的负面效应[①]

对高等教育而言，单一的评价体系主要体现在三个方面：第一，评价主体的单一性。我们现在的评价主要是由政府来进行的。第二，评价标准的单一性。我们以学术性和研究性大学的标准来评价我们所有的学校。第三，评价结果的单一指向性。作为是否授予硕士、博士学位的单位，是否有拨款是一个重要因素。单一评价标准怎么形成？这是计划经济体制下政府管理高等教育的一种形式，这种形式更根本地体现在对资源和政策的约束两个方面。

这种单一标准的评价一方面带来了好的更好、更优的效应。例如，截至 2003 的 7 月 1 日，我国有 1376 所高等学校，但单一标准的评价结果则造成了大量的经费投入聚集在 100 所重点高校身上。

同时，单一标准带来的负面的效应也是值得重视的。我们都用研究型大学的标准来评价所有的学校，结果造成了众多高校的千校一面，同时也造成了我们人才结构的严重失衡，应用型人才短缺。在今天我们已经进入高等教育大众化阶段的情况下，我们培养的人才仍然是“9 个研究型的人才，1 个业务型人才”。而实际上，社会更需要“9 个业务型人才，1 个研究型的人才”。

重建高等教育的评价制度，关键在于指导思想从单一到多元标准，从扶优到竞争的资源配置策略。笔者在此想谈两个想法：

第一，谁来评估的问题。从教育政策学的角度来说，高等学校涉及三个利益相关者——政府、学校、社会，政府也好，社会也好，学校包括它自身来讲都是一个利益相关体，这三个方面都应该成为评价的主体，但是现实中它们之间是不平衡的。从目前来看，政府的评价是强势，是主导，但是有必要指出的是，强没有强在地方，强应该强在制定标准、提供服务上，但目前这方面恰恰是弱的。

社会的评价也不容乐观。非常遗憾的是，现在大学排名也好、排行也好，陷入了一个误区，也即并没有逃出用研究性大学的标准、学术性的标准来评价，这

① 本文原载于 2004 年 5 月 26 日《人民政协报》。

也是社会各界褒贬不一的重要原因。

学校方面，很多学校现在都在忙于应付政府评价，但是在我国从计划经济走向市场经济后，在《高等教育法》已经明确规定学校成为法人主体的情况下，作为独立的办学单位，教育质量的保证从根本上来说是自身保证的问题，但是现在院校在这方面的意识和能力都还非常微弱。谁来评估，三个方面均要承担责任。

第二，评估用什么样的机制和标准的问题。首先要建立高等教育评价的联合和分工机制。说联合，刚才强调的三个主体——政府、社会、高校应该联合起来，政府应该重在拿出标准，对办学资格方面进行评估；社会的评价重在对高等学校的监督，对高等学校社会的声誉进行评价；对高等学校院校自身则应该强调质量自保。

针对第二个问题，要先建立分类发展的评价标准。首先，从学校的内容来说，笔者认为应该建立对学术性大学和非学术性大学分别适用的不同的标准。这些工作笔者认为现在大家都意识到了，关键的问题在于政府特别是教育宏观部门应该组织做几方面的工作，很重要的就是要成立不同类型学校的协会，让他们制定一种标准，教育部可以起到一种组织协调的作用。

在分类发展的标准下，各类大学竞自由，大家才会觉得公平。

关于高校分类评估的几个理论问题[①]

随着我国首轮本科教学工作水平评估工作落下帷幕，高等教育实践界和学术界围绕首轮教学评估的成就和问题进行了大量探讨和研究。这些探讨和研究主要肯定了首轮教学评估工作的成绩，同时也指出了存在的问题。其中，最受各界诟病的是单一的评价指标体系和评价方式，这被看作是导致首轮教学评估工作问题的根源。在这种背景下，分类指导和分类评估被作为医治高校教学评估的一剂药方在学界受到了广泛讨论。人们寄希望于通过分类指导和分类评估的政策、制度和方法设计来规避首轮教学评估中出现的各种问题，从而以之为基础引导高校合理定位，办出水平和特色。分类评估思想的提出进一步深化了人们对当前我国高校教学评估的认识和理解。虽然学界围绕分类评估的指标体系及其实施方案的问题进行了深入研究。但是，分类评估的指标体系和实施方案的产生无论如何也不能避开分类评估的价值取向、院校分类以及分类评估的方法论等理论问题。研究这几个问题，对于分类评估的实施具有重要意义。

一、以“育人为本”为核心价值标准统领分类评估

评估指标体系作为评价标准的外在反映，在评估实践中最受人们关注。是否能够制定客观的评价标准，是分类评估能否得以顺利实施的重要条件。但是，评价标准作为评价主体所依据的价值尺度，“它在许多方面看起来是主观的”[②]。那么，客观的评价标准何以可能？李德顺指出，评价标准的最一般模式是某物或某事“应该怎样”或“不应该怎样”，而评价主体自己的“需要和利益”以及客体和现实的“本性和规律”共同决定了评价主体提出的“应该”或“不应该”。主体的需要和利益、客体的本性和规律以各种方式反映在人们对待事物的态度中，就成为了评价标准。主体的需要和利益、客体的本性和规律都是客观的。

---

① 本文原载于《高等教育研究》2011年第4期。

② 李德顺：《价值论》，中国人民大学出版社2007年版，第255～257页。

因而,客观的评价标准是可能的。[①] 由此看来,只有揭示和把握分类评价标准背后的价值标准,才可能有正确的评价标准,也才能够正确地评价事物。已有关于高等教育评价标准的评论往往从评价对象多样化的角度将矛头直指“单一化的评价标准”,从而论证多样化评价标准的必要性。实际上,多样化的评价标准的真实内涵是主体多样和价值多维。因此,确定分类评估标准的关键是处理好评价标准背后的价值标准的“一”与“多”的关系,在主体多样、价值多维的基础上通过协商沟通的方式寻找一个核心价值标准。

在我国高等教育评价实践中,制定评价标准可以依据或遵循的价值标准或范式主要有四种:一是学术取向的价值标准。这种价值标准主要根据高校的历史和核心活动得以确立和界定。高等教育机构被看作是一个学术组织,“知识活动和关于知识的活动是它最为核心的活动”。高等教育的价值主要体现为知识创造和知识应用。因此,知识的创造质量和传播质量成为了评价高等教育质量的标准。[②] 二是社会取向的价值标准。这种价值标准是在高等教育从社会边缘走向社会中心的过程中得以确立,高等教育的价值主要体现为它对社会的价值和功用。高等教育是否实现和满足国家与社会的需要成为了评价高等教育质量的标准。社会取向的价值标准在我国现实中主要表现或演化为经济倾向的价值标准,即由经济价值界定高等教育目标,由经济关系界定高等教育机构的外部关系,由经济投入界定高等教育的内部质量。[③] 三是人本取向的价值标准。这种价值标准将高等教育的价值规定在“人的发展”或“人的全面发展上”。人的“潜能”是否得到充分展现、人的个性是否得到充分张扬、人的主体人格是否得到自由成为了评价高等教育质量的标准。四是育人取向的价值标准。这种价值标准把高等教育机构看作是一个育人的机构,高等教育机构对学生发展的影响程度成为了主要的评价标准,这种评价标准关注的是学生在高等教育机构学习期间发生了什么变化、从高等教育机构那里得到了什么。该标准认为,学生在高等教育机构学习和发展的变化越大,高等教育机构对学生发展的影响也就越大,高等教育机构的质量也就越高。

从当前我国高等教育评价的实践来看,有必要以“育人为本”的价值取向为核心,并充分吸收学术取向、社会取向和人本取向的价值标准的合理意见,形成一个以“育人为本”为核心价值标准的价值圈层。无论现有高等教育机构是何种类型,它们最基本的、共同的和核心的职能仍然是人才培养,舍此就失去了它们的存在基础。《国家中长期教育改革和发展规划纲要(2010～2020 年)》已将

① 李德顺:《价值论》,中国人民大学出版社 2007 年版,第 255～257 页。

② 参见周作宇:《论高等教育中的经济主义倾向》,《北京师范大学学报》2008 年第 2 期。

③ 参见周作宇:《论高等教育中的经济主义倾向》,《北京师范大学学报》2008 年第 2 期。

“育人为本”作为国家教育发展战略的“二十字”工作方针之一。然而，尽管“育人为本”价值取向的重要性早已被人们认识到，但它在各类高等教育评价实践活动中还从未被放到核心地位。“育人为本”与教育领域中流行的“以人为本”的观念有很大的不同：育人取向的重点在“育”，它认为教育是一种体现教育者目的和意志的实践活动。[①] 不仅如此，育人取向的价值标准也强调要尊重人和关心人，但它尊重和关心的人不是孤立的人，而是社会的人。这种价值标准并不一味排斥社会对大学提出的可能的要求，相反还以社会需求为基础。育人取向的价值标准也不排斥大学作为学术组织的特性，反而很强调对知识和大学学术价值的尊重。育人本身就是一种知识应用活动，甚至会对知识创造产生极大推动。没有内容和知识的育人活动是不可想象的，也是不可能的。这样看来，育人为本的价值取向实际上既是高等教育机构的本质体现，也符合参与高等教育各主体的需要和利益，以它作为核心价值标准统领高等院校的分类评估不仅是可行的，而且是必需的。但是，必须明确的是，以“育人为本”为核心价值标准统领高校分类评估并非单纯是评价高校教育的投入、过程或产出，而是根据高校的不同类型及其教学目标和任务的不同定位，将重点放在高校的教育活动对学生学习活动的影响上。只有如此，才是真正坚持了“育人为本”的核心价值标准的统领地位。

二、建立“学术分途”的高等院校分类体系

根据高校类型和层次的划分，分别采用不同的评估形式，这是分类评估的主要思想，已受到各界的重视并初步达成了共识。但是，如何对我国现有的2300多所高等院校（据教育部2009年统计数据）进行分类是一项复杂且易带来争论的工作。关于我国高等院校的分类，当前主要有三种比较有影响力的方案：一是将我国高校分为研究型、教学型、研究教学型和教学研究型四类。[②] 二是从“是否设有研究生院”和“取得本科学历授权的时间”两个维度来构建高等院校分类体系。将设有研究生院的大学划分为第Ⅰ类；取得本科学历授权但未经过首轮评估的高校划分为第Ⅲ类；其余的本科高校划分为第Ⅱ类。[③] 三是以人才培养的类型为标准，将我国的高等学校分为学术型大学、应用本科型高校和职业技术高校。[④] 第一种方案的主要问题在于各种类型之间的界限比较模

① 参见孙喜亭：《教育问题的理论求索》，人民教育出版社2004年版，第596页。

② 参见陈厚丰：《中国高等学校分类与定位问题研究》，湖南大学出版社2004年版，第117～118页。

③ 参见钟秉林等：《坚持分类指导，制定分类标准，实施分类评估——新一轮本科教学评估基本问题探析》（二），《中国高等教育》2009年第6期。

④ 参见潘懋元、董立平：《关于高等学校分类、定位、特色发展的探讨》，《教育研究》2009年第2期。

糊。第二种方案的主要问题是各种类型范围内的高等院校的目标和功能定位还不很清晰,院校分工还没有得到很好的体现。第三种方案较好地解决了各类型高校的界限和分工问题,并且强调各类型高校之间没有层次上的差别以及所有高校都可以在各自类型的范围内追求一流,这种思路对我国当前的高等教育发展有较强的针对性。然而,分类并非语词和命名系统的简单呈现,有关分类的命名系统需要各参与方在沟通中达成一致。只有这样,一个实存的分类体系才能得以真正形成并为分类评估奠定坚实的基础。实际上,人类的分类行为是"社会关系在人们头脑里的配置和安排",它自身"预先铺设了既定的等级秩序和支配关系"。[①] 由此看来,各高校能否在第三种分类思路的指导下对号入座、各安其位,以致形成一个实存的、稳定的高等院校分类体系,还需要经历一个较为漫长的过程。

历史地看,我国高等学校的分类体系经历了从"名"与"实"相符到"名"与"实"相背离的演变历程。政治力量、经济逻辑和观念力量(这里是指大学观念)造就了我国高等院校分类体系从"名""实"相符到"名""实"相离的变迁。我国于 1952 年实施的院系调整政策实际上就是一种高等院校的分类行为。院系调整后,民国时期遗留的教会大学被取消,私立大学被改造为公立大学,形成了综合性大学和专门院校并存的高校分类体系。这个分类体系改变了民国时期人们对大学的目标和功能的理解。它的主要目的是"发展专门学院",大学主要被看作是"培养工业建设人才和师资"的机构。出于对当时的政治环境(实现新政权对高等教育的控制)和经济环境(新政权恢复经济生产和建设的要求和行为)的考虑,在调和新中国高等教育当时面临的民国时期和共产党在延安时期的两种传统[②],以及在确定各高校和学院的性质和任务时,强调专业技术特征的苏联大学模式在我国高等教育实践中取得了优势地位。综合性大学的任务被规定为"主要是培养科学研究人才和中等学校、高等学校的师资"[③],专门学院的任务被规定为"培养各种专门的高级技术人才"。在政治和经济的双重逻辑运作中,社会上关于大学的观念被潜移默化地改变,各高等学校也安于在被给定的"名"下从事与之相符的教育活动之"实",这标志着高等教育领域中的社会主义改造基本完成,也标志着一个"各安其位,分工协作"的高等学校分类体系得以现实地存在着。然而,改革开放使得我国的社会经济和产业结构发生了重大调整和

① [法]涂尔干、莫斯:《原始分类》,汲喆译,上海人民出版社 2005 年版,第 81 页。

② 民国时期形成的传统是受现代西方启发的学说嫁接在古代儒学基础上的混合体,主要表现为以倡导通才教育为目标的正规大学教育模式。综合大学有继承这种传统的意图。中国共产党在延安时期的传统主要倡导面向基层生活实际、具有灵活教育方式的教育模式。各专门学院的成立在很大程度上是为了回应这种传统。——作者注。

③ 参见《人民日报》编辑部:《全国高等学校院系调整基本完成》,载 1952 年 9 月 24 日《人民日报》。

变化，国家对大学的目标和功能的理解也随之发生了改变，综合性大学成为建设的重点。在这种背景下，许多高等院校为适应经济力量引发的大学观念的变化，纷纷宣称要实现“转型”，随之而来的是“升格”和“创一流”的风气在高等教育实践中大行其道。这样，新中国成立初期建立起来的高等院校分工体系被打破，原有的院校分类体系也陷入“名”与“实”相背离的尴尬境地，其结果是高等院校的发展趋同化。

在当下中国高等教育发展的过程中，如要形成一个实存而稳定的高等院校分类体系，仅靠科学理性的归类和命名是远远不够的，还需要我们在教育的、政治的和经济的逻辑相互碰撞中寻找突破。笔者以为，有两件事情是当前急需做的：

第一，重建社会对大学和高等教育的观念，这是建立高等院校分类体系的思想基础。在今天，“大学”“综合性大学”“本科”“高等教育”等这样一些看似自明的概念早已落入日常思维之中，人们对这些概念及其所体现的思想和观念普遍缺乏追问与反思。在上千年的历史演变中，大学形成了集教学、研究和社会服务等功能为一身的传统。但无论大学是作为教学、研究的机构还是作为社会服务的机构，都是以对综合的学问或学术进行独立探索为基础的，强调学术的综合性是大学在千年发展历程中颠扑不破的原则。然而，将大学看作是研究高深的、综合的学问机构的观念一直没有停止过与大学外部力量（高度分化的社会和高度发达的社会分工体系对大学的要求）的较量。在这种较量中，大学做了调和性的让步，它被划分为精英和大众两种类型，精英大学仍然在高深的、综合的轨道上迈进；而面向大众的高等教育机构则满足来自社会的文化普及和职业分化等方面的现实需求。尤其在“全球化”“国际竞争”“市场经济”和“人力资源强国”这些语词带动的社会行为下，为适应从精英到大众高等教育的转型，经典的大学观以及对大学的目标和功能的经典看法已经发生改变并对大学的分化和调整产生了深远影响。

第二，建立“学”与“术”并行不悖且相互促进的现代大学制度。尽管“学”与“术”分途的大学体制伴随着现代大学制度在中国的发生发展，但在政治和经济等因素的影响下，学术分途的大学体制在一定意义上被遗忘。民国初期的《大学令》将大学理解为“以文、理二科为主”，满足“文、理二科并设者”“文科兼法、商二科者”和“理科兼医、农、工三科或二科，一科者”三款之任一款的机构。[①] 这种构想出自于对大学作为研究综合和高深学问的机构的精英教育理念。但是，由于这种制度“既设法、医、农、工、商各科于大学，而又别设此诸科之高等专门

① 高平叔：《蔡元培论著选》，人民教育出版社1991年版，第24页。

学校……同时并立,义近骈赘,且两种学校之毕业生,服务社会,恒有互相龃龉之点"[①]。因此,蔡元培于1918年发起了大学改制,原有以高深的、综合的学术理念组建大学的制度设计走向了"学"与"术"分化的大学体制。"治学者可谓之大学,治术者可谓之高等专门学校"。"学"与"术"在性质上的差别主要是:"学"以研究真理为目的,"所兼营者,不过教授著述之业,不出学理范围"。而"术"以直接应用为目的,"治此者虽亦可有永久研究之兴趣,而及一程度,不可不服务于社会;转以服务时之所经验,促其术之进步"。当然,尽管两者有性质之别,但"不必有年限与程度之差"。因为"学必借术以应用,术必以学为基本,两者并进始可"。在学术分途的设计下,大学和高等专门学校的任务也得到了相应的规定,"在大学则必择其以终身研究学问者为之师,而希望学生于研究学问以外,别无何等之目的。其在高等专门,则为归集资料,实地练习起见,方且于学校中设法庭、商场等雏形,则大延现任之法吏、技师以教之,亦无不可。即学生日日悬毕业后之法吏、技师以为的,亦无不可"。[②] 1952年的院系调整所体现的综合性大学与专门学院的区别可以看作是对民国时期建立起来的这种传统的一种调和。但由于此次院系调整没有从观念调整和资源配置等方面给予恰当的支撑,随着改革开放后对大学的理解发生"综合性"转向,高等院校由此陷入了"名""实"相离的尴尬境地。因此,当前重新思考"学""术"分途的现代大学制度的构建,对高等院校分类来说是一件急迫的事情。在还没有完全建立起"学术分途"的院校分类体系之前,高校评估中应适当地考虑以学与术为基点的高校分类,并以此促进中国现代大学观念和现代院校分类体系的形成。

三、超越价值判断与价值中立之争

高校分类评估中还有一个重要的问题是"怎么评"。"怎么评"看似是一个技术层面的问题,实际涉及的是"为何要这么评"的方法论选择问题。在以往的高等教育评价实践中,评价主体在选择和应用评价方法时并不对所选评价方法进行完全而充分的理解,很少自觉反思选择某种评价方法的前提和原因,也没有主动去追问所选评价方法的适用范围,更没有对所选评价方法的哲学基础进行深入的研究。因此,如何从众多的评价方法中选出最合适的方法是分类评估面临的现实问题。

高等教育评价方法的发展与哲学社会科学中的认识论思潮的发展有极大关联。概括来说,哲学社会科学研究中主要有实证主义和后实证主义两大认识论思潮。在这两大认识论思潮的影响下,教育评价在"价值中立"与"价值判断"

---

① 高平叔:《蔡元培论著选》,人民教育出版社1991年版,第125页。

② 高平叔:《蔡元培论著选》,人民教育出版社1991年版,第135～137页。

的对峙与争锋之路上形成了实证主义和后实证主义两种方法论流派。在实证主义的影响下，教育评价经历了测量、描述和判断三个发展时期。在这三个时期，教育评价在具体的方法和技术操作层面发展了精细而又精确的以定量为主的研究方法，试图在评价中排除人的主观因素的影响，从而保证评价的客观性。但随着评价实践的发展、科学观念的变革和哲学社会科学认识论思潮的发展，这种评价方法论受到了后实证主义者的激烈批评。后实证主义评价方法论的支持者认为，评价作为一定价值关系主体对这一价值关系的现实结果或可能后果的意识，是由主体来反映主体性的价值事实的过程或活动。而这种价值事实总有价值主体的"我"在内，它也总是必然包含并表达着主体的态度、选择、情感、意志等因素，而且它还常常受到社会文化等其他因素的影响。因此，评价不可能做到价值中立。教育评价的焦点不是去测量变量、目标或决策，而是要对利益相关者采取回应的态度，并以"协商"为途径达成共同的"心理建构"。后实证主义在评价方法和技术的操作层面主要以定性研究和质性研究为方法探索了参与评价过程的各主体的需要和利益。

由实证主义和后实证主义评价方法论之争反观我国教育评价实践可知，我国教育评价领域可以说才踏上实证主义的评价之路。即便如此，在我国教育评价实践中也少有强调"概念—假设—命题—论证或验证"这条被实证主义奉为"科学"之绳的原则，尤其是在信息的搜集、资料的分析、关系的论证和验证等方面都离实证主义评价方法论原则较远，而严格遵循后实证主义精神的评价方法论的情况更是少见。在这种背景下，采用多样化评价方法对于解决评价实践中存在的方法问题只会是"治标不治本"。这就要求我们既要在遵循实证主义原则的基础上竭力丰富和完善现有的评价方法论体系，也要努力跟进后实证主义的评价方法论体系的发展，进而发展出有中国特色的评价方法论体系。

一个系统的实践行为是物理、事理和人理这三者的有机统一。实证主义者对教育评价对象最基本的物理和事理看得很重，他们发展的定量方法确实也能对教育评价对象的物理和事理作出严密的分析。但是在实际评价工作中，一些定量化指标的选择和确立不可避免地要加入人的主观因素，即评价工作常常依赖于评价者的知识和经验、直觉和智慧。过分的定量化难以解决评价中的一些实际问题，而且在有些评价工作中，要想使评价结果得到他人的承认和认可必须要充分理解高等教育决策者和利益相关者的意图、需要。由此可见，价值中立和价值判断是教育评价的一体两面，并非水火不容。因此，"知物理、明事理、通人理"，坚持物理、事理和人理的有机统一是我们应该坚持的一条重要的评价方法论准则。[①]“知物理”是指在坚持价值中立的基础上对高等教育系统、高等教育机构等高等教育评价对象的最基本属性和特征有深入的认识和把握，从而在此基础上尽可能全面地收集有关评价对象的信息和最原始的数据，建立最能表征评价对象的评价指标体系。“明事理”是指选择合适的评价方法对高等教育利益相关者与高等教育之间相互作用的过程和结果作出严密而恰当的价值判断。选择合适的评价方法至少需要综合考虑三个方面的因素：一是评价对象所处系统的复杂性，二是评价目标的多样化，三是评价过程中参与者之间关系的复杂性。只根据某一方面而不从整体上考虑这三个方面的因素来进行评价方法的选择和应用只会让评价归于失败。“通人理”是指评价要充分考虑高等教育利益相关者的切身利益，充分尊重和理解他们的需要和价值标准，处理好评价者和利益相关者之间的关系，而不能固执地、僵硬地坚持所谓的客观判断。在高等教育评价中，只有对高等教育的基本属性和特征有正确的认识和把握，并能够以科学、严密的事理分析为手段，充分考虑和妥善处置高等教育不同主体的需要和利益，才能得出既符合客观实际、又会受到各方认可和采纳的评价结果。

---

① 参见顾基发等：《物理—事理—人理系统方法论综述》，《交通运输系统工程与信息》2007年第6期。

关于高校分类评估的若干思考[①]

一、高校分类评估已经成为高教改革中的难题

当前，关于高教改革有不少判断，通常的说法是“高教改革进入了机遇期、关键期和深水区”，也有人认为改革走到“十字路口”“拐点”等。当然，高教改革涉及的问题方方面面，有制度层面的问题，也有操作层面的问题。仅就制度层面而言，就有高考制度问题、高教质量标准问题；在操作层面有高校分类评估问题。高等教育专家潘懋元等曾撰文指出：高等教育分类问题是一个世界性难题。[②] 既然目前高等教育分类问题都说不清楚，那么高校分类评估问题就更难以认清了。其原因主要在于以下几个方面：

（一）高等学校的分类标准难以形成共识

在高等教育精英化时代，高等学校数量少、规模较小，似乎分类并不成问题。但是，到了高等教育大众化时代，高等教育的数量、规模、类型、层次呈现出多样化，对高等学校分类发展的需求就变得迫切起来，于是学术界对高校分类的研究就逐渐增多了。现在比较有影响的有六种类型：第一种为类型说。以武书连为代表，把高校分为研究型、研究教学型、教学研究型和教学型。[③] 第二种为层次说。以钟秉林为代表，把高校分为三个层次：第一层次高校为设有研究生院的高校，大约 56 所。第二层次高校为具有博士学位及以下授权的其他高校，大约 235 所；具有硕士学位及以下授权的高校，约 239 所；仅有本科学位授权且通过第一轮评估的高校，约 100 所。第三层次高校为取得本科学位授权但未经过第一轮评估的公立高校，约 131 所；民办本科高校约 30 所；独立学院约

① 本文原载于《中国教育政策评论》2012 年第 11 期。

② 参见潘懋元、陈厚丰：《高等教育分类的方法论问题》，《高等教育研究》2006 年第 3 期。

③ 参见武书连：《再探大学分类》，《科学管理研究》2002 年第 10 期。

318 所。[①] 第三种为学科、专业、职业分类说。以潘懋元和陈厚丰为代表，把高等学校分为学科型、专业型和职业型三种。第四种为基于知识的分类说。以潘黎为代表，把高校分为知识创新型、知识融合与应用型和知识传播为主型三种类型。[②] 第五种为三种分类法。以雷家彬为代表，把高等学校分为：理想类型、现实类型和发展类型。[③] 第六种为学科分类法。以刘向东和吕艳为代表，以高校学科覆盖与层次为标准，把所有高校划分为综合型、多科型、单科型高校，在综合型和多科型中又分为研究型和教学型。[④] 尽管学术界的探索不断，但是始终还没有形成共识。

(二)高等教育质量标准的建立十分迟缓和艰难

从国内外来看，目前还没有找到评估高等教育质量的普适性标准。制定高等教育质量标准困难的原因主要表现在以下几点：第一，高等教育固有属性的特殊性和人才培养的特殊性、复杂性；第二，高等教育的利益相关者较多，涉及政府、学校、学生(家长)、社会用人单位；第三，高等教育的贡献率难以确定和核算，人才贡献率、科学研究贡献率、社会服务贡献率、文化传承创新贡献率难以完全量化；第四，高等教育的层次、类型多样，高等教育的功能在不断扩大。

(三)高等学校分类评估难以达成共识

关于如何进行高校分类评估问题，学术界也进行了大量的积极探索，主要有如下几类：第一，"任务导向"分类评估，其代表是黄志广、张淑林，主张高校按照培养人才的类型分为研究型大学(以培养、造就"创新拔尖性人才"为主要任务)、应用型大学(以培养造就各行各业所需的"专门人才"为主要任务)、职业型大学(以培养、造就"高素质劳动者"为主要任务)。[⑤] 第二，"职能发挥"分类评价，其代表是陈章龙、佘元福，根据高校承担的人才培养、科学研究、社会服务三大职能，赋予不同的分值和权重，把高校分为七种类型，即教学型、研究型、应用型、教学研究型、教学应用型、研究应用型、综合型。[⑥] 第三，多元化分类评估，以

① 参见钟秉林等：《坚持分类指导 制定分类标准 实施分类评估——新一轮本科教学评估基本问题探析》，《中国高等教育》2009 年第 6 期。

② 参见潘黎：《高校分类的新视角——基于知识的视角》，《教育科学》2010 年第 1 期。

③ 参见雷家彬：《中国高等学校分类方法的反思与建构》，华中科技大学 2011 年博士学位论文。

④ 参见刘向东、吕艳：《高等学校分类的实证研究——基于 75 所教育部直属高校和 19 所地方共建高校的分析》，《清华大学教育研究》2010 年第 4 期。

⑤ 参见黄志广、张淑林：《基于"任务导向"的高校分类评价方法初探》，《中国高教研究》2005 年第 8 期。

⑥ 参见陈章龙、佘元福：《论基于职能发挥的高校分类评价》，《江苏高教》2011 年第 4 期。

冯晖、王奇为代表，主张实行多元化评估。他们建议采用不同的评估模式，如审核、认证、评估等。同时，他们提出多样化体现在：不同类型的高校采用不同的评估体系；同一项指标在不同类型高校的权重不同；同一项指标在不同类型高校中采用不同的观测点；同一观测点在不同类型高校中的评估标准不同。[①]

（四）高校分类和分类评估背后的各种利益因素较为复杂

高校分类和高校分类评估之所以成为世界性难题，就在于分类与一些现实利益密切相关，如分类与分层、分层与资源配置、分类与高校定位、分类评估与资源配置等问题形成的胶着状态。就分类与分层而言，正如有的学者所提出的那样："类主要是客观事实的描述，是绝对的概念，而层主要是基于价值判断和评价，是相对的概念。分类的原则是非竞争性的，而分层的原则是竞争性的。"[②]根据经济学的原理，资源总是稀缺的，尤其在中国现实的背景下，人们并不反对高校分类，而极力反对的是高校分层。从理论上讲，层次是自然存在的，无所谓高低，但是在现实生活中，特别是在中国传统的观念之下，层次是有高低之分的，而高层次又往往与资源配置相联系，从而形成了"马太效应"。因此，资源配置影响高校对定位、分层的自主秩序的形成。而分类评估与学校分类以及高校三大职能的履行密切相关。就拿高校分类而言，之所以人们普遍反对自然形成的"985 工程""211 工程"分类之说，以及设置研究生院院校之说，就在于人们对已有的分类感觉不公平，尤其在绩效评价方面并没有体现出高投入、高产出的效益。因此自教育部实施第一轮本科教学评估之后，分类评估已经成为人们解决高校评估问题的一种共识，甚至成为一种社会期待，更确切地说是一种理想追求。这种期待和追求主要体现在：首先是政府部门治理的需要，即分类管理的需要；其次是高校自身发展的要求，即特色办学的需要；最后是社会公众对教育信息披露的诉求，即消费透明度的需求和市场细分的需要。

二、高校分类评估的超越

对于高校分类评估而言，主要涉及两个方面的问题：一是为什么评和评什么的问题，即涉及分类评估的价值取向问题；二是如何评的问题，即分类评估的方法论问题。下面笔者就从分类评估的价值取向和方法论入手进行论述。

---

① 参见冯晖、王奇：《试论高等教育的分类评估》，《中国高等教育评估》2011 年第 2 期。

② 王怀宇：《中国高等教育分类中的几个现实问题》，《北京教育》2005 年第 3 期。

(一)高校分类评估的原则

高校分类评估之所以非常艰难,就在于人们对于评估所要坚持的价值取向还没有达成一致。因此,要超越目前的困境,当务之急就是要解决分类评估的价值取向问题,简而言之,就是要解决分类评估所要遵循的原则问题。

1.坚持育人为本的原则

高等学校具有三大职能:人才培养、科学研究和社会服务。但是,这三大职能并不是同时产生的,也并不要求所有的高校都要完成这三大职能,而是对于不同的高校应区别对待。但是,人才培养的职能是所有的高校都必须予以完成的最根本任务,这不仅是高等学校历史使命的要求,同时也是时代发展的要求。《国家中长期教育改革和发展规划纲要(2010～2020年)》指出:"把育人为本作为教育工作的根本要求。人力资源是我国经济社会发展的第一资源,教育是开发人力资源的主要途径。要以学生为主体,以教师为主导,充分发挥学生的主动性,把促进学生健康成长作为学校一切工作的出发点和落脚点。关心每个学生,促进每个学生主动地、生动活泼地发展,尊重教育规律和学生身心发展规律,为每个学生提供适合的教育。努力培养造就数以亿计的高素质劳动者、数以千万计的专门人才和一大批拔尖创新人才。"育人为本是以人为本思想在教育领域的充分体现,坚持育人为本的原则就是要把人才培养放在学校工作的首位,同时分类评估的重点要围绕人才培养设置分类评价指标,特别是把学生学习的投入、过程、结果作为评价的重要方面加以凸显,充分体现"把促进学生健康成长作为学校一切工作的出发点和落脚点"。

2.坚持学术分途的原则

在教育部第一轮本科教学水平评估之后,人们普遍的反应是:用一把尺子去衡量所有的高等学校缺乏分类评价的尺度。其中,在如何分类中,社会各界较为一致的看法是:普通本科院校与高等职业院校应该有不同的评价标准,与此同时,不同层次的普通本科院校也应有所不同。首先,普通本科院校与高等职业院校两者在"类"上不同,是两类不同性质的教育;其次,在普通本科院校与普通本科院校之间,高等职业院校与高等职业院校之间也应该有所不同。通俗地讲,在这里,最根本的分歧就在于对"学术"内涵的诠释,即学理多一点还是应用多一点的问题。

3.统一性与特色性相结合的原则

在制定高等教育质量标准时,既要考虑高等教育质量的基本标准要求,又要把握不同高等教育机构的特殊性和追求卓越的要求。

4.国际性与本土性相结合的原则

高等教育质量在一定意义上是标准的代名词,而高等教育水平是通过比较而得出的。由于背景的不同，各国高等教育具有很大的本土性特征，但是在高等教育国际化的背景下，各国高等教育还必须具有国际的视野，否则就会缺乏可比性。所以，在设计高等教育质量的标准时，还必须兼顾国际视野，要有国际化指标。

5.科学性与可操作性相结合的原则

标准的制定既要有科学依据、合理，具有指导性，又要具有实际操作的可能性和检测作用。例如，欧洲高等教育质量标准的制定就体现了此原则，其既合乎高等教育的规律，又便于操作。

（二）高校分类评估的做法

高校分类评估在解决了价值取向问题之后，关键还要解决方法问题，即如何分类评估的问题。具体思路是：分类质量标准——分类评估——分类发展。

为了便于操作，需要解决方法论问题，也就是要解决先后的问题。先解决标准，然后解决评估，最后解决发展。正如教育部副部长杜玉波在2011年全国教育工作会议上的讲话中所指出的那样：质量是教育的命脉。提高质量是高等教育改革发展最核心的任务、最鲜明的特征。当前，提高质量的迫切任务就是要研究制定高等教育质量的标准，建立健全高等教育质量保障体系，加快建立以提高质量为导向的管理制度和工作机制。没有标准的质量是无法评价、比较和监测的。要借鉴国际高等教育质量管理经验，进一步明晰高等教育质量的内涵、评价标准和影响因素，探索形成符合国情、校情的质量标准分类体系。

1.关于分类质量标准

第一，要建立普通高等教育和高等职业教育两个系列的基本标准。有的学者指出：普通高等教育与高等职业教育是两种不同类型的教育，前者属学术定向的教育，后者属职业定向的教育。两种教育类型的差异体现在学术质量标准和职业质量标准的差异上：普通高等教育主要进行基础科学和应用科学的教育教学，包括自然科学、人文科学和社会科学，如力学、物理学、化学、生物学、文学、历史学、哲学、数学、天文学和地理学等在内的科学知识，是“间接改造客观世界”的知识；高等职业教育主要进行技术与技术学科知识的教育教学，包括农学、医学、药学、法学和商学及其他应用性、技术性科类等在内的技术科学，是“直接改造客观世界”的技术知识。①

因此，我们在制定高等教育质量标准时，既要考虑两类教育在价值取向上的显著不同，又要考虑两者之间的衔接问题。普通高等教育要考虑学生未来发

① 参见肖化移：《试论高等教育分类及其质量标准的划界》，《高等教育研究》2005年第8期。

展的通用性，高等职业教育要考虑学生未来发展的实用性，这是最基本的出发点和落脚点。所谓“通用性”就是强调人才的复合性，即全面性；所谓“实用性”就是强调人才的职业技能和素质要求，要多符合劳动力市场的需要，偏重于应用。即使有理论教育，也更多的是围绕实际应用的理论指导来进行的。

在两类教育之中，要把人才培养作为衡量质量的最重要内容。

高等教育质量不仅体现在高等学校的育人质量上，而且体现在政府和高校自身的管理质量和保障质量上，因此，高等教育微观质量标准包括育人的核心质量标准和保障标准。

育人的核心质量标准是以教学为核心的标准，主要包括学习环境、学习过程、学习成果（见表1）。

表1　　育人质量标准

一级指标	二级指标	三级指标	四级指标
育人质量标准	学习环境	设备教学环境	基本设备拥有程度
			合适度
	学习过程	目标	培养目标（学术型人才、应用型人才、技能型人才）
			专业目标（专业标准）
			课程（教学）目标（课程设计、课程内容）
		教与学	教师
			学生
	学习成果	知识	理论水平
		技能	认知水平
			实际操作水平
		能力	承担责任的能力
			自主开展工作的能力

注：学习成果的考察指标主要借鉴《欧洲终身学习资格框架（EQF）》①对学习成果的界定。知识主要反映理论水平，技能主要反映认知水平（使用逻辑、直观和创造性思维水平）和实际操作水平（手工灵巧度和对方法、材料、工具和器械的使用），能力包括承担责任的能力和自主开展工作的能力。

① 参见驻欧盟使团教育文化处：《欧盟终身学习资格框架述评》，《国家教育发展研究中心研究动态》2011年第4期。

保障标准主要包括设置标准、学校管理标准、社会评价标准。设置标准主要是用于设置高等学校的基准,也即办学的最低标准,主要是解决办学的门槛问题;学校管理标准主要是用于对高等学校管理水平的评价,以保证高等教育质量的实现;社会评价标准主要用于社会对高等教育的评价,解决满意度问题,如合格、良好、优秀甚至卓越等(见表 2)。

表 2　　保障标准

一级指标	二级指标	三级指标
保障标准	设置标准	教职员
		学生
		管理
		设备
		财政
	学校管理标准	质量管理理念
		质量保证机制
		教师、学生的反馈
	社会评价标准	人才培养水平
		科研水平
		社会服务水平

第二,在两类教育之中,要兼顾追求卓越的需要。高等学校具有人才培养、科学研究和社会服务三大职能,但是不同类型的高等学校在其发展的历史进程中所承担的功能却不尽相同,所以在职能发挥方面就应该区别对待。那么,为了体现不同高校之间的使命和目标定位的不同,可以通过科学研究和社会服务质量标准加以衡量和区分(见表 3)。

表 3　　科学研究标准

<table>
<tr><th>一级指标</th><th>二级指标</th><th colspan="2">三级指标</th><th>指标说明</th></tr>
<tr><td rowspan="22">科学研究</td><td rowspan="13">科研基础</td><td colspan="2">高端人才数量及比例(两院院士、长江学者、特聘教授等)</td><td rowspan="6">可反映高校科学研究的历史积淀与实力</td></tr>
<tr><td colspan="2">国家级科研基地、重点实验室数量</td></tr>
<tr><td colspan="2">省部级科研基地、重点实验室数量</td></tr>
<tr><td colspan="2">跨学科研究平台数</td></tr>
<tr><td colspan="2">博士后流动站数量</td></tr>
<tr><td rowspan="5">学位点数量</td><td>本科</td></tr>
<tr><td>专业学位硕士</td><td rowspan="5">可反映高校的总体规模、人才培养的重点类型以及科研类型</td></tr>
<tr><td>学术型硕士</td></tr>
<tr><td>专业学位博士</td></tr>
<tr><td>学术型博士</td></tr>
<tr><td rowspan="3">学位点所在的学科领域数量</td><td>本科</td></tr>
<tr><td>硕士</td><td rowspan="3">可反映高校科研的聚集点,以便判断其科研的多样化程度</td></tr>
<tr><td>博士</td></tr>
<tr><td rowspan="4">科研投入</td><td colspan="2">科技研发支出占学校经费支出的比例</td></tr>
<tr><td colspan="2">教育教学改革项目支出占学校经费支出的比例</td><td rowspan="2">可反映学校在科研与教学方面的相对投入力量</td></tr>
<tr><td colspan="2">纵向科研立项项目数(总数、人均数)</td></tr>
<tr><td colspan="2">横向项目数(总数、人均数)</td><td rowspan="2">可反映学校科研的偏重点及层次</td></tr>
<tr><td rowspan="4">科研产出</td><td colspan="2">高被引用度论文* 总数、人均数</td></tr>
<tr><td colspan="2">论文被引用度系数</td><td rowspan="4">可反映成果产出质量,结合科研投入可反映科研产出效益</td></tr>
<tr><td colspan="2">教育教学论文数</td></tr>
<tr><td colspan="2">立项项目成果获奖情况(不同级别有不同当量)</td></tr>
<tr><td></td><td colspan="2">立项项目成果的转让收入或被政府政策采纳的总数</td></tr>
</table>

*“高被引用度论文”的操作性定义为:在某一领域中论文的被引用次数从高往低排列,上位 1%的论文被定义为高被引用论文。日本通常以高被引用论文作为指标进行大学科研质量的评价。①

确定上述维度的标准时,应该以一段时间(例如 5 年)为测量时段,有些需要测算国家平均水平(见表 4)。

① 参见肖俊杰:《大学科研能力评价研究》,《高等工程教育研究》2008 年第 5 期。

表 4　　　　　　　　　　社会服务质量标准①

<table>
<tr><th>一级指标</th><th>二级指标</th><th colspan="2">三级指标</th><th>指标说明</th></tr>
<tr><td rowspan="21">社会服务质量</td><td rowspan="3">学历教育</td><td colspan="2">招生人数中本地生源与外地生源的比例</td><td>包括本科、硕士、博士的总和</td></tr>
<tr><td colspan="2">在校人数中本地生源与外地生源的比例</td><td>包括本科、硕士、博士的总和</td></tr>
<tr><td colspan="2">毕业生就业人数中本地与外地的比例</td><td>包括本科、硕士、博士的总和</td></tr>
<tr><td rowspan="3">继续教育服务</td><td colspan="2">招生人数中本地生源与外地生源的比例</td><td>该指标可以反映学校服务社会的广度</td></tr>
<tr><td colspan="2">招生人数与报名人数的比例</td><td>该指标可以反映学校社会服务的声誉，间接反映学校提供服务的质量</td></tr>
<tr><td colspan="2">从业教师占全校教师的比例</td><td>该指标可以反映学校对继续教育的重视程度以及继续教育开展的深度</td></tr>
<tr><td rowspan="3">经济贡献</td><td colspan="2">从本地区之外获取的办学经费数比例</td><td>从区外获取的经费数越多，对本地的经济贡献越大*</td></tr>
<tr><td colspan="2">校办产业数量</td><td rowspan="2">这两个指标可综合反映学校产业的效率及对地方经济的贡献度</td></tr>
<tr><td colspan="2">校办产业向本地区的纳税额</td></tr>
<tr><td rowspan="10">科技服务</td><td rowspan="2">与政府及校外企事业单位的科研合作基地数量</td><td>本地区科研合作基地</td><td rowspan="6">这些指标与生源地、毕业生就业地等综合起来可反映学校服务地域的范围，范围越大，学校的影响力越强</td></tr>
<tr><td>区域外研究合作基地</td></tr>
<tr><td rowspan="2">为政府和企事业单位提供培训的频次（或总人次）</td><td>面向本地区政府和企事业</td></tr>
<tr><td>面向区域外政府和企事业</td></tr>
<tr><td rowspan="2">为政府和企事业单位提供科技咨询的频次（或总人次）</td><td>面向本地区政府和企事业</td></tr>
<tr><td>面向区域外政府和企事业</td></tr>
<tr><td colspan="2">学校教师参与政府或企事业单位决策的频次</td><td>可在一定程度上反映学校社会服务的深度</td></tr>
<tr><td colspan="2">科技园区数量</td><td rowspan="3">可反映高校社会服务的效率</td></tr>
<tr><td colspan="2">入驻科技园区企业的数量占科技园区容量的比率</td></tr>
<tr><td colspan="2">科技成果转化额</td></tr>
<tr><td rowspan="2">文化传承与合作</td><td colspan="2">基础设施对外开放度</td><td>校外人员或单位利用学校图书馆、运动场、体育馆等设施的总人次或总次数</td></tr>
<tr><td colspan="2">校园大型文化活动的对外开放度</td><td>校外人员参与校园大型文化活动的人次</td></tr>
</table>

① 参见刘宝存：《大学对地方社会经济发展的贡献——加州大学伯克利分校的个案研究》，《清华大学教育研究》2005 年第 6 期。

2.关于分类评估

第一，在普通高等教育和职业高等教育的不同轨道下进行分类评估，根据高等学校的类型，实行审核、认证两种模式。对于新办院校重在质量认证，对于办学历史较长的院校实行审核。界定的时限可以2000年的评估为限，参加过评估的院校进入到审核阶段，未参加者视为认证对象。新办院校的评估称之为合格评估，对于审核阶段的院校的评估称之为审核评估。合格评估的重点是考察学校基本的办学条件、基本教学管理和基本教学质量、学校服务地方经济社会发展的能力与应用人才培养的能力、学校教学改革和内部质量保障体系建设与运行的情况。合格评估的结果分为三级："通过""暂缓通过""不通过"。审核评估的重点在于考察学校的办学条件、本科教学质量与办学定位、人才培养目标的符合程度、学校内部质量保障体系建设及运行状况、学校深化本科教学改革的措施及成效。审核评估不分等级，重在写实性报告，周期为5年。

第二，加大学科、专业、课程专项认证，鼓励高校在同类竞争中特色发展。高等学校之间竞争的最终检验标准是社会用人单位对高校毕业生的评价。对于不同类型的高校而言，与市场联系最为密切的是一所高校的学科、专业甚至课程的设置。因此，加大对高校专项的认证工作就显得尤为重要。每一所高校可能不是全能冠军，但是完全可以成为某一个单项的冠军，可以在某一个学科、某几个专业方面成为同类中的佼佼者。这样，就可以避免高校在学科、专业设置方面的"同质化"倾向，从而引导高校合理定位、分类发展，最终实现高等教育的可持续发展。

（三）关于分类发展

建立分类质量标准、实行分类评估，其实质就是要实现高等学校的分类发展。分类发展一方面靠政府外在力量的推动，另一方面靠高等学校自身的努力。在当下，中国的高等学校受资源配置的约束十分突出，因此单靠自身的自我约束显然是不够的，急需政府的政策干预。

作为一个以政府主导为主的国家，我国政府出面实施宏观政策调控的效应是巨大的。所以，笔者建议教育主管部门通过制定高等教育分类质量标准，然后实施分类评估，最后达到实现高等教育的分类发展目标。分类发展是一种预期的结果，也是管理的结果。但是对于发展中的我国高等教育来说，分类发展的道路仍然十分漫长，急需解决的问题和矛盾依然很多。然而，正是由于我们需要面对，所以只要我们拿出勇气，理性研究，科学决策，我们就有理由相信：分类发展的明天一定会早日到来！

专业与课程建设

关于特色专业建设的几个理论问题①

提高高等教育质量是社会各界关注的一个热点问题，也是高等教育领域自身建设的重点与难点。提高高等教育质量涉及的因素众多，不仅有外部因素，而且有内部因素。仅从高等学校内部而言，如何建设好一批优势学科、如何加强特色专业建设都是需要高校管理者认真思考的问题。本文仅就特色专业建设的理论问题加以探究，希望对厘清特色专业建设的疑惑和思路有所帮助。

一、关于特色专业建设的几个理论问题

特色专业建设不仅是一个实践问题，而且是一个理论问题。在教育部第一批“质量工程”项目实施之后，高校管理者普遍关注的问题不仅是如何获得特色专业，更包括特色专业的本质特征是什么、特色专业是否具有可复制性、高校如何加强建设特色专业等。

(一)关于特色专业的基本特征问题

特色是一个事物或一种事物显著区别于其他事物的风格、形式，是由事物赖以产生和发展的特定具体环境因素所决定的，是其所属事物所独有的。有的学者从高校核心资源和竞争力的角度指出品牌专业(特色专业)具有如下特征：有价值、稀缺性、不可模仿和替代性。② 笔者认为，特色是由“特”和“色”两个字组成的。“特”是独特。“色”包含两个方面的内容：一方面是指色彩，另一方面是指成色。色彩指的是形式，成色指的是质量。因此，特色是形式与内容的结合与统一。根据上述理解，所谓“特色专业”就是一个学校较为独特的、成色较高的专业：独特体现在优势学科的支撑性和专业的不可替代性上，成色体现在学校发展的沉淀性和专业与社会需要的契合性上。

首先，我们看一下特色专业的独特性。一般而言，从教育部审批的特色专

---

① 本文原载于《中国大学教学》2012 年第 5 期。

② 参见张金贵、宁宣熙：《论品牌(特色)专业与高校核心竞争力》，《经济师》2005 年第 8 期。

业来看,高校都有一个甚至几个优势学科的支撑,体现出明显的优势学科的支撑性,这是学校独特性的重要体现之一。例如,上海交通大学有教育部审批特色专业30个,其中工程方面的特色专业最多,这些专业与学校重点学科的支撑是分不开的。其中围绕工程方面的国家一级重点学科就有9个:力学、机械工程、材料科学与工程、动力工程及工程热物理、计算机科学与技术、船舶与海洋工程、管理科学与工程、生物医学工程。特色专业的独特性还体现在专业的不可替代性上,这是特色专业最重要的特征之一。又例如,作为华东地区唯一的一所对外经济贸易类大学,上海对外贸易学院具有从事国际商务高等教育的悠久历史、鲜明特色和传统优势。该校原来是对外经贸部直接管理的院校,后来归上海市管理。作为一个特色鲜明的高校,金融、外贸、英语是其特色,所以上海外贸学院得到教育部审批的特色专业有5个:国际金融贸易、金融学、工商管理、物流管理、英语(商务英语方向)。这种专业的不可替代性是由学校的特殊历史和学科所支撑的,尽管其他高校也可以举办类似的专业,但是其成色就不及这类高校。

其次,我们再来看一下特色专业的成色问题。特色专业的成色好坏首先表现在学校发展的沉淀性上。特色专业的发展不是一蹴而就的,往往具有学校发展的悠久性与沉淀性。正如教高司函[2008]208号《关于加强"质量工程"本科特色专业建设的指导性意见》所指出的那样:"特色专业是指充分体现学校办学定位,在教育目标、师资队伍、课程体系、教学条件和培养质量等方面,具有较高的办学水平和鲜明的办学特色,获得社会认同并有较高社会声誉的专业。特色专业是经过长期建设形成的,是学校办学优势和办学特色的集中体现。"这里面有几个关键词:办学定位、办学特色、社会认同、长期建设。所以,特色专业之所以被批准并不是短期的效应,而是长期建设与努力的结果,是一所高校教师队伍、专业方案、资源保证等方面的集中体现。资源和专业方案可以短期加以解决,但是教师队伍的形成并非一日之功,需要长期加以积累,尤其是教师教育教学能力的形成,不仅需要专业知识,而且需要个体经验的长期积累。

特色专业的成色好坏还体现在专业与社会需要的契合性上,这也就是专业适应市场的程度。一般而言,特色专业就是在学科建设与劳动力市场方面结合较好的专业。在当下,判断一个专业的好坏,衡量的一个重要标准就是就业因素。特色专业不仅学科建设有雄厚的基础,而且是用人单位反映较好的专业。据调查,不同专业呈现出不同的状态,有些专业严重供大于求,有些专业处于就业的黄牌警告状态,也有些专业处于供不应求的状态。在一些红牌专业中,既有前些年热门的专业,也有近几年红火的专业,甚至是未来的战略新兴专业。究其原因,主要是一些高校盲目追求热门,甚至是为了节省开支所致。

另外，特色专业的成色还表现在学校的办学理念、人才培养目标、培养模式、培养质量等方面是否具有显著特色上。只有上述几个方面达到较高的水平，人才培养的质量才能明显优于其他专业或其他学校同类专业，并得到社会的广泛认可和较高的声誉。因此，特色专业的要素包括用户反馈、教师队伍、专业方案（包括学科、课程、教材等）和资源保证等。

此外，在特色专业建设工程中，我们经常听到“品牌专业”的说法。那么，这两个概念有何异同呢？首先，特色专业与品牌专业有相同之处，即都是独特的专业。其次，特色专业与品牌专业在细微方面仍有差别，具体体现在两个方面：一是特色专业在层次上略低于品牌专业，因为对于一个学校而言，特色专业可能不止一个，但是品牌专业可能只有一个。二是从商业营销角度而言，品牌专业是占据更多消费者的、具有良好社会声誉的专业。比如对于中国传媒大学来说，播音与主持艺术专业首先是一个特色专业，同时又是品牌专业，每年的招生非常火爆。之所以说播音与主持艺术是品牌专业，是因为它有良好的社会效应。因为中央电视台的不少著名主播出自中国传媒大学，他们为中国传媒大学的播音与主持艺术专业赢得了不少荣誉。正如有的研究者所指出的那样：品牌是一种标志，其实质是产品的销售者关于产品特征、品质和利益的最庄严、最重要的承诺，是一种根植于消费者心中的良好形象。它反映质量，蕴含着理念和文化。所以品牌专业是指专业条件、改革成果、建设和管理水平、人才培养质量和社会声誉等达到一流水平的专业。[①]

（二）关于特色专业的发展动力问题

特色专业的发展是多方面因素相互作用的结果，不仅有社会的强烈需求、政府管理的需要，而且有学科发展和学校发展的内在需求。因此，特色专业发展的动力是四维因素作用的结果。

一是人才市场的需要。特色专业的社会需要主要体现为市场的需求。社会经济、文化对人才的需求信号是关键。市场需要主要体现在专业与就业的关系上。在教育领域一直存在着通识教育与专业教育之争、专业教育与职业教育之争。应该说，任何一方的观点都没有错误，问题的关键在于我们秉持什么样的立场，以及如何应对就业市场对人才需求的要求。有的专家研究指出：“通中求专”“专中求通”是两种不同的专业与课程设置战略，西方国家多采取“通中求专”的专业战略，而我国较多采用“专中求通”的战略。[②] 其实，争论的关键是要解决专业与市场之间的关系问题。研究表明：专业与就业有一定的相关性。

---

① 参见张金贵、宁宣熙：《论品牌（特色）专业与高校核心竞争力》，《经济师》2005 年第 8 期。

② 参见张彤、杨莉：《高校专业及课程管理的问题与改革趋势》，《江苏高教》2007 年第 6 期。

首先来看专业对口率的问题。一般而言，就业者总希望找到与自己专业一致或者相近的专业工作，但所学非所用的现象屡见不鲜，因此提高专业的适应性就成为高校面临的一个重要课题。据麦可思研究结果，2010 届本科毕业生的专业对口率为 69%，高职高专为 59%，均比 2009 届上升了 2 个百分点，但仍然低于 2008 届（本科 71%，高职高专 61%）。2010 届本科专业门类中，专业对口率最高的是医学（88%），其次是工学（75%），最低的为历史学（47%）。而高职高专对口率最高的专业门类为材料与能源大类（86%），其次是土建大类（81%），最低的为法律大类（33%）。具体到专业来看，2010 届本科专业对口率最高的为建筑学（94%），其次是学前教育、土木工程和临床医学（均为 93%）；高职高专专业对口率最高的为道路桥梁工程技术、高压输配电线路施工运行与维护（均为 93%），其后是护理和学前教育（均为 91%）①。这说明：高校在人才培养方面还需要积极应对人才市场的需求，否则就会加大两者之间的差距。

其次来看专业数量与就业质量的问题。专业与劳动力市场关系是最为紧密的一对关系。但是高校办多少专业为宜呢？是否学科越多越好呢？这些都是高校管理者关心的话题。经麦可思研究，高职类院校、应用型本科院校、“211 工程”本科院校和“985 工程”在专业数量与就业之间存在明显的差异和关系。数据分析表明，与高职院校类似，应用型本科院校开办专业门类数量较多，这对其毕业生的就业数量和质量均呈现消极的影响。与高职院校相同，应用型本科院校毕业生的就业状况主要受到专业大类数量的影响，而在同一个专业大类下的专业小类数量的多少并不明显影响该专业大类毕业生的就业状况。应用型本科院校开办的专业大类较多，其培养的毕业生在毕业半年后的就业率就有所降低。所办专业大类在 6 个及以下的应用型本科院校半年后就业率平均为 92.9%；专业大类在7～8个的应用型本科院校为 91.3%；而专业大类在 9 个及以上的应用型本科院校为 90.3%。应用型本科院校开办的专业大类数量越多，其培养的毕业生半年后的就业质量就越低。分析发现：所办专业大类在 6 个及以下的应用型本科院校，其毕业生半年后的月收入平均为 2510 元，专业大类在 7～8 个的应用型本科院校这一指标为 2430 元，而专业大类数量在 9 个及以上的应用型本科院校下降到 2414 元；所办专业大类数量在 6 个及以下的应用型本科院校，其毕业生专业对口率为 71%，而专业大类数量为 7～8 个和 9 个及以上的应用型本科院校，分别为 69% 和 68%。应用型本科院校开办的专业大类较多，也会影响到工作的稳定性。专业大类在 6 个及以下的应用型本科院校，其半年内的离职率为 23%，而专业大类在 7～8 个和 9 个以上的应用型本科院

① 参见麦可思研究院：《2010 届大学毕业生专业对口率分析》，《麦可思研究》2011 年第 5 期（下）。

校，其半年内的离职率分别上升到27％和28％。可见，应用型本科院校所办的专业大类数量越多，其培养的毕业生在毕业半年内的工作稳定性越低，或者说初次就业质量较低。应用型本科院校开办的专业大类较多，也导致了毕业生对母校的推荐度降低。专业大类在6个以下的应用型本科院校，2009届毕业生对母校的推荐度为53％，专业大类在7～8个和9个及以上的应用型本科院校均为48％。[①] 与此同时，“985工程”院校的专业大类数量较多，并不一定会对其毕业生就业结果产生消极影响。而对于其他研究型本科院校来说，专业大类数量较多，会对其就业结果的各项指标起到负面影响，尽管与高职院校和应用型本科院校相比，这种消极影响不那么明显。[②] 通过研究发现以下规律：学科和专业设置对于不同类型的高校有着不同的规律，学科与专业并不是设置得越多越好，而是存在边际效应和规模效应的规律。

二是知识体系发展的需要。众多事实证明：对人类社会产生重大影响的有两大类资源：一是思想，二是基础科学。高校是产生思想的地方，同时高校是基础学科较为集中的地方，即生产和传播知识的地方。因此，特色专业对于发展学科、形成知识体系具有不可估量的作用。

特色专业不是凭空产生的，有其特定的要求。这是由这个特色专业赖以产生和发展的特定具体环境因素所决定的，这个环境中较为重要的因素是学科的基础问题。优势学科与特色专业的关系可以概括为支撑与促进的关系：优势学科的形成需要优势专业的支持，其中特色专业就是优势专业。良好的学科优势为专业建设提供支撑，同时特色专业建设促进优势学科的形成和发展。例如，中国海洋大学在其68个本科招生专业中，以海洋科学、海洋技术、水产养殖、海洋经济等为代表的涉海类专业24个，占专业总数的35.3％，以化学（含海洋化学）、地球信息科学与技术（含海洋测绘）、生物科学（含海洋生物）为代表的与海洋特色相关的专业13个，占专业总数的19.1％，另有与海洋特色关联不强的专业31个，占专业总数的45.6％。中国海洋大学十分强调专业建设和学科发展的有机互动，以优势的特色学科建设推进专业建设和人才培养，逐步形成了若干个特色鲜明、理工或文理交叉融合的专业群。例如依托海洋学科，构建了“海洋科学—（海洋）化学—（海洋）地质—海洋技术—港口航道与海岸工程—环境科学—海洋管理—海洋经济学等”专业群；依托水产学科，构建了“水产养殖—海洋渔业科学与技术—海洋生物资源与环境等”专业群；依托生命学科和食品科学与工程学科，构建了“生

① 参见麦可思研究院：《应用型本科院校的专业门类数量与就业的相关性》，《麦可思研究》2011年第1期（中）。

② 参见麦可思研究院：《应用型本科院校的专业门类数量与就业的相关性》，《麦可思研究》2011年第1期（中）。

物科学—生态学—生物技术—生物工程—生物化学与分子生物学—食品科学与工程—药学—海洋资源开发利用技术等”专业群;依托工商管理学科,构建了“工商管理—会计学—财务管理—旅游管理—市场营销—电子商务—物流管理等”专业群。这些专业群为促进学校本科教学水平和人才培养质量的全面提高发挥了重要的作用。正是鉴于此,中国海洋大学得到了 12 个教育部审批特色专业。这说明知识发展与专业发展具有明显的双向作用。

三是学校内在发展的需要。高校最基本的职能是人才培养。随着高等教育从精英教育到大众化教育时代的来临以及高校生源的减少,高等学校之间的竞争更加激烈,争夺生源的大战愈演愈烈。2004 年,仅山东省剩余的高招指标就达 4 万个。另外,有不少考取北大、清华的考生也纷纷转而报考香港的高校。因此,学生不仅在选专业,而且在选学校。这无疑是对高等学校的严峻考验。对于一个高校而言,特色专业无疑是一张“名片”,特色专业越多就说明这个学校的整体实力越强。尤其是对于选择高校的学生与家长来说,特色专业,尤其是品牌专业是吸引学生报考的重要因素之一。因此,特色专业是一个学校形象的象征,从传播的效果来说,也是学校提升社会声誉的重要手段。正是鉴于此,众多高校把培育特色专业作为一个重要战略加以重视。

四是政府治理作用的需要。从政治学的角度而言,政府是社会职能的履行者。政府对于特色专业的需要更多的是从专业管理的角度以及满足社会需要的角度出发的。从专业管理的角度,就是要通过国家行为引导高校办出特色、合理定位;从满足社会需要的角度出发,就是要使高校的专业更符合社会经济结构的转型、产业的升级换代,减少专业的重复设置,更符合用户的需要,使专业更加对口,学生毕业后更加适应工作岗位对核心能力的要求。

(三)关于特色专业的培育问题

特色专业的培育实际上就是解决特色专业的成色问题,即让特色专业的成色、质量更加符合客户的需求。特色专业培育涉及两个方面的因素:政策引导与学校自觉。政策引导解决的是政府对特色专业的管理问题,学校自觉解决的是特色专业的基本要素和形成问题。

在政策引导方面,需要政府处理好的是制度建设的长效性与灵活性,即政府要从根本上解决制度缺失问题与管理的僵化问题。对于特色专业而言,制度方面急需加强的是:把特色专业建设作为一项长期任务,从政策上,实行长期的制度扶持,建立周期性的保障措施,使特色专业建设成为优先考虑的因素,即特色专业建设要有长效机制,确保办出成效。另外,对于专业的设置要制定出有利于高校自我发展和约束的机制。

在学校自觉方面，需要处理好的基本矛盾是：学科逻辑与社会需求，人才培养过程质量与教师队伍、专业方案（包括学科、课程、教材等）和资源保证等的关系。从专业发展而言，学校急需把握学科逻辑与社会需求的矛盾，即处理好作为专业支撑的学科发展的基础。除了保证发展特色专业之外，要重视传统专业的改造和新兴交叉学科的培育，以适应专业与人才市场的对接。与此同时，人才培养过程质量不仅涉及学校的办学理念、人才培养目标、培养模式，而且更重要的是作为学校承担专业教学任务的教师队伍状况、专业培养方案，以及为教学所需的相应的资源保证等。因此，特色专业的培育绝非一日之功，需要从多层面加以改进，以促进特色专业的提高和完善。

二、关于加强特色专业建设的若干政策建议

特色专业建设的主体是政府与高校，因而加强特色专业建设需要政府与学校双方的共同努力，两者缺一不可。

（一）在政府层面今后一个时期应做好的工作

一是继续实施特色专业建设工程，强化特色专业建设的持续效应。自教育部与财政部联合实施第一轮“质量工程”后，社会各界的反映是积极的，其效果也是明显的。如特色专业建设的预期数量目标基本实现；初步建立了特色专业三级体系；示范和带动效应初步显现。[①] 但是由于工作重点的转移与资助经费有限的因素，致使有些政策不能持续跟踪进行，从而影响了政策的有效性。因此，建议教育部继续加大特色专业建设的力度，在下一轮“质量工程”中继续开展特色专业的建设，鼓励不同高校在特色专业建设的基础上建立更多的品牌专业，形成高等学校不同的风格与特性，进而引导高等学校分类发展，各安其位，从而为建设高等教育强国打下坚实的基础。

二是借鉴先进国家管理专业的理念，形成政府引导与高校自觉的专业管理新机制。有的研究者提出，在美国，高校专业设置的权力主要集中在大学董事会，部分州政府以有限的专业设置审批权引导高校回应州政府对高等教育的需求。在高校层面上，大学以高水平的课程管理为平台，以市场和州政府的高等教育政策为导向，以较大的自主权灵活设置与调整学科专业。而高校富有特色的主辅修制度又为学生充分发挥专业学习兴趣、增强未来社会的职业技能提供了强有力的支持，是高校专业设置合理化的一个有效补充。[②] “他山之石，可以攻玉。”在特色专业建设上，教育主管部门应该在宏观监控方面加大制度建设力

---

① 参见张婕：《高校特色专业建设：现实与前瞻》，《教育研究》2011年第5期。

② 参见《国内外普通高校专业设置与调控机制研究》，北京市教委委托课题成果（内部资料）。

度，逐步提高高校设置专业的灵活性，以适应社会对专业的需求，同时加大高校对专业的约束机制，从而形成良好的可持续发展基础。

三是培育第三方组织，提供供求信息，建立专业与人才市场之间的供求联系与平衡机制。影响特色专业建设的因素很多，但是最关键的因素是市场信息。对于复杂多变的市场信息，单凭政府与高校都是无法应对的，只有借助中介组织的力量，开展信息搜集与发布，才能不断提高高校满足人才市场需要的可能性。因此，培育具有公信力的第三方组织就成为当下一个紧迫的任务。

（二）在高校层面在相当长的一个时期需要做好的工作

一是高校在特色专业的独特性方面，一方面要重视培育学校的优势学科，努力打造支撑学科，使更多的特色专业具有发展的源泉和后劲。不同的学校要有不同的学科发展战略：对于"985 工程"研究型大学要重在培育序列性学科群，即围绕某一方面的学科打造系列性的学科群，扩大学科之间的融合与整合，增强特色专业建设的发展后劲；对于"211 工程"大学要重在培育几个学科，使特色专业发展有空间；对于其他类型的院校重在培育专业与课程衔接的学科，使特色专业更加适应市场的需要。另一方面，要不断发掘和增强特色专业的不可替代性，逐渐形成品牌专业。特色专业的不可替代性就是要体现不同的服务功能和分类指导的作用。例如，安徽省在特色专业建设方面就积累了不少成功的经验，实施了分类指导，构建了特色专业建设体系。安徽省强调，重点大学特色专业的建设目标是培养高层次创新性人才以支撑区域经济社会发展，其他本科高校特色专业建设目标是培养高素质应用型人才以服务地方主导产业发展，高职高专院校特色专业目标是培养高素质技能型人才以推进人口大省向人力资源强省转变；继续教育特色专业以优质高教资源建设为抓手，建设目标是形成共享的资源平台和便捷的学习方式，服务学习型社会和终身教育体系的建设需求。上述以服务和支撑安徽经济社会发展为主要特征的特色专业建设体系得到了全省高校的认同和实践。这也说明，特色专业建设一个重要的引导作用就是要发挥它的分类指导作用。另外，各高校要认真研究学科数量多少与大学生就业之间的关系，确保开设的专业在符合学科逻辑的同时，更贴近人才市场的需要。

二是高校在特色专业的成色方面要适应市场的需要，要建立新的办学理念，逐步加大大学生就业核心能力的培养。高校作为人才培养的主要基地，在适应未来人才市场方面需要改进办学的理念与模式，更加重视课程环节。大学生毕业后对专业与学校的满意度、校友推荐度也是衡量学校办学好坏的重要指标。这些政策建议对于高校加强专业建设具有重要的启发意义，而特色专业建设在此方面具有较好的有利条件，应该起到引领和辐射的作用。

政府干预、市场力量与大学自觉的有机结合[①]

——基于我国高校特色专业建设政策的实证研究

当今社会，政府行政体系与市场体系成为控制社会、影响社会的最大的两股力量。理论研究和实践经验表明，政府公共行政与公共管理体系在创造和提升国家竞争优势方面具有不可替代的作用。作为社会利益的“调控器”，公共政策在其运行的各个环节尤其是执行环节都牵动着多方政策主体，各主体之间形成了一种博弈的非合作的决策互动关系。因此，在公共政策实施的过程中，仅有政府行政体系或者市场体系是不够的，还需要与其他政策实施主体的有效结合才能实现公共政策所期望的目标。本研究在对我国“十一五”期间特色专业建设数据和实例进行深度分析研究的基础上，对特色专业建设政策加以剖析，以期从中发现政府、市场和高校三种因素在高校特色专业建设中作用的大小和影响的强弱，以及三者之间的互动关系，从而促进三种力量充分发挥各自优势，同时对推动政府改进高校特色专业建设政策、推动高校加强特色专业建设发挥一定的借鉴作用。

一、特色专业政策实施的背景分析

教育部与财政部于2007年联合下发了《关于实施“高等学校本科教学质量与教学改革工程”的意见》(以下简称《质量工程》)。《质量工程》围绕提高教学质量问题设置了专业结构调整与专业认证，课程、教材建设与资源共享，实践教学与人才培养模式改革创新，教学团队与高水平教师队伍建设，教学评估与教学状态基本数据公布，对口支援西部地区高等学校共计六大块内容，其中专业结构调整与专业认证中的高校特色专业建设是高等教育质量工程的重要内容之一，其实施引起了社会的广泛关注。作为高等教育质量工程的一个重要内容，特色专业建设无疑是政府采取的一个非常关键的公共政策。其实施源自以下现实要求：

---

① 本文原载于《中国高教研究》2012年第7期。

(一)国家教育战略重大转型

经过1998年之后的高等学校扩招，我国高等教育进入了大众化阶段。随后，制约高等教育发展的质量问题逐渐成为社会与政府关注的焦点，因此实施质量工程是教育界全面贯彻落实科学发展观、切实把高等教育重点放在提高质量上的重要体现，也是高等教育决策从注重宏大决策转向微观关注的具体表现，即首次把考察教学质量的各个环节和因素作为国家政策的内容加以安排实施。

(二)高校专业结构调整

高等学校是以学科和专业教育为主的机构，专业是联系高校与市场的重要纽带，但现实中却存在高校内部专业设置和结构不尽合理、不同类型高校之间的专业同质化现象极为严重的问题。同时，高校学生所学专业与能力结构严重不适应国民经济结构调整的变化和需求，存在明显的脱节现象，导致就业结构性失业问题严重。据麦可思研究院出版的《2011中国大学生就业报告》显示，2011年本科就业(实际是2007年入大学的学生)红牌警告专业包括：动画、法学、生物技术、生物科学与工程、数学与应用数学、体育教育、生物工程、计算机科学与技术、英语、国际经济与贸易。以上专业与2010年的红牌专业基本相同，这表明就业不好的专业具有持续性。在这些红牌专业中，部分是供大于求造成的，部分是人才培养质量达不到产业的要求而造成的。①

从特色专业建设政策来看，政策利益相关者主要涉及教育主管部门、高等学校、学生、用人部门，而最直接的利益相关者是教育部与高等学校，间接利益相关者是学生与用人部门。作为社会的监管者，政府部门实施特色专业政策主要是要发挥行政力量的干预作用，引导高校合理定位，优化学科专业结构，适应社会经济发展需求的变化，从而促使高等教育健康、协调发展。高等学校作为办学者就是要通过特色专业体现学校的发展优势和社会影响力。由此可知，政府实施特色专业政策主要是基于高等学校所面临的现实状况，尤其是高等教育不能适应社会经济发展需要的现实情况所作出的一项决策，其目的在于通过高校专业结构的调整来适应市场人才需求的变化，从而使高校真正走向以内涵发展为主的道路，为社会培养更多的人才，为建设高等教育强国打下坚实的基础。

二、特色专业政策实施中政府、市场、大学的作用分析

我国在高等教育管理方面具有比较强大的政府主导力量和悠久的集中管

---

① 参见麦可思研究院：《2011中国大学生就业报告》，《麦可思研究》2011年第6期(上)。

理特征，但在研究了特色专业的相关文件和特色专业建设政策的实施过程后笔者发现：在特色专业建设中，除了政府干预的主导作用之外，市场力量的彰显和大学自觉意识的觉醒也显得格外突出。这三者之间不仅是一种博弈的关系，而且正在显示出相互作用的特征——市场力量的扩大，政府干预与大学自觉的有机结合。这也印证了伯顿·克拉克提出并建构的高等教育发展的政府、市场、大学“三角协调模式”。

（一）市场力量的扩大

自20世纪80年代之后，在高等教育领域，市场力量的介入成为影响高等教育发展的重要因素。我国高等教育也不例外，明显受到了市场机制和因素的冲击和介入。众所周知，在高等教育发展方面始终存在着两种价值取向：一种是高等教育的认识论取向，另一种是高等教育的政治论取向。认识论取向者认为：高等教育是以“闲逸的好奇”精神追求知识为目的，追求科学真理应坚持学科的逻辑。政治论取向者认为：国家为高等教育投资，高等教育理应为国家和社会服务，应坚持高等教育的社会服务功能。结果，高校如何在遵循教育规律和学科逻辑的基础上适应市场经济的发展需要就成为一个争执不休的话题。政府作为社会监管的一个核心力量，无时不在关注和协调高等教育的发展。在特色专业建设方面，政府比较明显地倾向于尊重在市场经济条件下社会需求对高等教育的特殊要求，意在通过国家意志和举措推动专业建设，以改善高等教育不适应社会经济发展的状况。在政策引导方面，主要表现在：

1.强调适应国家经济社会发展的需要

根据高等教育质量工程的总体部署，教育部在《关于加强“质量工程”本科特色专业建设的指导性意见》（教高司函[2008]208号）中曾明确提出：为了促进高等学校人才培养与经济社会发展的紧密结合，择优选择和重点建设3000个左右特色专业点，引导各级各类高等学校发挥自身优势，努力办出特色。据统计，在“十一五”期间教育部原计划建设3000个特色专业，但到“十一五”期末共审批了6个批次，特色专业达到了3376个（见表1）。

从教育部下发的一系列特色专业建设文件可以看出：特色专业建设政策实施的目的之一是优化高等教育的专业结构。教育部在此方面的政策导向是十分明确的，其体现的是：设置了两类不同的特色专业，而且还与时俱进，灵活地根据形势的变化设置了战略性新兴产业与紧缺人才所需的专业。对于“第一类特色专业建设点”，政策强调要体现面向国家、区域经济社会发展的需要；可以是教育部公布的《普通高等学校本科专业目录》内的本科专业，也可以是二级本科专业类。教育部、财政部《关于启动“第一类特色专业建设点”遴选工作的通知》(教高司函[2007]164 号)要求:中央部委所属高校第一类特色专业建设点要充分体现学校的办学优势、特点以及行业背景,在全国相同专业领域具有一定优势。地方高校的第一类特色专业建设点要紧密结合地方经济社会发展的需求,适应地方产业布局与结构调整需要,体现人才培养与地方经济社会发展的紧密结合。对于"第二类特色专业建设点",强调要体现面向国家需求,是优先发展、紧缺专门人才和艰苦行业中的专业领域。关于第二类特色专业建设共审批两次建设点,第一次规定了 32 个专业领域,第二次规定了 7 个专业领域。同时,为了满足国家战略性新兴产业发展对高素质人才的迫切需求和急缺人才的需要,共审批了 78 个特色专业(见表 1)。这充分体现了政府应对整个国家社会产业发展和经济结构调整对高等学校专业建设的强烈关切。

表 1　　高等学校特色专业建设点审批通过情况①

批次与时间	第一批 2007.12	第二批 2007.12	第三批 2008.9	第四批 2009.9	第五批 2009.11	第六批 2010.7	第七批 2011.1
审批通过数量及经费支持情况	第一批第二类 420 个,每个建设点 80 万,分 4 个年度拨付	707 个(含 115 个自筹经费);每个建设点 20 万	691 个(含 84 个自筹经费);每个建设点 20 万	671 个(含 71 个自筹经费);每个建设点 20 万	第二批第二类 83 个,每个建设点 80 万	804 个(含 53 个自筹经费);每个建设点 20 万	78 个战略性新兴产业(每个建设点 20 万)、红色经典艺术教育专业(每个建设点 80 万)

正是在如此明确的政策导向下,政策的溢出效应较为明显,形成了特色专业三级建设体系——国家级、省级、校级,起到了较好的导向作用。如浙江省提出:"特色专业建设必须符合浙江区域经济社会发展和产业、行业需求,以及体现高校办学历史的积淀",要求申报学校在学校专业建设中长期发展规划的基础上结合高校自身特色进行综合研究和分析,在省重点专业建设基础上再推荐国家级特色专业。

2. 重视科学技术的作用和规律

科学技术是推动社会前进的重要动力,也是影响市场发育的重要因素。高校是科学技术发明和创造的重镇,其与社会联系的紧密程度在一定意义上反映

① 资料来源:根据教育部、财政部《关于批准 2007 年度第一批高等学校特色专业建设点的通知》《关于批准 2007 年度第二批高等学校特色专业建设点的通知》《关于批准第三批高等学校特色专业建设点的通知》《关于批准第四批高等学校特色专业建设点的通知》《关于批准第五批高等学校特色专业建设点的通知》《关于批准第六批高等学校特色专业建设点的通知》《关于批准第七批高等学校特色专业建设点的通知》统计、整理而成。

着高等教育的贡献率。据有关研究表明:"美国高校学科专业结构与产业结构的关系经历了从相互分隔到有限联系、主动适应、超前引领的历史演变过程。这一过程不仅与美国社会的'实用主义'价值传统有关,更与以课程生成、组合、调整等内部动因形成学科、专业的机制相关联。这两个原因导致美国高校学科、专业结构能够根据经济社会与科学技术的发展做出灵活和适时的调整,从而对美国社会转型和经济结构调整起到强劲的推动作用。该过程同时揭示了学科专业发展的普适性规律是:高校学科专业发展必须与国家、区域经济社会和科技发展主动适应、紧密结合才能获得自身发展的源头、动力和空间。"①在此次特色专业建设政策实施过程中,在特色专业的审批方面,教育部非常重视自然科学与社会科学学科数量的关系,以及其在社会经济生活中的推动作用。

《教育部财政部关于实施高等学校本科教学质量与教学改革工程的意见》明确提出了专业建设的原则和要求:根据科学技术发展的特点,紧密结合我国高等教育实际,研究建立适应国家经济与社会发展需要的本科专业设置和调整制度,制定指导性专业规范,构建专业设置预测机制,定期发布各类专业人才的规模变化和供求情况,为高校优化专业布局和调整人才培养结构提供指导。大力加强本科专业建设,按照优势突出、特色鲜明、新兴交叉、社会急需的原则,择优选择和重点建设3000个左右特色专业点,引导各级各类高等学校发挥自身优势,努力办出特色。

从第一类特色专业建设点情况来分析,"十一五"期间共审批4次。第二批特色专业建设点707个,其中,社会科学178个,占总量的25%;自然科学529个,占总量的75%。第三批特色专业建设点691个,其中,社会科学209个,占总量的30%;自然科学482个,占总量的70%。第四批特色专业671个,其中,社会科学197个,占总量的29%;自然科学474个,占总量的71%。第六批特色专业804个,其中,社会科学243个,占总量的30%;自然科学561个,占总量的70%。从第一类特色专业建设点的自然科学专业与社会科学特色专业的数量来看,分布规律比较接近,自然科学特色专业数量一般为社会科学特色专业数量的两倍。这反映了随着我国社会的发展变化,科学技术因素的影响日益扩大。这种分布情况与美国的整体学科发展规律基本一致。

从第二类特色专业建设点的情况来分析,"十一五"期间共审批2次。第一批特色专业建设点420个,其中,社会科学52个,占12%;自然科学368个,占88%;工程191个,占46%;农林67个,占16%;医学29个,占7%;经济学31个,占7%;师范类50个,占12%。第五批特色专业建设点83个,自然科学类专

① 参见李占国、谢仁业:《美国高校学科专业结构与产业结构的互动关系研究》,《中国高教研究》2011年第7期。

业占了过半。其中,CDIO(工程教育)30 个,占 36%;医学 9 个,占 11%;农学 8 个,占 10%;经济学 19 个,占 23%;艺术学 17 个,占 20%。从中可以看出,第二类特色专业建设更加强调自然科学在专业建设和社会经济生活中的作用。

(二)政府干预的主导性

作为国家意志的代表,政府往往直接或间接地对培养高级人才的大学施加影响。弗兰斯·范富格特认为,政府介入大学运行管理之中主要表现为两种形态,即"起促进作用的国家"形态和"起干预作用的国家"形态。① 我国是一个在行政管理上以政府为主导的国家,在这次特色专业政策实施过程中,体现出了明显的干预性特征。

1. 在经费资助上设置两种模式

对于一项公共政策而言,不同的利益相关者对政策关注的焦点各有不同。对于利益相关者来说,特色专业最大的益处就是资源的保证。从这次特色专业政策来看,政府不仅提倡竞争,而且也兼顾了公平,设立了自由发展区,鼓励部分高校的个别专业经过一定阶段的努力后再次冲击特色专业,充分体现了特色专业培育的理念。这种竞争与公平主要体现为在特色专业经费支持上设置了两种模式:资助经费与自筹经费。据统计,"十一五"期间教育部共设资助经费特色专业 3129 个,占特色专业总量的 91%;设自筹经费特色专业 325 个,占特色专业总量的 9%。

2. 关注中央部委所属高校与地方高校的公平

按照高校隶属性质,高校分为中央部委所属高校和地方高校。在一定程度上,中央部属高校具有明显的相对优势,地方高校则处于弱势地位。由于历史的原因,中央部委所属高校在学科建设、师资队伍建设、实验室建设等方面呈现出较大的优势。但近年来,随着我国高等教育大众化的到来以及国家西部大开发战略和中部崛起战略的实施,地方高校的主力军作用越来越凸显。在第一轮质量工程中,政府在特色专业管理理念上也体现出了明显的公平意识,其具体表现是:特色专业按中央部委所属高等学校和地方高等学校的分配名额分开操作。这对发挥两支力量的作用具有重要的现实意义。据统计,在所审批的七个批次 3454 个特色专业中,中央部委所属高校获批特色专业 1327 个,占 3454 个的 38%,超过 1/3;而地方高校获批特色专业 2127 个,占总数的 62%,略少于 2/3(见表 2)。总之,在这次政策干预专业审批方面,比较明显地体现了政府关注地方高校的决心和实际行动,这在高等教育发展历史上具有里程碑性质的意义。

---

① 参见彭湃:《大学、政府与市场:高等教育三角关系模式探析》,《高等教育研究》2006 年第 9 期。

表 2　　部属高校与地方高校获得特色专业对比[①]

	第一批	第二批	第三批	第四批	第五批	第六批	第七批	合计
全部专业	420	707	691	671	83	804	78	3376
地方高校	151	419	450	449	71	585	2	2125
地方占比	36%	59%	65%	67%	86%	73%	3%	62%
部属高校	269	288	241	222	12	219	76	1251
部属占比	64%	41%	35%	33%	14%	27%	97%	38%

（三）大学自觉的意识得到提升

作为特色专业政策的主体之一，高等学校在此次特色专业审批面前表现出了高度的理性和质量文化的自觉。

1.质量文化意识得到体现

专业结构调整是高等教育质量工程的一个子项目。特色专业建设也是高等学校落实科学发展观的一个具体举措。对于高等学校而言，发展不仅是数量的增长，更重要的是质量的提高以及结构的优化。从数量方面来说，我国高等教育已经实现了这个目标，更重要的任务是整体水平的提升和高教结构的优化。在此次特色专业审批过程中，优化专业结构是手段，提高质量是目的。通过教育部的政策引导，高校普遍对质量提高有了更进一步的认识。这种认识的过程是从服从政策的引导到主体意识的提升过程。主体意识的提升表现在：高校有意识地主动适应国家战略的需要，把具有优势的学科专业经过调整和整合后申报特色专业，并且为了配合特色专业建设政策的实施，所有高校都设置了校级特色专业。除此之外，特色专业建设的示范和带动作用也逐步发挥了出来。许多教师也积极参与特色专业的建设，如项目的申报、课程培养方案的完善、实践基地的建设、教育教学能力的提高等。

2.高校的学科优势和特色得到彰显

通过审视本次特色专业建设政策，笔者发现其较好地体现了高校的优势学科的支撑作用和高校特色的不可替代性。在此，笔者选取三类高校作为比较，希望能够从中发现一些基本规律。

---

① 资料来源：根据教育部、财政部《关于批准2007年度第一批高等学校特色专业建设点的通知》《关于批准2007年度第二批高等学校特色专业建设点的通知》《关于批准第三批高等学校特色专业建设点的通知》《关于批准第四批高等学校特色专业建设点的通知》《关于批准第五批高等学校特色专业建设点的通知》《关于批准第六批高等学校特色专业建设点的通知》《关于批准第七批高等学校特色专业建设点的通知》统计、整理而成。

首先，以优势学科为主而形成的特色专业体现了学科的支撑性。从近年来实施的高等教育质量工程的特色专业建设实践来看，几乎所有批准的特色专业都以学校优势学科为其鲜明特征。

第一类为"985 工程"类一流大学。

(1)理工类院校：如作为一所重点建设的一流大学，上海交通大学的优势学科为工程和医学。以工程和医学为核心，该校有 30 个国家级特色专业，包括第一类特色专业 20 个，第二类特色专业 10 个。第二类特色专业中有战略性新兴产业相关专业 2 个，即植物生物技术、核工程与核技术；另外 8 个是工程和医学方面的专业，与社会经济发展密切相关。

(2)人文社科类院校：如北京师范大学是教育部直属重点大学，是一所以教师教育、教育科学和文理基础学科为主要特色的著名学府。截至 2010 年，学校共获批国家级特色专业建设点 18 个。其中第一类特色专业 14 个、第二类特色专业(师范教育类)4 个，特色专业占实际招生专业数量的 37%。在现有的 18 个特色专业中，6 个特色专业有一级国家重点学科支撑，7 个特色专业有 1 个以上二级国家重点学科支撑；这 18 个特色专业中国家重点学科支撑率达 72%，特色专业的学科优势十分突出。[①]

第二类为行业特色型大学。

(1)"985 工程+211 工程"类院校：例如，中国海洋大学是一所以海洋和水产学科为特色的重点建设高校。学校强调专业建设和学科发展的有机互动，以优势的特色学科建设推进专业建设和人才培养，逐步形成了若干个特色鲜明、理工或文理交叉融合的专业群。其中，依托海洋学科，构建了"海洋科学—(海洋)化学—(海洋)地质—海洋技术—港口航道与海岸工程—环境科学—海洋管理—海洋经济学等"专业群；依托水产学科，构建了"水产养殖—海洋渔业科学与技术—海洋生物资源与环境等"专业群，等等。这些专业群为促进学校本科教学水平和人才培养质量的全面提高发挥了重要的作用。学校设置的 68 个本科招生专业中，有海洋科学、海洋技术、水产养殖学、海洋资源开发技术等 12 个专业为国家级特色专业。[②]

(2)"211 工程"类院校：例如，中国传媒大学是一所以新闻和传播为核心的"211 工程"院校，有 11 个国家级特色专业，占本科专业的比例为 13%；有 2 个国家重点学科二级学科(新闻学和广播电视艺术学)和 1 个国家重点培育学科(传播学)给予支撑。

(3)非"211 工程"类院校：例如，上海对外贸易学院是以经贸为核心的行业

① 资料来源于《北京师范大学 2010 年本科教学质量报告》。

② 资料来源于《中国海洋大学大学 2010 年本科教学质量报告》。

性地方院校，在其32个本科专业（方向）中有5个国家级特色专业，即国际经济与贸易、英语、金融学、物流管理、工商管理。

第三类为地方综合性院校。例如，济南大学是以工程为核心的地方大学，在其64个本科专业中有4个国家级特色专业，即材料科学与工程、计算机科学与技术、应用化学、机械工程及自动化。

其次，特色专业具有不可替代性。专业的不可替代性是由专业的独特性所决定的，这首先是由其学科基础决定的，其次是由专业的社会声誉决定的。

概言之，从我国现有的国家特色专业来看，一流大学或者是研究型大学经国家批准的特色专业不仅数量较多，而且学科门类较为齐全，大多具有一级学科的强有力支撑，并且大多显现出基础学科的溢出效应；行业特色型大学的特色专业则由于历史的原因，被国家批准的特色专业全部呈现出鲜明的行业属性；地方综合性院校的特色专业建设则具有学科特色与地方需要相契合的特点。

3. 高校学术力量与市场力量契合的尝试

大学与市场不仅组织形态不同，而且价值追求有异。学与商的矛盾不仅过去存在，而且今后也有博弈和协调。本次特色专业建设政策在实施过程中就体现出了两者协调和契合的特征。

有研究者指出，专业是依托学科基础又以社会分工的需要为导向，是按照社会对不同领域和岗位的专门人才的需要设置的，以不同领域专门人才所从事的实际工作需要的知识结构为基础，组织相关的学科知识来满足人才培养的要求。① 因此，专业与社会的关系极为密切。专业源于社会分工，社会分工又促进了专业的产生。② 因此，高校专业的设置一定要与社会经济的发展变化相适应。

通过分析可知，第一类特色专业大都是高校具有较长办学历史的专业。如北京大学2007年获批的特色专业——哲学就有很长的办学历史和积淀，有一大批知名的专家队伍和研究成果。从第二类特色专业来看，审批的大多数专业都具有与时代同行的特征，有些是老学科调整了新方向，有的是新兴交叉学科专业有新的发展空间。这说明：在当今时代背景下，学术力量与市场力量存在博弈的状态，同时也存在平衡与协调的状态，而本次特色专业政策正是两者协调的有益尝试。

---

① 参见刘春惠：《论“学科”与“专业”的关系》，《北京邮电大学学报》（社会科学版）2006年第2期。

② 参见郭石明：《专业内涵及其与学科、课程的比较》，《高等建筑教育》1994年第3期。

三、结论与建议

(一)结论

首先,特色专业建设政策作为质量工程中的一个具体政策,其政策的导向是明确的,其目的就是调整高等学校的专业结构,从而使高等学校的人才培养规模与专业结构更加合理,人才培养的质量与效益更加凸显。因此教育部出台特色专业建设政策不仅十分必要,而且具有重要的调节作用。对于引导高等学校合理定位、办出特色、形成优势,增强高等教育的核心竞争力具有重要的现实意义。

其次,政府、大学、市场是高等教育运行中的基本矛盾和永恒话题。作为一项公共政策,特色专业建设政策在实施过程中凸显了市场力量的扩大以及政府干预的主导性,同时也反映出了大学在适应市场力量扩大状态之下的质量文化自觉性,是一次政府干预、大学自觉与市场力量有机结合的尝试。

(二)建议

在我国的现实背景下,加强特色专业建设除了要应对市场力量之外,还需要政府与高校双方的共同努力。

1.作为政府要双管齐下,不仅要实施政策干预,而且要强化制度建设

从政府管理的层面来说,特色专业建设政策对于资源相对短缺的我国高校其引导作用无疑已经发挥了重要作用,但是如何加强对已经审批的特色专业后期的监管与评价仍然是一个艰巨的任务。从长远来说,政府要把主要精力放在长效制度建设上,重在构建现代大学制度,解决高校与政府的关系、高校与市场的关系、高校与社会的关系,力求减少政策干预。政府不仅要在解决特色专业建设的经费上多做努力,而且要在专业建设的标准上下工夫,解决专业规范问题,提供专业认证标准。除此之外,在整个社会发展的不确定因素的影响下,高校专业的调整和发展需要专业机构做出科学的预测和评估,因此,培育第三方机构也成为政府下一步特色专业建设的一项任务。

2.作为办学主体的高等学校要增强高校质量文化自觉,不断提高特色专业建设的意识与行动

首先,高校要把专业建设放在教学工作的首位,认真研究学科建设与专业的关系、热门专业与冷门专业的关系、专业与就业之间的关系。其次,高校要从自身的特点出发加强学科建设。高校的优势学科需要继续强化优势,传统学科需要与时俱进,新兴交叉学科需要占领前沿。研究型大学仍然要把学科的知识贡献放在首位,行业特色型大学要把学科特色优势与行业需求相结合作为发展

的突破口，地方高校要把知识与社会的结合放在突出位置。再次，高校要重视特色专业建设内在要素的培育。特色专业的形成是一个不断积累的过程，毕竟目前得到批准的专业只是少量的优势专业，示范效应和辐射效应远没有完全得到释放，对于众多高校来说，仍有不少专业需要提升和加强。所以，高等学校要把质量文化内化为一种意识与行动仍然是一件艰巨的工作。

行业院校特色专业培育:特点、问题与建议[①]

我国高等教育的规模与数量在经过20世纪末的急速扩张之后,逐渐走向了以“高水平”“有特色”为主线的内涵式发展道路。这种转变体现在高等教育体系结构、高等教育学科专业结构的不断调整与优化以及人才培养模式的不断创新等方面。在这一进程中,行业院校这一特殊群体由于体制环境的变化,不可避免地面临着一些发展困境。继续强化特色,走“特色化”“高水平”办学之路,是行业院校在新的高等教育发展背景下取得的一个重要共识。从国家宏观层面上看,特色专业项目的实施旨在引导大学专业的差异化、特色化发展,优化专业结构与布局,形成有效的专业建设机制,满足国家经济社会对多样化、多类型和紧缺人才的需求。从行业院校学校层面看,特色专业项目的实施不仅为学校落实“特色化”办学提供了切实的切入点,同时也提供了强大的政策和资金支持,极大地推动了学校在内部资源优化以及特色办学机制方面的探索与创新。

一、特色专业之于行业院校的特殊性

(一)核心竞争力的需要

“核心竞争力”意指组织中的积累性学识,特别是如何协调不同生产技能和整合多种技术流的学识。核心竞争力的形成不是企业内技能或技术的简单堆砌,而是需要有机地协调和整合。[②] 随着我国高等教育国内与国际竞争环境的形成,大学的核心竞争力日益成为大学管理者以及学者关注的重点,也成了决定大学能否生存和发展的关键。任何一个大学要在竞争中成功,必须具有竞争优势,这种优势是相对的,即比较优势。不同的大学其比较优势的落脚点是不同的。行业院校容易在专业的精专性、为行业服务、行业人才培养等方面形成

---

① 本文原载于《国家教育行政学院学报》2013年第9期。

② 参见党传升:《高水平行业特色型大学核心竞争力评价与培育研究》,北京邮电大学2012年博士学位论文。

比较优势。以此而言，从特质性、稳定性、历史延续性来考虑，特色专业是行业院校在高等教育体系中形成比较优势、提升核心竞争力的核心资源。

（二）服务行业、区域经济的重要支撑

从世界范围内来看，高等教育从满足神权、政权的需求到为经济服务，都是与对社会劳动力的需求密切相关的。当前，大学毕业生与劳动力市场需求之间存在数量和结构失衡的问题。就行业院校而言，由于人才培养具有较强的应用性、专业性特征，故受到劳动力市场的影响也较为突出。因此，与其他综合性、科研型大学相比，提升学生的就业能力显得更为急迫。学生就业能力的提升最终落脚于人才培养过程的革新，特色专业为其提供了必要的平台。行业院校的特色专业多是在长期服务行业的过程中不断积累形成的，是学校优质资源的聚合。通过特色专业的培育与建设，行业院校更容易达成与行业、区域合作的渠道，使人才培养与社会需求实现有效互动。

二、行业院校特色专业培育的基本特点

（一）特色优势学科的支撑

行业院校传统上以满足行业的需求为目标，其专业设置往往围绕着行业发展不断拓展。与综合性、研究型大学相比，行业院校难以在较短的时期内凭借强大的综合实力吸纳各种优质资源，从而形成实力较强、有特色的学科专业。其特色专业的培育和形成多是在长期服务行业的过程中不断积累的，具有较强的历史延续性，与学校传统的办学特色以及优势学科契合度较高，优势学科的支撑作用明显。

（二）与行业的契合性高，实践体系特色鲜明

高校专业是与劳动力市场联系最为紧密的部分，在一定意义上，加强专业建设，尤其是特色专业建设是解决人才培养与就业问题最为直接和有效的措施。而人才培养水平的高低取决于人才培养的结构与质量是否适应行业发展的需要，即匹配度和满意度。与一般普通高等学校相比，行业院校特色专业的应用性强，与行业的关联度高，实践教学体系比较完善，特色鲜明。其原因在于：行业院校是应行业发展的需要形成的，行业院校的办学、专业设置都与行业关系密切，经过多年积累形成的特色专业也往往是与行业对接的。

三、行业院校特色专业培育所面临的问题

特色专业的培育实际上就是解决特色专业的成色问题，也就是使特色专业

的成色更加到位、质量更加符合客户的需求。为此,高等学校自身需要处理好的基本矛盾是:学科逻辑与社会需求,人才培养过程质量与教师队伍、专业方案(包括学科、课程、教材等)和资源保证等的关系。从专业发展而言,学校急需把握学科逻辑与社会需求的矛盾,即处理好作为专业支撑的学科发展的基础。除了保证发展特色专业之外,要重视传统专业的改造及新兴交叉学科的培育,以适应专业对人才市场的对接。与此同时,人才培养过程质量不仅涉及学校的办学理念、人才培养目标、培养模式,而且更为重要的是作为学校承担专业教学任务的教师队伍状况、专业培养方案以及教学的相应资源保证等。因此,特色专业的培育绝非一日之功,需要从多层面加以改进,以促进特色专业的提高和完善。①

行业院校自管理体制转轨后,在宏观的办学层面上便面临着比较严峻的竞争环境,以特色求生存、以特色求发展成为了行业类院校普遍达成的共识。在过去几十年为行业服务的过程中,行业院校已经形成了一大批具有行业特色和行业优势的特色专业,国家本科教学质量工程的实施进一步为这些特色专业的提升与发展提供了一个契机,特色专业建设取得了比较丰硕的成果。但在特色专业的建设过程中,也面临着一些突出的问题。

(一)发展动力

如何保持特色专业的后劲与可持续发展的能力是行业院校特色专业培育面临的首要问题。经过20世纪末的高校扩招之后,我国高校的规模急剧扩大。一方面,一些基础好、实力强的老牌综合性、研究型大学以及地方综合性院校新办了一批传统上以行业院校为主开设的面向行业服务的学科专业。这在一定程度上要求行业院校的特色专业必须从"人无我有"转变为"人有我优";另一方面,行业院校也不断拓展了新的学科专业领域,这在一定程度分散了特色专业建设的力量。这两个方面使行业院校的特色专业面临巨大的发展压力。

(二)有效机制

如何形成一个长期的、有效的特色专业培育与发展机制,使特色专业的培育成为学校内部发展的自然成果而不仅仅是在短期内为某个项目而建设是行业院校特色专业培育亟待解决的又一个突出问题。通过质量工程建设,行业院校中涌现出了一大批具有历史积淀和优秀成果、人才培养体系比较完善的特色专业。其中也有一些是为了"质量工程"而在短期内集合各种资源拼凑而成的,

① 参见王保华、张婕:《关于特色专业建设的几个理论问题》,《中国大学教学》2012年第5期。

虽然名为特色专业，但在人才培养体系、师资队伍等方面还有一定差距。

(三)契合度

如何使特色专业的人才培养与行业发展、社会需求有更高的契合度是行业特色专业培育必须正视的另一个重要问题。虽然行业高校过去长期面向行业培养行业需要的各类人才，但随着行业技术的快速发展、行业内部结构的调整，学校各专业(包括特色专业在内)在课程设置、课程内容等方面不可避免地出现了滞后现象。尤其是在我国经历了高校扩招、行业院校管理体制改革之后，就业市场的供需形势也迅速发生了变化，从卖方市场转变为买方市场，大量毕业生面临着就业困难的问题。因此，如何使特色专业的人才培养更加符合行业与社会的要求并与行业和社会需求有更高的契合度，是行业高校特色专业建设中必须重视的问题。

四、行业院校特色专业培育的政策建议

特色专业建设是一个系统工程，需要责任主体的不懈努力才能取得实质性进展。特色专业建设的主体有两个：政府与高校。因此，加强特色专业建设需要政府与学校双方的协同创新与努力，两者缺一不可。

(一)产学研合作

完善特色专业的实践教学体系，进一步推动产学研合作教育，通过学校与企业的协同创新提升特色专业的竞争力是解决特色专业培育的重要途径。行业高校的特色专业具有实践性和应用性强的特点，因而实践教学是特色专业建设的重要内容。特色专业要在课程体系、课程内容、教学方法等方面有所突破和创新，必须深入了解行业一线的业态发展、对人才的要求以及一些前沿问题、重大战略问题等。尽管在管理体制上已经脱离了行业，但无论从学校的整体办学还是从特色专业的建设而言，都必须进一步深化与行业的合作，拓展实践教学平台，进一步深化产学研合作教育，从课程、教学、师资等方面引入行业的优质资源，打造特色课程和特色人才培养模式，同时通过服务行业进一步彰显特色。这种产学研合作教育的协同创新模式不仅可以使特色专业的课程内容保持不断更新，使特色专业的人才培养同行业与社会的契合度更高，而且也是使行业高校及其特色专业在新的竞争环境中打开新局面、获得新发展的有效途径。

(二)优化课程设置

科学设置学科专业群，拓宽专业口径，优化课程结构是解决人才培养与社

会需求脱节的关键因素。当今社会，技术更新速度不断加快，文化发展日益多元化，行业及社会对人才的要求不断提高，从过去重视“上手快”到重视人才的学习能力、可持续发展能力以及创新能力，要求特色专业的人才培养必须突破所在学科或专业的单一性，突破简单的“理论课＋实操课”的线性模式，以特色专业为核心，构建相互依托、相互支撑的专业群和学科群，打破壁垒，优化课程结构，通过增加通识教育课程和专业选修课程的比例，以拓宽学生的专业口径，加强学生的基础素养，同时实现学生学习的个性化培养。

（三）强化过程环节

加强特色专业建设的过程监督是保证人才培养质量的最重要环节。没有高质量的过程作保证，人才培养就会流于形式，失去效果。特色专业建设是一个长期积累的过程，不能一蹴而就，也不能仅仅将其作为一个成果或标志。从学校层面讲，有必要在内部建立建设性的各级（校级、省级、国家级）特色专业的跟踪评价机制，定期对特色专业的人才培养方案、课程体系、实践教学体系、师资团队等进行评估，针对不足之处进行改良和完善。从主管行政部门的角度讲，有必要建立竞争淘汰机制，对各高校的国家级、省部级特色专业进行合格性评估；对于建设成效不好或不明显的特色专业进行取缔，从外部给予特色专业建设持续不断的外部推动力。

经过数量及规模的扩张之后，我国的高等教育逐渐走向了以质量提升为主的内涵式发展道路。对于行业特色大学而言，“特色”是质量取胜的关键，同时“特色”又是行业特色大学在多年办学历史中形成的传统。因此，坚持特色办学不仅是此类大学在新的环境中实现突破和提升的必由之路，也是尊重历史、继承传统、发挥优势的需要。特色专业建设为此提供了一个切实的落脚点。在特色专业的培育和建设中，必须关注以下两个层面：

第一，学校内部资源的优化与共享。由于历史原因，行业特色大学在专业设置上存在着过细的现象，甚至同一个专业划分出不同的方向，这在一定程度上不利于复合型创新性人才的培养。因此，进行特色专业建设必须整合相关的优质资源，打破专业、学科间的壁垒，优化课程体系，实现资源共享，同时与国家其他项目相结合，如名师项目、团队项目等，集合优势，打造出以特色专业为基础的，具有一流师资、一流团队、精品课程的人才培养体系。

第二，学校外部资源的挖掘与拓展。深化与企业、政府之间的合作以及大学之间的合作，吸收优秀业界人士参与人才培养计划的制订以及课程设计，开展合作办学、合作育人，在协同创新的过程中提升专业教师的素质，优化课程体系，打造具有特色的专业教学体系和人才培养模式。

品牌课程建设的价值取向及实践[①]

——基于中国传媒大学的实践分析

随着高等教育在人才强国战略中重要地位的确立，高等教育质量日渐成为社会各界尤其是高等教育各相关主体关注的核心问题。《国家教育事业发展"十一五"规划纲要》明确提出："着力提高高等教育质量，努力增强高校创新与服务能力。"[②]2003年，教育部启动了"高等学校本科教学质量与教学改革工程"和"普通高等学校本科教学工作水平周期性评估"，旨在提高大学本科教学质量。同年，教育部启动了"精品课程"建设工程，目的是建立校、省、国家三级精品课程体系，以保障并提高大学本科教学质量。[③] 课程是大学教学的核心，课程设计的科学与否直接关系到高等教育教学质量，关系到高等教育改革的成败。为此，我国在推行高等教育"质量工程"的过程中，将品牌课程建设放在了突出位置。品牌课程建设是大学品牌战略实施的基础之一，构建科学而系统的品牌课程建设理论对品牌课程建设有着重要的意义。只有在理论指导下的品牌课程建设实践，才能够取得预期的成效。

一、品牌课程及其价值取向

课程是一个适用广泛且内涵丰富的概念，在不同的时空条件、不同的教育情境下，人们对课程的界定可谓莫衷一是。事实上，课程的背后隐含着某种哲学假设和价值取向，隐含着意识形态对教育的深刻影响。[④] 人们以不同的视角审视课程，从而形成了不同的课程观，并不同程度地影响着人们的课程实践。课程价值理论的研究伴随着课程研究哲学传统的恢复，在课程理论和教育哲学

① 本文原载于《大学》(学术版)2012年第10期。

② 参见中华人民共和国教育部制定的《国家教育事业发展"十一五"规划纲要》。

③ 根据教育部的界定，"精品课程"是具有一流教师队伍、一流教学内容、一流教学方法、一流教学管理等特点的示范性课程。本研究认为，"精品课程"和"品牌课程"建设是相统一的，两者统一于品牌课程建设体系，统一于高校品牌战略的实施。因此，"精品课程"是"品牌课程"建设的具体体现。

④ 参见施良方：《课程的基础、原理与问题》，人民教育出版社1996年版，第1～2页。

中的地位迅速提高。有人甚至认为整个课程理论就是教学内容的价值理论。[①]实际上,课程价值的问题由来已久。1859 年,英国教育家斯宾塞的《什么知识最有价值》便开创了课程研究的哲学思路,他明确提出了"什么知识最有价值"这一经典课程问题,从此价值问题与课程问题便联系在了一起,从而开创了课程价值研究的哲学思路。[②]

(一)品牌课程价值内涵的解读

"品牌课程"中的"品牌"概念超越了经济学品牌概念的范畴,而是一般意义上的、哲学层面的概念,即品牌是基于品牌本源涵义所能带给人们的积极的、向上的、美好的延伸意义或联想,包括物质和精神两个层面。从本质上讲,品牌课程是对知识相对价值最大化理念的追求和实现,品牌课程体现出了知识的比较价值,从而最大限度地实现了知识的生长。

对于品牌课程价值的界定主要基于两个方面的因素:一是对"价值"的范畴界定;二是品牌课程价值自身的特殊性。马克思在《评阿·瓦格纳的政治经济学教科书》中说:"人们实际上首先是占有外界物作为满足自己本身需要的资料……'价值'这个普遍的概念是从人们对待满足他们需要的外界物的关系中产生的……"[③]马克思的"价值"概念起源于人的需要与满足需要的外物之间的关系,价值表示人们的需要与外物的属性之间的一种关系,是关系的范畴。价值是主体与客体相互作用的产物,是客体对主体的作用和影响,即客体对主体生存发展完善的积极的正面的效应。品牌课程价值的特殊性源于教育自身的特性,即教育是对"人"的培养。人是价值主体与客体的统一体,是目的价值与手段价值的统一体。因此,从大学"育人"的本质出发,一方面要关注品牌课程建设中价值主体与客体的关系,另一方面还要认识到品牌课程价值目的最终要诉诸品牌课程的"培养目标",诉诸大学教育的理想与目的。因此,品牌课程要以人为核心,关注人的培养问题。

(二)品牌课程的价值关系

品牌课程的价值主体可以是社会、是个人、是教师、是学生,或者是学科的发展,价值主体需要侧重点的不同导致了课程价值取向的差异。课程价值取向的不同实际上根源于教育价值观的分歧。不同的课程价值主体在与品牌课程的相互关系中会形成不同的课程观:如果课程为"学科发展"就形成学科价值

① 施良方:《课程的基础、原理与问题》,人民教育出版社 1996 年版,第 284~285 页。

② 参见[英]斯宾塞:《教育论》,胡毅译,人民教育出版社 1962 年版,第 30~37 页。

③ 《马克思恩格斯全集》,人民出版社 1995 年版,第 406 页。

观，课程为“社会发展”则形成社会价值观，课程为“个人发展”则形成人的价值观。这三种课程价值观的分歧实际上是“知识本位”“社会本位”和“个人本位”的教育观在课程上的体现。品牌课程价值取向的不同决定了品牌课程目标确定、内容选择、组织实施以及评价标准取向的不同。在品牌课程价值关系中，教师与学生应该是品牌课程价值的主体。品牌课程的建设与其所处的各种环境因素密不可分，因此，在处理品牌课程的价值关系问题时，还应考虑其与高校内外的各种环境因素的关系。

（三）品牌课程的价值评价

影响品牌课程评价的因素很多，其中最基本的有两个：一是评价标准；二是评价事实，即主体与客体之间相互作用产生的实际结果和功能效应。在课程价值评价体系中，衡量课程价值的标准无疑是课程目标。对品牌课程进行价值评价要以大学的培养目标为评价标准，即品牌课程的实施是否实现了大学的培养目标。因此，大学在品牌课程建设过程中，首先需要明确大学自身的培养目标，并以此为准则确立品牌课程具体的课程目标和教学目标，确定具体评价标准，对课程进行综合评价。

（四）品牌专业的价值构成

品牌课程的价值构成是由其主客体相互作用的关系所衍生出来的，有其内在逻辑。从价值客体属性看，品牌课程内化了“品牌”的内涵，有着不同于一般课程的内在品质，在与价值主体的相互关系中形成了不同层次的价值内容。

从总体上看，依据品牌课程与不同层次价值主体的相互关系，品牌课程价值内容可分为核心价值和延伸价值。品牌课程的核心价值是质量，它是在品牌课程与师生这一价值主体所形成的关系基础上延伸出来的价值，是品牌课程目的价值的体现，落脚在“培养什么样的人”，以教育培养目标作为其价值评价标准。延伸价值是品牌课程工具性价值的体现，是课程在与教育环境相互关系中体现出的价值，是与大学发展历程中职能演变等相联系的，是现代大学理念在课程领域的反映。大学自诞生起就不是“纯粹”的理性，而与整个社会环境有着千丝万缕的联系，这体现着大学的开放性与工具性。法国社会学家涂尔干所说：“巴黎大学不属于任何一个具体的民族，而是属于整个基督教世界。”[①]因此，品牌课程的延伸价值在很大程度上体现在其与社会的关系层面。此外，品牌课程的延伸价值的体现与品牌学“品牌延伸”“品牌联想”“品牌文化”等理念有着

① ［法］爱弥尔·涂尔干：《教育思想的演进》，李康译，上海人民出版社2006年版，第96页。

一定的联系。基于“质量”这一核心价值，品牌课程延伸价值有着宽阔的空间，体现在影响力、信誉、文化等方面。

（五）品牌课程的价值实现

“价值实现的过程，实质上就是价值的产生过程。”[①]大学的培养目标实际上就是品牌课程价值实现的标准，品牌课程的价值实现问题实际上就是从课程层面探讨大学培养目标的实现问题，即需要沿着什么样的建设路径才能够彰显出品牌课程价值，从而实现大学培养目标。核心价值的实现是品牌课程价值实现的根本，是延伸价值的基础，核心价值的实现程度决定着延伸价值的实现程度，只有高质量教学得以切实的保障，品牌课程才能对专业、学科、学校产生辐射力和影响力，才能够赢得学生、家长、社会和同行的认可，才谈得上良好的信誉，其价值才能得以彰显。因此，在品牌课程的价值实现中，需要把核心价值的实现放在核心的位置，核心价值的实现是品牌课程价值实现的根本。师生主体性作用的发挥是品牌课程价值实现的关键。一方面，教师与学生是课程活动的共同主体，都是课程活动能够顺利进行的必要条件，缺一不可；另一方面，在品牌课程的建设中，两者的地位与作用是不一样的。学生是品牌课程价值建设的出发点，课程作为多元解读“文本”需要师生的“对话”，而良好教育环境的营造则是品牌课程价值实现的保障。

二、中国传媒大学品牌课程建设的实践

探讨品牌课程价值的目的在于指导大学品牌课程建设的实践问题。卓越的大学系于其优质的学科，哈佛大学商学院的经济学科、剑桥大学法学学科给两所大学带来了世界声誉。据统计，我国共有 960 个国家重点学科，其中，北京大学、清华大学共 121 个，约占国家重点学科总数的 1/8。重点学科数排前 5 名的大学占全国重点学科总数的约 1/4；全国最高水平的 80 个一级学科中，有 24 个集中在清华大学、北京大学，占全国的 30%。[②] 此外，拥有全国重点学科数位居前 20 名的大学，与拥有较高水平学科数位居前 20 名的大学具有很高的一致性。优质学科的建设无疑要通过课程的实施来实现，大学的发展靠学科，学科的发展靠课程，在大学品牌战略的发展中，应该把品牌课程建设放在基础位置上。对此，本文将结合对品牌课程价值取向问题的探讨，以中国传媒大学的品牌课程建设作为研究案例，对学校品牌课程建设现状进行分析。笔者通过校教务处和互联网收集学校品牌课程建设的相关文件资料，对学校教务处负责人和

① 王玉樑：《论价值本质与价值标准》，《学术研究》2002 年第 10 期。

② 参见张楚廷：《大学：一个大写的“学”字》，《高等教育研究》2005 年第 10 期。

教学名师进行了访谈，并面向学校本科生进行品牌课程建设的问卷调查等研究方法，对学校品牌课程建设的相关问题进行了研究。

问卷的调查对象是中国传媒大学各院系大一至大四年级本科在校生。调查目的主要是从学生的视角了解学校品牌课程建设现状，在统计分析的基础上，结合相关理论研究和访谈，提出品牌课程建设的建议。本调查共随机发放问卷 200 份，回收有效问卷 164 份，有效率 82%。其中二、三年级的学生占总数的 74.4%，问卷调查覆盖了学校的 10 个院系。

（一）品牌课程建设的成效

一是初步形成了国家级、市级、校级三级精品课程体系。通过调查发现，学校三级精品课程数量增长较快。自 2003 年教育部“质量工程”和“本科质量评估”推行以来，学校把品牌课程建设作为提升本科教学质量的重要途径，从政策、资源等方面倾力保障“精品课程”建设。近年来，精品课程数量保持了快速增长的态势，初步形成了国家级、市级、校级三级精品课程体系（见下图）。

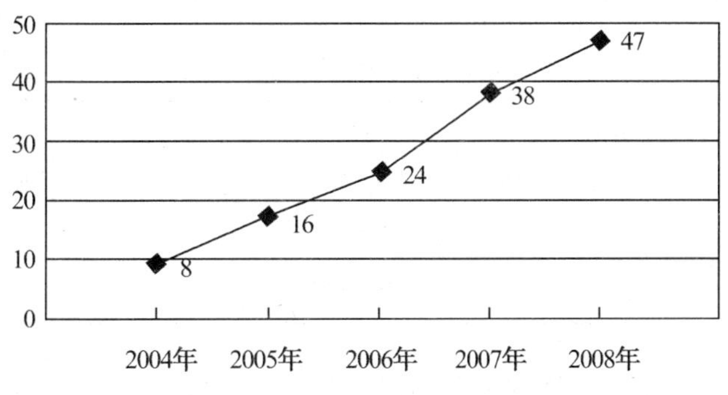

中国传媒大学“三级精品课程”数量统计图（截至 2008 年）

二是品牌课程建设突出了传媒类学科优势。以新闻传播学类为例，截至 2008 年，教育部共批准建设了 11 门“国家级精品课程”，其中，中国传媒大学占 3 门，在全国高校中排名第一，体现出了明显的学科优势。截至 2008 年，中国传媒大学共有 6 门国家级“精品课程”，分别集中于“新闻传播学”“艺术类”和“电气信息类”，充分体现出了学校的“传媒”特色，符合“传媒特色”的院校定位。在 2007 年本科教学质量评估中，教学评估专家组高度认可了学校在半个世纪的办学历程中形成的“依托行业，服务行业，引领行业学科专业建设理念，开创了中国特色的传媒高等教育学科专业建设新领域”的办学风格。

三是优秀教师的作用得到体现。在品牌课程建设中，学校充分发挥优秀教师，尤其是教学名师的主导作用，在名师的主持下形成了相关教师与学生的人力资源聚合。目前，在教学名师的主导下，借助学院的资源平台，学校已经建立了三级精品课程网络资源平台——“精品课程资源网”（网址：http://course.cuc.edu.cn/）。资源平台上内容丰富，开放性强，并且设置了师生互动平台，充分考虑到了学生在品牌课程建设中的主体性作用。此外，学校深入推进导师制、工作室制、项目制，为学生提供了个性化、自主学习的机会和空间，增强了教师在教学过程中的主导性和学生学习的自主性，使教学与科研体现出了有效的互动性。同时，学生也对品牌课程寄予了很高的期望。问卷结果显示，针对“谁是品牌课程建设主体”选项，有 44.5%的本科生选择了“教师”，有 21.3%的选择了“学生”，另有 20.1%的选择了“院校”，有 4.3%的选择了“教务处”。这说明，学校本科生对教师与学生在品牌课程的价值主体地位有着比较高的认同度。针对“品牌课程价值体现”选项，57.9%的学生选择了“教学质量”，远超过其他选项，这表明学生对品牌课程核心价值有着较一致的认识。此外，学生对其他选项的选择表明学生对品牌课程的延伸价值的认知趋向多元，这与延伸价值的衍生性和拓展性特点是相符合的；学生对“学校文化”的选择比例相对较低，表明学生对文化价值的认识尚不够（见表 1）。

表 1　　关于品牌课程价值体现的调查统计

选项	教学质量	良好信誉	综合影响力	特色鲜明	实现学科发展	满足社会需要	人的全面发展	体现学校文化
人数	95	40	60	29	42	58	50	20
比例（%）	57.9	24.4	36.6	17.7	25.6	35.4	30.5	12.2

针对“品牌课程价值实现的影响因素”的调查显示，学生对“优秀的师资”的认可度最高，有 55.5%的学生选择了“师资”。此外，有 33.5%的学生选择了“科学的教学方法”，表明学生把教师看作了品牌课程的主要建设者。调查结果还表明，课程理念在品牌课程建设中的价值得到了学生的广泛认可，学生对于学校在品牌课程中的宏观规划和管理给予了比较高的肯定（见表 2）。

表 2　　关于品牌课程价值实现的影响因素调查统计

选项	先进的课程理念	学校品牌战略实施	优秀师资	优质教材	健全的制度与管理	教育资源的保障	科学的教学方法	其他
人数	78	58	91	10	62	27	55	1
比例（%）	47.6	35.4	55.5	6.1	37.8	16.5	33.5	0.6

四是教学制度建设得到加强。学校利用质量工程建设的契机,完善了教学管理体制,创新了人才培养模式,采取了一系列完善课程教学的措施。首先,学校打造了优质公选课平台,使优质公选课的开设常态化、制度化,鼓励各级优质示范课程、精品课程、各级教学名师走进公共选修课这一平台;其次,更新教学内容,提高课堂教学的含金量。此外,对教学内容、课程体系的改革也是中国传媒大学2009年版培养计划修订的重点,也是教学改革的重点和难点。此举加强了课程与课程体系间在逻辑和结构上的联系与综合;各门课程精选经典教学内容,不断充实反映科学技术和社会发展的最新成果;课程教学注重教给学生科学的思维方法,为学生探索新事物、培养创新能力奠定了基础。

(二)品牌课程建设中的不足

一是学科发展不够均衡。国家、市级精品课程全部集中在新闻传播学、艺术类、电气信息类三个学科类别,其他学科则相当缺乏。

2007年,学校制定的《中国传媒大学"十一五"发展规划》将学校总体发展目标表述为:"到2020年或更长一段时间,把学校建设成为世界知名高水平传媒大学。"尽管在学校的推动下,中国传媒大学在品牌课程的建设方面取得了一定的成就,但与一流大学相比尚有较大差距。在衡量一所大学品牌课程建设综合实力的"国家级精品课程"统计中,中国传媒大学处于相对劣势。相比之下,国内综合实力最强的北京大学、清华大学的"国家级精品课程"数量均为71门;中国人民大学和复旦大学的数量分别为19门、17门。这说明品牌课程建设与大学发展密切相关,同时也说明了品牌课程在院校发展中的重要地位(见表3)。截至2008年,中国传媒大学已有的14门国家级、市级精品课程全部集中在新闻传播学、艺术类、电气信息类三个学科类别,这虽然表明学校品牌课程建设传媒特色突出,但同时也反应出了学校综合基础薄弱、学科发展不平衡的现状。

表3　　高校"国家级精品课程"数量对比

学校	北京大学	清华大学	中国人民大学	复旦大学	中国政法大学	中国传媒大学
课程数量	71	71	19	17	5	6

二是课程建设任重而道远。主要表现在:课程设置不够合理;学生对现有精品课程质量认可度不高、了解不深入;精品课程的示范性与推广性不强,开放性不足。

针对"本专业课程设置的科学和合理性"调查,4%的学生认为本专业的课程设置"很好",40%的学生认为"较好",而选择"一般"的学生最多,达到了54.3%,而认为"较差"和"很差"的分别为12.2%和2.4%。这表明,学校课程设置的科学性和合理性有待加强。

在“学校精品课程质量”选项中，6.1%的学生选择了“好”，29.9%的学生选择了“较好”，选择“一般”的比例为47.6%，认为“较差”的为3%，同时有13.4%的学生放弃了选择，这也从一个侧面表明学生对现有精品课程质量的认可度有待提升。

在“你是否了解学校开设精品情况”的选项中，只有1名学生选择了“非常了解”，所占比例为0.6%，“基本了解”的比例为17.1%，“了解一点”的为51.8%，而“根本不了解”的学生高达26.2%。由此可见，学生对学校精品课程情况缺乏深入的了解，精品课程没有成为学生关注的焦点，学生的主体性作用没有得到充分发挥。

在“登陆学校校园网‘精品课程’栏目的频率”选项中，3.7%的学生选择了“经常”，36%的学生选择了“偶尔”，而47.6%的学生则选择了“没有登录过”，7.9%的学生表示“没有兴趣”。学校虽然建设了“精品课程”网，但实际上，学生的“精品课程”校园资源平台利用率低，“精品课程”只局限于开设有精品课程的院系中，“精品课程”的示范性与推广性的作用还没有得到充分的发挥。

在“关注本专业其他学校的精品课程”的选项中，3%的学生选择了“经常”，37.8%的学生选择了“偶尔”，而45.1%的学生选择了“从不”，9.8%的学生表示“没有兴趣”。这一结果表明，学生表现出了对校外资源的兴趣和愿望，体现了精品课程建设的开放性，也在一定程度上说明需要进一步加强学校的精品课程建设。

三、对品牌课程建设的建议

结合中国传媒大学建设品牌课程的实践，笔者从品牌课程的价值取向出发，对品牌课程建设提出了以下建议。

(一)深化对品牌课程价值的认识，加强品牌课程建设的规划与管理

大学管理者应该充分认识到品牌课程价值研究在学校发展中的作用，并不断深化对品牌课程价值的认识。作为学校层面的教学管理机构，教务处要根据本校实际和学科发展的需要对品牌课程的发展进行宏观的规划与管理，把握品牌课程建设的大方向，切实完善学校三级“精品课程”体系建设。同时，教务处要发挥组织协调的作用，统筹院系品牌课程建设，并为院系的品牌课程建设提供政策支持与资源保证。

(二)明确培养目标，处理好品牌课程建设中的特色与综合的关系

中国传媒大学建设一流传媒类院校的目标定位决定了其加强基础学科建

设的必要性。由于历史的原因，中国传媒大学的学科、专业交叉现象突出，因此，教务处主导下的专业调整、教学资源整合正在研究推进当中。在此过程中，品牌课程建设尤其要注意课程特色与综合的关系。一方面，要保持大学的“传媒”特色和“传媒类”学科的优势，比如在广告、动画方向上继续强化这种学科特色与优势；另一方面，要着眼于“一流大学”的长远目标，加强基础学科的品牌课程建设，夯实基础，以特色带动基础，在基础上展现特色。

（三）加强师资队伍建设，充分发挥出师生的价值主体性作用

在品牌课程建设中，教师处于主导地位。优秀教师是大学最宝贵的财富，也是品牌课程建设中最关键的因素。目前，中国传媒大学初步建立了一支数量适宜、学科层次高、富有活力、相对稳定的专任教师队伍，但是也存在着青年教师比重偏大的严重问题，这影响了教师的职称比例构成——中级职称比例偏大，高级职称比例偏小，缺乏高层次拔尖人才。因此，要切实落实高层次人才培养政策，加强师资队伍建设，一方面要加强青年教师的培训，另一方面要重视优秀师资的引进和培养力度，通过全校教师资源的整合，打造优质的有竞争力的教学团队。品牌课程建设是一个系统工程，教师与学生都是价值主体。此外，还应提高学生参与的积极性与主动性。

（四）加强学校文化建设，建设具有独特文化内涵的品牌课程

学校文化是一所学校的“根基”所在，品牌课程建设要考虑到大学自身的文化传统与学校理念，要能够反映出大学的独特文化内涵。目前，中国传媒大学确立了“校园大课堂，传媒大舞台”的育人理念，学校品牌文化建设与专业教育密切结合，已经初步建立起了一批具有鲜明学科专业特色的品牌文化项目，比如“传媒影像力”首都高校原创影像大赛、“半夏的纪念”影像作品展等。学校文化的沉淀在品牌课程建设中得以渗透。

（五）加强教学资源的整合优化，给予品牌课程建设充足的资源保障

作为提升教学质量的基础，品牌课程在教育资源方面应该得到切实的保障，尤其是优秀师资的保障。中国传媒大学应切实落实质量工程培育原则，即突出对重点项目的扶持，对有条件冲击国家级、市级质量工程的项目重点立项，明确培育目标，配套培育经费，限定培育时间，进行重点投入、重点建设，形成有计划、有步骤的先期项目投入建设培育机制，为质量工程建设提供持续稳定的建设基础与发展保障。

（六）完善质量监控和专业评估体系，建立长效发展机制

近年来，中国传媒大学不断加强对教学质量的监控与评价，教务处形成了“三位一体”的课堂教学质量监控与评价体系，初步形成了学校和各学院的课程教学质量保证体系，但还应进一步形成评估的长效机制。

品牌课程建设是个开放的系统，需要与校外进行资源共享与信息互通，这样才能保证品牌课程在开放的社会环境中实现可持续发展。这就需要学校为品牌课程建设的相关主体提供相应的政策支持和资源保障，继续鼓励师生“走出去”，加强与国内外其他院校的交流，同时继续实施国际化发展战略，加强与国外优秀学校的交流与合作，为品牌课程建设和学校的发展提供更广阔的平台。此外，针对传媒类学科实践性强的特点，大学要强化实践教学，进行校外实习基地的深度开发。同时，学校还要发挥传媒优势平台，创新文化传播体系，加快科技成果转化，增强社会影响力，促进品牌课程的价值实现。

教师发展

教师教育的专业化与制度创新[①]

一、教师教育的专业化背景

今日的教育，明日的事业。在今天，教育在经济、社会中的作用日益凸显。教师是专业工作者，教师的劳动是一种复杂的专业劳动。

按澳大利亚专业委员会的界定，专业实践者有别于“更商业化的职业”，专业“应时时将社会福利、健康和安全的责任放在第一位”。[②] Davis 和 Elliston 在其《伦理与合法的专业》一书中提出：“专业工作者的任务之一是寻求社会利益。只有当具备社会公益意识后才能成为专业人员。相应地，要求专业人员具有道德理想。更为重要的是每一种专业依其特定的专长以不同形式追求社会利益：医生追求健康；工程师追求安全有效的建筑；律师追求公正。每种专业必须具备相应的专业知识才能履行其社会角色。”通过观察得知，教师将教学专业所追求的基本“社会利益”描述为“通过满足每个学生的需要、考虑其兴趣、挑战其能力，教学专业使每个学生的学习机会最大化，以实现其知识、个性、文化、情感、体格、道德、精神和其他方面的充分发展”。总而言之，教师的教学是一种“认识和关心”(Knowing and Caring)的专业。

众所周知，教师教育是教育工作的基础。随着时代的变迁，人们对教师的要求也越来越高，相应地，教师教育的专业化特点也日益突出。其主要背景为：

(一)知识时代衡量一个学习型组织和个人的标准是以占有“知识比例”为重要原则

我们已经进入了知识时代，有人称之为“知识经济时代”。总之，时代发生了重大变化。因此，衡量一个组织和个人的标准也相应地发生了变化。加拿大经济学家牛阿拉·贝克提出了知识经济时代的新的经济指标。她介绍了 25 种

---

① 本文原载于《国家高级教育行政学院学报》2001 年第 6 期。

② 参见李梅编译：《教学专业标准的国际讨论与研究》，《教育研究信息》2001 年第 1～2 期。

新的经济指标并认为其中 5 个适用于考察学习型组织的成果：知识比例，成熟化比例，股价、专利比例，研究开发、专利比例，向国外销售比例。[①] 但笔者个人认为，知识比例也适用于考察个人的成功标准。所谓"知识比例"是指组织内职工中知识型职工的比例，知识型职工可分为专业人员、工程师、高级管理人员，即组织内的职工应当全部是知识型职工。贝克还认为，知识是确定未来收入的重要资产，是组织在知识时代能否把自己放在合适位置的重要判断标准。教师作为一种教育别人的专业人员更应具有更高的知识比例，这已成为一种时代要求和无可争辩的事实。

（二）未来学生学习的学校的管理模式将以校本管理（自主管理）为主，教师的提高将以校本培训为主

校本管理和校本培训是 20 世纪 80 年代后期在西方兴起的新的管理模式和培训方式。所谓"校本管理"是建立在学校自主管理基础上的一种管理方式，是一种由集体管理学校资源的方式。集体的组成人员有：学校委员会、学校监督、校长、教师、社区成员以及学生。"校本管理"实际上是一种分权化的管理，它要求教师要从半专业人员的角色转变为专业人员的角色，角色转变的如何是校本管理措施能否成功的先决条件。在一定程度上来说，"校本管理"的成败取决于教师，包括学校的权利是否由学校的决策层下放到教师手中、教师能否发挥专业自主的精神、教师是否积极参与学校决策等。

例如，1992 年，澳大利亚教育部就主张建立一种未来学校的未来发展项目，其目标为：

(1)鼓励在维多利亚中小学提高教育项目质量以及提高学生学习效果的实践。

(2)有效地促进优秀学校在领导、学校道德、目标、计划、责任过程中的贡献。

(3)建立一个全国范围的高质量的课程、项目和实践方面的框架。

(4)鼓励家长直接地参与学校决策，以便更好地影响他们孩子的教育。

(5)把教师当作真正的专业者，能够决定他们自己的职业，并能自由地实践他们的专业技能和在课堂上作出必要的判断。

(6)允许校长变成他们学校的真正领导，并有能力建立和领导教学小组。

(7)通过学校章程能够使社区决定学校的命运、规章和道德。

(8)在政策的指导下，能够使学校发展他们自己的项目以满足每个学生的

---

① 参见[美]沃特金斯、马席克：《21 世纪学习型组织》，沈德权、张声雄译，世界图书出版公司 2000 年版，第 215 页。

需要。

(9)使社区对学校的进步和学生的成长负起责任。

澳大利亚教育部认为,未来学生学习的学校的校本管理改革应将重点放在四个方面:课程结构、人员结构、资源配置和职责分工,而且教师在校本管理方面以及课程结构改革方面将发挥更加重要的作用。

所谓“校本培训”,是指源于学校课程和整体规划的需要,由学校发起组织,旨在满足个体教师工作需求的校内培训活动。[①] 笔者个人认为,校本培训区别于非校本培训的最大地方就在于教师之间的相互沟通和交流,尤其是教师本人的专业水平,即专业化程度。

(三)教学工作的专业化和教学效能需求的提高要求教师教育的专业化

据有关专家研究表明,教师个人专业的成熟程度与教学效能成正比。随着科学技术的不断发展,教学工作专业化的要求也更加迫切。Kauffman 在 1950 年曾设计了一个教师自我评估个人专业化成熟程度的测量表,涉及师生关系、同事关系、教师与行政者关系、教师与教育议会系统、教师与公众关系、教师与专业关系六个方面。王受荣提出了教学工作日趋专业化的事实:教师为杜会提供了非常重要的服务,教育知识体系的逐渐系统化,教师专业训练程度的提高,适度自主权的追求,伦理信条的制定,教育专业组织的组成,任用资格的制度化与在职进修的推动。王受荣还认为,教师的专业角色应具有四个特质:以学生的利益为前提,强调专业的知识与技术,信守教育理想献身教育工作,参与专业决定负起专业责任。

在一定程度上,教师的专业角色取向和教师工作的专业化趋向决定了教师个人的专业成熟度,而教师个人的专业成熟决定了教师效能,即教学效能。因此,教师的专业化水平就显得尤为重要。

4. 教师教育机构和教师教育的养成方式向综合化和专业化方向发展[②]

从国际范围来看,教师教育的机构经历了三个发展阶段:师范学校时期、师范(教育)学院时期和综合大学中的教育学院、研究生院时期。教师教育的养成方式也经历了三个发展阶段:模仿阶段、教师职业专门培养阶段、技术职业证书阶段。从上述变化可看出:作为一门职业,教师的行业要求越来越高,专门化程度也愈来愈明显。

综上所述,教师教育的专业化发展趋势已成为现实的客观要求和历史的发展必然。

---

① 参见郑金洲、俞海燕:《认识“校本培训”》,《教育研究信息》2001 年第 1～2 期。

② 参见朱旭东:《试论师范教育体制改革的国际趋势》,《比较教育研究》2000 年第 4 期。

二、美国教师教育专业化的特有管理模式

1904 年，约翰·杜威提出，在各种社会职业中，教师职业是最后被视为需要特殊职业准备的“工种”，所以，教师应尽力向其他职业学习更加广泛和成熟的经验。[①] 此后，美国积极推动了教师的专业化。

美国教育协会在 1963 年曾以人的价值与尊严、真理的追求以及自由平等为核心，对学生、社区、专业等方面提出了各项专业道德规约，以此说明了教师专业角色应有的取向。美国卡耐基教学促进基金会主席理·舒曼(Lee Shulman)教授曾归纳了教师职业应具有的六个共同特点[②]：

(1)追求重要的社会目的，将道德与技能、理论知识紧密结合起来，履行服务于社会的义务。

(2)增强学术性理解，需要一定的理论研究体系支持。

(3)理论与实践相互结合。

(4)在不确定条件下进行决策与判断。

(5)从经验中学习特别必要。

(6)对教师职业要有质量监督机构。

美国是世界上高等教育最发达的国家之一，正是由于美国对教师教育专业化十分重视，因而其教师教育管理也十分富有特色。美国对教师教育的管理是通过专门的结构和制度规范来实现的，具体是通过两个专业管理机构：全国教师教育认可委员会(National Council for Accreditation of Teacher Education)和全国专业教学标准委员会(National Board for Professional Teaching Standards)对美国的教师教育进行有效的管理。其情况如下：

(一)全国教师教育认可委员会(National Council for Accreditation of Teacher Education)

全国教师教育认可委员会是一个由 33 个不同的富有专长的教师、教师培训者、课程内容专家和地方、国家政策制定者专业协会组成的联合体，相关协会包括教师教育者组织、教师组织、学科专业组织、儿童中心组织、技术组织、专家组织、管理者组织和其他组织等。全国教师教育认可委员会是一个帮助建立高质量教师队伍的职业机构，它通过对学校、学院和教育系的专业认证过程，为美

① 参见国家教育发展研究中心：《关于美国创造性人才培养与教师培训的考察报告》，《研究动态》2000 年第 6 期。

② 参见国家教育发展研究中心：《关于美国创造性人才培养与教师培训的考察报告》，《研究动态》2000 年第 6 期。

国高质量的教学和高质量的教师贮备作出不同的工作。

全国教师教育认可委员会的主要工作有两项:为中小学校、学院、大学的教育系提供认证,为中小学校、学院、大学的教育系提供质量标准。

全国教师教育认可委员会认为,今天的教师必须准备好在课堂上充当各种各样的角色:教育者、激励者、指导者、顾问、教练、维持纪律的人。教师也必须时刻准备好教室以外的各种需要,如批改作业、准备新课、处理各种各样的管理事务等。教师必须准备好作为一个小组的一部分、与同事、督导员、家长合作为学生创造学习环境而工作。与此同时,教师也必须不断地教育自己学习教育方面的新知识、新技术,以及激励学生实现他们潜质的新途径。

全国教师教育认可委员会对被认证单位的认证工作为每 5 年一次,认证包括对学科或者课程内容的项目回顾以及由考察者委员会小组(Board of Examiners)进行的实地考察。考察者委员会小组主要使用全国教师教育认可委员会的标准来评估被认证单位有效传递项目的能力,认证分为初始认证和继续认证两种。

全国教师教育认可委员会的质量标准有两个方面:教师候选人(准备当教师者)表现的标准和培训单位的能力标准。教师候选人(准备当教师者)表现的标准主要集中于学习的效果方面,即是否掌握了知识、技能;培训单位的能力标准则集中于教师教育项目的内容是否有效地支持了教师候选人的学习方面。

(二)全国专业教学标准委员会(National Board for Professional Teaching Standards)

全国专业教学标准委员会成立于 1987 年,是一个独立的、非营利性、无党派组织。它是由 63 名成员组成的主席委员会的管理组织,他们中的大多数是教师,其他成员包括中小学管理者、学校董事会领导、州长、国家立法者、高等教育官员、教师联合会领导、商业和社区领导等。全国专业教学标准委员会的使命是为成熟的教师应该懂得什么和能够做什么建立高的、严格的标准,发展和运用一个全国性的义务组织系统去评价这些教师,并且使教师去符合这些标准,同时进行有关的教育改革,使美国中小学的教师达到提高学生学习的目的。

全国专业教学标准委员会认为,本委员会的成功来自于完美的教育理念的力量,即高质量的教师是学生学习的必须。

全国专业教学标准委员会一直在寻找可用来辨别和认识教师能否有效地提高学生的学习和证明其知识、技能、能力的高水平的方法,以及要求教师在工

作中有效地反映 5 个核心理念。全国专业教学标准委员会的这 5 个核心理念是:[①]

1. 成功的教师对学生及其学习尽职尽责

成功的教师全身心致力于使知识易于为每个学生接受。他们坚信所有的学生都能学习,对学生既一视同仁,同时又承认并在教学实践中充分考虑学生间的个体差异。他们根据对学生们兴趣、能力、技能、知识、家庭环境和同伴关系的观察和了解来调整自己的教育实践。成功的教师了解学生的学习和发展,并在实践中运用有影响的认知和智力理论。他们能意识到文化和环境对个体行为的影响,发展学生的认知能力和学生对学习的热爱。同样重要的是,他们能养成学生的自尊、动机、性格、公民责任,以及对个体文化、宗教和种族差异的尊重。

2. 成功的教师懂得其所教学科及如何向学生传授该学科知识

成功的教师能充分理解所教学科以及该学科的知识是如何创造、组织,如何与其他学科相联系,并如何用之于实际情境中的。他们忠实地代表着文化的集体智慧和确认学科知识的价值,同时又注重发展学生自身的批判和分析能力。成功的教师掌握了如何向学生传授学科的专门知识,他们具备丰富的教育学知识,掌握了各种教学策略,能根据具体情景选择合理的方式组织、调适和表达课程内容。他们能意识到学生带到每门学科上来的先入之见和背景知识,这对于教学策略和教学材料可能会大有裨益。他们知道哪儿可能出现疑难,并相应调整其教学实践。成功的教师的教学技能使他们可以创造多种教学途径,并且善于引导学生学会如何提出和解决问题。

3. 成功的教师对监督和管理学生的学习负责

成功的教师能创造、充实、维持和改变教学背景以吸引和保持学生的兴趣并最有效地利用时间。他们也善于吸引学生和成人帮助他们教学,善于吸纳同事的知识和专门技能。

成功的教师掌握了一系列有关的教学技术,懂得何时应用何种技术最合适。当他们致力于实践时,知道何为无效和破坏性的实践。他们知道如何约束学生群体以确保一种有纪律的学习氛围,知道如何组织教学使学生达到学校的目标。他们善于设定学生间和师生间社会交往的规范,他们懂得如何激发学生的学习动机和如何在面对暂时的失败时保持他们学习的兴趣。

成功的教师能够评估每个学生和整个班级的进步。他们用多种方法测量学生的成长,并能清楚地向家长解释学生的表现。

---

① 参见李梅编译:《教学专业标准的国际讨论与研究》,《教育研究信息》2001 年第 1～2 期。

4.成功的教师能系统地思考其实践并从经验中总结学习

成功的教师是有教养的典范，是他们力图在学生中养成的美德的榜样（如好奇心、耐心、诚实、正直、尊重多样性、重视文化差别），也是作为智力发展先决条件之能力的榜样（如推断能力、从多种角度看问题的能力、创造和冒险的能力、持一种实验性的和问题解决取向的能力）。

成功的教师利用他们在人的发展、教材和教学方面的知识以及他们对自己学生的了解来对教学实践是否合理进行原则性的判断。他们的决定不仅有文献方面的依据，而且有他们自己的经验为依据。他们终身学习，并鼓励他们的学生终身学习。

为加强教学，成功的教师能批判反思自己的实践，力图扩展自己的技能，加深自己的知识，提高自己的判断能力并根据新的发现、思想和理论调整自己教学。

5.成功的教师是学习共同体的成员

成功的教师通过在教学政策、课程开发和教职员发展上与其他专业人员的合作来促进学校效能的提高。他们能根据自己对州和地方教育目标的理解来评价学校的进展和学校资源的配置。他们了解哪些专门的学校与社区资源有益于他们的学生，并善于在需要时利用这些资源。成功的教师会设法合作性地和创造性地与家长打交道，使家长建设性地参与学校的工作。

全国专业教学标准委员会正准备在 31 个领域开发标准，到 2001 年 3 月，他们已开发出 17 个领域的标准，而且所有的标准都建立在上述 5 个核心理念之上。

三、我国教师教育专业化的发展方向——制度创新

确认教师职业的专业性和推进教师专业化进程一直是有关国际组织和各国政府努力的目标，也是世界各先进国家促进教育质量的一项重要战略措施。当前，中国教师教育正在发生着历史性的变革，正在从数量发展转向质量提高，提高质量将成为新世纪教师队伍建设的主旋律。

教师劳动不同于一般的劳动，教师的专业实际上包括两个专业：一个是学科专业，一个是教育专业。如何以教师教育一体化的观念整合我国的教师培养和培训工作是一项艰巨的任务。从教师专业终身发展的整体需要规划培养目标、协调机构功能、设置课程系统、改进教学方法、确定评价方法，不仅要有观念的创新，而且需要有制度的创新。

（一）转换政府职能——把硬管理变为软管理

目前，我国正处于体制转换时期，无论是政府部门还是学校都有一个适应

的过程。对于学校来说,主要任务在于要真正成为一个办学主体;对于教育主管部门而言,主要的任务在于真正实现职能的转换——解决“到位”的问题。转换的核心在于:把过去的硬管理变为软管理,即教育主管部门要从对教师教育机构的具体管理工作中解放出来,变事务管理为宏观指导,主要为教师教育机构提供有效的服务,如标准服务、信息服务等,标准主要包括教师教育机构的标准和教师的标准。同时,要善于发挥中介机构的作用,把过去的社会服务职能逐步转移到中介机构中,使自己真正起到应有的作用。

(二)完善机构体系——建立以现有师范院校为主体、其他高等学校共同参加、培养培训相衔接的开放的教师教育体系

我国从1952年开始建立教师教育体系,至今已形成一套完整的教师教育体系,这为我国的培养造就了一支庞大的中小学教师队伍,为我国的基础教育立下了不可磨灭的功勋。我国的师资培养几乎由师范院校垄断,教师教育是在单一和封闭的情况下进行的,而随着中国教育事业的发展,必将被开放式的教师教育体系所取代。在1999年6月召开的第三次全国教育工作会议上,中共中央、国务院在《关于深化教育改革全面推进素质教育的决定》中明确提出,要“鼓励综合性高等学校和非师范类高等学校参与培养、培训中小学教师的工作,探索在有条件的综合性高等学校中试办师范学院”。这标志着我国教师教育由定向性师范教育向开放性师范教育体系迈出的第一步。近期召开的全国基础教育工作会议也明确提出:根据我国的实际,我国要建立以独立师范院校为主,其他高等学校共同参加、培养和培训相衔接的开放的教师教育体系。据统计,全国现有师范院校63所(不包括中国香港地区和中国台湾地区)。在办好这些师范院校的基础上,再适当试点办好几个综合性大学的教育学院,那么,我国的教师教育就有可能有较大的进展。自2000年开始,一些综合性大学已开始办教育学院,如北京大学、华中科技大学等。但问题的关键在于要明确各类教师教育机构的设置标准,如课程设置、教学条件、师资水平等,使各类教师教育机构一开始就有一个规范的行为要求,以确保教师教育专业化的质量和水平。

(三)引入管理模式——成立教师教育认可和标准组织

良好的管理模式是管理成功的一半。美国教师教育的管理模式值得我们借鉴。笔者建议国家教育部师范教育司在适当时机成立全国教师认可委员会和全国教师专业教学标准委员会,以保证我国教师教育专业化的实施。这两个委员会的主要职能为制定全国性教师教育的标准、进行全国性教师教育的资格认证。

（四）强化教学能力——把教师的培训引导到对新知识、新技术、新技能的掌握上

美国施乐首席科学家和副总裁、PARC 主任约翰·布郎博士认为，因特网革命是不是泡沫，关键取决于经济和教育。现在光纤通信速度 9～12 个月翻一番，芯片计算能力 18 个月翻一番，而人口每年按 2^n 增长。在这三大法则下，只有一种生存方式，那就是必须善于学习，要比对手学得更快，要注意团体的共同学习，要决定哪些该学哪些不该学。[①] 布郎博士认为知识有两种：一种是外显的，另一种是内隐的。外显知识与概念有关；而内隐知识与实际知识、技能、诀窍相关。隐性知识在行为、做事情和参与社会活动时展现出来，因此，内隐知识会以一种慢慢出现的共享的理解形式在一起工作的人群中散播。在物理课上教给学生概念、概念化的框架以及物理事实——这些都是物理的外显知识，但这并不能使学生成为物理学家，要想成为物理学家，他们必须学习这门专业的惯例，在内隐知识和外显知识的交互作用下形成一个平台，这种相互作用是以认知为特点并存在于深思熟虑的调查行为中的。

在当代，随着科技的飞速发展，教师教育的一体化趋势日益明显，教师的职前培养和职后培训的一体化也成了主导趋向。随着技术的变化和服务观念的变化，教师的教学能力正变得越来越重要，因此，教师的职前和职后培训应把重点放在教学能力的提高上面，尤其是要学习新技术、新技能、新观念，如工商管理领域——案例分析方法，经济管理领域——时间动作分析方法，接受美学领域——接受性解释与理解，社会学领域——操作测评和笔记分析方法，运筹学领域——概念图和竖式分析，文化人类学——不同性质群体行为分析等。

---

① 参见朱旭东：《试论师范教育体制改革的国际趋势》，《比较教育研究》2000 年第 4 期。

不确定时代：大学教师职业的困惑与超越[①]

一、这是一个什么样的时代？

“我们处于什么样的时代”是大多数研究者十分关注的话题之一。这个话题之所以引起人们的关注是因为现在的社会变化太快，如果稍不留神，我们就可能落伍了。这并不是危言耸听。

当今我们处于什么样的时代？笔者认为，根据影响的因素，大致可分为以下六种观点：

（1）从人类社会演变的角度来看，社会上普遍的看法是处于知识经济时代，是继农业社会、工业社会之后的又一个阶段。其突出特征是：“在工业文明中的物质生产和经济技术达到一定水平后，经济比以往任何时候都依赖于知识的生产、扩散和应用；知识密集型产业在社会中的地位与作用愈益突出，知识作为投入要素的重要性与日俱增。”[②]

（2）从政治变迁的角度来看，军事界和社科界较为一致的看法是多极化时代，各种力量出现了抗衡的局面。在美国主导世界的局面之下，多种因素的崛起起到了平抑的作用。

（3）从道德变迁的角度来看，社会处于多元化时代，传统的观念与新的道德观念并存。整个社会处于转型期，新与旧的冲突、文化价值观的冲突在延续。

（4）从权力影响力因素的角度来看，社会处于传媒时代，传媒的影响无处不在。网络话语权是继立法、行政、司法、新闻自由之后的“第五种权力”。正如有的学者所言，“阅众参与”“去中心化”和“平等对话”是这一轮传媒变革的几个最为重要的关键点，新闻生产不再是少数媒体机构中编辑和记者的专利，它已逐渐演化成“多数人向多数人传播新闻”的传播模式，这便是我们今天必须面对和研究的崭新课题。

---

① 本文原载于《现代传播》2010 年第 10 期。

② 冯之浚：《知识经济与中国发展》，中共中央党校出版社 1998 年版，第 1 页。

(5)从经济时代变迁的角度来看,社会处于消费主义时代,娱乐主义盛行。法国记者伊兹拉莱维奇在《当中国改变世界的时候》一文中指出:人类社会可分为三个阶段:第一阶段是以生产者为主导的时代,时间为二战后初期,其突出标志是通用汽车的成功;第二阶段是以股东为主导的时代,时间为 20 世纪末,其突出标志是微软的成功;第三阶段是以消费者为主导的时代,时间为 21 世纪初,其突出的标志是沃尔玛的成功。

(6)从社会、政治、经济、文化等因素的综合角度来看,社会处于不确定的时代。"不确定的时代"一词是由美国的约翰·肯尼迪·加尔布雷斯提出的。他认为,社会有不确定的因素,生活有不确定的变故,情感的变数更是可以以天为单位来计算,经济上的不确定更让人不安。①

加尔布雷斯的"不确定"已经成为对现时代最为准确的概括。这个理论对于我们认识当代社会的方方面面具有很深远的意义。"不确定"并不是悲观的论调,而是意味深长的表现。不确定带来的不仅是危机,更重要的是一种机遇,那就是要时时刻刻把握先机,把自身的优势展现出来,去赢得更大的胜利。

总之,不确定时代的特征是:一切均处于变化之中,唯一不变的是变化。变化的原因在于速度太快,以至于所有的事情都无法给予准确的预测和判断,一切均处于不确定之中。

二、当下大学教师职业的多重困境

职业是人们谋生的手段,但是当职业环境发生重大变化时,对于社会人尤其是职业人来说,就会处于最为困惑的时期。人在一生中都免不了困惑,但是,当下教师是受冲击较大的一个职业。这种冲击体现在以下三个方面:

(一)外部环境——新技术带来的困惑

技术是推动社会前进的重大动力。技术进步是人类渴望的结果,同时技术进步给人类带来苦恼和困惑。在 1998 年,英国著名的预测专家迪克松在其专著《洞悉先机:全球化的六个方面》中提出了生活在新千年的人们将面临六个方面的问题:快速发展——速度将决定一切;城市——大量人口涌入城市;部落——认同危机;文化和道德矛盾;全球化——全球管理;激进——颠覆 20 世纪价值观;伦理道德——新的道德观。而在这六个方面中,快速发展是最为重要的因素,因为速度将决定一切,速度是技术进步的速度,所有行业都将围绕微型市场技术、微型广告业、微型销售网络、微型企业而重新定位。

---

① 参见[美]约翰·肯尼迪·加尔布雷斯:《不确定的时代》,刘颖、胡莹译,江苏人民出版社 2009 年版,第 1 页。

由于网络的出现，尤其是大量新技术的涌现，对于计算机技术的熟练程度将出现新的要求，一些教师在技术层面不懂新的技术或懂得不多，不知道、知道得慢、知道得少的现象不断出现，其结果是海量的信息取代了教师的地位，传统意义上的教师的作用受到了挑战。俗话讲："闻道有先后，术业有专攻。"现在，教师研究的东西在整体上可能是很专业的，但是，由于网络的发达，很多信息的专业化程度已经大大消减，非专业人士在很短的时间内也可以得到类似的信息。另外，在过去印刷的年代，教师可能由于其身份的原因而较早地得到信息。但是，现在网络的出现使得教师未必比学生更早得到信息。因此，教师在传统意义上的权威被打破，甚至被动摇。

（二）职业对象——学生变化带来的困惑

教师工作的对象是学生。现在的学生与教师作为学生时代的学生相比已大有不同，这一群体表现出了新的特征。美国教育专家唐·泰普斯科特在研究过数字化成长的一代后总结了一条理论，人们称之为"N世代的'八个标准'"。所谓"N世代"是指美国在1977年1月至1997年12月出生的一代人，在这21年间有8100万人出生，占美国人口的15%，也称为"Y时代""千禧一代"。他们的特点是：从行动自由到表达自由，他们做什么都想要自由；他们喜欢定制、个性化；他们是新的监督员；他们买东西和求职的时候，要求公开、公平、公正；N世代想把娱乐融入工作、学习和社会生活中；这代人注重协作与关系；N世代需要速度——不仅仅在玩网络游戏的时候是这样；他们是创新者。[①]

我国的情况基本与美国的"N世代"相同，主要是指20世纪70年代后期以后出生的几代人，其特点突出表现在以下几个方面：

1. 对教师已经失去了师道尊严

过去，学生对教师是毕恭毕敬的，因为在教师身上有太多的意蕴在里面：教师是太阳底下最光辉的职业；教师是人类灵魂的工程师；教师是智慧的象征。在"知识就是力量"的感召下，学生对教师始终怀着一种崇高的心情。但是，到了现在，情况却大大不同了。其原因是多方面的：一是社会的原因，如上面我们所提到的新技术给教师带来的重重困境；二是教师自身因素的原因，如社会责任感、职业道德等方面的因素。当下，就是对于比较传统意义上的师生关系而言也在发生着深刻的变化。比如像导师带学生，过去，学生对教师的话是言听计从的，现在就不一定。这里面有诸多原因，如学生就业的压力、实习的压力等。

---

① 参见[美]唐·泰普斯科特：《数字化成长3.0》，云帆译，中国人民大学出版社2009年版，第34～35页。

2. 对课堂采取“逃课”的态度

目前，很多学生对学习采取功利主义的态度，对教育采取娱乐的态度。笔者曾经对一些本科生进行了调查，调查方式是通过布置学期结业小论文的形式，要求学生就“大学生为什么不愿意上课”这一问题展开讨论。根据笔者的观察，大学生不愿上课，或者说“逃课”的确有多方面深层次的原因，大致归结起来有以下几个方面：

第一，功利驱使是主要原因。学生从中学到大学，培养方式的变化是显著的，由原来的“圈养”到“放养”，自由的空间加大了。但是决定学生最终是否上课的因素还是：这门课对于他（她）的价值有多大？为此所付出的机会成本有多大？如果学完之后对于他们就业有较大帮助的话，他们一般会去上课，即使逃课也是有选择性的。这在一定程度上表明，现在学生的价值取向更加现实和功利化，即课程本身的使用价值决定了是否上课的态度。

第二，“娱乐至死”的倾向是次要原因。对于70后、80后甚至90后的学生来说，娱乐成为了他们生活中的重要因素。他们把学习、工作甚至生活都当作如此，因此，许多学生把评价教师上课好坏的标准定位在是否有乐趣，制造“笑”成为一个重要评判标准。当然，在我们的教育体制下，学习本身的探索乐趣被“应试教育”遮盖，学生把学习当成是一种“苦差事”，变成了知识的“储藏器”。

第三，现行的教育体制机制是一大关键因素。从教师来说，理论与实际脱节是一个很大的问题：有不少教师缺乏实践经验，照本宣科的有之，知之甚少者有之；从课程安排而言，顺序颠倒的有之，内容失之简单者有之；从课堂讲授而言，缺乏乐趣者有之；从考核方式而言，重论文、轻课堂本身者有之，重最后考核轻过程考查者有之。总之，大学教育改革的路程还很漫长，任务还十分艰巨。

（三）内在系统——教师自身的困惑

作为大学存在的基础之一，中外很多知名的大学校长对教师的作用都有过精彩的论述。笔者认为，在高等教育快速发展的今天，教师已经成为制约高等学校发展的关键。

教师有两种“忠诚”：一种是对学科的忠诚，另外一种是对学科所在单位的忠诚。如果说对学科的忠诚是对事业的追求的话，那么对学科所在单位的忠诚就是为了生存的必需。在当前，第二种忠诚似乎要大于前者，其中的原因在于教师面临的生存压力。最大的困惑是数字化评价，这是速度时代带来的问题：教师的工作要求变得更加量化，如教学的时数、科研成果的数量、参加社会服务的数量等，尤其是获得科研经费的数量成为了衡量教师的重要尺度。教师在一定程度上成为了“数字化评价”的“奴隶”。

在强大的职业压力下，教师的职业倦怠感逐渐强烈，现在的“幸福感”似乎不如以前。与此同时，教师作为“经师”和“人师”的“圣洁感”在弱化，甚至在动摇。正是在这种巨大的“阵痛”之下，教师的倦怠感在增加，甚至背负的骂名也在增加，教师也逐渐成为了社会抨击的对象，甚至被列入了社会“丑化”的行列之中。

三、大学教师职业困境的超越

面对严峻的现实，大学教师作为职业人要赢得更大的进展和突破已经成为了社会各界和教师自身急需解决的一项紧迫的任务。从教师职业生涯发展的角度来看，有两个方面的工作亟待改进：

（一）大学教师定位的求解

1. 教师作为指导者和研究者

在传统的教育学话语系统中，教师是作为一个智者的形象出现的，通常称之为“经师”，对于所在的专业具有绝对的权威。但是，现在教师却受到了极大的挑战。在信息海量增长的年代，单纯的教师讲授已经受到了严峻的挑战。课堂需要师生双方的共同参与，启发、互动教学就变得更加必要。因此，教师在互动的课堂上要由过去的单一讲授者变成指导者的角色；在课外，研究要由原来的指导者变成共同的探讨者，不仅给学生以方法上的指导，更重要的是要一起研究和成长。这些不仅是观念上的转变，而且也是行动上的转轨，需要从新的起点上迈步，因而不仅是艰难的，也是需要勇气和智慧的。

2. 教师作为合作者

现代的学习是一个不断探索的过程，因此，教师不仅是一个指导者，更重要的是一个合作者，即与学生共同成长。古语所说的“教学相长”就是这个意思。合作者就是与学生处于同等的地位，没有等级之别。其实，在原有的教育框架下，教师与学生实际上有着天然的等级意味：教师就是比学生高，无论是学识还是人品。然而当下就不同了，当下讲求的是真正的平等对话和交流。

3. 教师作为学习者

在当代，学习已经成为所有成功者的重要因素，不学习就意味着落后。过去常常讲：要给学生一碗水，教师要有一桶水。现在就更是如此了。教师需要不断更新自己的知识体系，成为大学中资源的代表者，这就意味着教师要不断成为学习者，做终身学习的楷模。学习有多方面的学习，如本身专业知识的学习、科技知识的学习和应用等。

现在的学生多为90后，他们对于新科技的掌握要远远快于70后之前的教师，因此，在一定意义上而言，了解了最新科技的发展，就无疑多了一条靠拢学生的通道。我们的教育效果之所以欠佳，在一定程度上是由于教师在科技上的落伍所致。在此，学习者的含义应被大大扩大。

（二）高等学校层面的求解

1.把教师成长作为大学发展的首要战略

当前，教师队伍建设有两大因素制约着一个学校的进展，一个是高层次人才，另一个是青年教师。高层次人才决定着学校朝高层次发展的现实力量，而青年教师则决定着未来学校发展的后劲。所以，我们应采取的首要战略就是把整体教师的发展放在学校发展的高度来认识和实施。

教师成长最重要的是一个氛围，即让教师们能够按照学科建设的规律、教师发展的规律自由地成长。所谓自由，并不是毫无约束，而是在真正的学术空间内成长，有尊严、有尺度地成长。

在此方面，美国明尼苏达大学在人力资源管理上就有一套成熟的管理办法。在2010年7月9—11日在苏州题为的"中国院校研究会第四届国际学术研讨会"上，该校的卡罗·可瑞尔就发表了题为《明尼苏达大学人力资源管理："新准则"下的机遇与挑战》的讲演，并介绍了他们的经验。在人力资源构架方面，该校主要有三个方面的内容：第一，高标准的价值观与人力资源指导原则；第二，核心人力资源政策；第三，支持核心人力资源政策的各种行政管理政策和流程。其中，人力资源的指导原则为：

(1)招聘、雇佣并保留多元化的教学人才，为建设顶级研究型公立大学做贡献。

(2)表彰那些为完成学校使命作出突出贡献并专注个人发展的教职人员。

(3)招聘、雇佣并保留多元化的员工人才，理解他们的工作对完成学校使命的重要贡献。

(4)针对各种类型员工制定符合市场价值、富有竞争力的薪酬福利和人才管理模式。

(5)选拔并支持那些能够塑造明尼苏达大学价值的领导者。

(6)依据恰当的标准，定期评估各个岗位的绩效，并使用正式或非正式的表彰机制奖励表现杰出的员工。

(7)鼓励并支持所有员工的有责任心的行为以及员工的职业发展与进步。

(8)确保每个员工都能够拥有一个充满尊重、包容，并能满足职业与个人需求的工作环境；并为实现这样的工作环境作出贡献。

(9)通过最优原则、灵活度、透明度和责任感制定人力资源的政策、体系和方案，以此来提高所有教职员工的绩效。

2.抓住教师发展这条主线，开展深入细致的人力资源管理工作，为教师成长创造条件

教师是学校发展中的关键因素这一点已经成为共识，因此如何抓住关键环节开展实质性的工作就成为了解决问题的把手。在此方面，美国明尼苏达大学的经验值得借鉴。美国明尼苏达大学有一套围绕教师的战略人才管理系统。该系统包括四个方面：招聘或上岗（基于学科技能和其他才能招聘教师）、绩效管理（提高绩效、判定与改善较差的绩效、判定与奖励较好的绩效）、教师发展（致力于个人发展重心和学校需求的平衡）、人员接替（保留高绩效和有潜力的教师、有效发展人才、有针对性地培养下一代接班人、支持职工有效流动的策略）。特别是在教师发展方面，明尼苏达大学进行了以下几个方面的工作：第一，要求教师树立“终身发展”的理念；第二，身为教师，身为研究人员和学者，身为热衷公益、致力于服务的大学公民，身为监督者、管理者和领导者应具备的要求和素质。

我国高校目前的人事管理仍然处于一个低层次的状态，主要还是传统的人事管理，还没有上升到人力资源管理的高度，还没有形成一个完整的战略，常常是注重了招聘和上岗，甚至是上岗之后的初期培训以及绩效考核，但是，对于教师职业生涯的发展还缺乏真正系统的管理办法。

3.成立校内教师联合组织

教师的成长不仅包括学术方面的成长，还包括心理的成长。从专业上，学术发展主要是指教师在教学、科研方面的发展，其他方面的成长还包括参与社会服务、心理上的修复和不良倾向的矫正。

成立学校内部教师联合组织可以有效地发挥教师的自组织作用，在系统内部组织专业发展，以及进行心理方面的调节和疏导。在这些方面，国外大学有许多成功的经验可以借鉴。在2010年7月9～11日在苏州举行的“中国院校研究会第四届国际学术研讨会”上，哥伦比亚大学的茹西·史密斯就发表了题为《国际化大学的教师管理过程》的讲演，并介绍了他们的经验。哥伦比亚大学十分重视“管理学术生产力中的波动”，主要有以下几个方面的工作：第一，心态的调整。该校希望教师在考察期里放平心态并且自我激励。第二，帮助教师弄清楚有助于学术生产力发挥的因素：健康、家庭氛围与环境、创新周期的正常起伏等。第三，协助教师做好工作。如果有教师希望重新调整自己的研究计划，则可以获得种子基金，在申请新基金方面得到帮助，在学术休假期间学习新的技能或给自己充电。第四，发挥咨询在教师思想生活中所扮演的角色。因为教师在现实中会遇到酬金问题、能力问题、利益冲突、责任冲突等，所以学校允许每位教师在每周咨询一天，以解决思想、生活等方面的问题，从而为工作创造良好的环境。

大学教师:做“文化自觉”的传播者[①]

美国斯坦福大学前任校长唐纳德·肯尼迪曾经说过:“大学至高无上之处在于给人们提供了机会:它给人们提供了改良文化、延续生命和保障人类可持续发展的一个个人和智力平台。难道世界上还有比这更重要的事情吗?”

大学教师是改良文化、延续生命和保障人类可持续发展的个人和智力“平台”的提供者。在当代文化境遇下,大学教师承担着更加重要的使命:做知识的传播者、能力的培育者、先进文化的倡导者和文化自觉的传播者。

所谓“文化自觉”,费孝通先生的解释是:生活在一定文化中的人们对其文化有自知之明,并对其起源、历程、特色和未来有充分的认识。

当今世界,文化的作用日益突出,文化与经济、政治相互交融,并成为综合国力的重要组成部分。大学承担着倡导、传播先进文化的重要任务。而倡导和传播的重任就落在了大学教师身上。在全球化加速、多元文化整合的情况下,谁赢得了青年,谁就赢得了未来。

一、科技时代,大学教师是“文化自觉”的根本保证

在科技发达的时代,科学技术是第一生产力,科技已成为推动社会前进的动力。正如联合国教科文组织国际专家小组的报告《多元文化的星球》编辑欧文·拉兹洛所指出的那样:“新的技术不仅仅是扩大多国公司财富和政府权力的工具,还可以成为人际交流和文化对话的渠道……文化信息能够产生理解和团结一致,能够用新发现的统一性来美化多样性。”然而,科学技术也是一把“双刃剑”,科学至上、科学理性已充斥社会,而利用高科技犯罪、利用互联网技术进行不法活动等已经给社会带来了新的问题。在一定程度上,不是“文化适应科技”,而是“科技适应文化”。

在这种情况下,大学教师就成为了“文化自觉”的根本保证。周培源先生曾

① 本文原载于《中国教师》2004年第7期。

指出:“一所大学办得好或不好,其水平如何,它的决定因素或标志之一,乃是这所大学的教师阵容,古今中外绝无例外。”卡内基教育促进基金会的报告《大学:美国大学生的就读经验》也曾明确指出:“课程并不能担当起大学教育的全部责任。在大学教育过程中,教师理所当然是最重要的。教师掌握着学术法则,制定课程计划并帮助创造校园内的学术气氛。通过他们专业的优势和他们同学生之间的关系,教师们维系或削弱着学校的社会环境和知识环境。”因此,教师不仅应该具有较强的专业素质,而且应该具备相应的人文素质。同时,要体现“文化自觉”,大学教师要实现角色的转换,要从过去的知识传授者与能力培养者转向“文化自觉”的传播者与能力培养者。教师要通过课堂(即专业教育)渗透文化教育,努力通过通识教育体现文化自觉意识和文化鉴别力。

二、多元文化整合需要教师成为“文化自觉”的传播者

欧文·拉兹洛认为:“在我们这个时代,文化是一种决定性的力量。许多从表面上看来是政治性冲突,实际上反映了文化上的深刻分歧。”“世界的许多地方面临某种两难境地:是进一步向外国文化开放自己的社会,还是封闭自己的社会并用比较传统的生活方式和解决问题的方式应付。这种两难境地的消除在很大程度上取决于现代技术和传统文化之间的关系。”

随着经济全球化进程的加快,贸易全球化、技术全球化、文化全球化的步伐也在加速。中国加入世界贸易组织表明:中国已正式进入全方位、多领域、深度开放的国际组织行列。这种形势带来的结果就是多元文化整合的严峻现实。而贸易全球化和技术全球化的突出标志是标准的一致性,即执行西方大国的强势文化标准,随之而来的则是文化“侵入”。因此,在全球化面前,在多元文化的整合中,如何保持中华民族文化的自觉就成为了一个亟待解决的问题。

据中国青年政治学院陈生洛的一项调查得知:在“911”事件之前,大学生心目中有两个美国:一个是令人可恨的霸权主义的美国,一个是让人向往的先进发达的美国。大学生的爱国反美情绪主要指向美国的对外政策,尤其是美国的对华政策;大学生对美国的欣赏和向往主要指向美国的国内环境,以及体现这种环境的价值观念。为什么会出现这样的状况呢?有的学者认为是中国人文化心理的反映。中国文化作为暂时的“弱势文化”,要想不被强势文化的冲击所“同化”并保持勃勃生机,就必须增强国民的民族自尊心与自信心。

联合国教科文组织大会1997年11月批准的《关于高等教育教学人员地位的建议》提出:“大学及其师生要“通过不断对新出现的社会、经济、文化和政治趋势进行分析,加强自己的批判和前瞻功能,为社会提供预测、报警和预防信息”。随着全球文化多元化的冲击,对大学教师具有对社会、文化的批判和前瞻

的素质方面的要求也在不断提高。

大学教师既要承担文化的传承，又要站在更高的角度发挥智力和道德的影响力，对新出现的社会、经济、文化和政治趋势进行分析，做出合理和科学的评判和预测。

过去人们有一个误区：认为“批判”是一个贬义词，是一种否定。其实，“批判”是一个中性词，是对一个事物或现象的评价和判断，只要是评价就有两面，或是肯定或是否定。而前瞻就在于对未来作出理性的分析和判断，这正是大学发挥哲学社会科学作用的最重要的表现。尤其是在多元文化并存的局面下，有许多问题值得大学的教师来思考和回答，如“如何看待文化的多样性和统一性？”“如何在学习现代文化中保持传统文化？”“传统文化就一定是落后的吗？”“现代文化就一定都是优秀的吗？”“如何在现代文明中合理运用传统文化？”“如何用先进文化来抵御腐朽文化？”等。大学教师只有具有较高的批判水平和前瞻眼光，才能引导大学生在人生的“十字路口”或在良莠不齐的文化环境下做出理智和准确的判断。

三、大学生的精神成长需要教师成为“文化自觉”的传播者

1998 年 10 月，联合国教科文组织在巴黎召开了国际高等教育大会，会议发表了《21 世纪的高等教育：展望和行动世界宣言》，并明确重申了高等教育的使命和职责：教育、培训和开展研究的使命；伦理作用、自治、责任和预测功能。大会特别提出，高等教育要“帮助在文化多元化和多样性的环境中理解、体现、保护、增强、促进和传播民族文化和地区文化以及国际文化和历史文化”。也就是说，大学要承担起民族精神弘扬和培育的重要职能，进而实现“文化自觉”。

令人遗憾的是：我国大学存在的严重的“五重五轻”现象，即“重专业轻基础，重科技轻人文，重知识轻能力，重理论轻实践，重共性轻个性”。对人文精神的培养常常流于形式，口头上重视，行动上忽视，因而难于形成学生的内在人格和品质。

华北电力大学对 10 所高校调查后的结果表明：90.94％的学生认为在理工科院校开设人文课程“有必要”或“非常有必要”，63.28％的学生认为要提高大学生的人文素质需要由学校来进行组织，70.45％的学生认为需要老师来引导。值得注意的是，相当一部分学生呼吁必须要由“优秀的教师”“专家”“学者”来引导，否则宁可放弃。进一步问及原因，许多学生的回答是“有的教师素质太差，讲课水平太低，不能充分地表达人文学科的精神”。这种现状不能不引起社会的高度重视。大学教师要实现“文化自觉”传播者的目标，一定要做到对大学功能的重新认识，由重视专业教育转向民族精神培育加专业教育，否则专业教育

将失去"突破口"和"抓手"。

大学教师由于其自身所处的重要地位和作用,将不仅仅是所有知识的传授者,更是"文化自觉"的传播者,这是新世纪的一个重要特征,也是新世纪对大学教师提出的新使命。

高校人事改革到时候了[①]

北大的人事制度改革尽管在细节上争议颇多，但总的来看各界反映积极，人们期待这所业界老大的改革能够产生多米诺骨牌效应。

北京大学"非升即走"的教师职务聘任和职务晋升改革草案意在通过新的制度安排来真正、完全扭转职务聘任与职务晋升"两张皮"的局面，提高教师队伍水平，进而增强学校竞争力和办学实力。由于国情不同，暂不说该设计的国际渊源和普遍性范例，单从国内实际出发，这绝不是一件坏事，它的预期效果在宏观、中观和微观层面上是基本确定的。

从整个经济社会发展看，我国在过去20多年中先后进行了农业、工业（企业）、医疗卫生、广播电视与文化传媒业的改革，改革成效有目共睹、举世公认。发展与改革的重点经历了从资本积累、技术引进、结构调整等纯经济技术要素向人力资源开发、制度变迁等要素的转移，即在克服制度障碍、优化制度设计中充分释放人力资本效能，在全面开发最重要、最丰富、最宝贵的人力资源中推进现代化建设进程。参照与高等教育归属同一产业门类的医疗卫生和广电文化部门的改革，当初在启动以真实、完全聘任制为核心的人事制度时承担过巨大的虚拟性改革代价压力。然而改革后的总体结果是：人命攸关的医疗卫生业提供了规模更大、质量更高的医疗卫生服务；塑造灵魂的广电文化产业产出了种类更多、品质更好的文化传媒产品。新时期全面建设小康社会的总目标需要包括高等教育在内的各行各业进行结构性改革和整体性发展，在时间上本已属于补偿性改革的大学教师职务制度创新可谓刻不容缓，它在某种程度上决定着大学要么与其他各业共同进步并进而在知识社会中发挥引领作用，要么表现出大家都不愿意看到的整个改革与发展"水桶"上的短板效应。

从作为一类社会组织的大学看，无论定位于世界一流、国际知名的大学还是致力于建设国内高水平、有特色的大学，都将在学校的核心竞争力上见分晓。

---

① 本文原载于2003年6月25日《人民政协报》。

增强一所大学竞争力的重中之重在于用好可得资源，促进广泛、充分的竞争，奖励教师以最大化贡献求支持、以优质性服务谋发展。借助反映职务聘任与职务晋升内在联系的制度安排，一方面可以克服由于较多考虑非学术性干扰因素而实行的平均化、无偿性分配的资源低效率；另一方面可以遏制由于较多强调职业道德自我约束而较少实施制度规约所产生的为追求个人利益的学术职务“寻租”活动，从而在根本上减少教师管理中的交易费用，降低无谓的资源耗费，增强组织活力，形成良性、高效的激励链条。

从教师个人看，他们在心理上一方面渴望安稳，另一方面又喜欢冒险。在现实生活中，或许就像健康者中即使在价钱很低的情况下讨价还价地购买固定预防疗效药品的人也为数不多、而患病者中即使在价格不菲的情况下趋之若鹜地购买试验药品的人也不在少数一样，大多数人在面临获得时往往小心翼翼，在面对损失时常常勇往直前；而且人们对损失比对获得更敏感，损失的痛苦远远大于获得的快乐。不过，获得和损失并不是绝对的，是相对于评价时所选择的参照点而言的。北京大学改革草案中规定“讲师层面的流动比例控制在总量1/3以上，副教授层面的流动比例控制在总量1/4以上”，实际上与讲师和副教授的固定比例分别控制在2/3和3/4是一回事(其他条款这里不一一转换)。这样能够预计，实施此方案后，一方面绝大多数教师通过努力可以获得自己的利益，在较长的时间跨度和学校全局上能够保障教学和科研的基本秩序；另一方面能激励教师求新图存的勇气，深层次挖掘、释放自己的创新潜力。

无疑，改革草案将挑战管理上的路径依赖、改变教师的期望效用习惯，超乎想象的争议也自有其合理性。

改革草案需要以适当的方式得到批准，关键是要与更高层次的相应法律政策秩序相一致。可以说，学术制度的变化是依存于政治、经济和文化力量相互作用的“政治经济文化”混合事件，外部法律政策的支持影响着草案出台的难易度。同时，外部舆论宣传会给大学生活带来一种文明秩序的意识，其基本价值与草案取向是否一致将会加大或降低制度创新的风险。

改革草案由文本转化为实践需要付出一系列的制度创新成本，包括决策技术支持、机构保障、经费投入等。如果准备不足，就可能会因对旧制改变成本、新制度立案成本、克服既得利益集团所付成本等应接不暇而遭受挫折，这是对一所大学承受能力的考验。

改革草案的最终成效还取决于配套政策和所有相关制度的持续改进，需要改变在传统的“精简”“压缩”上做延长线的做法，依据改革和发展的实际情形，抑制惯有的被动性、不彻底性，主动由原有框架下的相对“平衡”走向改革中的“不平衡”，然后快速寻求、达成一种新框架下各种要素的新“平衡”。

当然,合理的争议应有助于全面深刻地认识草案的利弊得失,促使所有当事人以更加客观平和的心态面对改革和发展——发展中出现的困难要通过进一步的发展来克服;改革中产生的问题要借助新一轮的改革来解决。

"大师"的成长需要"压力"和"动力"。关于世界一流大学的特征,可以说仁者见仁,智者见智。现在社会上流行一种说法,即现代一流大学有三大:大楼、大师和大气。大楼是世界一流大学的物质条件,大师是世界一流大学的师资水平,大气是世界一流大学的文化氛围,三者缺一不可。但笔者个人认为:一流大学最重要的特征是要有一流的大师,而一流大师的成长离不开动力和压力,更离不开完善的机制和组织。一个好的组织可以给予集体或个体必要的压力,使之"跳一跳就可以摘到桃子",它可以不断地出台制度和规则,使集体和个人产生一种新的创造和行动的欲望。

最近,北京大学制定的《北京大学教师聘任制和职务晋升制度改革方案》(征求意见稿)(以下简称《方案》)可以说是北京大学创建世界一流大学"大师"工程的真正启动,是人事制度的一次变革,是组织内部人才使用机制的创新。尽管前几年北京大学已经制定和实行了很多"人才工程",且的确产生了重要作用,然而并没有触动问题的实质。笔者个人认为,实行真正与国际接轨的教师聘任制和晋升制度才是"动真格"的"大师"塑造工程。《方案》具有以下几个特点和意义:

(1)教师选拔来源的国际性有助于教师形成较高的学术起点、合理的学缘结构、世界性影响力,从而保证教师队伍的可持续发展

在世界上有重要影响力的大学中,教师的选拔大多是面向国内外公开招聘。这样不仅能够保证教师来源的充足性,而且能够保证选拔的透明性。《方案》在基本原则里明确提出:"教师实行聘任制,面向国内外公开招聘。""自2003年起,各单位原则上不再从本单位应届毕业生中招聘教师。"也就是引入了"外部竞争机制",使原来的校内教师之间的竞争扩大到全国甚至世界范围内,使教师的竞争起点和范围加大,教师的学院结构趋于更加合理。"新聘教师必须具有博士学位""新聘讲师有希望成为本领域的杰出学者""晋升和新聘任的副教授是本领域国内杰出的青年学者,达到相应年龄段所从事研究领域国内的前列""晋升或新聘任的教授必须是国内或国际同行公认的所从事领域最有成就的学者,有标志性的杰出研究成就"的规定使教师有了更高的学术标准。这些要求可以说是培养"大师"所采取的重要措施。

(2)教师发展的分级淘汰机制有助于克服教师自身的"惰性",促进教师在压力中成长

淘汰是聘任制的实质,没有淘汰的机制就不是一个真正意义上的聘任制。

据了解，前几年，国内许多高等学校也实行了聘任制，但是，走形式的较多，遇到实质问题不敢“硬碰硬”，致使许多内部改革“雷声大雨点小”，失去了改革的预期和目的。《方案》中对教师实行有限聘期内有限次晋升高一级职称就是淘汰机制的具体体现。

(3)实行教授评议会制度有助于学术权力的发挥，保证学校的学术水准

现代大学制度的核心在于教授治学。在高等学校内部，行政权力和学术权力是一对永恒的矛盾，但不是不可调解的矛盾。高等教育的特殊性就在于高等学校的“最终产品”既是“顾客”又是办学的主体之一的“学生”，因此，高等学校是一个特殊的“加工厂”，那就是“知识的生产厂”。进而推之，高等学校中的中坚力量——教授理应发挥更多的作用。《方案》中提出：“为发挥各单位教授在教师聘任和职务晋升中的作用，各院系在学术审议中应建立‘教授’评议制度，对聘任教师和教师职务晋升进行民主评议”，这无疑是合理处理行政权力和学术权力冲突的一种理性选择。

(4)实行教师分类管理有利于最大限度地发挥不同类型人才的潜能，形成合理的资源配置模式

教师群体是由不同个性特点和专长的人组成的特殊群体，群体中不同的人具有不同的潜能。对于一个组织来说，评判人才使用效率高低的标准就在于是否做到人尽其才、才尽其用。《方案》中提出的“教师岗位分为教学科研型和专任教学型两类，进行分类管理”“公共外语教学、体育教育、对外汉语教育等单位的教师主要是教学型”是合理区分不同人才“能量”和“能级”，迈向科学管理、制度管理的重要体现。

领导力

对21世纪高校领导者如何有效运用权力的分析[①]

在组织心理学研究中，领导作为组织活动的核心一直是一个引人注目的话题，而权力作为组织运行的基础及其实现有效领导的保证也一直受到人们的极大关注。本文拟从剖析目前我国高校领导者在职位权力运用方面存在问题的基础上，对21世纪高校领导者如何有效地运用权力提出了若干建议。

一、目前我国高校领导者在运用权力方面存在的问题

在实际中，高校领导在工作中很重要的一个问题就是要合理地使用权力、有效地使用权力。但是，在现实生活中，对高校领导者而言，在有效使用职位权力方面还存在一些问题，现列举如下：

（一）管理方式——长于治学，疏于管理

自改革开放以来，在高校领导干部的选拔和任用方面，从总体上来说情况是好的，在认真贯彻干部“四化”（即革命化、年轻化、知识化、专业化）方面取得了重大进展，一批德才兼备的年轻干部从教学和科研队伍中被选拔了出来，这对优化高校领导结构、促进高校学科建设、推动高校事业的发展起到了巨大的作用。

但是，正像任何事物都有两面性一样，在强化干部的专业化和年轻化的同时，又出现了另一方面的问题，即许多新提拔的年轻干部往往是某一方面或者某一领域的专家，并具有较高的学术造诣，但另一方面他们往往缺乏强有力的管理能力。这是由于有些年轻干部是直接从教师工作岗位上提拔上来的，缺乏基本的管理经验。另一个重要的问题是，这些同志大多都不愿意放弃专业，要带硕士生、博士生，同时还要搞科研、出成果。而高校工作千头万绪，尤其是行政工作，事务繁杂，

① 本文原载于《国家高级教育行政学院学报》1999年第3期。

工作一天下来已经是筋疲力尽，却还要忙教学和科研。因此，这在一定程度上使某些年轻干部在行政与业务关系上出现了两耽误的问题。

（二）管理程序——善于集中，淡于民主

我国的高等学校多数实行党委领导下的校长负责制，在校长负责制的条件下又实行分工负责制。从总体情况来看执行情况是好的，可是在实际工作中也常常存在不能令人满意的情况。例如，有些高校由于某些原因，领导班子主要成员不团结，书记和校长各唱各的调，在一些重大问题上不能贯彻民主集中制原则，缺乏民主过程，常常造成一些不必要的失误，影响事业的发展。另外，从管理的程序而言，某些高校缺乏民主渠道，许多合理的意见不能得到有效的采纳，再加上一些领导独断专行，一拍脑袋就把事情给定下来了。在某些领导的眼里，集中就是哪一个领导职位最高，哪一个领导就说了算，于是集中就变成了变相的一把手的代名词。正是由于上述现象的大量存在，有效的领导就很难实现。

（三）管理规范——忙于事务，轻于规划

在一定程度上，领导每天要处理大量的事务工作，可以说是事无巨细，大到学校的整体规划，小到学校的柴米油盐。但是，在目前的情况下，许多高校的领导常常是陷入事务堆里，被一些小事情弄得不知所措，因而轻于宏观的合理规划。在当代社会，高等学校面临的形势更加复杂，作为一名合格的领导者，如何分清轻重缓急，抓大事、抓规划、抓落实就显得更加重要。

（四）人际关系——重于情感，疏于规范

在国外是社会办大学，在国内是大学办社会。除了火葬场以外，高校可以说什么都有。因此，校长就成了一个大管家。尤其是遇到分房、调工资、评职称时，高校领导就可能成为人们寻找和围攻的对象。情感是维系人际关系的重要因素，也是妨碍人际关系的重要因素之一。领导工作忙，人找的次数多了，领导就可能会产生厌烦的情绪，因此事情就可能在不经意中达到妥协，以至于影响规章制度的执行。尽管学校制定了很多制度，但是，条子多了，人情多了，规章制度也就成了一纸空文。所以，制度不在于建的多少，而在于是否认真执行。

二、21 世纪高校领导者有效运用权力的几项对策建议

（一）了解权力的特性、运用法则和氛围

要做到有效地运用权力，就要了解权力的特性，熟悉权力运用的法则，建立

有效的人际关系，进而实现有效的管理。

1. 双向性——权力的特性

权力的影响是双向的，领导既主动地对下属施加影响，使下属行为导向目标行为，同时又要主动接受下属对自己的影响，了解下属在实现目标行为过程中的意见、问题、建议，这样才有可能调动下属的工作积极性，发挥他们的创造性，开发他们的内在潜力。从某种意义上说，正确的决策不是从异口同声的赞扬中诞生的，而是在大量的不同意见中产生的。因为每个人都希望领导作出对自己有利的决策，而每一种不同意见本身就是决策可能选用的一种方案。因此，要有效地运用权力，作出正确的决策，必须善于鼓励下属提出经过深思熟虑的不同意见。这就像法院判案一样，经过律师辩护，把所有与案情相关的情况都在法庭上提出来，求得事实真相，法官才能作出相对公允的判决。另外，权力还有一个特性，那就是权力的影响力并不因为权力的过度集中而产生累加效果，也不因授权于人而产生减效的结果。布劳克研究发现，一个领导在培养别人的权力的同时，他自己的权力也变得更强大。当然，这也要有一个前提条件，那就是杰姆森所指出的"领导者要授权，实现权力共享"，不仅要像同事一样与下属相处，还要对授权之后的下属负责。

2. 多元化——权力的运用法则

多年来，各国的心理学家致力于寻找一种最佳的领导方式或领导行为，但始终未能达到这个目标。越来越多的研究者相信，不存在普遍适用的、最佳的领导行为，因为领导行为的效果不仅取决于领导行为本身，还取决于被领导者的特性和权力运用的情境。

从根本上说，成功领导者的首要工作就是缩小或消除下属的意愿与能力同组织目标之间的差距，使人与任务相适应。要达到这个目的，领导就要普遍使用各种权力，而不是偏向于单一权力的运用。美国管理学家弗兰奇和雷文提出了5种权力基础，即法职权、强制权、奖赏权、专家权和参照权。

中国台湾地区对学校领导的有关研究表明，在法职权的基础上，运用专家权及参照权来领导成效最好。校长的奖赏权、专家权及参照权与教师整体士气呈显著正相关。这是因为学校的教职工大都接受过比较好的教育，有相当的知识水准和工作熟练程度，领导适宜采用参与或授权的领导方式，才能够最大限度地发挥他们的积极性和创造性。

3. 有效人际——权力运用的氛围

所谓"有效的人际关系"是指在自己工作与别人关系上注重贡献以及对整体工作产生积极影响和成就的人际关系，如果缺少这一条，单纯的"关系好"是毫无意义的。事实上，我们的校长和书记在本校都有许多朋友，但很少是极为亲密的朋友，因为过于亲密的关系很可能会影响他们对工作中一些事物的认识以及公正地处理，也就是说，过于亲密的关系不属于有效的人际关系。

（二）把握权力加强的要义

对于高校来说，校长的领导水平在高校发展中起着举足轻重的作用；对于领导者来说，学校领导的权力和由此而产生的影响力是至关重要的。

职位权力是影响力的基础，它使领导者能够以强制、驱使等手段使他人按照领导的意愿行动，以实现特定的组织目标。如果没有足够的职位权力，就难以发挥领导作用。但职位权力也有它的局限性，因为它是任何身居此职位的人都具有的，它的作用点侧重于影响下属的行为，具有强制性特点，效果常带有表面性，领导很可能因为一个不经意的活动而失去下属的信任而丧失原有的影响力。个人权力则不同，它不是通过法定程序获得的，也不是上级授予的，而是领导者在工作中通过令人崇敬而渴望的行为和出色的工作成绩而逐步赢得的；下属对领导者个人权力的服从不是强制性的，不存在心理障碍和行为抵触，因此，下属能主动地、积极地接受影响。这种非权力影响力的作用点侧重于影响下属的心理层面，具有持久性和深刻性。所以，树立和运用个人权力才是加强领导者影响力的根本。

在高校管理工作中，许多领导者都认为运用个人权力是最为有效的工作途径，而把职位权力作为最后的或其他方法失去作用时才被迫使用的权力。

那么，如何加强个人权力，增大非权力影响力呢？经过多年的实践研究，心理学家从不同角度提出了权力理论和许多诚恳的忠告，在此简要概括以下几点：

1. 多付少收

古人云："非淡泊无以明智，非宁静无以至远。"领导者也只有淡泊个人名利，以事业发展为重，以极大的工作热情无私奉献自己的才智，才能赢得下属的敬重和服从，从而获得较大的非权力的影响力。根据社会心理学的行为交换定律，在领导者与被领导者之间，领导者主动影响下属的行为，使之服从于自己的意志，因而是"收入"者；被领导者因为服从了领导者的意志，付出了行动和被动的代价，因而是"付出"者。这样在领导者与被领导者之间就形成了一种不平衡的关系，容易导致被领导者产生敷衍或抵触的消极心态，不情愿接受来自领导的影响。但如果领导者在工作中能做到"多付少收"，把重点放在对组织的贡献上，比其他人支付更多的个人资源，较少获取个人利益，则不仅会减少或消除不平衡感或不公平感，而且还会让下属被领导者的贡献精神所感染，并倾向于接受或主动接受来自领导的影响，主动效仿领导的贡献精神。这与我们平常所讲的“身体力行”所产生的影响力是一致的，也是符合领导干部革命化要求的。

2.胜人一筹

一般来说，领导的才能应该与所担当的职务相称，特别是教育系统的领导，不仅要有较高的政治素养和政策水平，而且要通晓教育理论，有超凡的组织能力、协调能力、公关能力、判断能力、决策能力等，能按教育规律指挥和管理学校。当一个人在能力、智力、技术、信息、知识等方面超过其职位所要求的水平时，他所认识到的是其他人尚未意识到的；他能够更早、更快地掌握重要的信息，并作出正确的判断，进行合理的决策。这样人们就会在实际工作中体验到领导的“高瞻远瞩”。随着领导工作业绩的不断积累，下属自然会对他产生一种信任、尊敬、服从的意愿，相信领导会带领学校不断走向成功，从而乐于接受他的影响，并且对领导的这种尊重也会随着领导工作业绩的增加而增加；同时，领导的个人权力也就随之加强，非权力的影响力也就随之增大。国外的有关研究也表明，权力总是流向首先拥有信息并知道“如何做对的事情”和“如何把事情做对”的领导者。

3.激浊扬清

古人云：“其身正，不令而行；其身不正，虽令不从。”可见，只有行得正、走得直的领导才有真正的权威。高校领导者要在工作中要努力做到激浊扬清，在弘扬正气、抵制歪风中提高自己的权威，具体可以概括为以下三点：

(1)良好的品格是前提，这是领导非权力影响力的核心。

(2)旗帜鲜明是关键。领导提倡什么、反对什么，是塑造良好校风的极为关键的因素，也是树立领导者良好形象的重要因素。

(3)公正无私是保证。孟德斯鸠曾说过一句名言：“对一个人的不公，就是对所有人的威胁。”如果领导者不因为某人与自己有某种特定的关系而在提升晋职中给予过分的照顾或在违背规章制度后大事化小、小事化了，下属就会被领导的正派而深深折服。

(三)洞察权力发展的趋势

从一定意义上说，权力只是一种手段，是达到目的的工具。但是，在现代社会中，手段显得更加重要。面对即将来临的21世纪，许多高级管理者都在研究权力发展的趋势，根据笔者的分析有以下几个方面：

1.权力重心的转移

从重学术到重管理，新型的高校领导者应更加重视管理的作用。在未来社会中，管理将越来越重要。过去的大学注重学术，而现在要重视管理。中国科学院院士、北京大学教授王选认为：中国企业最缺少的是现代化的管理。同样，中国高等学校也缺乏现代化的管理。

2.权力形成模式的变迁

从重经验到重规范，新型的高校领导者应接受系统的现代化管理知识训练。过去，大多数行政管理者在领导岗位上主要靠的是经验积累，缺乏系统的知识和专业训练，因此，其工作常常带有一定的盲目性。但是，现在不同了，科学技术迅猛发展，知识更新的速度不断加快。尤其是电子计算机的广泛运用，使整个世界拉近了距离，人们足不出户就可以了解世界各地发生的变化。所以，对于高等学校的领导者来说，如果现在仍然像过去那样仅凭经验办事，就可能会丧失时机。那么，最为有效的办法就是上任之前要接受一定的现代管理知识训练。据了解，北美大多数高等学校的校长是受过严格的管理培训的，并且大多数是哈佛大学和斯坦佛大学的毕业生。因此，我国高等学校的领导也应该学习一些现代企业和学校管理理论知识，从而实现从经验管理到规范管理的转变。

3.权力运用形式的变更

从重事务到重战略，新型的领导者应重视规划的作用。面对即将到来的21世纪，高校领导要想有效地使用权力，在权力的五种形式(法职权、强制权、奖惩权、专家权、参与权)中就要更加重视法职权的作用。在法职权中要特别强调决策权在法职权中的重要作用，因为决策在领导的工作中占有较大的比重。在当代社会，高级管理者应尤其注重决策、规划的作用。所谓规划就是在一定时期内对影响事物发展的因素作出合理的预测、判断和设计。对于高校来说，领导者的主要责任是对影响学校发展的重大问题，如对课程设置、学科发展、师资队伍建设、科研方向、后勤保障等作出合理规划，以求实现学校的长远发展。

美国高校实现新校长“软着陆”的策略[①]

大学校长的选拔和使用是各国都十分关注的问题。目前，我国高校领导班子正处于新老交替的阶段，如何使新任校长在尽可能短的时间内熟悉大学的情况、适应大学运转的需要是我国教育管理工作者和理论工作者探讨的热点问题之一。笔者认为，美国高校实行的新任校长“软着陆”这一做法很有启发意义，故专门撰文介绍如下。

“软着陆”是对经济运行状态的一种形象性比喻，即好比飞机经过一段时间的飞行之后，平稳地降落在陆地上。“软着陆”最早是作为经济学术语而出现的。其基本含义是：国民经济经过一段过度扩张之后，平稳地回落到适度的增长区间，即在一定时间内，全社会的人力、物力、财力（即综合国力）所能支撑的潜在的经济增长幅度。在本文中，“软着陆”是指高校领导班子变动之后，新任校长经过一段时间的熟悉和适应后整个班子开始正常的运作，没有因为领导的更换而引起方针、政策以及领导方式上的大的变动。美国高校实现新校长“软着陆”的具体策略包括以下几方面：

一、构建富有特色的新校长选拔机制和缓和过程是实现新领导“软着陆”的实践基础

美国大学校长的选拔与企业经理的选拔不同，美国大企业的经理候选人一般是在本公司各个部门工作过，并具有全面管理企业经验的人，也就是说，主要从企业内部产生。大学的情况则正好相反，一般说来，校长从大学内部选拔容易产生嫉妒，所以董事会一般倾向于从外部选拔校长。当大学校长位置空缺时，他们常常在全国范围内做广告，在性质和规模相近的学校或学术机构中在从事教学管理的人员中进行选拔。据统计，80%的美国大学校长是从其他大学和学术机构调入的。

① 本文原载于《辽宁高等教育研究》1999年第4期。

大学校长的资格因学校的类型、规模、地理位置和具体情况的不同而存在差异,但校长候选人一般都具有一定的学术背景,有丰富的管理经验和政治活动能力,能够与州政府和其他机构以及社会各界搞好关系。此外,候选人的个性也是一个重要的方面,如理性、礼貌、说服力、耐心、善于应付模棱两可的情形、能够倾听和理解争论对方的意见等。

大学校长的选拔工作一般需要几个月到一年的时间。首先由董事会制定选拔的程序,组成专门性的委员会。选拔委员会多数由董事会组成,也吸收教师、学生、职员、社区代表参加,选举结果最后由董事会裁定。当董事会推举出一名新校长后,艰苦的工作才刚刚开始。因为新校长的选择在转换新的领导机制中是相对容易的一部分,下一步将发生什么是更加困难和存有疑问的,也是容易被人们所忽视的。对一所大学来说,由董事会完成的这一转换,可能引起一场灾难,也可能是成功的预兆。

董事会经过长时间的研究,坚信自己找到了正确的人选,但并不意味着新校长的一切都符合大学的利益。董事会依据哪些方面的能力来选拔校长应引起人们的足够重视:如果董事会主要依据的是管理能力和政治能力,而不是学术水平,那么新任校长将缺少必要的学术水平和学术领导经验及领导艺术;如果董事会主要注重的是学术水平,那么新任校长将在学习和掌握管理技巧方面花费大量的精力,而没有多少时间考虑学术问题。上述两种倾向都会使大学受到损失。

为了避免上述两种倾向造成的损失,就要采取一定的措施,缓和转换过程,让新任校长顺利地实现"软着陆"。如果忽视新任校长的职能转换,就会给新任校长造成过度的压力,也会给学校带来不必要的冒险。帮助新校长顺利实现"软着陆"一般有以下几种方式:

(一)启用转换小组

该过程由董事会、高级行政官员和重要的教师共同参与,成立一个转换小组,为新任校长的转换期间(通常是指新任校长上任的前 3～6 个月)实现"软着陆"做好准备,完成大学从原任校长向新任校长的过渡。新校长到任后,转换小组应负责向新任校长介绍校园社区和有关人员,并开展其他支持活动。在这段时期内,新任校长开始对各种机构的情况进行熟悉,得到鼓励,而不是急于点"三把火"。通常的观点是,除非是学校陷入严重的危机,一般很少有必要让新任校长在上任的前 3～6 个月内作出关键性的决策。这对于新任校长的未来,包括整个学校、与高级行政官员及董事会的关系、工作方式都会产生深远的影响。

（二）试用“领导双轨制”

理想状态是把大学的学术和管理分开，分别由主管教学的业务领导和行政领导管理，但在实际中这是很难做到的。因为学术目标决定管理方针的选择，而行政决定又影响大学的学术工作，因此，试行“领导双轨制”的大学校长要有耐心，相互理解，工作上才能和谐相处，发挥领导班子的合力。

（三）发挥教务长和学院院长的优势

依靠教务长和学院院长进行学术领导，校长更多地从事对外代表大学、监督大学的行政和后勤系统的工作。在这种情况下，教务长和学院院长一定要真正懂得怎样进行学术领导，而且校长不仅要给他们足够的行政权力，还要给予足够的经费保障，使他们不至于在行政事务和经费筹措方面牵扯过多的精力，保证他们把精力集中在与教育教学相关的重大事情上。

（四）保持一元化的校长制

在这种情况下，校长由学术专家担任，而把更多的管理权威下放给真正的有管理才能的财务副校长和行政副校长，目的是建立和形成强有力的行政管理和财务管理的领导班子。这样校长在行政和财务方面除处理主要的大政方针和与教学有关的问题外，可以超脱一些，能够挤出一些时间更多地关心大学的教育教学工作。

二、克服普遍存在的错误认识是实现新领导“软着陆”的思想基础

在上述四种讨论中，一般认为第四种是比较理想的模式，但不论哪一种形式都需要大学中各个层级人员的理解和支持。可是大学中的中高层领导和教师的一些错误认识也会成为新任校长顺利实现“软着陆”的障碍。这些错误认识包括以下几种：

（一）准备让校长领导一切

许多校长原来曾是学术副校长，他们的精力主要集中于学术活动和与教师相关的活动上，并不过多地关心人际关系、资金升值、政策、公共关系、财政等方面的事情，而一旦成为领导，几乎毫无例外在上任之初就要面对全新的工作局面，措手不及地开始应付他们的职责，减少他所熟悉的学术项目，把过多的精力用于行政工作方面。

人们习惯上都期望新任校长成为一名好校长，他们本人也期望自己能够做

得更好，但如果下属不能向新任校长提出自己的好建议，只等待新任校长去领导，而校长本人又不能或不愿意承认自己在一些问题上的不确定性，就会形成一种不真实的人际关系和传统期待，新任校长们就容易在没有深思熟虑之前便作出决定，从而产生难以预料的后果。

（二）新校长能够领导一切

这是来自下级的另一种复杂情况。我们知道，领导不能脱离实际而孤立地作出决策，但我们的行为往往与之相反。尽管新领导到这个学校的时间很短，在对一些特殊问题采取什么措施方面远不如学校原有的高级行政人员，但下属往往会出于对领导的尊敬而请示领导指示，而不是出于真实的需要。如果新任校长误解了或没有真正理解这些请求的性质，就会更为被动；如果新任校长不能研究学校的实际情况，凡事从自己的主观意愿出发，而且非常强硬和自信，很可能就会作出错误的判断，甚至产生失误，此外还会导致所有问题都要向校长请示的现象，从而形成一种螺旋式下降的趋势：校长不能做他应该承担的工作，整日杂事缠身，逐渐失去校长应有的作用。

（三）"校长"是第一位的，"权力机构"是第二位的

校长是大学最重要的行政官员，但是他并不能凌驾于权力机构之上，因为大学的一切人员，包括董事和校长本人都必须服从校内的规章制度，而不能要别人服从他本人的意愿。其实，校长办公室是一种权力和重要性的象征，只要校长能够认识到并利用其几乎是用之不竭的个性、洞察力、先见性；教师群体也是一种丰富的资源，与教师的融洽关系常常可以取得事半功倍的效果。校长的象征角色（symbolic role）和行政角色（administrative role）是不同的。如果一个校长理解了象征角色，他就可以充满快乐与成功地执行其职能，并且在学习行政角色时花费最少的时间，与同事们建立和谐的人际关系。新领导不是去要求同事们做什么事情或是要他们做什么决策，而仅仅是建立一种一对一的关系，也许只是感情上的，但这种象征性的态度可以激励大学员工在没有校长的督促下，自觉地行动，从而发挥各自的积极性，产生最大的效益。

三、掌握新任校长工作初期的技巧是实现"软着陆"的策略基础

新任校长职能转换的时间愈短，就愈能发挥其强大的作用，因此掌握一定的技能就显得尤为重要。领导不仅是一门科学，而且是一门艺术。对于新任校长而言，要掌握以下技巧：

(一)学会聆听,发展"第三只耳朵"

聆听包括听到、理解并记住。大多数新任校长认为他们是一名很好的聆听者,当然他们中的许多人的确是很好的聆听者,但是众多的责任和机会摆在新任校长面前时,他们往往很难听进那些有助于自己成功的支持者们的好的建议。不能很好地聆听常常会给以后的工作带来许多困难。

好的聆听技能是通向解决工作中复杂和颇具争论性的问题的最有效的途径之一,因此,新任校长要发展他的"第三只耳朵",找到事物表面之下的关系和争论的价值。

(二)识别真伪,防止受骗

那些可以和校长经常交谈的人几乎都是可以信任的。他们热情、忠诚,而且常常具有渊博的知识和很强的说服力。正因为如此,新任校长也容易被欺骗,而他本人很可能对此永远都不知道。

仔细地听、很好地判断、谨慎地思索,有助于新任校长识破某些骗局。一般说来,那些与校长最亲近的人都了解怎样正视或利用校长的弱点。而对于校长来说,聪明的做法是偶尔进行一次检查,或对证实一些事实给予额外的关注。如为了获得其他信息,增加对原来不感兴趣的内容的了解,都会给校长带来极大的自信。

新任校长通常愿意被看作是果断的、行为定向的领导。但古话说得好:"一失足成千古恨",这样的事例在校长决策中也不少见。许多极为重要的事情需要在长期酝酿、反复思考后作出决策。校长应该看到决策的长期效果。

(三)寻求参与,谨防孤立

在大学里,许多因素会导致校长封闭在办公室里,埋头处理成堆的公文和财务预算数字。人们可能发现校长的下属中缺少必要的快乐,而围绕他的是一群效率极高的公务陷阱。

新校长应作出特别的努力去访问学校中尽可能多的人和地方,在与教师或管理人员的偶然谈话中,许多校长都会发现一些不同于官方的调子,并且比在实际中执行的规范还重要。校长可以把有些谈话留在方便的时候或时机成熟的时候进行,因为并不是所有的事情都可以拿到校长办公会上解决。

校长还可以在午休时到文印室、教师休息室坐一坐,在那里会得到很多信息。千万不要忽视参加学生聚会和一些重大活动,警惕被所谓的"安全"而孤立。

（四）学会授权，激励下属

在领导的所有技能中，知道怎样授权（而不是微观管理）是校长技能中最难掌握的一种。新任校长常常表现得富有热情、工作努力、有洞察力，认为他们能够也应该管理学校运作的每一个方面，这就错了。如果校长不仅设定目标、确定时间表，而且还要告诉下属如何操作，完成计划，那么即使再好的意愿也不能把事情办好，而只能把事情搞糟。如果校长不能把次要的决策下放给中层领导、把次一层的决策下放到基层，校长就会陷入僵局。

事无巨细的微观管理会损害下属个体的独立性和对胜任的自信，同时也不可能激励下属承担更大的责任。授予权利的同时赋予责任会极大地加强下属的工作力度。

（五）抛弃幻想，逐步改革

新任校长常常有不切实际的想法，事实上，他们之所以被聘用，就是因为他们很“能干”和富于创新精神。他们因此会觉得大学中的每个人好像都在等待他们去领导一样。

在所有的可能性中，没有比真实更重要的了。绝大多数大学在欢迎新任校长的同时，也带有一些怀疑、焦虑和担忧。有人曾指出，人们并不担心改革，只是不要改革他们自己。

一般情况下，新任校长首先要了解学校的特性和潜力，然后逐步地实现改革。下属只承认有信誉的校长，新任校长应通过这样的方式来表现自己：提出问题、评价机构的优势和劣势、发现潜在的问题、赢得下属的信任和支持、对学校的所有方面显示出浓厚的兴趣。作为新任校长还应切记：不要有不切实际的幻想，不要发怒，慢慢来才能赢得校长的真正权威。

以上对校长的劝告是让他们在采取行动之前谨慎从事，避免“预备、瞄准、射击”共存的情况。这一点对于新任校长在就任的短时间内建立首席高级行政官员的威信十分必要。

（六）面对现实，善对重压

一个校长最辉煌的时期是就职、了解学校的情况、记住并认识教师、职员和支持者的时期，这些是最简单的，也是最容易做到的。然而，最糟糕的是压力很快会出现：令人吃惊的预算赤字、主要的行政官员辞职、入学注册率下降、对委员会的种种批评等这些压力似乎无休无止，许多新任校长发现现有政策对诸如此类的现象显得苍白无力。如履薄冰、进退维谷是对此时校长的最形象比喻。

与此同时,办公室的压力也迫使聪明的校长以积极的方式去认识和采取行动,以避免过度的工作、过度的焦虑、过度的放任。但是没有一种方法能够减轻工作情境和人际关系造成的压力,因此,学会面对现实,勇敢而聪明地化解来自各种不同精神焦虑和人际关系的压力就成为新任校长工作中的重要任务。消除紧张的方法包括适当地休息,合理安排工作时间,进行运动,安排好家庭生活,发展自己的爱好,以及保持健康的饮食习惯等。如果新任校长要寻求职业成就和家庭幸福之间的平衡,就应该重视过度紧张的迹象。

最后的劝告是:作为一名新任校长,应该把所有好的、具有建设性的见解带到新学校,但不要说:"我在原来学校的工作做得相当出色",要避免将新学校同自己原来工作的学校进行对比,因为对比的结果常常给人以另一个地方比这里更好的感觉。

关于美国高等学校在中小学改革中的角色的思考和启示①

20 世纪 80 年代以来，世界各国都在纷纷进行教育改革。教育改革的总趋势是：把提高教育质量和扩大入学机会作为改革的主要目标；强调高等教育与经济的联系；重视高等教育发展中的创造、保存和在最高层次上传授知识方面的重要作用，并审视高等教育在整个教育发展中的重要作用。

美国是世界上教育最发达的国家之一，近年来，美国教育界针对世界科技迅猛发展的势头以及国内社会发展对人才需求的趋势，开展了许多研究以回顾和反思美国的教育改革，凯迪·黑克就是其中的一位。她作为美国高等教育协会教育信托基金会的主席，曾在 1996 年的《变革》杂志上撰文指出，在美国教育改革中，高等院校的领导者应重新考虑他们在中小学改革中的角色。②

一、凯迪·黑克对美国教育改革反思的主要内容

凯迪·黑克认为：在过去的 20 年中，美国大多数院校都与附近的中小学开展了一系列合作项目。这些项目包括帮助在高中学习的少数民族学生提高学习水平，以及帮助任课教师改进课程内容和教学方法等。这些项目对所帮助的教师和学生来说是相当有益的，但是正如美国教育界已经看到的那样，对于教育总体来说，在这里搞一点改革、在那里搞一点合作并不能取得预期的效果。高等院校的领导者需要用不同于以往的方式，从一个全新的角度来看待他们同中小学之间关系的性质，并开始思考和行动。

(一)重新思考的原因

凯迪·黑克认为，我们为什么要重新思考和为什么现在思考高等院校和中

---

① 本文原载于《辽宁高等教育研究》1997 年第 2 期。

② Thinking differently about school reform, Kati Haycock, Spring, Change the Magazine of Higher Learning, 1996, 28(1): 12-18.

小学之间的合作关系，主要有以下四方面的原因：

1. 学生的学业水平之低令人难以接受

众所周知，高等学校是培养高级专门人才的场所，学生质量的高低是衡量一所学校优劣的重要指标之一。但是，近些年来，美国学生的学习水平之差已到了令人难以置信的地步。现在，给大学一年级授课的教师不必去阅读美国国家评估教育项目的年度报告，他们每天都可以清楚地看到这些已经从高中毕业了的学生的低劣的学业水平。即使是那些进入大学后时常得 A 或 B 的学生也不能够十分清楚地书写，不能自如地使用计算机进行批判性的思考，等等。那些来自少数民族以及贫困家庭的学生表现得就更为明显了。但遗憾的是，高校对这一现象并没有采取任何形式的限制措施，致使这种现象日趋严重。

2. 教育机会的均等仍是空洞的许诺

教育机会均等与社会公平是美国教育界长期争论不休的论题，美国曾一度把实现教育机会均等作为社会公平的重要目标，并采取了一系列措施。譬如，近 20 年来美国公立学校在改善和提高少数民族和贫困地区学生的学业水平方面是颇有成效的。在 20 世纪 70 年代以及 80 年代早期，白人学生与黑人学生的成绩差距缩小了近一半，白人学生与拉丁语系的学生的成绩差距缩小了近三分之一。

基于以上所取得的成效，美国学校降低了录取分数线，提高了入学率，但这一成效正在受到侵蚀。在过去的 4 年中，已经缩小的距离在“我们的高等教育是面向所能够从中获益的人”的呼声中又开始拉大，这说明教育机会均等只是昙花一现。

3. 美国学生目前受教育的原则急待改进

在美国，中小学实行 12 年义务教育。根据 12 年义务教育的有关要求，改革者认为过去的原则在新世纪中将不再发生作用，需要为受教育的美国学生制定新的原则。他们有以下一些观点：

(1)应该使用积累学分的时间系统和卡耐基单元测量学生进步的方法，以了解学生知道了什么和能够做什么。

(2)不应简单地要求学生学习某门课程，而应代之以教育权威检查学生学习这些课程当中的某些内容。

(3)根据现代社会的要求，不再对学生进行上大学与不上大学的划分，而是要使所有学生都接受高水平的教育。

(4)博固然重要，深更为重要。

(5)能力测验的本身并不是我们研究的目的，测验是要筛选优胜者，对学生进行操作评价，并反馈学生的努力情况，这才是我们所要研究的真正目的。

4.中小学改革急需高校的参与和支持

教育是一项系统工程,基础教育和高等教育是教育的两大重要组成部分。中小学教育是高等教育的基础,而高等教育的发展又为中小学教育提供了导引和支持。人们的偏见在于忽视两者之间的有机联系与合作,往往是中小学教育的领导者强调中小学校的基础作用,而高等学校的领导者则强调高校培养人才的专业性的重要性。现在,美国教育已到了必须认真思考两者并真正付诸行动的时候了。譬如,为什么45分钟一节课?为什么要把学习的知识分为五门主课并且单独教授?为什么把一学年分为15～17周的两个学期?为什么时间和知识的广度比理解更重要?这正是高等教育要认真研究的。

关于这些规定是很久以前制定的,几乎没有人能记得清是在什么时候,但我们一直在沿用着。但是,如果某一天这些规定不能很好地起作用,我们就有义务去改进它们。而要研究上述看似平淡却又十分富于实践性的问题,没有高等学校的参与就无法进行下去。

(二)教育改革的策略

凯迪·黑克认为,目前世界各国都在进行教育改革,但各个国家的情况又有所不同。这几年似乎形成了这样的共识:教育系统以及它的所有规定和假设都是统一整体的一部分,单单作用于某一个方面是不行的。现在全社会需要对教育改革进行系统的研究。对于美国而言,教育改革的主要思路是:绝大多数的学生分布在某一标准的上下,如果我们相信所有的学生能够达到某一较高的水准,那么必须围绕这个目标以及地方或州的教育政策来组织课堂教学及学校的活动。根据美国教育的实际情况,这项研究提出的改革策略有以下七个要点:

(1)对于所有学生应知应会的内容应制订一个明确的、高水平的标准或目标。

(2)利用发展性测验来测量学生的操作能力,而不是现有水平。

(3)如何使学生达到高水平的标准,地方教师、管理人员、学生家长、技术人员有责任在课程和课堂教学上做其他方面的改进。

(4)为教育者和其他担当新角色的人员提供重要的职位和组织发展的机会。

(5)保证所有的学生拥有达到这样一个新标准的平等机会。

(6)保证学校及社区每年得到改进的学生的人数达到州的标准,这其中包括贫穷地区和少数民族地区的学生。对取得进步的学校及社区给予奖励,对未取得进步的要进行督促。

(7)定期向上一级部门报告学生达标的情况。

(三)高等教育的重要任务

在一个社会中,高等教育既是经济发展的一种动力,又是终身教育的一个核心组成部分。它既是知识的保管者,又是知识的创造者。在未来社会,高等教育和高等教育机构的重要性将越来越重要。凯迪·黑克认为,对于美国来说,在领导者由12年义务教育转向对改革的系统研究时,摆在高等学校领导面前的问题是:高等院校是否能转换职能?面对系统改革中的众多任务,必须分清轻重缓急,并采取必要的措施。

1.高等教育领导者应加强对基础教育现状的理解和认识

在美国,现在无论是商业、劳动还是大学的领导者们都认为国家面临的最大危机是12年义务教育的危机。如果美国不能解决好这一危机,就不可能取得21世纪的成功。但是,高等教育的领导者们一直都保持着沉默,仅有个别的院校长们或教师中的高级成员与地方中学校长坐下来,互谈各自工作中的变化以及社会普遍存在的问题,讨论这些问题与现象要求学校作出怎样的改革。鉴于上述情况,美国高等教育的领导者需要加强对基础教育改革现状的理解,高等院校的院校长能帮助基础教育的最简单、最有力的方式是:在任何可能的场合下把这一观点融入其讲话或建议,也可以向地方中学校长提供其他方式的帮助。

2.高等学校要提高学生应知应会的水平

美国关于学校主要学科学生应知应会的标准已经公布,州及校区现在有责任应按照国家标准制定各自的标准,并把它作为《2000年目标》和《改进美国学校的行动》的义务的一部分。现在,让高中阶段的教育管理者(包括领导和教师)在投身于12年义务教育标准的同时发挥他们的助手作用,这是十分必要的。更重要的是,高等院校的教师应与地方上的12年义务教育的合作者参照国家及州的标准,检验学生样本与这个标准的符合情况,以确保学生达到这一标准,并在课堂教学中付出努力。地方上的这一工作过程是极其重要的,因为简单接受上面的高标准就如同是一个可以被忽视的标准一样。

3.高校学生入学工作应与新的评价标准相结合

近年来,各国对教育评估越来越重视,并日益强调学校的参与和对教育的推动作用。在美国,高校评估与12年义务教育改革方向存在的不协调现象正在增大。的确,绝大多数中学的改革者认为,高校入学测验在学生学习的有效信息和加强学生学习动机方面几乎是空白。如果对此不加限制,这种不相协调的现象将给12年义务教育的标准化、操作化评价带来严峻的后果。许多有识之士,尤其是学生家长,不断就有关如何改进高校学生入学问题向子女就读的中学提出改进建议。

美国的教育官员认为，虽然展开新的评价工作十分困难，但是必须静下心来明确表述入学资格与安置的标准，列出与 12 年义务教育相一致的细目，并分发到教师、学生、家长的手中。人们不必再去抱怨这种达标比获得 GPA 和 SAT 的入学资格要难多少，而应该与政府部门携手建立高质量的标准化、操作化评价体系，使学校的学生工作无懈可击。这样就可以让所有愿意进入大学学习的人实现他们的理想。一些高校，如俄勒冈州立高等教育中心、威斯康星中心大学、北卡洛林纳大学已建立了比较完备的、与 12 年义务教育相一致的、操作化的入学过程。

4. 高等学校应把教师的岗前培训和职业发展作为一项紧迫的任务

在未来社会，作为学校改革中的一个重要的变革因素，教师的重要性日益受到重视，各国都在提高教师素质方面采取了一些有效的措施。1986 年，美国卡耐基教育和经济论坛“教育作为一种职业”工作组发表的“国家为培养 21 世纪的教师做准备”的报告对提高教师质量、提高教师地位、改进教师的培训制度、改进现行师范教育状况提出了建议。尽管现在情况有了一定的进展，但是，整体情况并不理想。为教师行业引进最优秀的新成员并不仅仅依赖于岗前的培训，还依赖于把最好的学生招收和保留在高校中。

为使学生达到新的标准，对于教师而言，教学策略在当今课堂中就成了教好各类学生的必要条件。但有一些教师存在着相当严重的问题，在他们所教授的内容范围里缺少基本的技巧。现在最大的问题是，如果教师自己不能达到新的学科内容标准，他们又如何能使他们的学生达到这一标准呢？自从《民族面临危机》发表以来，美国各地高校纷纷开设了帮助教师深化知识、改善知识结构的项目。但是，这些项目的实施并没有满足众多教师的需要，而且在与学校制定的教学实践的持续改革方面缺少足够的连续性。

针对上述情况，美国高等学校需要与 12 年义务教育的学校、校区、教师协会等组织进行合作，形成使所有教师在职业上不断得到发展的基本设施与培训能力。总之，教师与其他行业的职工一样，需要定期进行培训，以赶上本领域发展的潮流，并加强对其实践工作的持续支持。

5. 高等学校要重新设计研究课题并与中小学校实行成果共享

近年来，高等院校的领导者们在了解人的大脑构造和人类是如何学习等方面取得了长足的进展，而且关于身体健康、心理健康和学习之间的相互关系我们现在知道的比我们过去了解的要多得多，但我们尚未有效地共享我们习得的经验，以及发明的对教育有益的高科技产品。美国的高等教育领导者需要为基础教育事业共享这些领域或其他领域的先进成果创设条件。

许多中学教师和管理人员认为，高等学校的研究课题面面俱到，但没有哪一个方面对他们来说是重要的，这就要求高等学校在研究课题与基础教育实际需要之间找到结合点。最近，联邦基金会建议：在近几年，更多的研究基金会要把更多的资金投向人力资源问题的研究上，而不仅仅是支持那些高校教师早已熟知的领域和题目。例如，按照惯例，国家自然科学基金预算是支持高校研究者的，但现在则转向基础教育的自然科学和数学教育等学科；国家慈善捐助也进行了类似的努力，尽管这种转变并不很明显。同样，像福特等一些私人基金会也都把12年义务教育改革放在了极为重要的位置，并相应削减了传统上对高校研究项目与活动的支持。

6. 高等院校要加强对中小学校的及时反馈

正如由雅克·德洛尔任主席的国际21世纪教育委员会向联合国教科文组织提交的报告中所说的那样："大学作为科研和知识创造的自治中心，可帮助解决社会面临的某些发展问题。"[①]现在，美国中小学存在许多问题，最突出的是教育质量问题，这就需要高等学校提供必要的支持，如建立联系反馈制度、提供智力支持等。当然，美国一些高校在这些方面也做了一定的工作。比如，许多高等院校向高中提供了其本科生在高校经历的详尽信息，这类资料通常包括进入大学的人数，进行课程补习人数的百分比，以及进入一年级后的全部表现。但是，这些信息在完成了其历史使命后就被闲置于咨询者的案头之上，这不能不说是一种遗憾。

7. 高等学校应加强市场意识，形成"学校是雇方"的观念

由于科技的发展引起的产业结构、生产方式的变化，美国的高等院校必须适应经济发展的需要，因此，高等院校常常是所在社区中最大的雇方，他们雇佣的大部分人是当地中小学校的学生的家长。一些作家长的雇员定期并相当灵活地访问子女所在的学校，但大多数家长做不到。大学的领导者需要考虑自己应该如何激励雇员参与到对自己孩子的教育中。高等院校应该成为制定有见识的人事政策的典范。这些政策包括：给家长定期走访子女学校的时间的政策；为学校家长会或学校改进策略提供讲座的政策；激励学生家长进行自身继续教育的政策。

凯迪·黑克认为，基础教育和高等教育两个教育系统相互关联，不能简单地在一个系统中实施改革，而对另一个系统置之不理。美国高等教育需要进行的改革绝不少于12年义务教育的改革。尽管美国各级教育领导对改革有了很好的了解，但这仅仅是一良好的开端，在教育领域取得深入的、最后的成功还需要艰苦的努力。

---

① 由雅克·德洛尔任主席的国际21世纪教育委员会联合国教科文组织提交的报告《教育——财富蕴藏其中》，教育科学出版社1996年出版，第124页。

二、对我们的几点启示

人类即将进入21世纪，世界各国的教育行政部门、教育工作者都在探讨教育如何面向21世纪，人们所做的工作可以简单地概括为：回顾过去，展望未来。凯迪·黑克所做的关于美国高等学校在中小学教育改革中的角色的回顾和反思无疑对于我们深化教育改革有一定的启发意义。

(一)正确认识基础教育和高等教育的关系已成为我们深化教育改革的一项重要内容

1985年，《中共中央关于教育体制改革的决定》的颁布标志着中国教育改革的开始，经过12年的改革与发展，我国教育改革和发展已积累了丰富的经验，取得了不少战略性成果。例如，确立了优先发展教育的战略观，教育与经济、文化协调发展的战略观等。然而，我们也必须清醒地认识到：在教育改革的理论与实践上，仍面临许多问题，尤为突出的是，如何处理好基础教育和高等教育的关系，如何把握教育改革的战略重点问题等。

正如由雅克·德洛尔任主席的国际21世纪教育委员会向联合国教科文组织提交的报告中所说的那样："基础教育是必不可少的'走向生活的通行证'，它使享受这一教育的人能够选择自己将要从事的职业，参与建设集体的未来和继续的学习。""中等教育是人生的十字路口。""高等教育是一种具有传统使命和新使命的教育形式。"①在我国教育发展史上曾经多次出现过高等教育膨胀发展的沉痛教训，以及过分强调高等教育的作用而忽视基础教育的现象。根据我国的国情，社会发展的重点和难点在农村，因此，也决定了我国教育发展的战略重点应由高等教育向基础教育转移和倾斜，没有整体国民素质的提高，实现现代化就只能是一句空话。值得高兴的是，1993年3月31日，中共中央、国务院印发的《中国教育改革和发展纲要》明确提出了到本世纪末我国教育发展的目标、战略和指导方针，并较为明确地把基础教育作为教育发展战略中的重点，这无疑是对多年来教育发展经验总结的结果。但关键的问题是把基础教育作为教育工作的"重中之重"，要使之成为全社会的共识仍需要做很多的工作。

(二)高等学校既要面向经济主战场，又要为基础教育提供必要的支持

众所周知，基础教育是提高民族素质的奠基工程，应大力加强；同时，高等教育担负着培养高级专门人才、发展科学技术文化和促进现代化建设的重大任

① 由雅克·德洛尔任主席的国际21世纪教育委员会联合国教科文组织提交的报告《教育——财富蕴藏其中》，教育科学出版社1996年出版，第122～123页。

务，也应不断加以改进。在教育改革的时代，高等教育领导者、教育工作者应注意的问题是：一方面，高等学校要面向经济主战场，发展高科技；另一方面，要为基础教育提供必要的支持。

1. 高等学校要为中小学提供必要的教师培训和提高业务

首先，高等学校是学习的场所和知识的源泉。大学聚集了与知识的发展和传播相结合的所有传播职能：研究、革新、教学和培训，这是其他教育机构所无法比拟的。其次，“在知识和信息迅速的时代，人们相信高等教育机构能够满足越来越多而又各种各样的公众的教育需要的时代，高等教育机构师资培训的质量和教学质量日益重要。高等教育机构在师资培训方面、在不同属于高等教育的师资培训机构建立联系方面，以及对负责师资培训的教师进行培训方面都起着决定性的作用。”①目前，在基础教育领域正在进行一场深刻的变革——实施素质教育，而实施素质教育的根本在于建立一支素质优良的教师队伍。尽管改革开放 12 年来，我国在教师队伍建设方面已取得了很大的成就，但是教师队伍的整体现状仍不能令人满意，急待进行培训和提高。而笔者认为，高等教育在基础教育改革中要想发挥作用的话，高等学校首要的任务是要为中小学校提供必要的教师培训和提高业务。

2. 高等学校科学研究既要面向高科技，又要面向基础教育

高等教育在社会经济发展中的地位和作用日益受到重视，其主要的原因在于高等学校培养了大批高科技人才，他们的研究与开发推动了经济的发展。近几年，根据小平同志“科学技术是第一生产力”的科学论断，自 1991 年国务院转发了国家教委、国家科委《关于加强高等学校科学技术工作的意见》之后，高等学校的科学技术和科学研究工作有了很大的进展，高等学校的科学研究日益面向高科技和经济市场，这是可喜的一面。但不容忽视的是，有些研究仍停留在研究本身，还不能有效地转化为现实生产力，同时，对基础研究不够重视、应用研究跟不上的问题也十分严重。尤其是对教育改革实践中出现的新问题往往研究滞后，对实践缺乏有效的指导。例如，在实施素质教育的过程中，高等学校如何为中小学提供必要的智力支持以及理论指导等。现在，大多数高等学校的科研课题重复性研究多，理论阐述多，可操作性方案少，这对本来教育经费就不充裕的高等学校来说是一种极大的浪费。因此，在当前，要深化基础教育和高等教育改革，高等学校的教育管理者务必要重视两者之间的相互作用和联系，从而使高等教育为基础教育创设良好的条件。

---

① 由雅克·德洛尔任主席的国际 21 世纪教育委员会联合国教科文组织提交的报告《教育——财富蕴藏其中》，教育科学出版社 1996 年出版，第 125 页。

教育与互联网发展

治理视角下的教育舆情研究：问题与对策①

一、教育舆情研究的现实性与紧迫性

（一）教育正在经历“管理”到“治理”的转型

目前，我国政职能部门越来越强调“治理”的概念，而不是“管理”。传统的管理往往是通过行政法规制度、行政指导、行政命令等上级对下级的执行与监督过程来进行，往往灵活性、创新力不足，容易产生资源浪费、效率低下等不良结果。“治理却是一个包含多元主体围绕一个目标，共同参与、协调互动的过程……现代教育治理体系的核心是正确处理好政府、学校、社会之间的关系，建立完整的治理结构。”②在高等教育领域，由管理向治理转变，实现教育治理体系和治理能力的现代化，已成为我国高等教育改革发展的重要现实任务。对于高等教育管理者来说，如何全面准确地认识教育舆情的研究价值，如何把握教育治理面临的新态势、提升教育舆情研究能力，对于推进教育治理能力现代化具有重要的现实意义。

教育舆情是教育领域内产生的舆情，具体可理解为在一定的社会空间内，围绕教育领域的“中介性社会事项的发生、发展和变化，作为主体的民众对作为客体的国家管理者产生和持有”③的群体性“情绪、意愿、态度、意见和要求的总和及其表现”④。而教育舆情研究则是通过一系列定性和定量的科学研究方法，围绕教育舆情所开展的研究。

要正确处理好政府、学校、社会之间的关系，离不开高效的教育传播和准确

---

① 该文原刊载于《现代传播》2015 年第 1 期。

② 邓云峰：《从教育管理走向教育治理》，《未来教育家》2014 年第 4 期。

③ 王来华：《舆情研究概论——理论、方法和现实热点》，天津社会科学院出版社 2003 年版，第 33 页。

④ 张元龙：《关于“舆情”及相关概念的界定与辨析》，《浙江学刊》2009 年第 3 期。

的教育舆情监测。在治理视角下，审视教育舆情研究的价值十分突出，主要体现在以下四个方面：有利于提高政府在教育领域的危机管理水平，有利于进行舆论引导，有利于实现教育决策的科学化，有利于政府形象的维护和提升。在当前的传媒生态环境中，教育治理产生了两大新的特征：对大数据的需求日益凸显、社交化媒体成为新的舆情发源地。教育治理面临着前所未有的机遇和挑战，迫切需要教育舆情研究提供智力支持。

（二）教育治理面临的新态势

纷繁复杂的网络环境给教育行政部门和学校提出了挑战：把握正面积极的舆论导向，获取准确科学的舆情信息，甚至提前预测到舆情危机事件……这些在传统媒体环境中相对可控的事情，在网络环境中变得异常困难。在信息社会，舆情危机的高强度、广覆盖使得危机处置的成本达到史上最高；而随着大数据技术的发展与推广，未来科学决策将更加依赖有说服力的数据以及具有前瞻性的科学预测。如何在错综复杂的网络信息中发现教育舆情危机并且及时进行危机处置以提高科学决策的实效，需要可靠的高水平教育舆情研究作为支撑。因此，教育治理呼唤新的手段。随着网络化对社会生活方方面面产生的影响不断加深，教育治理必须紧跟新的传媒生态环境，采用最新的舆情监测手段与分析方法，保持长期、专业的科学研究；否则，在新媒体技术平台中，教育治理将陷入“缘木求鱼”的窘境。

1. 教育治理需要数据技术作为支撑

面对爆发式增长的海量网上信息，传统的监测方法已经行不通。首先，随着数据库、云计算、人工智能、语意网和面向服务的体系结构、地理定位技术等网络技术的进步，开放技术的推广和深入，以及移动智能终端的不断发展，互联网发展正从Web2.0过渡到Web3.0阶段。在WEB3.0时代，传媒生态的特点突出表现为数据化、网络化。其次，随着社会化媒体的发展壮大，个人或者团体、组织与专业媒体机构共同通过社会化媒体平台，进行信息互换、资源共享。如何在大数据的快速增长中把握住舆情的整体态势，在大数据的庞杂中把握住舆情的重点，在大数据的无序中探索出舆情传播规律，给舆情研究发起了重大挑战。当前，网络舆情研究的价值与难度都是前所未有的。教育治理不仅需要信息技术提供信息沟通交流的手段，更需要数据技术（DT，Data technology）为危机管理、科学决策提供预测和相应的解决方案。

2. 教育治理需要专业科研机构作为智库

目前，我国缺少专业的教育舆情研究机构，而教育治理的推进离不开专业科研机构的智力支持。在我国舆情研究领域，商业机构介入较多，开发各类舆情监测系统的公司有200多家，它们主要是通过自主研发或者购买的搜索引擎技术和文本挖掘技术进行教育舆情的数据挖掘，根据客户的需求提供相关数据报告。商业机构的舆情研究主要是以商业利益为驱动的，缺乏专业的教育学知识积累，研究成果往往欠缺深度，有的甚至是低水平的信息收集与发布。另外，从高校舆情研究来看，以复旦大学、人民大学、南京大学、上海交通大学、北京交通大学、北京理工大学为代表的国内高校也开设了各自的舆情研究中心，并且定期发布舆情研究报告。但是，我国高校舆情研究仍然处于初级发展阶段，存在着研究机构数量少、研究同质化、技术开发能力弱等问题。综合各方信息，国内6所高校舆情研究室的研究现状也反映出目前我国舆情研究的发展概况，主要内容如下表所示。

中国6所高校舆情研究实验室的舆情研究现状[①]

高校舆情研究实验室	合作机构	研究内容	研究方法	服务对象
复旦大学舆情研究实验室	上海态格信息技术有限公司	对海量网络数据实时自动获取、提取、分类、聚类、专题监测、话题聚焦，并进行深度分析、舆情研判[②]	大规模文本处理、自然语言智能处理和舆情监测技术	政府、企业
人民大学新传媒网络舆情技术实验室	北大方正智思研究院、百度公司	热点事件追踪、主题演化分析、正负情感评价等；意见领袖的分析、网络舆情危机的预警及传播修辞学语料库等	网络舆情分析、网络内容的价值挖掘等	政府、科研机构
南京大学谷尼舆情研究实验室	谷尼国际软件（北京）有限公司	新闻信息汇总、搜索数据分析	电话抽样调查、内容分析、德尔菲法、网络定向搜索	各级政府宣传部门、媒体及企业等社会组织

① 参见《我国六大学院派舆情研究实验室》，www.xinhuapo.com，2011年1月10日。

② 参见复旦大学舆情研究实验室：《实验室简介》，http://www.taikor.com/aboutus.html，2012年5月10日。

续表

高校舆情研究实验室	合作机构	研究内容	研究方法	服务对象
上海交通大学舆情研究实验室	外部没有长期战略合作伙伴	构建社会舆情指数、舆情应对能力评估指标体系、危机事件中政府形象评估指标体系等①	自主研发舆情监测分析系统、建立五大案例数据库与三大舆情指标体系	政府、企业及社会组织、个人
北京交通大学网络安全研究中心	北京市互联网宣传管理办公室	网络舆情安全研究、网络舆情产生、传播、控制等方面的研究	建立具有自主知识产权的网络舆情平台②	以服务政府为主，其次为企业服务
北京理工大学网络与分布式计算实验室	自主研发	构建网络舆情分析与预警平台，对舆情传播态势进行研判	以计算机网络和分布式计算技术为主	为政府服务

二、当前我国教育舆情研究存在的主要问题

当前，我国教育改革已经进入"深水区"，教育舆情研究有助于全方位了解教育相关的社会话语表达、社会心理、社会诉求，可以更好地进行教育体制改革，促进教育公平、公正的实现。然而，我国的教育舆情研究还处于起步阶段，虽然在一些高校或者研究机构有对教育舆情领域的专门研究，但是与教育发展的客观要求相比还有许多不适应的地方。主要表现在以下几个方面：

（一）研究内容浅层化

目前，我国对教育舆情的研究是低层次的。具体表现在：

第一，对教育事件的舆情研究很多，对数据的分析却不够深入。媒体对教育舆情的研究目前只限于对一段时间内关注度较高的教育事件进行解读和评论，这种研究是具体的，却不具备普遍的参考价值。同时教育研究机构或舆情研究机构对教育舆情的研究由于受到人才、资源和研究视角的限制，都侧重于某一方面，或是集中在对于教育事件、教育政策法规的舆情解读上，或者偏重在对于数据的采集和量化分析上，而对数据的传播学意义、教育学意义的解读则

① 参见上海交通大学舆情研究实验室：《让舆情研究跟上时代的步伐——社会舆情的界定》，《中国社会舆情与危机管理报告》，2011年7月。

② 参见"北京交通大学网络舆论安全研究中心"百度百科词条。

不足。

第二，侧重网络教育舆情的分析，对线下的民意调查的研究不充分。当前对教育舆情的研究主要都是通过在网站、论坛和微博等网络媒体上对有影响力的教育舆情事件进行分析、对教育相关的关键词进行抓取和作一些量化分析。因此，往往只专注于网络教育舆情研究，并不能完全反映出民众对教育的群体性情绪和态度。

第三，现象研究过热，理论研究尚未成体系。在我国，对教育舆情的研究主要关注舆情信息工作、舆情机制、网络舆情等，对教育舆情的相关理论探讨不够。国外的舆情研究主要集中在舆论的主体客体、民意调查以及舆论、媒体和决策之间的关系等方面的研究，具备健全的理论与应用体系。

（二）研究方法狭隘化

目前，舆情研究所采用的数据采集技术大多为网络爬虫技术、分词技术和议题聚合技术等几种，只能局限于简单的数据采集和分析，对数据的挖掘程度远远不够。而在大数据时代，舆情研究的对象是巨量资料，资料量的规模巨大，难以借助当今的主流软件工具高效率地完成信息的撷取、管理、处理并且得出结论。正如喻国明所说，这种舆情监测方式类似于小作坊。舆情研究并不局限于网络舆情的研究，研究方法更不能盲目依靠对大数据的挖掘，因为大数据只能反映舆情发展状况，而不能解答舆情变动的原因。“我们不能再把精确性当成重心，我们需要接受混乱和错误的存在。另外，我们应该侧重于分析相关关系，而不再寻求每个预测背后的原因。”①因此，在舆情研究中仍然需要借助传统的社会调查研究方法，探究舆情现象背后隐藏的社会感情、态度、愿望等，并且基于传播学、社会学、心理学等各种相关社会学科的理论支撑，对调查结果进行深度分析。

（三）研究机构杂乱性

目前，教育舆情研究机构呈现出多而杂的特点，并没有形成规模效应，各机构自身也缺乏核心竞争力，尤其在高等教育传播与舆情监测领域尚没有出现专门的机构。具体表现在：

第一，社会上用于商业运营的软件监测主体有几百家之多，它们接受有关政府部门或者教育机构的委托进行舆情分析、提供报告，然而，目前这些公司规模大小不一、研究实力悬殊，能够做到方法科学、分析准确的机构少之又少。

---

① ［英］迈尔·舍恩伯格、库克耶著，盛杨燕、周涛译：《大数据时代》，浙江人民出版社 2013 年第 1 版，第 92 页。

第二，一般的教育机构组建一个包含技术设备和技术团队的教育舆情研究机构成本过于高昂，依靠单个研究机构完成单项舆情研究项目的现实困难巨大。

第三，网络舆情的信息主要掌握在网络平台的运营商手中，研究机构必须要与网络公司进行合作才可能根据第一手数据展开研究。

第四，专业研判能力有待提高。数据采集只是“万里长征”走完了第一步，许多数据信息还需要专业分析师和有经验的人员加以甄别，作出合理的研判。

（四）研究目的单一性

教育舆情研究的价值是巨大的，对政府决策、学校等教育机构的改革、企业对教育相关的事业的投入等方面都有指导意义。但是，教育舆情研究的功能目前只限于为政府服务，其潜力还远远没有释放。究其原因，是研究目的单一化造成的。具体表现在：

第一，我国教育舆情研究的目的主要是为政府执政服务，而忽略了舆情研究除服务政治外在社会经济和文化中的广泛应用。例如，益普索（IPSOS）公司常常为高校监测学校声誉，2014 年益普索就为加拿大的高等教育机构进行了学校声誉调查，就如何传播学校信息以及信息传播的有效性、学校的独特性、竞争力等方面进行了监测，并对高校发展提出了战略性建议。

第二，当前的研究主要是通过对教育舆情的监测和反映以达到服务决策、指导实践的目的，对舆情的预测工作不够重视，现实生活中很难预测出教育舆情的走向和潜在的危机，因此减弱了教育舆情的预测功能。

三、加强教育舆情研究的政策建议与实践探索

从国外舆情研究的历史来看，其普遍采用的方式不是舆情监测，而是民意调查，即通过抽样调查。目前，也有部分机构采用大数据技术进行舆情监测。例如，美国中央情报局于 2005 年成立了公开信息中心，每天在万维网中搜索公开的军事信息，并分析民众对军事议题所持的情绪、意见和要求。此外，欧盟舆情分析官方网站、坎特伯雷大学欧洲舆情研究中心等机构也在致力于通过网页统计、文本分析等方式进行舆情监测。但从国外舆情研究的实践来看，专业教育舆情监测机构几乎没有。例如，英国苏塞克斯大学发展研究学院开设的英国舆情监测网对健康、犯罪、公共政策等各方面进行了舆情监测，致力于为学术机构进行政策辩论提供舆情根据。然而其做法也是通过在全英国组建 6000 人规模的常设调查对象小组，在特定议题上通过对 6000 人的问卷调查来获取相关舆情。

因此，如何有效地解决问题，促进教育舆情研究的发展，是中外教育研究机构都急需要思考和解答的困惑。只有从症结入手，才能对症下药。2014 年 9 月 30 日，中国传媒大学成立了高等教育传播与舆情监测实验室，目前学校正在与教育部高等教育教学评估中心筹备共建高等教育传播与舆情监测实验室，其在教育舆情研究方法与内容上的尝试与突破，值得分析借鉴，并值得学术界与业界探讨。在未来的实践中，可以努力做到以下几点：

（一）转变研究视角

首先，“随着大数据时代的到来，传统的舆情研究只重视网民话语表达的单向度研究必将改变，话语作为一种外在的社会表达，属于浅表层面，不能够有效地窥探出网民群体的社会行为、社会心理和社会诉求”[①]。大数据是指体量大、类型繁多、增长率高、价值密度低但总体价值高的信息资产。当前的教育舆情研究普遍只注重内容研究，维度单一。未来的教育舆情研究在内容研究之外更要注重对舆情主客体之间的关系研究，只有这样，才能通过信息化的数据挖掘和分析更加精准到位地对舆情背后潜藏的现象进行探究，丰富研究的内涵。例如，目前中国传媒大学高等教育传播与舆情监测实验室采用的舆情监测系统将系统中的监测关键词分为背景词、主体词和情感词，就于高等教育领域的舆情信息，首先要检测到高等教育的相关背景词，而后监测到一定数量的主体词才能进一步确定该条舆情信息是与高等教育密切相关的，此后通过监测到的相关情感词，就能够了解特定舆情信息是正面还是负面的，从而明确舆情主客体之间的关系。

（二）改进研究方法

从大数据库中将具有教育舆情研究价值的数据撷取之后，通过高级算法进行数据运算，得出能够具有舆情研究意义的数据结果，并将其结果通过简明易懂的文字和图表呈现，才是舆情研究方法的发展大势。目前，中国传媒大学高等教育传播与舆情监测实验室在研究方法上尝试突破，取得了不少宝贵经验。首先是采用自动分词标注系统分析网络舆情材料，通过对教育舆情的主题词进行自动分类、自动聚类以及倾向性分析，即时监测实时热门话题与舆情预警信息。例如，中国传媒大学高等教育传播与舆情监测实验室使用的舆情监测系统将高等教育舆情划分为 12 个主题，分别是体制改革、质量评估、就业、学生、教师发展、高校管理、人才培养、科学研究、社会服务、学科专业、政策聚焦、国外教

① 喻国明：《中国社会舆情年度报告(2013)》，人民日报出版社 2013 年版，第 2 页。

育，每个主题下面再设置50个左右的关键词，一旦在互联网中出现了系统设置的关键词，该条信息便进入了监测系统。其次是注重数据加工。当前，大多数舆情信息采集主要利用网络爬虫技术、分词技术和议题聚合技术，缺乏信息挖掘。笔者认为，舆情研究不应只停留在浅层次的信息采集和分析上，而要将数据更为精细地进行研究，由点及面地按照特定的舆情专题进行深度分析，按时完成深度专题报告，进而进行跟踪研究。例如，将高等教育舆情监测分为13类，每半个月编辑两类简报：《高教舆情参考》《高教质量传播与舆情参考》，每一个季度形成1个专题报告，从而起到跟踪研究、研判的作用。

(三)加强跨界合作

大数据时代需要特殊的技术对大数据进行有效果、有效率地处理、运算。目前，大数据利用的技术主要包括大规模并行处理(MPP)数据库、数据挖掘电网、分布式文件系统、分布式数据库、云计算平台、互联网和可扩展的存储系统等，这既需要一整套高精尖的硬件和软件，还需要一批精通大数据技术的专业化人才。因此，教育舆情研究要注重产学研的结合，引入协同创新机制，这样才能够达到事半功倍的效果。中国传媒大学与教育部高等教育教学评估中心正在筹备共建高等教育传播与舆情监测实验室，此举有利于整合教育学与传播学的专业特长，做好高等教育舆情监测与信息传播工作。教育舆情研究也需要教育机构、舆情研究机构和技术机构跨界合作，在教育学理论、传播学理论的指导下，进行有效果、有效率的教育舆情研究，得出在教育学、传播学的领域中具有意义的数据和分析结论。

(四)注重舆情的分析研判与预测

在大数据时代，舆情预测成为了可能。反观教育舆情研究，目前还集中在舆情监测、危急应对的阶段，并没有能力对教育舆情的发展变化作出预测，提供舆情预警服务。从舆情研究的目的来看，未来的发展方向主要是：第一，通过自然语言处理、舆情模式识别等先进技术，将人工智能和人工经验相结合，实现对舆情趋势的科学预测。而随着技术的发展，这种预测与凭借经验、感性认识、概念化的理论而得出的预测相比，必然会更加快速、精准。第二，提高舆情的分析研判能力，通过技术平台的搭建实现舆情的监测与分析研判，在出现舆情危机之时，能够迅速得出科学的分析报告，以指导舆情的导控工作，有效克服舆情危机。

互联网对高等教育未来的影响①

一、研究背景

（一）传统意义上的大学正在经受新技术的挑战

千百年来，大学一直被认为是传播知识和学习的中心。② 其间，尽管科技手段带来了巨大的社会变革，如活字印刷机、工业革命、电报、电话、无线电、电视机和计算机等的发明和使用，但大学生产和传播知识、评价学生的基本功能一直未变。有一种观点认为，正像那些以信息为核心的产业（例如新闻媒体、报纸杂志、百科全书、音乐、动画和电视等）一样，高等教育很容易受到科技的破坏性影响。知识的传播已不再局限于大学校园。云计算、数字课本、移动网络、高质量流式视频、即时信息收集等技术方面的进步已将大量知识和信息推动到"无固定地点的"网络上。这一现象正激起人们对现代大学在网络社会中的使命和角色的重新审视。

有关大学未来的争论，一个主要的驱动因素集中在它已陷入四面楚歌的商业模式上。学生和家长们正在为不断飙升的学费而苦恼，他们越来越质疑自己对高等教育学位的负担能力，以及学位作为求职证书的最终价值。

佩尤公众与媒体研究中心 2013 年 3 月份的一项研究发现，60％的美国成年人认为大学对于国家的发展具有积极的作用，84％的大学毕业生认为，对他们而言接受高等教育的费用支出是一项很好的教育投资。但是，该中心 2011 年的另一项调查发现，75％的受访成年人认为，对大多数美国人来说，上大学太贵了，几乎难以负担。而且，57％的受访者说美国高等教育体系没能让学生及其家庭的花费物有所值。

---

① 本文原载于《高等工程教育研究》2013 年第 3 期。

② 欧洲现代的大学始于 1088 年创立的博洛尼亚大学。

(二)大规模开放式网络课程(MOOC)正在冲击着传统的校园

在上述背景下,新技术催生出了相关的教育市场。大学发现,竞争对手正在侵蚀着自己的传统使命,包括盈利性大学和可汗学院[①]等非盈利性学习组织、系列讲座的提供商、iTunes U 等网络课程在线服务机构,还有为特定行业和职业提供指导和认证服务的大批专业培训中心。相比实体教育机构,它们都能更快捷地提供规模化的网上教学服务。

因此,尽管有时受制于财务预算短缺和抵制变革的学术文化的影响,高等教育管理者们仍在努力回应,并着手进行改革。佩尤研究中心 2011 年对大学校长的一项调查发现,超过四分之三(77%)的受访者声称他们学校提供网上课程。有一半的受访校长认为,未来 10 年中,他们学校会有大部分学生注册至少一部分网络课程。

最近几周,弗吉尼亚州大学有关大学校园变革的紧迫性和变革速度的争论很是热烈。校董事会认为,校长 Teresa Sullivan 未谋求快速的变革,因此经过表决要求她下台。教师、学生和校友一片哗然,一阵骚动之后,董事会改变了原来的决定,恢复了 Teresa Sullivan 的校长职务。不过,学校在她复职的一周内宣布:本校要加入私人开办的在线教学服务公司 Coursera。这意味着该校将会加入其他诸多精英研究性大学的一个团体——这些学校包括杜克大学、约翰霍普金斯大学、普林斯顿大学、斯坦福大学、宾夕法尼亚大学等,成为 Coursera 网络联盟机构的一个成员。截至 2012 年中,Coursera 的大规模开放式网络课程(MOOC)已对其学生免费提供,从而使全球数百万人获得了不受限制地聆听该国一些最知名大学课程的机会。MITx、2tor、Udacity 等其他初创公司也以类似方式吸引了数量惊人的学生注册。

(三)混合型学习环境的出现

大学的实验与创新正在激增,有些学校在探索混合型学习环境,尝试使用在线和离线教学,并努力实现与教授们的互动。还有学校在尝试构建高级远程会议和远程学习平台——利用流式视频和非同步讨论板来强化在线参与。即使发生了这样的变革,仍然有人认为,大学的核心理念和运作方式不会有根本性的改变。他们认为,大多数未能实现的有关显著提高教育效率和普及教育的预测都是随着各种重大的新型传播技术发生的。在其早期演化过程中,无线

---

① 可汗学院(Khan Academy)是由孟加拉裔美国人萨尔曼·可汗创立的一家教育性非营利组织,主旨在于利用网络影片进行免费授课,现有关于数学、历史、金融、物理、化学、生物、天文学等科目的内容,教学影片超过 2000 段,机构的使命是加快各年龄学生的学习速度。

电、电视、个人电脑甚至电话，都曾被预言可能会导致传统教育发生一场革命。但是，自 1088 年博洛尼亚大学创始以来，标准化的知识传播方式基本没有发生大的变化。

二、研究方法

(一)研究方式的选择

本研究主要采用调查的方式，作者设计了 8 组"张力"观点供受访者做出详细解答，以体现不同调查对象对此问题的看法。

佩尤研究中心"互联网与美国人的生活"项目组和伊隆大学想象互联网中心一直在做一项调查，名为"互联网的未来"。本文就是我们所做的第 5 次调查的报告。这些调查是通过网上问卷形式进行的，问卷发送给选定的专家，专家还可以把问卷的链接分享给自己的朋友，因此调查就包括了较广泛的互联网大众。调查中受访者基于自己的知识、态度和期望作出回答，因此调查结果呈现了互联网的发展远景。2004 年、2006 年、2008 年和 2010 年的调查结果链接分别为：http://www.pewInternet.org/topics/Future－of－the－Internet.aspx 和 http://www.elon.edu/e－web/predictions/expertsurveys/default.xhtml，其他研究发现和成果发表在《互联网的未来》系列书目里，由 Cambria 出版社出版。

开展这些调查旨在帮助我们判定互联网传播的可能的前景和人们目前的态度，而并不意味着提出任何类型的未来预测。受访者要考虑从现在到 2020 年期间互联网世界的未来，它们回答问题的时间范围是 2011 年 8 月 28 日到 10 月 31 日。受访者需要就 8 组不同的"张力"观点作出评价：每一组观点都就同一主题描述了 2020 年两种完全不同的发展前景和结果。这些观点反映了有关互联网影响的讨论和争议，它们是从有关互联网演化的时评人员、学者、技术分析人员的观点中提炼出来的，佩尤互联网顾问委员会对这些观点进行了检查和编辑。

到 2012 年，该研究小组已经发布了 8 份调查报告，本报告是系列报告的最后一份。前面 7 份调查报告的链接地址是：http://bit.ly/x912p0.。

(二)有关调查和受访者

需要注意的是，这份调查旨在引导受访者对互联网可能的影响进行仔细观察和思考，而不是要受访者从已做出的预知陈述中进行选择。有时受访者从一对张力观点中选择了其中一个，然后作出解释，但是结果似乎是这两个答案都不是他真正要选择的答案，这时就会有提示出现："很可能你对选择答案很矛盾，有些甚至难以确定；我们希望您能写出您的回答并作出解释，以便阐释一些重要问题。"

因为8组有关互联网发展远景的观点主要是测试人们对技术问题的态度，所以参加调查的回答者大多是技术专家、时评人员、研究者及相关人员。调查参与者的来源有三：第一，在1990～1995年间学界、政府和商界的文献资料中确定出的几千人，他们都曾作出过有关互联网未来影响的预测或评论。第二，有几百人曾经参与过佩尤互联网和依隆大学的前四次调查，本次调查我们再次联系了这些人。第三，一些专家受访者是互联网发展中具有重要地位的关键人物，因为本次调查包括有关高等教育的问题，所以我们也通过电子邮件邀请大学管理人员参与其中，他们也是2011年"EDUCAUSE and Mobility Shifts：学习的未来"国际会议的参与者。同时我们也请这些教育界的专家推荐他们认为合适的人员参与调查。

这份报告中之所以没有出现很多知名高等教育管理者的名字，是因为我们允许参与者匿名。总的来说，在2012年全部8项的调查中，大约有一半的专家是匿名回答的。

回答者的话语反映了他们的个人立场，而不代表他们雇主的观点。但是，他们所在组织的领导地位可以证明他们的专家身份。以下是一些受访者现在或兼职或曾经工作过的单位名录：哈佛大学、麻省理工学院、耶鲁大学、乔治城大学、牛津互联网研究所、普林斯顿大学、卡耐基梅隆大学、宾夕法尼亚大学、加利福尼亚大学伯克利分校、哥伦比亚大学，南加州大学，康奈尔大学，北卡罗来纳大学、普渡大学、杜克大学、雪城大学、纽约大学、俄亥俄大学、佐治亚理工学院、佛罗里达州立大学、肯塔基大学、德克萨斯大学、马里兰大学、堪萨斯大学、伊利诺伊大学、波士顿学院、谷歌、世界银行、微软、思科、雅虎、英特尔、国际商业机器公司IBM、惠普公司、爱立信研究所、诺基亚、欧来礼媒体公司、威瑞森通讯、未来研究所、联邦通信委员会、万维网联盟、国家地理学会、互联网研究者协会、互联网二代Internet2、互联网学会和圣菲研究所。

尽管受访者中有许多互联网行业的领军人物，但也有些受访者来自本行业的最基层，后者也受邀参与了调查，因为其名字在"佩尤互联网与美国人的生活"研究项目的电子邮件清单中，或者他们在社交媒体网站对本调查的通知作出了回应，也或许是他们受专家之邀参与了本调查。他们未必是本行业的领导人物或知名的未来主义者，但是他们的观点与那些本领域大人物的观点并列分布也很引人注目。

尽管本调查的观点主要来自专家和相关组织机构，但并不意味着本调查就是互联网专家的代表性意见。调查的初衷是一项选择性参与的活动，也是受访者自我选择努力的结果。全过程并未产生任何随机的和代表性的样本。量化的调查结果基于非随机的1021位互联网专家和其他互联网使用者，包括邮件邀请的，Twitter、Google和Facebook的用户。由于数据基于非随机的样本，因此没有计算误差，除了样本中的回答人之外，并不具有任何人口方面的预测性。

在本调查研究的对象中，40%的受访者明确自己为研究员或受雇于高校，12%受雇于信息技术类的公司，11%工作于非营利机构，8%工作于咨询行业，10%工作于大量使用信息技术的公司，5%明确地说他们为政府机构工作，2%在出版社或媒体公司工作。

有关受访者"对互联网的主要兴趣范围"的话题，15%的受访者明确自己为研究员，11%为未来学家或顾问，11%为企业领导，11%为作家、编辑或记者，10%为技术开发人员或管理者，6%为互联网的积极倡导者和使用者，5%为议员、政治家或律师，3%说自己为先锋类创始人，28%说自己的兴趣为"其他"。许多高等教育界的领导人受邀参与了此次调查，其中多数可能都在上述群体中。这一套分类术语是在"想象互联网中心"的第一份预测研究——"90年代早期数据库"中使用的，其链接为：http://www.elon.edu/e－web/predictions/early90s/。

三、调查的基本结论

（一）调查的主导性结论

想象一下，到2020年我们会发展到何种程度？对此，佩尤研究中心"互联网与美国人的生活"项目组和伊隆大学想象互联网中心共同发起了一项调查，要求数字化领域中的专家们来考量一下2020年的两种情形：一种是假定大学做了重大的实质性的变革，另一种是推断大学只做了少量的改进和调整。大约1021名该领域的专家做了回答。调查结果发现：

(1)39%的受访者同意第二种观点——到这个十年末，大学只会做出少许适当的变革。到2020年，高等教育将不会与今天有太大的不同，那时人们会通过使用大屏幕、远程会议、个人无线移动设备等工具接触到更多的教学资源，但大部分大学主要还是要求学生参与面对面的校园活动，这仍是颇具传统特色的课堂教学。大部分大学对学生的学习评价及其毕业要求都会和现在一样。

(2)60%的受访者认可第一种观点——大学会发生很多重大变革。到2020年，高等教育与今天会有巨大不同。为平衡优质教育资源，远程会议和远程学习将得到广泛应用。大量学习活动会变得更加个性化，即时学习更加普及，并渐渐地向“混合型班级”过渡——在线学习与少量的校园学习和课堂学习结合起来。大部分大学对学生的学习评价会参考与自主学习相关的更个性化的学习效果,以及与学科知识掌握相关的能力发展。毕业标准和要求也会日趋个性化。

研究人员要求受访者选择一种他们认可的发展前景,问题以此种方式框定下来,是为了鼓励受访者更深层地分享其对未来高等教育的书面阐释。尽管有60%的受访者同意高等教育从现在到本世纪末将会发生重大变革,但也还有相当数量的受访者认为,真正的结果将是上述两种情况的某种融合,只有1%的受访者未做回答。

（二）调查的倾向性观点

下面是参与调查的人员提出的主要观点:

1. 高等教育将大量采用新的教学手段,动力不仅来自机遇和效率,也来自学生和家长的需求

Alex Halvais 是昆尼皮亚克大学的副教授和网络研究者协会的副主席,多位受访者都认同他的一个核心观点:“未来几年,会发生制度化的极端的变化,那些幸存的大学将变得更具适应性……高等教育最有趣的转变或许会发生在大学之外,或者至少是在传统大学的边缘。仍然会有大学坚守传统的讲座和考试模式,但人们对它们的需求将会减少。”

Charlie Firestone 是阿斯彭研究所的传播与社会课程主任。他写道:“时间表或许有点紧张,但教育——高等教育和基础教育,都需要因技术而改变。技术使个性化的、以热情和兴趣为基础的学习变成现实,学生们可以更好地接近教学,把握更多的机会与老师和同辈交流,更好地接触学习资源,从而改善学习效果。”

Mike Liehold 是未来研究所的高级研究员和知名学者。他预言,市场力量将会推动内容传输式的教学:“从目前和未来的经济形势来看,传统课堂教学的可行性在降低。由于高速网络的广泛应用,远程教育和混合式教学会更广泛地普及。”

Jeff Jarvis 是纽约城市大学新闻研究生院创业新闻 Tow-Knight 中心的主任。他从更广阔的历史环境来看待这场争论:“大学还会存在吗? 很可能,但也不一定……有这样一种观点,我们目前的教育体系开始走向完结,它是为工业时代而建的,它像工厂批量生产零部件一样‘培养’学生,而学生也被教会了再次批量生产零部件。这样的教育体系是一个有唯一正确答案的世界:我们从讲台上提供知识,然后又期望学生们在考试中反馈回来。这样的教育方式无法培

养创造 Google 的创造者。经济生活对教育的真正需求是再教育。随着工业生产的演进,有些工作永远消失了,人们需要为新的角色接受再培训。而目前的教育结构并非为此而建,由此我也看到了其中隐藏着巨大的创业机会。”

P. F. Anderson 是密歇根大学 Ann Arbor 校区的新兴技术图书管理员,他预言学术将发生令人震撼的转变:“大学的本意是学术,是成人的学习,所有这些都在发生深刻的变革。想回到原初意义上的大学已不大可能,他们最近一直在做的事已经相比原来旋转了大约 180 度。”

2. 到 2020 年,经济发展的现实会驱动技术的革新,高等教育的统一性会随之减少

Donald G. Barnes 是中国广西大学的教授,访问学者,美国环境保护署科学顾问委员会前主任。他预言:“大学日趋增长的成本难以为继,尤其是在大学教育全球化日趋增长的情况下,更是如此。所以,借助网络实施高等教育的做法才会迅猛发展,这种方式更加经济、高效。”

Tapio Varis 是坦佩雷大学荣誉教授、联合国教科文组织首席研究员。他坚持认为,不同的教学实施模式会强化不平等。他写道:“经济因素将在很大程度上决定高等教育的命运,传统的面对面式的高等教育将成为少数人的特权,部分教育领域则需要实现全球的标准化,在许多情况下,这还将会降低教育水准。”

Sean Mead 是米德和克拉克国际品牌咨询公司(Mead&Clark Interbrand)的建筑评估分析主任。他说,基于各高校在教学、科研和服务方面的侧重不同,高校将会形成分层:“高校将被迫承担更大的责任,但同时婴儿潮一代的退休也会复活高校,大学将经历普遍的分层。有些大学会重新重视传统教学,从累计教授发表物到教学,实施强大的教育活动。另一些大学会深入参与社区服务活动,使人们更容易接近教育和学习。更多的大学会像斯坦福大学和麻省理工学院一样,通过网络提供免费课程资源服务大众……大学里会有更多公司化的活动,那里会有更好的知识交流。科学研究将从高成本的学术高墙后走向公众,学者和公众会更容易地从联邦资助等科研项目中获益。”

3. 人们对“远程学习”的意见分成两个极端

对此有两种观点:一种观点认为它无效而歧视它;另一种观点则认为,作为一种知识分享的工具,它到 2020 年一定会得到大力推广。

Sam Punnett 是 FAD 研究公司的总裁。他认为,在线课程都很难达到实体教室中面对面的交互效果:“屏幕前的学习在某些情况下是适合的,尤其是在教室里作为辅助手段使用时,但信息交流和交互的质量总是低劣了一些。到 2020 年,我希望人们能普遍接受,有教师在教室内教学的专业成为一个独立分割的

层次。”

Peter Pinch 是一位公共媒体公司 WGBH 的技术主任。他预言，到 2020 年，远程学习平台上的不断创新会是大学的一个特点：“随着传播技术的改进，我们会更好地利用它们，人们对面对面教学的需求会逐渐减少。有些高校将专注于运用虚拟环境，任何实体的东西或许都会丢弃。而另一些高校则专注于更高质量的面对面实体教学，例如，小组讨论和实验室教学等，并将抛弃大型讲座一类的商业化的教学活动。”

Fred Hapgood 是一位科技类作家兼顾问、Wired 和 Discover 等科技出版物的撰稿人。他说：“今后五年的关键挑战，是要能找到将远程学习和社交网络结合起来的途径——我加以强调，是出于全球劳动力教育的重要性，和削减飙升的教育成本的重要意义。我深信这一挑战会得到解决。”

4.“键盘”会取代“砖块”吗

有人认为，大学的影响力将因新技术的使用而改变；另一些人则认为，为了最佳的教育成效，大学实体地点里面对面的教育仍是至关重要的

一位匿名受访者说：“砖块教室模式的恐龙型学校到了要爆炸的时候了，它会是另一个要爆炸的泡沫。它的成本太高，而且基本上一直在膨胀，但是却很难看到投资的回报。在线学习将会大量出现；教学将会出现更多国际化的交流；我们将见证大学教育在某种程度上重新转向自主选择学生群体的苏格拉底精英教学模式，只不过地点不是在雅典卫城，而是在互联网上，学生则来自世界的任何地方。”

另一位匿名受访者写道：“将会有多种力量影响到这一问题，具体包括：总体上全球教育层次在提高，发展中国家运用网络和手机跨越了中间的技术环节，面对面教学的高成本，人工智能作为个性化教育的一个因素不断改进，婴儿潮一代作为教育体系中的教育者逐渐离去，新千年对相关学习模式的需求，中国将发展一种主导的学习模式，首先教育自己的人口，然后推向全球。”

Matthew Allen 是澳大利亚佩斯科廷大学教授、互联网研究者协会前主席，专业从事互联网研究。他从社会文化的视角构想了 2020 年象牙塔的情形：“尽管教育一直以来都是存在的，并且一直受到技术手段的深刻影响，然而它是植根于我们社会政治文化中的机构。大学不仅仅是学生们学习知识的入口，还是学生们通过一些特殊的学院化方式实现自身社会化的地方。因此，技术会改变学习方式和评价方式，这注定意味着会有更多在线和离线的混合式学习活动，但对大多数人而言，不会改变大学教育的根本地位。”

也有人认为，技术永远不会驱动变革的发生。一位匿名受访者写道：“技术无法替代传统的教育，技术思维无法造就‘能言善辩’精于演说的老师。”

5. 挫折感和困惑是高等教育内部变革的一个特征

许多受访者都抱怨高等教育向来都以极慢的速度对待变革。一位匿名受访者说:“从1960年代《彼得原理》的角度来看,这一系统的存在就是为了延续自身。遗憾的是,巨型大学缺乏灵活性以适应现实中的快速变革。高等教育制度已经破碎成片,但是我们不是去努力变革,而是继续聚集学生参加越来越大型的讲座,让学生反刍那些令人费解的事实。”

Hugh F. Cline是哥伦比亚大学社会与教育专业的兼职教师。他写道:“高等教育是其中一个最具抗拒性的社会机构。全球的大学都在进行着诸多创新,但是,若要让大量的学生真正从中获益,还需要很长一段时间。”

Mary Starry是衣阿华大学药学院助理教授。她也作了相似的阐释:“人们如何学习?什么教育方式对于培养学生批判性思维和终生学习能力是最好的?这些都已经有大量的科研成果。然而,我们仍把这些已知了十几年的各种不同的技术和方式称为‘创新’。目前的新技术已经可以将这些成果整合进入课堂,这是令人振奋的,但是我们的教育体系仍一直拘泥于传统的讲座和知识堆积形式的教学方法。”

一位匿名受访者写道:“自从约公元800年形成至今,大学就没有发生过根本性的变革。除了增加教科书、电的使用和接纳女学生,大学主要就是一位年长者为一群年轻人讲座……未来还会存在大量巨型传统大学,但从技术到组织形式,都会有不断演化的其他形式的大学出现。”

另一位匿名受访者抱怨道:“大学迟缓的变革很令人讨厌。为什么会是如此状态?因为目前大学处于一种有利可图的垄断地位。有谁在任何其他行业看到过类似的一路飙升的价格?他们一定会在失控的道路上继续,不到万不得已绝不会变道。”

6. 变革会慢慢地发生,但是到2020年末,变革在大多数高校中还不是普遍现象

微软首席研究员Jonathan Grudin意识到:“高校的不灵活不应该被低估,到2020年,大家描述的上述特征会否广泛采用和普及,有赖于如何理解‘广泛’,当然,变革已经开始慢慢发生。”

许多受访者,包括达特茅斯学院赛耶计算机软件工学院主任Mark J. Franklin在内都不认为到2020年高校会发生什么巨变:“我的直觉是,到2020年,高等教育仍会处于目前的模式内。”但他又预测:“我相信老师们和教科书出版公司会抵制现代技术,其实现在他们就正在抵制。当我看到每位学生的背包里都放有一个iPad和kindle电子书——他们取代了23千克重的课本,当我看见每座校园都有了有线或无线网络,当我看见图书馆里的电脑和帮助学生网上

搜索全球图书馆资料的图书管理员，我知道，变革已经开始了。不过我认为普遍的巨变不是到2020年发生，或许是到2050年。”

Steve Jones是伊利诺伊大学芝加哥校区的著名传播学教授、互联网研究者协会的奠基人。他很认同这种观点：“大家都相信，大学变革是很缓慢的，在经济困难的情况下，尤其是公立高校，变革比往常来得更慢一些。简言之，几乎没有几所大学能够负担得起今天这样的变革方式。但是，具有讽刺意味的是，不变革，他们也负担不起！大学的迟钝和不灵活是顽固的，走这种漫长的变革之路很艰难。到2020年不会有太多的变革发生。”

斯坦福大学图书馆计算机服务处主任Richard Holeton补充说：“诚如他们所言，高等教育中的变革就像是乘坐太空中的飞行器，八九年之后我们继续会看到一些增量的变革，但不会有太多根本的颠覆性的变化。”

7. 在保留传统教学方式精髓的同时，大学将采用新的教学方式

Richard D. Titus是Octavian风投公司的创建人。他预测道：“未来会是两种方式混合并存的状况。没有人会不同意高等教育需要自我反思。我们目前的教学工具和思考方式都是400年前的古物了，他们几乎无关当前社会、资源和就学机会等的变化。而在之前两个世纪的任何时间，这些变化都极大地促进了学科发展的专业化，也大大提高了人们的就学机会。”

网上交互辅助教学与面对面的课堂教学形成一种混合模式，这一点许多受访者都已预料到了。自由作家和记者Melinda Blau写道：“未来会有两个结果，这要取决于学习过程和学校本身。”

Susan Crawford是哈佛大学肯尼迪政府学院教授、原奥巴马政府科技创新政策特别助理。她期待大学会有量身定做的个性化课程设置，并可以和高校传统的多学科教学融合起来。她说：“我们已经进入了一种更加个性化的超链接的学习状态，同时，塑造良好的行为方式和思维方式，仍是师生教学中有益的事情……我希望我们能够找到一种教育方式，它所灌输的价值观应该得到真正的博雅教育的支持——终身学习，终身谦逊（对Stuart Brand的赞美），终身敬畏。”

一位匿名受访者写道：“期待面向知识管理工具的大逆转，在保持社会参与的同时，这一工具既能够改善学习活动本身，又能关注到每一位个体的学习过程。这可能会使学习活动日益变得个性化，同时还能够不断积累学习者的反馈和感知，以导向特定的学习目标。”

另一位匿名受访者预测：“大学会继续向混合型课堂过渡——将在线学习和不定时的面授结合起来，而小型学院在关注面授、校园讲座和研讨的同时，也会采用在线技术促进远程学习。因为校外的在线自主学习与传统的校园学习

相互结合，所以原来四年制学位的时间或许也会变化。此外，未来的经济因素或许会推动学校沿着混合式学习的路径不断演化，但它也会阻止此类即时学习方式的普及。”

8. 以共同学习为特征的合作教育将成为一个重要现实，它将挑战学校的讲座模式，更加关注学生“学会如何学习”

Bob Frankston 是一位计算机软件开发人员，也是 VisiCalc 的共同开发者和营销商。他坚持认为，未来大学的课堂上，教师演讲的核心地位将会逐渐消逝，“理想化的状态是，在教师的引导下，学生学会自我教育”。

时代华纳有线电视公司高级技术部的首席工程师 Wesley George 说，到 2020 年，大学应该重新检视技术如何促进学生的批判性思维和信息获得能力。“教育体系大规模地崩塌，它过于关注获得学位这一结果，而不是教人们如何学习：如何消化大量的信息，如何在辩论中组织起强有力的理由，如何自我思考。每一位个体都以不同的方式来学习，我们终于开始运用技术来促成实现那样的目标，而不是去满足几个最低的教育教学指标。”

谷歌首席经济学家 Hal Varian 说：“即时学习是一种很重要的现象，在未来它会起很大的作用……大学应该（我也希望如此）更多地关注‘如何学’而不是只关注‘学’。”

微软研究部的高级研究员 Danah Boyd 坚持认为，大学应该更多地保证自己的毕业生为未来 2020 年的就业市场做准备。她写道：“高等教育尽管应该变革，但是不会快速地变革。危险之处与所使用的技术的数量无关，而与如下事实有关：为未来社会提供快速适应变化的、富有创造力的劳动力技能，大学还没有为此做好准备。”

9. 文凭和资格证书教育会更注重能力的表现，并且很有可能会是这样

阿勒格尼学院的高级信息官 Rick Holmgren 说：“许多高校，尤其是大型州立高校将不得不转向能力导向的学位证书教育，这样的学位或许根本不再要求传统的课堂学习，但却更注重能力的表现。”

《千年时刻：新一代怎样看美国》的作者之一 Morley Winograd 坚持类似的观点：“大学真正根本性的转折点只会在这种情况下发生：大学不再颁发学位，而是以一种更加有限的场景想象的方式来认证学生的知识和技能层次。雇主确定出各类能力，名牌大学基于此制定出各类能力的标准，以此为据进行认证考核并颁发证书。”

10. 由于高校的反对，要广泛实施量身定做的个性化学位教育还很困难

多伦多约克大学传播学研究室主任 David Ellis 认为，可测性或许会阻碍实现个性化教育。他说：“对大型高校而言，量身定做的教育太过复杂。如果学习

结果太过个性化，很可能会带来偏见和不公平的批评。”

北卡罗来纳大学夏洛特校区的教务长和学术事务副校长 Joan Lorden 说，量身定做式的学习评价是不大可能的。多数大学教师仍有这样一种共识：高质量教育经验中包含一定的基本要素。

慕课(MOOC)正在成熟[①]

——来自英国商业、创新和技能部2013年报告

一、研究背景

(一)慕课的内涵及其类型

“慕课”是在线开放课程模式的一种独特类型,这一术语出现于2008年,并迅速普及、扩张、进化。作为一种学习形式,对慕课进行定义非常困难。

2013年的标准慕课大概持续4～10周,其中的大部分时间用来教学,最后1～2周用来完成结课作业,有时也会是一份视频。学生们平均每周会花2～6小时在课程上,也有一些学生会投入更多的时间。随着许多学习者投入时间的减少,慕课材料的消耗也逐渐减少,课程资源在其关闭后依然可以获取。课程的申请者成千上万,但其中能够完成并获得认证的只有数百位,至多几千位。

表1　英美慕课平台使用现状

MOOC平台,国家	引用学生数量(发布日期)	课程数量(截至2013年5月28日)	机构数量
Coursera,US	3670803(2013年5月28日)	374	70
EdX,US	900000(约值,2013年5月)	53	27
Udacity,US	400000(约值,2013年5月)	25	1
FutureLearn,UK	不适用	N/A	21

① 原作者为Stephen Haggard,此为译文。《慕课正在成熟》是一份关于慕课和开放远程学习的研究报告,主要由三部分构成:文献综述、慕课的认证与商业模式、政策建议。它综合分析了100多种现有的关于慕课和开放远程学习的近期文献。本文是根据英国政务公开许可(OGL)的规定而翻译的,许可的链接网址为:www.nationalarchives.gov.uk/doc/open-government-licence/version/2/。译文原载于《教育研究》2014年第5期。

历史地看，慕课是开放教育和网络学习实验的演化产物，它的前身包括开放教育资源以及早期在远程教育技术中的开创性实验。开放教育资源的传统因为三个原因而变得重要：首先，这些开放教育和网络学习的原型将显示慕课是否是真正的教育创新；其次，如果慕课产生的创意与其他新近的学习实践相结合，那么慕课形式的收益将被广泛共享；最后，远程教育的历史表明早期网络革新和普及并没有善终。网站的繁荣带来了乐观的商业冒险，诸如 Fathom、AllLearn、Universitas 21 和其他有承诺条款和教育质量的机构的产生。

从功能上看，现在慕课能提供的产品已经非常多样化了。"慕课"这个术语适用于任何免费的大规模网络课程。慕课与传统在线学习不同的是没有分配专业的学术时间（或者说实际上就没有）去指导或者支持个体的学习者。因此，从长远来看，慕课要长足发展必须实现与实体大学在信用方面的对等，逐步加强课程认证工作。

表 2　　英国慕课院校情况

英国 MOOC 院校	学生	课程
伦敦国际项目大学	165000	4
爱丁堡大学	308000	6

基于所有的参与者和评论员的观察可以发现，目前并存有两类慕课课程：C 慕课和 X 慕课。

（1）C 慕课：C 代表"连接主义"（Connectivism）给予它们启发的教育理论，其运行于开放的资源学习平台，并且被学术机构当作它们大学活动的一部分。它们的教学模式是同伴学习，这些与它们的创始机构——加拿大的亚大巴斯卡大学和马尼托巴大学紧密相关。

（2）X 慕课：X 慕课是由私人企业拥有的在私有的专业网络平台上运行的传统学习方式（演讲、指导、说明等）的网络版本，它们的特色是与大学保持契约和商业的关系，而大学正是内容、技术的创造者和提供者。英国计划于 2013 年推出的 FutureLearn 就属于该类型。

一篇来自于英国日本工业标准委员会—英国教育科技互换标准的关于 C 慕课与 X 慕课问题的社论指出："C 慕课强调联系的、合作的学习，并且课程设立基于一群想法相近的个体的平台，以此来开创不同教室设定之外的新教学法，就其本身而论，容易让高等教育变得激进化和边缘化。而教学式的模型（X 慕课）本质上是教育机构自身教学模式的一个延伸，它可能被'训练和考问'的教学方法主导，伴随着视频展示和小测验与测试。"

慕课仍然是一个新兴现象（见图 1）。在这个领域中存在着组织不稳定性，主要参与者的商业模式和产品尚未成型，并且几乎没有共同基础，诸如慕课学习者的学习经历是否值得认证这样的重要问题也尚未解决。

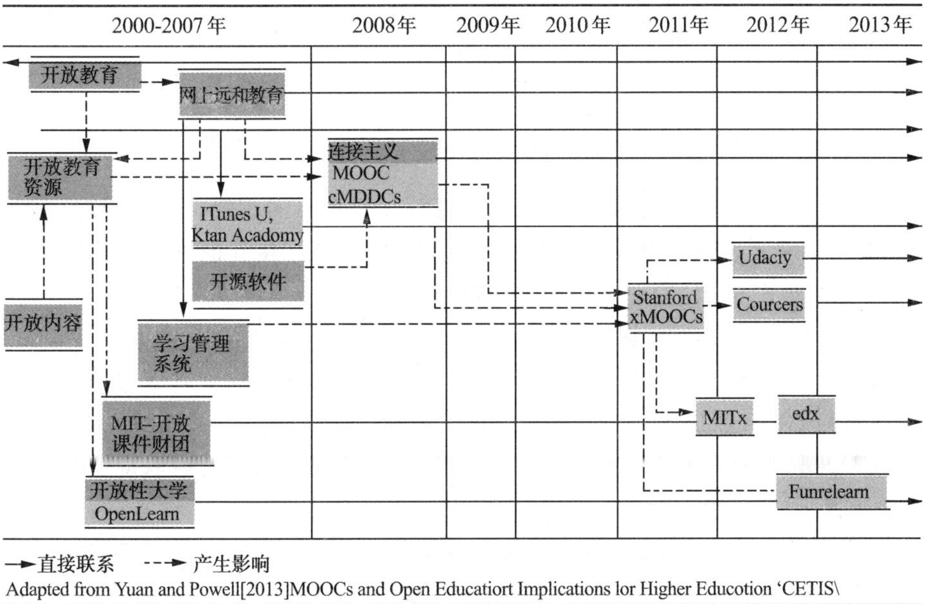

图 1　表慕课时间图(已与英国大学联盟确认)

慕课的重要性、普及性和扩张性一直在得到学界的认同。大学和学习者们参与慕课的原因有品牌延伸、人才招聘、教育创新和收益机会(或者是降低成本)等几个方面。

此外，慕课将会对高等教育产生深远的影响。慕课引发的教育转型是破坏性的还是创造性的？在慕课中谁胜谁负？关于这些问题还存在不同的看法。

X慕课这种形式最近取得了巨大发展，它成为研究院和出版社积极评论和预测的对象。来自顶尖大学品牌的可靠承诺和风险投资带来的振奋已经让其产生了巨大的泡沫。一些人认为，X慕课对生病的教育系统来说是一剂强心针，另一些人则认为它是大学的毒药。当前的主流观点则认为，不论慕课有什么过错，它们都引领着一个无法阻挡的“纳普斯特时刻”。这可能会像当年纳普斯特下载网站引发依赖知识产权生存的传统音乐产业崩溃那样，破坏传统高等教育的商业模式。

此外，在讨论慕课时，常使用如下一些不常见的专业词汇：

(1)“连接主义”：它是一个学习理论，强调知识和技能在不同领域的活动所发生的联系中产生，这些活动包括经验、学习和知识，以及个人在社交网络中的活动。它关注学习者的社会和文化体验而不是他们的说教性传播或以自我为中心的询问，与它密切相关的教育理论家有乔治·西门子等。

(2)“翻转课堂”：这是指使用教育技术传授核心知识的实践，从而让教室成为辅导、指导及同侪互动的地方。它源自20世纪90年代哈佛的一个模型，是正在被越来越多的大学所采用的教学方法。

(二)慕课在全球范围内得到发展

作为一种学习方式，慕课在2012年受到了全世界的重视。与此同时，慕课在美国、加拿大、英国、澳大利亚等国家正在快速发展，在其他重要的国家和地区也表现出了强烈的专业需求和参与热情。

对发展中国家来说，拥有重要的知识储备才会有使用大规模开放学习系统的积极性。在非洲，开放大学开展的通过IT和移动平台来教授医疗保健和教授专业技能的HEAT和TESS项目为此提供了重要的经验和证明。其他的参与者(如发展慈善事业)在通过免费的开放学习资源实现发展目标方面已经取得了成功。

1. 欧洲

慕课尽管在整个欧洲的范围内并不显眼，但是在一些核心地方发展却很快。过去这些慕课的主要创新集中在教学方法上，但是现在创新已经朝着商业模式和技术方向转移。专业慕课课程的灵活性、简便性和自组织性等特点非常具有启发意义。

在2012年初，单个的慕课课程已经在欧洲展开，并且在一些地方发展得很好。例如，到2013年6月，赫尔辛基大学已经上线了它的第41个慕课课程；内讷堡大学是一个位于德国北部的公共机构，从2013年1月至4月，其在网站“21世纪城市”开设了一个慕课课程(http://digital.leuphana.de)，由建筑师Daniel Liebeskind主持，吸引了来自91个国家的参与者，其形式更像是C慕课，而不是X慕课。在法语网站“Mooc.fr”，一个瑞士洛桑联邦理工学院慕课课程的教授发表了《法语慕课的及时性》一文。文章介绍了瑞士洛桑联邦理工学院的慕课课程已经有400名本院学生和3600名校外学生完成，并且70名校外学生参与了最终考试，最后40名通过了考试，其中15名学生表现出色。

2. 微软的专业慕课课程

由微软提供的基于职业训练的慕课格式在生根，并且在美国、英国之外被广泛采用。

微软德国分部在www.opencoursew网站发布了一个运行于Windows-8系统之上的开放课程平台。

在印度Visvesvaraya技术大学，微软也提供了在分析和算法上的免费慕课实验课程，该课程可以颁发证书。这门课主要关注理论技巧而不是应用的商业技术，明确了慕课形式在完成高等教育内容上的角色。印度微软研究院的领导非常欢迎慕课，他们在 27 个不同的科技大学展开了试点，并且为最优秀的学生提供了 10 个实习机会作为奖励。这种将慕课与招聘相结合的形式引起了关注，但这种产生于美国的方式在美国还没有大规模推广。

3. 第一批亚洲慕课

在我们可以获取的学术文献中，还没有找到中国官方对慕课的态度。然而，在一份 2013 年世界大学的报告中提到，名为"Coursera"的免费在线大学公开课程项目计划推出由中国台湾地区的大学开设的中文慕课课程"中国历史"和由中国香港大学开设的中国戏剧课。该报告确定 Coursera 已经和中国大学进行了讨论。此外 Coursera 的联合创始人 Andrew Ng 宣布北京大学将要加入慕课。香港科技大学已经宣布要在 Coursera 上发布慕课课程，但是以英语的方式授课的。

《中国远程教育》杂志拥有世界上关心该问题的最大的读者群，本报告《慕课(MOOC)正在成熟》的作者之一在杂志上谈到慕课话题时就提到了中国远程教育协会，并且谈到了几家中国大学已经联系上了这位作者，且就慕课的发展寻求了建议和咨询。慕课在中国应该有很大的发展前景，因为中国有一个繁荣的并且热衷于全球化的网络学习产业。

(三)慕课引发了价值冲突

作为一个发展进程中的产物，慕课引发了两种观点上的分歧：一种观点认为，慕课使人们直接获取了全球化的高质量教育；而另一种观点则认为，慕课是一种文化帝国主义的新形式。

在全球发展语境中讨论慕课的文献，主要指向机会和平等这两个方面的问题。一方面，慕课被称赞为让身处教育资源不足的地区的学生们(尤其是亚洲和非洲)，拥有了免费获得优秀资源和学习体验的机会。另一方面，慕课对网络连接、网络读写能力和英语技能都有很高的要求，有可能将发展中国家的学生排除在外，而让大多数身处高度发达的学习环境中的学习者受益。

《MIT 科技评论》的 Jessica Leber 认为，由于不发达国家学习设施的缺乏，慕课会在发展中国家里发展起来。Leber 认为，全球的精英教学机构免费提供顶尖课程的承诺能够让慕课具备实现教育大众化的明显潜力。然而，慕课还存在技术上的障碍，主要包括计算机基础设施的缺乏以及低带宽使得课程内容不能流畅播放等。此外，还存在文化方面的障碍：为了符合不发达国家学习者的需求，慕课需要为世界范围内更多样化的受众群体提供适合的课程，而不是像现在这样为把英语作为母语的西方受众群体提供服务。

二、文献综述与研究方法

(一)关于慕课的现有文献综述

出于分析的目的,本文把关于慕课的评论文献作了如下划分:第一,关于高等教育机构的文献,这些文字反映了机构的观点并且关注慕课的成果,以及慕课对学术机构意味着什么。第二,关于学习者的文献,这些文献反映了慕课学习者的观点,并且关注慕课的消费情况,以及慕课对学习者有何意义。第三,相关的新闻报道,它们是从一般视角或专业兴趣来对慕课现象进行的报道。

关于慕课的类别和慕课类型学的注释有两种不同的解释:原始的慕课形成于亚大巴斯卡大学,并且与连接主义(Connectivism)相联系,加拿大和西门思多方面主导着基于连接主义(Connectivism)学习理论的慕课——C 慕课,也叫“加拿大式的慕课”或者“慕课 1.0”。由美国精英大学发起的第二代慕课以及他们搭建的风险投资平台被多样化地理解为新一代慕课——X 慕课,或者说“慕课 2.0”。

(二)研究方法

本研究主要采用文献研究方法。我们的文献选择方法是:参考最近来自可靠院校和期刊的学术文章的参考书目,而这些文章的主题都是诸如在线学习、慕课以及大学改革等;追踪可靠作者在文章中使用的引用和链接;订阅专业期刊和关于教育、科技的博客以及在线学习的更新内容和投递信息;在搜索引擎和专业期刊、博客的搜索区搜索诸如 MOOC、MOOCS、在线学习(online learning)、ODL、Coursera、Udacity、edX 等术语。

三、关于慕课的五个基本结论

(一)关于慕课的观点冲突分化了教育机构

在美国的研究院和著名大学中的精英院系都广泛而积极地参与了慕课,主要参与的方式有提供品牌、内容、资金、员工、名分和政策支持等。他们看到了品牌提高、教学实验、人才招聘和商业模式创新的机会。

那些赞成慕课的人们正在制造引人注目的文献,他们积极地描述着慕课成熟、扩展和深化的过程。然而,在精英院系中对慕课的认识还存在不同的声音,他们对慕课抱有的否定观点仍然强而有力。

规模较小或者名气较低的院系目前还没有热情参与慕课，它们缺乏野心、能力或者机会。能力较弱的参与者常常认为慕课议题听上去是警钟——他们感受到了被落下、失去市场份额和雇员的威胁，因此，他们也控诉慕课无法满足学习者更加复杂的学习需求。

（二）教育工作者不赞同慕课的价值

从教育工作者们在期刊、专业教育出版社、博客和一般媒体中发表的评论来看，教育工作者之间存在着两派相互冲突的观点：一批狂热分子欢迎慕课带给学习、教学和评估的改变和能量，他们积极地讨论慕课的学习体验以及教学方法的创新模式，并且将大众的目光聚集到诸如学习机会、授权、关系网建立以及社区教育上。另外一些持怀疑态度的人冷静地思考着慕课带来的热潮，认为慕课那些所谓的好处已经被前几代人通过线远程教育创新实现了，并且慕课的成功包装胜过内容，慕课的形式本身就存在着诸如学习机会、内容、学习质量、认证、教学方法以及缺少对较弱的学习者和没有特定人际交往技巧的学习者的约束等方面的弱点。

（三）慕课的破坏性及其对高等教育模式存在的潜在威胁

本文倾向于承认慕课为学院带来了改革的动力以及学术的研究与创新。所有文献都预见到一场迫在眉睫的戏剧性变化。在高等教育活动中的几个领域，慕课将扰乱正常管理。本科教学和招生、教学方法、商业持续专业发展，特别是国际招生和国际声誉等方面最有可能受到很大的影响，这一点几乎得到所有机构（特别是 Pearson/IPPR、Austrade、Universities UK、McAuley、Sharples）的认可，并关系到对慕课未来发展的定位。然而，一些报告认为，慕课议题缺乏新颖性，并且其影响的规模及改造大学的潜力可能被过度渲染。本文认同慕课中关于可持续性、质量、公平公正、财务可行性、学习质量以及认证等方面的缺点。然而，本文也介绍了解决这些问题的方案，并且坚定地将慕课视为高等教育的转折点。

（四）关于慕课学习体验的报道是积极的

从不同类型的学习者的体验来看，在对慕课的学习体验中，被动消费或者逃避是普遍情况。逃避和审核认证成为慕课中的普遍现象，慕课中的退课率高并不是什么大问题。对学习者来说，慕课的好处主要在于可以获得高质量的材料以及一些课程中新型的协作学习体验。很多研究表明，慕课体验需要在线社交网络的参与技巧和才能。

学分并没有成为慕课学习者们的主要动力，然而，有明显迹象表明这种状况将会被改变，学分会变得很重要。

(五)慕课正在成熟——关于其商业和资格认证问题

慕课的焦点问题在于寻找到商业模式，以及所有与规模、可持续性盈利、学习认证以及开放性相关的问题。在本文中，我们的报告深度关注围绕商业问题的分析。调查表明，在广泛的阶段实验之后，慕课即将迎来成熟阶段。慕课正在朝着认证式的大学教育阶段迈进，也在探索新的教育模式，以寻找收益、降低成本。

四、亟待解决的问题：商业和财务模式

几乎每一种关于慕课的阐释都关注着高等教育的交易、财务和商业运作的影响。机构的发展开始反映出慕课的成熟过程，这主要体现在以下几个领域：第一，降低课程生产和销售成本的模式；第二，慕课运营商的收入来源具有可行性；第三，越来越多的人接受慕课学习的认证；第四，精英机构之外的慕课拓展形式——其他机构对慕课平台的高质量内容的开放，以及将二流大学纳入慕课平台。

(一)课程生产成本降低

与其他形式的网络课程产品相比，文献表明了慕课的成本优势。

由英国高校或英国的平台提供的慕课课程在技术开发方面具有明显的竞争优势，主要表现在以下几个方面：第一，由学习者分析推进的适应性学习；第二，标记和认证技术，这不仅涉及课程内容的成果，还涉及在社会媒体中与学习相关的技能，如声誉影响等；第三，身份验证技术(视网膜、按键、挑战)，它将利用有效可靠的同行评议方法。英国商业、创新与技能部在慕课领域资助的科研项目可以采取以下形式：

(1)技术研究：包括可以识别报名者的水平扫描技术、差距、时标、风险和领先的参与者。

(2)技术刺激创新：例如鼓励那些在 KTN 运行的技术之间进行合作以解决技术挑战，以及掌握相关技术的人员来开展慕课应用。

(3)在发展教育技术方面，赞助或参与一个慕课。

George Siemens 在其 2012 年著的《开发、设计、运行 MOOCs》一书中详细比较和描述了策划和运行慕课的繁重工作量。在 Siemens 看来，开设一门慕课课程有以下 9 个步骤：

(1)为特定受众开发一个话题。

(2)找到其他背景中比较受人欢迎的助教。

(3)把决定课程内容(博客、网络文章、演讲视频)作为课程的起点。

(4)设计互动空间(标签、论坛、博客、电子邮件等)。

(5)设计互动(同步互动或非同步互动)。

(6)在整个课程授课中总是有助教出现。

(7)通过课程活动和学生反馈来组织学习上的创作。

(8)推广、分享课程网站。

(9)不断完善过去的课程。

Diana Laurillard 曾经是英国开放大学的前任副校长，如今在教育机构“伦敦知识实验室”担任主任一职。他发现，慕课和其他教学形式相比具备明显的成本优势。2013 年 2 月，在“高等教育的网络开放学习：慕课”会议上，Laurillard 指出，网络教育和传统的面对面的教学模式都无法通过扩大办学规模的方式实现教员和学生比例为 1 ∶ 25 的最优比例。Laurillard 教学方法的创新具有实现成本突破的潜力。

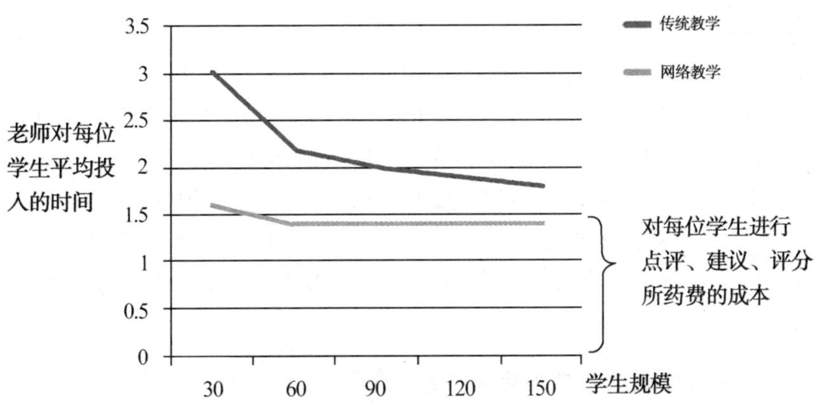

图 2　在慕课教学中增长的学生规模与成本关系的模型

(注：该表由 Laurillard 提供)

(二)收入来源开始出现

文献表明，收入模式开始慢慢地零碎出现。这些收入模式的信息并不是正式发布的，而是碎片化地出现在消息片段和泄露出来的文件中。

Coursera 的合作协议模板公布在“高等教育纪事”网站的信息自由板块中，文件表明，Coursera 有八种收入来源途径，具体如下：认证(学生为印章或证书付费)、安全评估(学生为他们的考试监考服务付费)、员工招募(公司为学生表现记录的评估付费）、申请人审查（雇主/大学为获得申请者的筛选记录付费）、人工指导或作业评分（学生付费项目）、将慕课平台出售给企业开展企业训练课程、赞助（课程的第三方资助者）、学费。

John Daniel 先生在 2012 年发表的《理解慕课：在迷宫中沉思——悖论与可能性》一文中指出："大学掌握着两个要素：认证和学费，这都是当前的难题。就认证问题来看，大部分的参与机构都有一个底线：不为课程做学分认证。学费问题则存在原则和实践上的巨大的挑战。如果你要付费的话，慕课还办得下去吗？更不要谈在 160 多个国家向慕课的注册学习者收取学费的艰巨任务了。似乎一提到要对慕课收费，人们对慕课的兴趣就会大大减弱。"[①]

（三）认证——一个获利途径

在慕课领域，认证存在着两个方面的问题：第一个是确保学费收入；第二个是雇主如何评估、认证、评价学习效果。

在美国，慕课认证正在加速发展。5 门 Coursera 的慕课课程得到了美国教育委员会的推荐，它们还获得了 2013 年 3 月认证机构的信用奖项。此外，4 门 Udacity 课程将很快获得相同的地位。学习认证似乎将成为一个慕课标准，或者说是慕课发展的下一个阶段。

慕课学习的学分让其他方式的在线学习机构局促不安。据 2013 年 5 月《高等教育内情》的报道，一个叫作"网上学期"的商业网络课程能够授予学分，其在线课程曾经吸引了 40 所美国大学，但是目前因慕课的冲击已经无法吸引学生和大学了。《高等教育内情》的记者瑞瓦德引用威克森林大学副教务长的评论，指出慕课废除了为网络课程付费的依据。这种趋势如果继续下去的话，则表明对慕课的冲击并不在于面对面的校园学习模式，而是已经出现的在线付费模式。

（四）慕课的完成率与学生的学习动机

在 2010 年英格兰高等教育拨款委员会所进行的开放远程学习调查中，已经就学生对于开放远程学习的要求给出定义。定义如下："学生的期望是开发远程学习的主要驱动力，而且为了保持使用率，学生的需求必须被满足。大多数开放远程学习的学生抱着不同的期望，它们有别于人们对传统的大学校园教育的期望。正如在这个报告中（指上段中提到的对开放远程学习所进行的调查）所说的：大多数的开放远程学习学生……一般期望获得'专业'的学习、挑

---

① John Daniel：Making Sense of MOOCs：Musings in a Maze of Myth，Paradox and Possibility，journal of interactive media in education，2012.

战、咨询和支持。可以说,相比传统校园的大学生,开放远程学习的学生性格差异更为明显,他们对课程设计决策和授课模式的要求不同。"

可以说,慕课通过引入一套新的设计,改变了教育景观,但是在慕课今后的工作设计中应该考虑:如何确保学生坚持完成一门在线课程的学习,即学生保留率(retention rate)问题。

五、结论与建议

我们尝试通过以下在报告中被评估过的出版物来进行系统性的政策概述:日本工业标准委员会—英国教育科技互换标准(JISC-CETIS)、英国大学联盟(Universities UK)、澳大利亚贸易委员会 (Austrade)、加拿大的慕课模型(Canada-SSHRC)、公共政策研究所 (IPPR)。现存的正式报告对以下政策问题存在着清晰的共识。

第一,"等着瞧"对于大学(或者教育部门)来说不是一种可行的政策。教育的需求和供应的中断是很可能的,尽管人们对中断的严重程度和时间的预计不尽相同。面对慕课的规模、能见度以及慕课在已经摇摆的高等教育世界中与现存所有敏感政策问题的联系,与慕课有关的政策已经成为影响慕课未来发展的重要因素。

第二,慕课不是一个孤立的问题,它聚焦在高等教育中已有的政策关注点上,并且促进政策的发展、关于国家财政及其使用、学生财政、教学和研究质量、机构改革、国际化等。慕课的发展给政策制定者在推进教育机会、推动招生和国际化,并且发展高等教育等方面提供了新的路径。

第三,慕课无边界的形式将促进高等教育内容的全球化和认证系统的全球化,国际认可的问题和国家资助大学进行跨国活动的问题将会出现。

第四,慕课的形式对学生的学习技巧(尤其是在信息素养方面)提出了新的要求。学校、高等教育和成人教育(包括终生学习和持续专业发展)需要形成自我激励,与此同时也需要产生新的活跃的代理机构。如果这样的代理机构要在"慕课模式"的教育背景下繁荣发展,那么它们就要在大型网络中保持信心并且能够在信用经济环境下运行。

第五,大学面临着如何应对慕课带来的机遇的严峻挑战。如何协调慕课带来的关于收入、使用权、课程、认证的问题,以及来自非教育提供者(Pearson、谷歌等)的挑战将决定大学的创新能力和生存能力。根据英国大学联盟的报告,大学关于慕课政策的议题清单涵盖了可持续性、教学方法、信用和能力等许多方面。

第六,随着慕课(和其他的教育创新)在全球获得了有目共睹的成就,学习的认证逐渐成为了未来的重大问题。对各个机构和作为一个国际品牌的英国教育来说,质量和责任将成为重要的问题。日本工业标准委员会—英国教育科技互换标准的报告指出:"在国内和国际层面,需要一个关于高等教育资金结构、质量保证,以及对有助于高等教育实现不同方法和模型的认证制度的新框架。"

此外,还有一些问题非常值得关注:需要为基础教育进行技能和课程方面的改革;在国家政治中,教育技术作为两党议题的可能性;慕课对于具有认证的专门行业的可持续发展是否可能造成扰乱;慕课扰乱终生学习和成人学习领域的可能性;等等。

关于慕课未来发展的建议主要有以下几个方面:

第一,认证。这个议题已经被主要的 X 慕课参与者(Coursera 和 Udacity)所成功地推动。同行评议是新兴的有力的检验学习效果的形式。可行的验证工具依靠于技术层面。因此,建议政策能够以此为动力,并且把慕课当作一种解决认证僵化和瓶颈的工具,允许创新的学习形式提供认证可转换的学分。对被许可的同行评议人员来说,可能会有一个可获得的资本市场,这可能为政策方向提供一个商业关注点。

第二,可持续专业发展。到目前为止,由慕课催生的政策议题已被视为高等教育的范围,但是慕课这种形式会不可避免地破坏专业产业发展的可持续性。鼓励市场的有序过渡,例如为一个重要的可持续专业发展区域赞助一个慕课模型(如会计、兽医)将是带来改变的一种方式。

第三,创新教学方法。需要有一个达成共识的机会——慕课驱动创新学习。目前,网络和社会媒体工具(论坛、维基、公告栏、内容服务器)与报告厅和校园基础设施一样,对学习至关重要。可以通过制定一些政策来承认和鼓励教学方法创新,鼓励学习中对网络科技的成功应用,推动网络素质教育。

职业与成人教育发展

当前高等职业教育发展面临的问题与对策①

——对102位高职高专院校工作者问卷调查的分析

为了进一步了解和把握高职高专院校的发展现状，从专家视角解读高职高专院校发展面临的诸多困境，为高职高专院校健康发展提供较成熟的理论指导与路径选择，我们对国家教育行政学院第五期高职高专评估专家理论研修班的学员进行了以“高等职业教育发展现状与对策研究”为主题的问卷调查。本次调查共发放问卷102份，回收问卷102份，有效回收率达100%。

本次调研对象主要是高职高专院校的管理者，共102人，分别来自不同的学校。其中，来自发达地区的占被调查者总数的15.7%，来自较发达地区的占23.5%，来自一般地区的占38.2%，来自欠发达地区的占22.5%；从被调查者担任的职务来看，校级领导者占被调查者总数的46.1%，中层领导者占47.1%，普通教职工占6.9%。

一、高等职业教育的现状：发展前景看好，困难不容忽视

（一）调研对象对宏观政策的看法

1.对高职教育发展道路的选择

关于高等职业教育今后的发展思路，88%的被调查者认为应当坚持当前制定的“以就业为导向，以服务为宗旨，走产学研结合的发展道路”的思路；12%的人认为应当走“通识教育加职业教育的道路”。问卷还列出了“走普通高等教育的道路”选项，但没有任何一个被调查者选择此项。可见，高等职业教育要走区别于普通高等教育的、具有自身特色的发展道路已经得到了高职教育工作者的充分肯定。

① 本文原载于《国家教育行政学院学报》2007年第1期。

2. 对国家制定的有关高职教育政策的看法

为了指导职业教育积极满足劳动力市场技能型紧缺人才的需求，也为了充分发挥职业教育解决“三农”问题的重要作用，国家出台了《制造业与现代服务业技能型紧缺人才培养培训计划》《农村劳动力转移培训计划》以及《职业教育实训基地建设计划》等文件。关于国家制定这些计划与措施的必要性问题，有高达 85.1%的被调查者认为，高等职业教育的发展需要政府的引导，政府制定相关计划与政策是非常有必要的。但是，也有 5%的被调查者认为，随着市场经济的发展，国家制定的某些措施并不能成为促进高职教育发展的内动力；高职教育发展的根本在于主动运用市场经济规律进行调节，而不是依赖于国家政策，因此没有必要制定这些政策。

(二)高等职业教育的现况

1. 对高职教育发展前景的看法

关于“当前高等职业教育发展处于何种时期”的问题，40.6%的被调查者认为处于黄金期，49.5%的被调查者认为处于战略转型期。也就是说，90.1%的被调查者对高等职业教育的发展持乐观态度。另有 3%的被调查者表示出担忧，认为当前高职教育处于危机期。

2. 高职院校的规模

高职院校的规模反映了高职教育发展的现状。调查结果表明，102 所院校中，有 69.6%的院校在校生人数不超过 8000 人，13.7%的院校超过 10000 人，但都控制在 20000 人以内。

3. 高职院校的师资建设

近年来，各院校普遍加强了“双师型”教师队伍的建设。调查显示，来自实践第一线的“双师型”教师比例平均为 17.2%，具有“双师型”素质的教师比例平均为 45.7%。从《高等职业教育院校人才培养工作水平评估指标体系》的规定——“专业基础课和专业课中双师素质教师比例达到 50%的院校为合格等级，超过 70%为优秀等级”可以看出，高等职业院校的师资队伍建设任重道远。

4. 高职院校的课时情况

调查显示，专业理论课、公共理论课学时占总学时的比例平均为 59.1%，实践教学(含实验课、实习、实训、课程设计、毕业设计等环节)的学时占总学时的 40.9%，基本满足《教育部关于加强高等职业教育人才培养工作的意见》的要求，即三年制专业的实践教学学时一般不低于教学活动总学时的 40%、两年制不低于 30%。

5.高职院校的实习情况

实习基地是职业院校教育教学设施不可或缺的重要组成部分，但不同院校的实习基地依托存在一定差别。调查结果显示，职业院校当前主要采取了三种实习形式：校内实习工厂(24.2%)、校外合作办学单位提供实习基地(38.4%)、到当地企业进行见习(29.3%)。当然，有少量院校同时采用了三种实习形式。

6.高职院校的经费来源与到位状况

经费来源关系到高职院校的生存与发展。调查结果显示，高达85.2%的学校主要经费来源渠道较为单一。具体来看，34.7%的学校主要依赖于学生学费；30.7%的学校主要依靠地方政府拨款；16.8%的学校主要依靠学校自筹；2%的学校经费主要来源于中央政府；1%的学校主要依靠企业拨款。另外，有14.9%的学校主要经费来源于上述两种或三种方式，可以说只有一小部分学校在多渠道筹集办学经费。关于“学校主管部门对学校经费投入的情况”，有13%的被调查者确定经费可以完全到位；33%的被调查者认为上级主管部门对学校的经费投入难以保证或不能到位。由此可见，上级主管部门对学校经费投入的稳定性较差。

7.高职院校毕业生的就业情况

毕业生就业率已成为衡量高职院校办学质量和效益的重要指标。关于“高职院校毕业生一次性就业率”的调查显示，2003年平均为84.7%，2004年为86.5%，2005年为88%。可见，在当前普通高校毕业生就业形势严峻、就业问题严重困扰着教育发展的时候，高职院校毕业生就业率还在逐年上升。这充分说明，高职教育培养的技能型人才得到了社会的认可、符合劳动力市场的需求。

8.高等职业院校作用的发挥情况

调查发现，有26.7%的被调查者认为，学校对当地社会经济建设“很有帮助”，有65.3%认为“有一定作用”，而认为“没什么帮助”和“说不清”的都为4.0%。显然，如果院校不能在当地经济社会建设中发挥作用就会存在一定的生存危机。因此，如何找到自身发展的基点、为当地经济社会服务是政府、学校和企业需要共同研究的问题。

二、高职教育发展艰难的原因

(一)亟待完善的外部环境

高等职业教育的协调健康发展离不开良好的外部环境。但是，调查结果显示，经费投入保障体制和考试招生录取制度的不完善、盲目虚高的社会用人观等外部因素已经制约了高等职业教育的发展。

1.保障体制仍是制约高等职业教育发展的主要因素之一

调查结果显示,高达92%的被调查者认为,不完善的经费投入保障体制是制约高等职业教育发展的主要因素之一。

2.考试招生录取制度是制约高等职业教育的最大障碍之一

目前,高职院校实施的一些制度严重制约着高职高专的发展,需要调整与完善。这些制度包括考试招生录取制度(61.4%)、企业用人制度(57.4%)、工资分配制度(21.8%)以及人事分配制度(32.7%)。招生考试制度列在各制度之首。可见,改革现有高职高专与普通高等院校用同一张试卷考查、选拔学生的招生考试制度已经成为当务之急。另外,有68.6%的被调查者认为,当前要大力发展高等职业教育,首要的是要改革招生就业制度。

3.盲目虚高的社会用人观是制约高等职业教育的另一个重要因素

如果说体制与制度环境属于硬环境,那么观念就是软环境。高职高专教育的发展之所以不尽如人意,很大程度上是因为一些社会积习的传统观念的影响,其中首当其冲的就是目前各行各业都不同程度地存在盲目虚高的用人观。调查结果显示,93.1%的被调查者认为,不正确的用人观严重制约了高职教育的发展。

(二)高职学校自身的原因

1.高职院校人才培养模式单一、缺乏实训基地是影响高职教育发展的因素之一

调查结果显示,“就高职高专院校自身来说,影响其发展的主要因素”有:定位不清,办学思想不正确(48%);专业和课程设置不合理(44.1%);缺乏适合高职高专教育特点的“双师型”教师(56.9%);人才培养模式单一,缺乏实训基地(63.7%)。由此可见,人才培养模式单一、缺乏实训基地是影响高职教育健康发展的关键问题。

2.陈旧的就业观念是高职高专学生就业难的主要因素

调查结果显示,在导致高职院校毕业生就业难的各种因素中,被调查者认为,居于首位的是“学生就业观念陈旧、不愿意到基层工作”和“个人期望太高”;其次是毕业生缺乏工作岗位所需要的职业技能;最后是社会方面的因素,包括人才市场的不成熟、创业环境的不成熟以及用人观念的不成熟等。按照这一调查结果,要解决学生就业难的问题,首先要给予学生充分的就业指导和职业规划;其次还需要学校、社会共同努力来打造一个良好的就业环境。

3.成功的职业学校需要多方面的努力

本次调查中,当问及“您认为一所成功的职业学校的标准是什么”(多选)

时，大家对备选答案“敢于开拓进取的领导班子”“明确的办学思想”“科学的人才培养模式”以及“注重品牌经营”的选择比例均超过50%。这说明，一个成功的职业学校既需要一个敢于开拓进取的领导班子，也需要准确的市场定位和明确的办学思想、科学的人才培养模式以及较高的知名度和一定的“品牌”效应。

三、推进高等职业教育发展的路径选择

通过调查分析，我们对高等职业教育的发展提出以下几点建议：

（一）加强高等职业教育与中等职业教育、普通高等教育之间的衔接沟通

要使高等职业教育健康发展，就必须认真研究和理顺两对关系：一是理顺高等职业教育与中等职业教育的关系，高等职业教育与中等职业教育要并重发展。二是理顺高等职业教育与普通高等教育的关系，高等职业教育与普通高等教育之间既要相互衔接又要相对独立，可以通过互认学分或设立副学位等方式来实现两者的衔接。

（二）加强法律约束，保证政府对高等职业教育的经费投入

稳定的经费投入是学校正常、良性发展的基本保障。虽然相关文件规定“省级人民政府要制定本地区职业教育生均经费标准，并依法督促各类职业学校举办者足额拨付职业教育经费”。但由于没有形成法律条文，因而到目前为止，大多数省份并没有制订、实施生均经费标准。同时，由于缺乏法律保障，部分省市的主管部门对学校经费的投入在有无、多少的问题上存在随意性。因此，加强法律约束，通过法律法规来规范主管部门的经费投入、保证政府对高职院校的支持是高职院校稳定发展的必然途径。

（三）加强“双师型”教师队伍建设

师资队伍建设是影响职业教育发展的关键因素，也是职业教育界一直关注的重要问题。职业教育自身的鲜明特色要求教师不仅要具备扎实的理论知识和较高的教学水平，还要具备较强的专业实践能力和丰富的实际工作经验。因此，各高等职业学院都在加强师资队伍建设。但在实践中，学校的全职教师工作量很大、满负荷运转，很少有时间、精力和机会深入行业一线进行实践；另外，在当前市场化价值取向下，聘请企业、事业、行业的人员担任专、兼职教师还有一定的困难。因此，要真正建设一支“双师型”教师队伍，还需要进一步探索新的途径。

(四)加大地方政府的统筹力度,促进高等职业教育健康发展

我国的高职院校多为地方办学。2002年《国务院关于大力推进职业教育改革与发展的决定》进一步确立了"在国务院领导下,分级管理、地方为主、政府统筹、社会参与"的职业教育管理体制,这为地方政府统筹职业教育与区域经济发展、培养与当地经济社会发展结构与规模相适应的高级技能型人才与高素质的劳动者提供了更广阔的舞台。发展职业教育、培养实用型人才主要受益在地方,因此发展职业教育的主要责任也在地方。在经济市场化的今天,仅仅依靠教育系统内部资源来发展高职教育是行不通的。如何依托当地行业、企业、产业优势,统筹社会多方资源,办好当地职业教育,促进当地经济与职业教育的良性互动,是地方政府应有的行政责任和道德责任。

加拿大的成人教育[①]

一、加拿大成人教育的发展史

在世界范围内，尽管“成人教育”已经是一个被人们所广泛使用的术语，但是至今仍没有一个统一的定义。在加拿大，成人教育是一种社会向 18 岁及以上的成人提供的，既可以获取学分，也可以不获得学分；既可以通过正规渠道，也可以通过非正规渠道来满足他们个人的或职业发展需要的一种教育形式。

在加拿大，成人教育的功能是：第一，提高加拿大公民的素质，促进社会的变革；第二，支持和保护一个良好的社会秩序；第三，促进社会生产力的发展和提高；第四，促进个人的发展。

加拿大成人教育根据其历史发展可分为五个阶段：

(一)第一阶段：1867 年以前

在加拿大成为一个独立的国家之前，加拿大成人教育处于一种由私人和义务者赞助的自发的和非正规阶段。它的成人教育形式是一种殖民地式的成人教育，主要是模仿英国式的成人学校，如技工学校、青年基督教协会和农业生产者义务组织等。

(二)第二阶段：1867～1914 年

尽管加拿大的成人教育在这一阶段仍处于私人赞助之下，但是公立成分的扩大为成人教育的发展奠定了基础。在此时期，美国式的以农业为主的大学推广学院运动进入加拿大。1889 年，女王大学(Queen’s University)建立，成为加拿大第一所大学，并且开始举办大学推广学院，它为加拿大大学推广学院的发展奠定了永久性的基础。随后，多伦多大学和麦吉尔大学也相继成立。

---

① 本文原载于《中国成人教育》1993 年第 11 期。

（三）第三阶段：1915～1939 年

这 25 年是加拿大成人教育运动迅猛兴起和重大成人教育项目出台的时期，众多成人教育机构创立，许多大学开始创办大学推广学院。其中，最著名的成人教育项目是“安提高内希运动”（Antigonish Movement），其目的在于以成人教育促进当地渔民和农民的生活水平，它的突出特征是成人教育组织与社区的协作，体现了激进主义教育观。在 20 世纪 30 年代后期，加拿大两个最重要的国家性成人教育机构“加拿大广播合作组织”和“加拿大国家电影局”创立，它们在加拿大成人教育发展史上做出了不可磨灭的贡献。最值得欣慰的事情是 1935 年加拿大成人教育协会的成立，它标志着加拿大成人教育真正进入了一个新的历史时期。

（四）第四阶段：1940～1959 年

此 20 年是加拿大成人教育取得辉煌成就的时期，也是加拿大成人教育中公立成分不断扩大的时期。在此期间，加拿大成人教育协会为成人教育的发展做出了重要的贡献。如举办公民教育、设立农民和市民论坛，成立共同计划委员会等。

与此同时，加拿大地方政府和省政府积极参与成人教育活动。社区中心运动迅速遍及全国，以地方教育局为主承办的成人教育项目在几个省扩展，其中以英属大不列颠哥伦比亚（British Colubia）最为突出。1957 年，哥伦比亚大学（University of British Colubia）举办了第一个成人教育硕士学位培训项目。

（五）第五阶段：1960 年至现在

这一阶段是加拿大成人教育发展的新时期，其显著标志是：第一，社区学院出现，其主要任务之一就是为本社区的成人提供半日制学习机会和课程，这有力地拓宽了成人受教育的渠道和机会。第二，“远距离教育”这一教育形式在 20 世纪 60～70 年代得到了戏剧性发展，三个远距离实体相继出现：哥伦比亚省的开放学习机构、魁北克省的泰勒大学和阿尔伯塔省的阿斯巴斯卡大学。

同时，从 20 世纪 60 年代中期开始，加拿大政府开始增加对职业技术教育的投资，开始实施“消除贫困的战争”的策略，增加对教育的干预，成人学习者注册人数一直呈上升趋势。加拿大统计资料表明：1960 年，在每 25 个加拿大公民中才有 1 个人参加成人教育课程学习；而 1983 年的统计报告显示，每 5 个加拿大公民中就有 1 个人注册成人教育课程。从这些统计资料可看出：加拿大联邦政府已把发展成人教育作为提高公民素质、发展社会生产力的一项重大战略措施。尤其是进入20世纪90年代后，加拿大国家后勤保障部提出：加拿大正面临着两大挑战：国家的统一和未来的繁荣，而实现繁荣的必经手段是竞争，竞争的关键是致力于建立一种学习化社会，使加拿大公民学习好、生活好，从而实现其最终目标，即国家未来的繁荣。这充分证明：成人教育在国家未来的繁荣发展中具有举足轻重的作用。

二、加拿大成人教育的若干特点

由于世界各国的历史条件和政治制度不同，各国的成人教育也呈现出不同的特色。根据笔者本人在加拿大学习期间的观察和对有关资料的分析，加拿大成人教育具有以下几个特点：

（一）就教育管理权限而言，加拿大成人教育的管理和发展权力在各个省

加拿大是一个联邦制国家，它由10个省、2个区组成。加拿大没有全国性的教育部，根据1867年的宪法条例规定，教育是各个省的事情，联邦政府只提供教育经费以及劳动力培训计划方案，通过间接的方式实现对教育的管理和控制。因此，加拿大没有统一的成人教育系统，也没有全国统一的成人教育政策。

加拿大成人教育由大多数省级高等教育机构提供，各省享有充分的自治权，可依据本省及本社区的情况制定和实施成人教育。尽管没有一个统一的标准，但从整体而言，各省之间成人教育的发展路子基本一致，主要由高等教育机构来提供，而且主要是满足本省、本社区对人才的需要。

（二）从教育提供者而言，加拿大成人教育主要由省各高等院校——社区学院、大学来提供，而大学推广学院在成人教育的发展史上发挥着极其重要的作用

成人教育在加拿大高等教育系统中占有重要的位置，社区学院和大学为成人提供了众多的学习机会和渠道。加拿大社区学院的主要任务是提供大学低年级的课程教学，开办职前培训和在职岗位培训。社区学院的突出特点是把社区需要放在第一位，为不同特殊需要的成人提供全日制、半日制课程，教学形式灵活多样，而且强调实践性。为了适应社区对不同人才的需要，社区学院还会与企业、公司进行协作，以扩大人才培养的适用性。

大学是人才集中、设备先进、知识资源雄厚的地方，因此高等学校在成人教育发展中就具有不可比拟的优势，而大学推广学院正是利用这一优势的具体体现。大学推广学院自诞生之日起就发挥着独特的优势。加拿大推广学院起初是模仿美国式的大学推广学院，以提供农业技术和人文科学知识为主。随着社

会的发展、科技的进步,大学推广学院已成为大学中一个集成人教育、继续教育、技术转让、沟通大学与工商界和社区的联系,满足社区各方面需要等功能为一体的教育机构。

(三)从教育观念而言,在加拿大,终身教育原则已被广泛地接受,成人教育与继续教育、回归教育、社区教育、终身教育已成为一组不可分割的概念,各省政府正在为建设一个学习化社会而努力

加拿大是一个经济高度发达的福利型国家,教育的普及率很高。尽管联邦政府不直接管理高等学校,但是它可以通过提供教育经费、供给研究基金、第二外语培训费和重新培训工人费用等手段对教育进行干预。对于成人教育,20 世纪 80 年代联邦政府主要是通过实施《国家培训法规》和《国家工作战略方案》来管理和控制其发展,其目的是通过几个指导性方案和法规的实施建立起一个学习化社会。而各省政府贯彻联邦政府指示的主要途径是加强社区教育和城市化教育,使终身教育原则渗透到生活的每一个角落。

(四)从教育手段和方式而言,加拿大成人教育手段多样、技术先进,远距离教育发挥着重要作用

加拿大地域辽阔,人口稀少,且居住分散,这为实施成人教育带来了不少困难,但加拿大是一个经济技术发达的国家,新的技术革命给教育的现代化带来了福音。正是由于这种客观现实,远距离教育在加拿大成人教育中具有不可替代的作用。

目前,加拿大成人教育不仅具有传统的授课形式,而且具有以现代新兴技术为媒体的远距离教育形式,如函授教育辅以视听设备和材料(录音带、录像带、电话、计算机等)。在阿尔伯塔大学,电话和录像带是进行远距离教学的常用形式之一。

(五)从教育研究而言,加拿大成人教育有着深厚的基础

这种深厚的基础表现在以下几个方面:第一,有全国性的富有影响的研究期刊,如《加拿大大学继续教育》杂志、《学习》杂志、《远距离教育》杂志等。第二,有一支经过专门的成人教育训练的教师、研究队伍。在加拿大,从事教师工作必须具有教师许可证,而取得许可证的前提是必须经过一年的教育系课程学习。而对于成人教育工作者而言,不仅要具有教育方面的学位(最低为硕士学位),而且要有一定的从教经验和研究能力。据了解,大多数加拿大成人教育工作者都要从事专业方面的研究。因此,加拿大的教育质量和研究水平有一定的

保证。第三，在成人教育的理论和实践方面都有较深入的研究，如成人教育的内涵、成人教育的哲学观、成人学习的理论等。尤其是成人学习理论，可以毫不夸张地说，加拿大的研究成果可谓汗牛充栋、不可胜数。

三、加拿大成人教育面临的问题

尽管加拿大各省政府为建立一个学习化社会作出了不懈的努力，并取得了显著的成效，但是加拿大成人教育仍面临着一些问题，主要包括以下几个方面：

（一）加拿大正在经历一场严重的经济衰退，财政紧张已成为加拿大成人教育发展的一个突出问题

众所周知，加拿大是一个经济高度发达、高等教育较为普及的国家，教育经费一直比较充裕。加拿大教育经费构成比例是：60％来源于联邦政府拨给省政府的教育费用；30％来源于学生交纳的学费；10％来源于社会团体及个人的捐助。但是，近年来，由于受经济衰退因素的严重影响，加拿大政府对高等教育实行财政紧缩政策，削减经费开支，增加学生的学费，作为高等教育中一个部分的成人教育也不可避免地受其影响。所以，过去福利型的成人教育政策逐渐被一系列自费政策所代替。

（二）加拿大成人教育的实践呼唤成人教育要有一个合理的组织系统和完善的成人教育政策

合理的组织系统是事物运行的基础，而完善的政策是保证其正确而有效运行的前提。

在加拿大，成人教育和高等教育之间缺乏明确的政策界定以及合理的责任划分。例如，最近几年，关于阿尔伯塔大学是否保留大学推广学院的问题表现得尤为突出。有人认为应该重新组合，有人认为应合并到各个系里，其矛盾的焦点在于成人教育结构和高等教育之间没有明确的分工与合理的组织系统，这正好暴露了加拿大缺乏统一的组织系统和政策的弊端。

另一个矛盾是，加拿大成人教育的课程设置、教学大纲、课堂要求缺乏统一的标准和要求，教师教学的随意性较大，这是影响成人教育质量的一个重要因素。

（三）成人的专业发展和职业发展尚未得到省政府的应有重视

尽管加拿大联邦政府于 1982 年和 1985 年分别颁布了《国家培训法规》和《加拿大工作战略方案》，但是省政府并未对成人的专业发展和职业发展予以足

够的重视。其原因首先是社会上追求高学历的倾向仍十分严重，成人的学历教育得不到足够重视。其次是专业发展和职业发展需要实践经验丰富的教师，而社会上需要某一职业技术人员时，学校还不能开设这种急需的课程，也很难找到合适的师资，这也是影响成人专业发展和职业发展的一大障碍。

四、加拿大成人教育的发展趋势

20 世纪 90 年代是科技迅猛发展，国际竞争日趋激烈的 10 年，人类社会正经历着一场新的变革。加拿大社会也正经历着一场新的社会变迁：一个人的一生要经历 3～5 次职业的变换；现代技术的发展已改变了人类学习的方式；妇女将成为成人学习者的主体；等等。正是由于这些变化，加拿大成人教育呈现出以下几个发展趋势：

(一)在教育观念方面——大多数省政府已经接受终身教育的观念，并且把它作为一种组织原则和社会目标在省的范围内实施

在阿尔伯塔省，高等教育部为了建立一个学习化社会，大力开展社区教育和城市教育。该省设立了一个专门的成人教育机构——继续教育委员会，下设 85 个地方继续教育委员会，省继续教育委员会的职能是对阿尔伯塔省的成人教育提供经费和业务指导。地方继续教育委员会的职能是为其社区的人们提供非学分的继续教育服务项目，并协调其合理地开展活动。哥伦比亚省已起草完 21 世纪终身教育发展战略，正征集各方意见，以求得官方的正式通过和全面实施。

(二)教育质量和教育渠道——加拿大社会将为加拿大公民提供更多的教育渠道和更高质量的成人教育

随着经济的发展、科技的进步、职业的不断变换，人们对接受教育的愿望愈益迫切，而成人教育作为最具适应性的这一教育形式正面临严峻的挑战。如何拓宽受教育渠道和如何提高成人教育质量，是成人教育发展的两大难题。

充分的受教育机会和渠道是教育民主化的标志，而高质量的教育是教育成败的关键。目前，加拿大各级政府正为此而苦恼和奔波着。

(三)教育手段和学习方式——新技术在教育中的应用已变得日益重要，自学这一学习形式正引起越来越多人们的重视

新的科学技术的发展为成人教育的发展开辟了广阔的前景。电子计算机的普及和现代化视听设备步入千家万户为远距离教育奠定了物质基础。例如，

阿斯巴斯卡大学(Athabaska University)是著名的远距离大学,它实行开放的入学政策,学生可以在家通过特定制作的学习材料学习,18 岁及以上的任何加拿大公民,不论其以前的学习经历如何都可注册,学生可以在下列 4 个领域 170 门课程中选取自己的课程。这 4 个领域是:行政管理、社会科学、自然科学和人文科学。学生可免费与个人的辅导教师电话联系,有些课程可通过收音机和电视节目来学习,有些课程可通过录音带、录像带来学习,也可以通过讲座、讲习班、研讨班和电话会议等形式来学习。

自学是个体积极参与学习的过程,是符合成人学习的一种学习形式。成人一般具有一定的实践经验,并形成了一定的学习风格。成人对于未来已有一定的打算和设想,求知欲较明确,对于学习些什么和怎么学已有一定的打算。因此,在教师指导下的自学在信息化社会已变得日益重要。正如《学会生存》一书指出的那样:“自学,尤其是在帮助下的自学,在任何教育体系中,都具有不可替代的价值。”“现在,自学在每一个国家,甚至在设备差的国家的教育策略中,都已占有了一定的地位。”所以,在加拿大这种技术手段高度发达的国家,自学愈来愈多地引起了成人学习者的重视和青睐。

(四)成人学习者——半日制妇女学生日趋增加

根据 1990 年加拿大统计报告,在 1987～1988 年,大学继续教育课程有 323300 个,而大多数参加者是 18～34 岁的城市妇女,她们占整个注册人数的 54%,而且 63%的人注册的是专业发展方面的课程。另据 1991 年加拿大统计报告,现在每年大约有 3 万多加拿大人注册成人教育课程,而且 1980～1988 年间妇女半日制学生增加了 25%。

以上统计资料表明:成人学习者的主体已发生明显变化它对成人教育又提出了更新的要求,如何去改变成人教育的时空观和价值观去适应这一巨大的变化已成为成人教育工作者普遍关注的问题。

中加成人教育基本特点的比较①

一、中加成人教育基本特点的比较

成人教育是对已经走上各种生产或工作岗位的在职人员进行的教育和培训,它不仅能直接有效地提高劳动者的素质,而且能将科学技术转化为生产力,极大地提高社会经济效益。正是由于成人教育具有上述独特的作用,所以世界各国都十分重视发展成人教育。但是,由于各国的社会政治制度不同,经济发展水平不同、重视程度不同,就形成了各具特色的成人教育。作为不同类型、性质的国家,中国和加拿大的成人教育也显现出了迥异的特点,现仅从以下几个方面对两国的成人教育的基本特点进行对比,以期发现有益的启示。

第一,从教育管理权限而言,我国成人教育的管理和发展依据成人教育的不同层次划归中央和地方两级政府,中央政府教育管理部门即国家教委,在成人教育的统筹和管理方面发挥主导作用,而加拿大成人教育的管理和发展权力在各个省。

众所周知,由于受政治、经济、社会形势发展的影响,我国成人教育在历史上形成了以行政干预为主要特征的正规化、统一性的高度集中的管理体制。它适应了计划经济体制的发展,曾经为社会主义建设培养了大批人才。我国成人教育的管理权限主要在中央和地方两级政府。就层次结构而言,我国现行成人教育结构体系包括初等成人教育(含扫盲)、中等成人教育、高等成人教育和大学后继续教育。成人教育学校的审批权、基本学制、课程设置、课程标准、学校人员编制标准、教师资格和教职工基本工资标准都由中央教育部门来确定,实行统筹和管理,体现出了很强的计划特色,中央政府在教育的统筹和管理中发挥主导作用,这是区别加拿大成人教育的一个重要特征。但是,随着近几年的教育改革,成人教育开始由传统的依靠政府办学的格局向确立依靠行业、企业、

① 本文原载于《辽宁高等教育研究》1995年第1期。

事业单位和调动社会力量积极办学的多元化体制转化,逐步在下放权力、实行分级办学、分级管理改革,逐步扩大地方政府的自主权。

加拿大是一个联邦制国家,它由 10 个省和 2 个区组成。加拿大没有全国性的教育部,根据 1987 年的宪法条例规定,教育是各个省的事情,联邦政府只提供教育经费以及劳动力培训计划方案,通过间接的方式实现对教育的管理和控制。因此,加拿大没有统一的成人教育系统,也没有全国统一的成人教育政策。

加拿大成人教育由大多数省级高等教育机构提供,各省享有充分的自治权,可依据本省及本社区的情况制定和实施成人教育。尽管没有一个统一的标准,但从整体而言,各省之间成人教育的发展路子基本一致,主要由高等教育机构来提供,而且主要是满足本省、本社区对人才的需要。

第二,从教育提供者而言,我国成人教育由不同层次、不同类型的成人学校向成人提供教育,加拿大成人教育主要由省各高等院校——社区学院、大学来提供,而大学推广学院在成人教育的发展史上发挥着极其重要的作用。

我国成人教育由四个层次,即成人初等教育、成人中等教育、成人高等教育和大学后继续教育组成。成人初等教育主要包括扫盲教育和初级文化教育,成人中等教育包括中等文化和专业技术教育,成人高等教育包括证书教育和学历教育,大学后继续教育主要包括干部教育和工程教育。中国成人教育经过 40 多年的发展,现已基本形成从扫盲、培训到各级各类学历教育的办学体系(即成人教育机构)。上述几种教育都是由不同层次的成人学校提供的,体现出了明显的层次性差异。

相反,在加拿大,成人教育在高等教育系统中占有重要的位置。加拿大的成人教育主要通过两种成人教育机构来实施——社区学院和大学,它们为成人提供了众多的学习机会和渠道。

所谓社区学院是西方国家高等学校的一种,它主要根据本地区的经济发展和社会需要设置各种专业,招生人数根据劳动力的客观需要量确定,着重培养学生的应用技术能力和操作技能,培养经济管理和社会服务方面的初级和中级专业人才。社区学院具有四个显著特点:

(1)开放性。社区学院的学生入学不参加考试,只要有高中文凭便可注册学习,学费极其低廉。

(2)管理的民主自主性。社区学院各层领导都采取民主的方式选举产生,民主管理组织很多,如校务委员会、教工工会、学生议会等,教师在教学上是权威,对所授课程的有关问题享有很大的决策权或推荐权。

(3)多功能性。社区学院的教育服务包括:就业培训、升学补习、成人继续教育、更换职业教育等，主要提供二年制教育。

(4)教学手段的先进性。大多数社区学院都建有多媒体教学技术中心，装备有各式各样的新型教学手段，如电子计算机、录像机、录音机、录像带、录音带等。加拿大社区学院的主要任务是提供大学低年级的课程教学，开办职前培训和在职岗位培训。社区学院的突出特点是把社区需要放在第一位，为不同特殊需要的成人提供全日制、半日制课程，教学形式灵活多样，而且强调其实践性。为了适应社区对人才的不同需要，社区学院与企业、公司进行了协作，扩大其人才培养的适用性。

大学是人才集中、设备先进、知识资源雄厚的地方，因此高等学校在成人教育发展中具有不可比拟的优势，而大学推广学院正是利用这一优势的具体体现。大学推广学院自诞生之日起就发挥着独特的优势。加拿大推广学院起初是模仿美国式的大学推广学院，以提供农业技术和人文科学知识为主。随着社会的发展，科技的进步，大学推广学院已成为大学中一个集成人教育、继续教育、技术转让、沟通大学与工商界和社区的联系，满足社区各方面需要等功能为一体的教育机构。例如，加拿大阿尔伯塔大学推广学院的总目标是：满足阿尔伯塔人的需要、通过大学的教学和学习资源向社区提供最大限度的学习渠道、提供高质量的服务项目、促进知识的转化和作为社区和大学联系的中介，促进社会的发展和变化。

大学推广学院的主要课程为：成人教育、应用行为科学、应用科学、商业、英语、艺术、政府研究、土地经济和房地产开发、立法研究、微电脑、老年和青年项目研究、妇女问题研究等。这些课程的突出特征是满足社会的实际需要，具有很大的实用性。

第三，从教育观念而言，我国成人教育的地位和作用正在逐步被认识，其潜能正在发挥作用，各级党政领导正在改变传统观念，向终身教育的方向努力。在加拿大，终身教育原则已被广泛地接受，成人教育与继续教育、回归教育、社区教育、终身教育已成为一组不可分割的概念，各省政府正在为建设一个学习化社会而努力。

回归教育是指工作和学习交替地进行。在国际范围内，回归教育被认为是实现终生教育的一种战略措施。加拿大在成人教育的发展过程中十分重视回归教育，为加拿大人提供了各种途径和学校渠道。

加拿大是一个经济高度发达的福利型国家，教育的普及率很高。尽管联邦政府不直接管理高等学校，但是它可以通过提供教育经费、供给研究基金、第二外语培训费和重新培训工人费用等手段对教育进行干预。对于成人教育，20 世纪 80 年代联邦政府主要是通过实施《国家培训法规》和《国家工作战略方案》来管理和控制其发展，其目的是通过几个指导性方案和法规的实施建立起一个学习化社会，而各省政府贯彻联邦政府指示的主要途径是加强社区教育和城市化教育，使终身教育原则渗透到生活的每一个角落。

第四，从教育手段和方法而言，我国成人教育手段在某些方面由于受经济条件的制约仍然十分落后，但成人教育自学考试教育和广播电视教育已具突出特色。加拿大成人教育手段多样，技术先进，远距离教育发挥着重要作用。

我国的自学考试教育是个人自学、社会助学和国家考试相结合的以学历教育为主的一种新的教育形式。自学考试教育具有以下几个特点：其一，开放性，学生可以不受时空的限制；其二，招生容易；其三，体现了回归教育的特征，减少了工学矛盾，尤其是“零存整取”的单科合格证书减少了学生压力；其四，投资小，效益高；其五，社会助学形式多种多样。

广播电视大学是我国成人教育的一种崭新形式。1979 年 2 月，中央广播电视大学的创立为全国开展远距离教育奠定了基础。现在，全国 30 个省级单位和 3 个计划单列市共建立了电视大学 37 所，地市一级分校或工作站有 500 多个。实践已经证明：广播电视大学不仅教学手段新，覆盖面积大，而且方便学员学习，投资少、效益高。

加拿大地域辽阔，人口稀少，且居住分散，这为实施成人教育带来了不少困难，但加拿大是一个经济技术发达的国家，新的技术革命给教育的现代化带来了福音。正是由于这种客观现实，远距离教育在加拿大成人教育中具有不可替代的作用。所谓远距离教育是指学生与教师在时空上处于分离状态，利用教育技术进行多媒体教学，以制作好的文字和音像教材为基础，以学生自学为主的一种教育形式。目前，加拿大成人教育不仅具有传统的授课形式，而且具有以现代新兴技术为媒体的远距离教育形式，如函授教育辅以视听设备和材料（录音带、录像带、电话、计算机等）。在阿尔伯塔大学，电话和录像带是进行远距离教学的常用形式之一。

第五，从教育研究而言，我国成人教育研究队伍缺乏培训，基础薄弱，有待深化，加拿大成人教育则有着深厚的基础。

中国成人教育的理论研究和学术交流的活跃时期是在 1978 年之后。从总体上来看，我国成人教育的理论研究与成人教育的发展不相适应，具体表现为：成人教育研究队伍缺乏专门的培训和教育；理论研究深度不够，多停留于经验的总结和描述，缺乏理论的高度。

在加拿大成人教育研究有着广泛、深厚基础，这种深厚的基础表现在以下几个方面：其一，有全国性的富有影响的研究期刊，如《加拿大大学继续教育》杂志、《学习》杂志、《远距离》杂志等。其二，有一支经过专门的成人教育训练的教师、研究队伍。在加拿大，从事教师工作必须具有教师许可证，而取得许可证的前提是必须经过一年的教育系课程学习，而对于成人教育工作者面议，不仅要具有教育方面的学位（最低为硕士学位），而且要有一定的从教经验和研究能力。据了解，大多数加拿大成人教育工作者都要从事专业方面的研究。因此，加拿大的教育质量和研究水平有一定的保证。其三，在成人教育的理论和实践方面都有较深入的研究，如成人教育的内涵、成人教育的哲学观、成人学习的理论等。尤其是成人学习理论，可以毫不夸张地说，加拿大的研究成果真可谓汗牛充栋、不可胜数。

二、几点启示

通过上述中加成人教育基本特点的比较，我们可以从中得到以下几点启示：

（一）努力建设一个学习化社会

加拿大成人教育的发展在加拿大社会、经济和教育发展中具有重要的地位和作用，突出表现在以下两个方面：

（1）为加拿大人创造了更多的受教育机会和渠道。

（2）学习化社会的建立为加拿大社会的发展和繁荣奠定了基础。

因此，我国的成人教育应为建立一个学习化社会做出应有的贡献。所谓"学习化社会"，就是强调学习终身化、一体化的社会，它是终身教育思想的具体体现。成人教育是实现和建立学习化社会的一个重要手段和措施。我国成人教育在建立学习化社会方面有许多工作可做，如"如何发挥家庭教育、社会教育和学校教育的互补优势""如何发挥社会力量办学的积极性和创造性""如何发挥成人学校的办学效益和辐射作用"等。

（二）充分发挥远距离教育的优势和作用

加拿大成人教育十分重视运用现代高新技术开展远距离教育，充分运用电脑、电话、录音、录像资料，从而为成人教育的深入开展注入了活力。

由于受经济条件的制约，我国教学手段现代化的滞后现象日益突出，已成为影响成人教育发展的一个不利因素之一。因此，不断充实和更新现代化教学手段已成为必需。

近年来，我国远距离教育已取得了不少成绩，但与世界发达国家相比仍有不少差距，主要表现为手段单一、形式单调、普及面窄、收效较差、双向交流缺乏等。因而，我国远距离教育仍有很大的潜力可挖，笔者认为应做好以下几项工作：

(1)建立几所有示范作用的远距离教育实体，如中央广播电视大学要在技术手段上加以更新和完善，使之起“带头羊”作用。

(2)发挥重点院校的智力、资源和技术优势，如6所师范大学的综合优势，开发有实用价值的新兴学科，以服务于成人学习者。

(3)充分利用信息网络优势，为成人学习者提供便利的学习工具。如最近建立的以清华大学为中心的中国教育科研网络系统是今后远距离教育发展的一个目标和方向。

(三)建立更加开放的成人学校

加拿大成人教育的一个重要特点是社区学院为成人学习提供了更多的机会和渠道。我国成人学校在朝区域化和社会化方向发展时，应从封闭办学的模式向开放模式迈进，开放性应体现在以下几点：

(1)入学的开放性，即“宽进严出”，只要是成年人，均可入学。

(2)学制管理的开放性。可实行学分制，可在几年内断开学习，不必连续就读。

(3)学生可在几个认可的学校学习，学分可相互承认。

总之，我国的成人学校在深化改革、扩大办学效益方面仍有不少工作可做。

民办教育创新

研究型分析：一个重要的政策分析方法[①]

——兼对一个政策文本的分析

在生活中，我们常常听到这样的抱怨：学者常常认为自己辛辛苦苦研究出来的成果没有得到重视和应用；政府部门的官员和政策制定者又认为学者的研究不管用。这种"学术文化"和"决策文化"[②]的分离状态，可谓由来已久。尽管自1951年公共政策科学诞生之后，这两种文化之间在西方国家中的交流在加强，但是，在我国，公共政策科学的研究和应用却是近几年才有的事情，两种文化之间的融合仍然是一个需要解决的问题。笔者认为，要解决好两种文化的冲突问题，关键在于发挥政策分析者的作用。

近几年，关于政策分析的研究已经很多了。本文将重点介绍政策研究的一种分析方法——研究型分析方法，同时，运用研究型分析方法分析一个政策文本。

一、研究型分析方法：理论介绍

政策分析有不同的方法。研究型分析（Researched Analysis）是由美国著名政策分析学家卡尔·帕顿和大卫·沙维奇提出的政策研究的一种分析方法，是相对于初步分析（Basic Analysis）而提出的一种方法，是分析者寻求问题背后的真相和非直觉的甚至反直觉的解决方案的方法。[③] 笔者认为，研究型分析是政策分析者运用各种政策分析理论进行政策研究的一种方法，这种方法是研究者占有大量的资料、有相当长的时间、对公共政策作专门的研究、得到相当多的资助、适合大学和思想库的研究人员的一种研究方法。

研究型分析不同于初步分析方法的地方在于，研究型分析主要适用于政策

① 本文原载于《国家教育行政学院学报》2003年第4期。

② 参见袁振国主编：《2001中国教育政策评论》，教育科学出版社2002年版，第1页。

③ 参见[美]卡尔·帕顿、大卫·沙维奇：《政策分析和规划的初步方法》（第二版），孙兰芝等译，华夏出版社2001年版，第5页。

制定前或政策执行之后的研究，而初步分析的“目标更实在，旨在很好地向公共决策者作简单的建议，以便他们不会在主要问题上犯错误”①，即适用于政策制定之前。研究型分析方法涉及以下几个政策科学上的问题：

（一）政策分析的形式

一般来说，政策分析有三种形式②：前瞻性分析、回溯性分析和综合分析。所谓“前瞻性分析”是政策决定之前的一种分析，主要回答“会发生什么”“该干什么”；所谓“回溯性分析”是在政策行动采取之后的信息提供和转换，主要回答“发生了什么”“它有何作用”；所谓“综合分析”是一种更为全面的分析形式，它综合了政策行动采取之前和之后的信息的提供与转换的分析者的操作模式。

（二）公共政策的相关因素

美国著名的公共政策学家邓恩认为，一个政策系统或制定政策的整个机构模式包括三个相互联系的要素：公共政策、政策利益相关者和政策环境。公共政策是一系列政府机关和官员制定的多少相关联的选择（包括不起作用的决定）；政策利益相关者是指影响公共决定也被决定影响而与政策有利害关系的个人或群体；政策环境是围绕一个政策议题的事件发生的具体背景，它影响政策利益相关者和公共政策，也被他们所影响。③

（三）政策过程

关于政策研究有不同的看法，综合起来，政策过程可分为三个大的阶段：政策制定、政策执行、政策评价。政策分析者在不同的环节有不同的作用。研究型分析的目的在于寻找问题背后的真相和原因，既可以分析政策制定过程，又可以分析政策执行过程，但都涉及对政策的评价。正如邓恩所指出的那样：“政策分析者应该能提供关于三种问题的信息及合理的论证：一、价值。价值的实现是问题是否已被解决的主要检验。二、事实。事实的存在会限制或促进价值的实现。三、行动。行动的采纳可能导致价值实现。”④

---

① [美]卡尔·帕顿、大卫·沙维奇：《政策分析和规划的初步方法》（第二版），孙兰芝等译，华夏出版社2001年版，第5页。

② [美]威廉·N·邓恩：《公共政策分析导论》（第二版），谢明、杜子芳译，中国人民大学出版社2002年版，第84页。

③ [美]威廉·N·邓恩：《公共政策分析导论》（第二版），谢明、杜子芳译，中国人民大学出版社2002年版，第79页。

④ [美]威廉·N·邓恩：《公共政策分析导论》（第二版），谢明、杜子芳译，中国人民大学出版社2002年版，第73页。

(四)政策分析者的作用

公共政策的创始人拉斯韦尔指出:“政策科学的研究方法不仅强调基本问题和复杂模型,而且在相当程度上需要澄清政策中的价值目标。然而,在何种意义上一个问题是‘基本的’呢?其评估基于对所需的人际关系的假设。对于分析的目的,术语‘价值’的意思是‘可取事件的种类’,如和平而不是战争、高生产性雇佣水平而不是大量失业、民主而不是专制以及善良且富有成效的人品而不是破坏性的人品。”[①]这段话说明,政策分析者的作用就在于分析公共政策的“价值”。

美国著名政策分析学家卡尔·帕顿和大卫·沙维奇认为:“从规范性伦理学角度出发,公共政策可分为:目的论和义务论两种。目的论学说关注公共政策产出的利益,义务论学说关注公共政策的过程。”[②]

二、研究型分析方法应用:一个政策文本分析

本文在此将运用公共政策科学中的理论,主要是借鉴回溯性分析的形式,对教育部发布的《关于规范并加强普通高校以新的机制和模式试办独立学院管理的若干意见》(以下简称《若干意见》)进行研究型分析,从而得出个人的一点不成熟的看法。美国新制度经济学家诺斯认为,制度是社会的博弈规则,或更严格地说,是人类设计的制约人们相互行为的约束条件。这些约束条件可以是非正式的(如社会规范、惯例、道德准则),也可以是有意识设计或规定的正式约束。正式约束包括政治规则(宪法、政治管制)、经济规则和合同。政府作为社会组织,其主要功能之一在于制定政策——“博弈规则”,引导大众的行为。[③]

目前,教育部发布的《若干意见》就是教育部对高等教育的一种新形式——独立学院的正式约束。尽管这种正式约束不像《高等教育法》《中华人民共和国民办教育促进法》具有那样高的法律效力,但它毕竟是指导和规范二级学院的一个重要政策依据。

笔者认为,《若干意见》是继《中华人民共和国民办教育促进法》《普通高等学校设置暂行条例》《高等职业技术学校设置条例》之后的一部民办高校设置法案,是对《中华人民共和国民办教育促进法》的一个补充。《若干意见》对设置

---

① [美]威廉·N·邓恩:《公共政策分析导论》(第二版),谢明、杜子芳译,中国人民大学出版社2002年版,第30页。

② [美]威廉·N·邓恩:《公共政策分析导论》(第二版),谢明、杜子芳译,中国人民大学出版社2002年版,第32页。

③ 参见R·科斯、A·阿尔钦、D·诺斯:《财产权利与制度变迁》(第四版),刘守英等译,上海三联书店、上海人民出版社1996年版。

“独立学院”的背景、意义、独立学院的内涵、运作、管理方式、申请者、专业设置方向、基本办学条件、招生、审批程序等作了界定。尽管在整个《若干意见》中没有直接使用“民办高校”这一术语，但实质上是在倡导一种“混合经济”力量，是在不断地关注“客户”的要求，是对高等学校“博弈规则”的重要改变，是高等教育制度的一个创新。《若干意见》的发布不仅有重要的政策环境，而且具有十分重要的理论意义和实践价值。

(一)政策环境分析:高等教育大众化和高等教育服务多样化

任何公共政策的出台都有其特殊的背景和原因。这种背景和主要原因就是政策的必要环境。

1.“客户”的增长——高等教育范式:从精英教育向大众化教育迈进

近几年，我国高等教育无论是实行内涵式发展还是外延式发展都一直是高等教育理论界和实践工作者争论不休的一个话题。笔者认为，争论的焦点主要集中在经费提供和质量保证方面，而争论的双方都是站在高等教育提供者或供求方的角度来看问题。其实争论双方都忽略了一个重要的方面，即高等教育的对象:客户(学生、家长、社区)的实际需要和他们对高等教育的评价。

英国著名高等教育学家阿什比在《科技发达时代的大学教育》一书中提出，大学体系的规模和形式主要受三种力量的影响:资助者(政府或投资者)、顾客(学生或利益相关者)、大学内在的逻辑力量。经过 20 多年的改革开放，尤其是经过近几年的高校扩招，我国高等教育的规模发展实现了重大突破。教育部发展规划司 2003 年 3 月 27 日提交的《教育统计报告》显示:2002 年，中国高等教育总规模达 1600 万人，高等教育毛入学率达 15%。这应该说是一个了不起的成就。但是，随着人民群众生活水平的不断提高，消费结构的变化，在中国这个一向重视教育的国度，国民对高等教育的需求将更加迫切。在美国，高等教育是一种商品，在以平等相标榜的美国社会中，政府必须提供足够的高等学校来满足愿意入学者的需要。而在我国，高等教育还没有完全成为一种商品，每个人还不能完全按照自己的意愿接受高等教育，仍有 85%的适龄青年还不能进入高等学校学习。因此，从总体而言，我国高等教育资源仍然是“短缺”的。

党的十六大提出了全面建设小康社会的宏伟目标，要在 21 世纪前 20 年建设完善的现代国民教育体系、终身教育体系和学习型社会。从这一要求来说，高等教育的发展不仅有质量的提高和发展问题，而且有一个数量的发展问题。然而，现有的高等教育体系和院校数量难以适应这种需求。在保证高等教育质量的前提下，对现有高等教育资源进行挖掘或设立新的高等学校已成为现实的必然要求。

徐建平等对浙江、江苏、广东、云南等省高校的公有民办二级学院进行调查后得知：浙江和江苏两省是公有民办二级学院最多的省份。浙江省20所本科院校有18所创办了19所公有民办二级学院(其中浙江大学办了2所)。之所以浙江、江苏两省在近几年高等教育有了迅猛发展，其直接原因是该地区的经济比较发达。由于高校资源有限，经过连续三年扩招后已经基本饱和，政府不可能拿出更多的资金来办高等教育，满足不了广大人民群众的求学愿望，因此创办二级学院正是为了适应“客户”的需要。①

2.“服务”的层次性和多样化：高等教育形式的多样化

2001年底，我国正式加入世界贸易组织，这表明中国已正式进入经济全球化的行列。中国承诺：高等教育是国际服务贸易的一部分。既然高等教育是国际服务贸易的一部分，就必须满足“客户”服务的多层次需求。这不仅是国际的发展趋势，也是国内高等教育的发展方向。

由于受制度的影响，我国长期实行公有制经济制度，高等教育的提供者一直是单一的公立高等教育机构。在历史上，公立高校曾发挥过重要的作用，但是，随着高等教育对象——学生要求的增加，现有的高等院校已不能缓解就学者的要求，因此探索一种新的办学机制和模式就成为一种现实需要。借助现有高等学校的资源、品牌优势，“嫁接”新的高等教育形式——二级学院就顺理成章。据徐建平等的研究表明：浙江省19所公有民办二级学院1999年招生约4000人，2000年达到11000人，2001年已达到20000人，从而使浙江省2001年本科生入学人数达到50000人左右，招生规模以每年20%的速度快速增长，毛入学率由1998年的8.9%上升到2001年的15%，高考录取率也由1998年的35%上升到2001年的68%，基本进入了高等教育大众化阶段。②

(二)政策利益相关者分析：面向“客户”，走向法人治理是高等教育的必由之路

作为一项新出台的政策，《若干意见》的政策利益相关者涉及二级学院自身和学生。

1.面向“客户”是高等教育摆脱行政干预，走向“市场”的标志

高等教育的产生和发展不仅受到大学自身内在逻辑力量的影响。更受制于高等教育资金资助者和客户的影响，当资助者经费提供到一定限度再也不能增加时，客户的力量就变得更加重要，迫使高等教育机构和政府不得不采取其他方式，如发展“第三部门”的力量来发展高等教育，以满足入学者的要求，这是一条世界

---

① 参见徐建平等：《公有民办二级学院办学情况的调查与思考》，《广西高教研究》2002年第3期。

② 参见徐建平等：《公有民办二级学院办学情况的调查与思考》，《广西高教研究》2002年第3期。

高等教育的发展规律，19世纪美国“增地学院”的出现就是典型的例子。

浙江省万里教育集团创办的“万里模式”依托普通高等学校的教育资源、品牌和无形资产，从高起点上合作创办公有民办二级学院就是一种创新。“万里模式”和《若干意见》称之为“独立学院”，从宏观高等教育体系方面的特点来看，它既不同于公立高等学校，又不同于一般意义上的民办高等学校。其主要特征是“以客户为本”，即“以生为本”。例如，《若干意见》指出，独立学院的专业设置，应主要面向地方和区域社会、经济发展的需要，特别是要努力创造条件加快发展社会和人力资源市场急需的短线专业。这明显是“市场”意识和“客户”意识的体现，反映了高等教育对“客户”的尊重，更暗含着高等学校自身要逐渐摆脱行政指令的“束缚”，逐渐靠近“客户”的需求。浙江创造的“万里模式”所提出的“以生为本，以师立校，面向市场，面向国际”的办学理念，其实就是高等教育“面向客户”理念的重要体现，也充分反映了办学者的理智和成熟。

2.“法人治理”是高等教育走向成熟的标志

高等教育的发展既是社会文明的产物，也是大学有机体遗传的产物。高等教育的发展有其内在的逻辑力量，即学术自治和学术自由。高等教育已从社会的边缘走向社会的中心，这无疑是值得高兴的事，同时也意味着高等教育将承担更为繁重的历史使命。

联合国教科文组织1998年在巴黎召开了国际高等教育大会，会议重申：高等教育要完成教育、培训、开展研究的使命，发挥伦理作用、自治、责任和预测功能。与发达国家相比，我国高等教育的使命更加艰巨。在完成全面建设小康社会的宏伟任务中，高等教育承担着人才智力支持和人力资源开发的艰巨任务。要实现这些使命，正如当年我国经济改革中企业要建立现代企业制度那样，高等教育今天也要建立现代大学制度。现代大学制度的灵魂在于：大学要成为独立的法人实体。在具体办学实践中，就是要拥有办学权、用人权、资金使用权等，而独立学院正好适应了这一点。例如，《若干意见》规定：独立学院可以成立校董会，校董会的组成及人选由双方商定，院长由申请者推荐、校董会选任。独立学院应具有独立的校园和基本办学设施，实施相对独立的教学组织和管理，独立进行招生，独立颁发学历证书，独立进行财务核算，应具有独立法人资格，能独立承担民事责任。因此，《若干意见》的发布意味着中国高等教育在政策上走向了“法人治理”的架构，体现了历史发展的要求，具有重要的指导意义。

3.政策实践价值分析：承认“混合经济”是解决高等教育经费紧缺的有效途径

任何政策的出台都是为了解决几个主要问题，这几个问题就是政策的价值所在。

目前，在世界范围内，对高等教育的财政投入明显不足，这是一个不争的事实。正如美国哈佛大学荣誉校长陆登庭(Neil L. Rudenstine)在2002年中外大学校长论坛上所分析的那样，世界各国对高等教育投入不足，主要原因有两个：一是现代高等教育和研究的开支巨大；二是在过去几十年中，政府和其他机构需要持续不断地增加对许多相互竞争的重点发展项目的资助力度，如饥饿、贫穷、疾病、缺医少药、住房短缺、人身安全、国家、地区和全球环境保护等。从一定意义上来说，从需求的角度来看，对高等教育和研究的呼声并不急迫，所以这种政策选择是可以理解的。但是，随着大众对高等教育需求的不断增加，尤其是智力资源的稀缺性变得日益明显时，高等教育的重要性就会被人们所认知。因此，要建设一流大学，或者是举办成功的大学，除了个别情况之外，完全或主要依靠中央或地方政府获得经费的高等教育和研究系统是不太可能达到国际优异水准的。因此，采用一种"混合模式"(mixed model)和"混合经济"(mixed economy)才是最有可能保证达到最高国际水准的教育和研究系统的基础优势、质量和持续性的方法。①

独立学院的出现是新的历史时期高等教育办学机制与模式的一项探索和创新，是更好更快地扩大高等教育资源的一种有效途径。《若干意见》的出台将对今后中国高等教育的持续、健康发展具有重大的意义。之所以说是一种"有效途径"，就在于它说的是由普通本科高校按新机制、新模式与社会力量合作举办的本科层次的二级学院。一方面，二级学院可借助于普通本科院校的资源优势，如良好的品牌、师资、设备等，利用了公有制的优势，即社会公益性。同时，它又吸收了民间资本的加入，发挥了"第三部门"的私人性和营利性的特点。它的出台不仅是对民间资本的吸纳，更重要的意义在于，承认"混合经济"是发展高等教育不可缺失的一股力量，从这种意义上来说，是在实质上发展民办高等教育。民办高等教育有很多形式，在经费来源上、管理体制上可以多种形式并存，这不仅是经济发展的特征，也是高等教育的一个新趋势。

从上述分析可以得出这样的结论：《若干意见》的出台是高等教育政策制定者、政策相关利益者(办学者)和"客户"(学生和家长)长期强烈要求的结果，在一定程度上可以扩大民间资本在高等教育领域的投资，有助于高等教育经费的缓解，具有一定的现实意义。但是，正像任何事物都有两面性一样，《若干意见》也存在不少问题值得进一步研究，如独立学院的产权问题、办学层次、质量保证问题等。

---

① 参见教育部中外大学校长论坛领导小组：《中外大学校长论坛文集》，高等教育出版社2002年版，第9页。

领先服务——西安欧亚学院案例研究[①]

一、问题的提出

达尔文曾经说过,能够得以幸存的物种不是那些最强壮的,也不是那些最聪慧的,而是那些最能适应变化的。用这句话来描述当今民办高等教育的发展再恰当不过了。从总体而言,中国的公立高校和民办高校之间的发展是不均衡的,公立高校是强势群体,民办高校是弱势群体。近几年来,国家十分重视民办高校的发展,出台了不少促进民办高校发展的政策,民办高校的发展也取得了不少成绩,引起了国人的关注。但是,这离我们所倡导的公立高校和民办高校共同发展的格局仍有差距。如何在强手如林的公立大学之间求得生存,如何在众多的民办高校之间求得发展,是民办高校必须关注的问题。

按教育部的统计分类,中国民办高等教育分为三类:民办高校、独立学院、其他类型的高等教育机构。2005 年,中国有民办高校 252 所,在校生为 105.17 万人,其中本科生为 10.41 万人,专科生为 94.76 万人,其他形式教育的学生为 19.18 万人;独立学院有 295 所,在校生有 107.46 万人,其中本科生有 90.09 万人,专科生有 17.37 万人,其他形式教育的学生 0.33 万人;其他类型的民办高等教育机构 1077 所,各类注册学生 109.15 万人。[②] 本文研究的西安欧亚学院属于第一种类型。

2005 年,经教育部批准,欧亚学院成为全国首批 16 所民办本科高校之一,这标志着西安欧亚学院办学的成功。创办仅十余年,欧亚学院在没有政府资金支持的情况下,主要通过自筹资金和市场化运作就实现了快速发展,并赢得了社会各界的广泛认可。那么,它是如何成功的呢?通过三年的跟踪研究和实地考察、访谈,收集研究该校的文献以及各种其他相关文献,笔者发现西安欧亚学院能够出类拔萃的基本原因是它成功地运用了营销理论,提供了一种优于一般

---

① 本文原载于《清华大学教育研究》2007 年第 5 期。

② 参见教育部:《2005 年全国教育事业发展统计公报》。

公立高等学校的“领先服务”。

二、发展背景

西安欧亚学院位于陕西省西安市南郊，目前有在校学生 20000 人，各类专兼职教师 1500 人，是教育部批准的本科普通民办高校。2006 年 11 月，该校顺利通过了教育部委托陕西省进行的专科教学质量评估，目前正在准备教育部的 2010 年本科教学质量评估。

陕西省位于我国的西部，属于经济不发达地区，但其高等教育在全国是有相当的影响力的。陕西省是我国的高教大省，中国西部地区的教育重镇，尤其是该省位于西北，是服务西北的主要高等教育基地。按主要高等教育指标（如在校学生数、学校数、硕士与博士点数、重点学校和重点学科数等综合因素）排名，陕西省在全国大约排名第四位，仅次于北京、上海和湖北，其重要地位由此可见一斑。西安是陕西省省会，是陕西省高等学校最为集中的地方。陕西省的经济落后与高等教育的相对发达形成了鲜明的反差。[①] 在政府投入有限的情况下，如何发展高等教育就成为一个现实话题。西安民办高等教育的兴起实际上就是民办高等教育充分利用当地公立高等教育资源，双方形成互补发展，从而增加高等教育总量的一个有效尝试。[②]

西安民办高校的发展可谓是一道亮丽的风景线，人们称之为“西安模式”。西安民办高校有如下几个特点：

一是历史长、规模大。从 1984 年建立的西安培华女子大学算起，西安的民办高等教育已经有 20 多年的历史。据 2006 年统计，陕西省有各类民办高校 55 所，其中 17 所在西安；在校学生 20 万人，其中 17 万人在西安；西安万人以上民办高校有 7 所，共有学生 14 万。[③]

二是西安的有利条件。西安市公立高校众多，大约有公立高校 55 所，因此有大量资源如教师、管理干部、教学设施设备等可以利用。20 世纪 90 年代，西安市的土地与建筑成本相对低廉，因此校园校舍建设成本较低。西安是一所历

---

① 关于判断陕西省的经济发展水平时，有一个值得注意的看法，即是否包括军工行业的贡献。在计算国民经济发展水平时，军工行业的产值通常不计在内，其重要理由是，军工行业属于消耗性而非生产性行业。而且军工企业不纳税，因而对地方经济发展没有贡献。陕西省是我国军工企业特别集中的省份，如果把这些企业的产值按常规计入地方经济发展水平并按常规计算给地方的赋税，陕西省的经济发展水平会比现在高得多。这就部分解释了为什么陕西省高等教育特别发达而经济发展水平却不高这个奇怪的现象。

② 参见孙勇：《高教大省面临的机遇和挑战——西北大学校长孙勇一席谈》，载 2004 年 12 月 13 日《陕西日报》。

③ 参见陕西省社会力量办学中心主编：《2006 年西安民办高等学校统计资料》，2006 年。

史名城，也是西北第一重镇。其四周均为人口较多，但教育不发达的地区，如四川、河南、内蒙古、陕西、甘肃等。因此在吸收生源方面，西安有明显的地理优势。

三是抓住了机遇。最大的机遇是20世纪90年代初，全国高等教育需求很大而高考录取人数很小，因此自考助学需求量极大。1999年高等教育大规模发展需要扩大高等教育规模时，一些办得较好的自考助学机构因此转变成正规的高等学校，得以参与全国高考统一招生。陕西省政府有意促进民办高等教育，把它变成支持经济发展的主要支柱之一，积极出台政策扶植民办高等教育。

四是竞争激烈。西安民办高校众多，又几乎都在同一个市场中竞争，因此各校之间的竞争极为激烈。这使得各校必须不断努力提高办学水平和办学特色，从而在整体上提高了西安民办高校的水平。

五是有一个共同发展模式。西安的民办高校群体，尤其是所谓的六大"万人高校"(西安翻译学院、西安外事学院、西安欧亚学院、西安思源职业学院、西京学院、西安培华学院)几乎都是从一种模式发展起来的，即从举办自学考试班开始积累资金和资源，然后经过若干年滚动发展，逐渐从非正式高等教育机构变成职业大专和普通本科学院，因此其在发展早期几乎都经过了一个租赁校舍的阶段。随着求学学生大规模增加，则开始贷款(包括建筑公司垫款、私募贷款和银行贷款等)大规模修建校舍，实现规模化发展。规模的扩大促进了民办高校资金的良性循环，保证了学校的合理效益。

三、发展历程

西安欧亚学院的前身是1995年成立的"陕西涉外人才培训学院"；2000年经陕西省人民政府批准、教育部备案，定名为"西安欧亚职业学院"，实施专科层次的高等职业技术教育；2005年经教育部批准，"西安欧亚职业学院"晋升为本科院校，更名"为西安欧亚学院"，以实施本科教育为主，同时可举办专科层次的高等职业教育。以上就是该校的三个发展阶段。值得注意的是2000年和2005年的这两次转折：2000年的转折使该校变成了正式的普通高等学校，得以正式参加全国高考招生工作，从根本上改变了它的招生地位；2005年的升本使它变成了一所本科高校，进一步巩固了它在全国的地位。而现在中国高等教育大众化已经告一段落，这种"升格"机会即使不是完全不可能，也是十分难得的了。

在10年时间里，西安欧亚学院实现了跨越式发展，成功跻身于中国十大万人民办高校行列。西安欧亚学院把自己的10年发展总结为"南门起步""北郊过渡""南郊发展"三个阶段。它最早是办外语培训班起家，1997年开始办自学考试专业，1998年增办学历文凭考试专业，2000年成为陕西省首批具备独立颁发国家学历资格证书的综合性民办高校(大专水平),2005年教育部审批后升格为本科民办学校。2005年,欧亚学院所属的雅盛教育投资公司在成都收购了四川天一学院(一所民办专科学校),开始尝试异地办学。从2004年起,西安欧亚学院开始控制规模,学校工作重点转向提高教育质量,开始走内涵发展的道路。

四、发展的理论基础

民办高校的发展一般都经历了两个阶段:"游击队阶段"和"正规军阶段"。"游击队阶段"主要是指初创时期,民办学校没有固定的招生计划和生源,因而没有相对固定的校园、校舍、教师队伍、管理队伍、教学仪器设备,一切取决于当年招生情况。生源好就扩大,生源差就收缩,因此无论是教学还是管理都是不确定的。这种随形势而变化,为环境所左右的状况,就是所谓的"游击队阶段"。根据组织发展理论,这时的组织处于一种"生存危机"状态,在组织与环境的较量中组织处于劣势并为环境所左右,自在而不能自为,组织的自我选择空间很小,基本上是挣扎活命。处于这种状态的组织和自然界的残酷状态一样,死亡率很高。根据一项研究,1995年参加首届民办高等教育代表大会的200多所学校中,2006年尚存的不到10所,民办高等教育机构在这10年里死亡率高达95%以上。[①]

侥幸生存下来的组织中,有一部分陷入僵化,停滞不前;还有一部分基本上解决了招生困难,因此基本的经费来源有了保障,从此开始关注和长期发展有关的问题(如教育质量),进入提高质量阶段。如果也用组织与环境博弈的方式来观察,或许可以说,这时组织已经基本摆脱生存危机,开始进入发展期。这个阶段的民办高校开始认真观察公立高校的办学模式。同时也思考和探索与自己条件相适应的办学模式,目的是寻找一个能使自己长期存在和发展下去的稳定的办学模式,这种能够长久稳定的办学模式就是"正规军阶段",进入这个阶段的民办高校就进入了正规高校行列。当然,这里用"正规军"一词包含有被政府教育管理机构(如教育)部认可并纳入正式招生计划的意思。因为在中国,一所高校如果不被政府认可,其招生计划没有列入国家的统一招生计划,它就不可能有可靠稳定的生源,也就不可能有稳定的和可预期的经费来源。而没有可靠稳定的经费来源,学校就处于风雨飘摇之中。这就是为什么被政府教育主管部门认可,尤其是被列入国家的正式招生计划对民办高校如此重要的基本原因。因此,我们可以此作为民办高校进入正规阶段的标志。

与此相比,公立高校是天然的"正规军"。公立高校就是政府举办的学校,

---

① 参见曹永安:《在西安第二届院校研究国际研讨会上的发言》,2006年。

他们不仅参加全国统一招生，由政府拨给的经费，还有政府在各种教育资源（如校园校舍、师资队伍、管理队伍、相关制度与政策等）方面的支持，因而享有较好的社会声誉。这些公立高校显然是民办高校的强大竞争对手。对欧亚学院来说，还有一批有力的竞争者，即已经进入“正规军阶段”的民办高校。这些学校中不仅包括被教育部认可的民办高校，还包括近300所独立学院，因为它们几乎都在同一个市场内竞争生源、师资等办学资源，因此他们之间的彼此竞争常常比和公立高校之间的竞争更为激烈。在这种情况下，如何适应市场的激烈竞争就成为民办高校生存的关键。

战略管理理论告诉我们，高等学校赢得相对竞争优势的关键在于定位，而定位的实质就是要学会营销。经济学原理告诉我们，只要有需求，就说明有市场；只要有市场，就存在一定的竞争，而竞争的目的就在于占领消费群体，要占领消费群体就需要服务作为前提。无论从企业经营来说还是从高等教育运行而言，营销基于以下六个基本概念：市场、顾客、需求、欲望、交换、满意。

市场是营销的前提。在中国的大环境下，高等教育一直是一个卖方市场，其主要原因在于，中国是一个在文化认同方面十分重视教育的国度，“学而优则仕”的儒家价值理念一直在影响着民众的价值判断。所以，高等学校始终处于供不应求的状态，因而在一定程度上，民众想上大学，想上一所理想的大学的要求一直没有得到有效的满足。因为我们的高等教育毛入学率在2003年才达到国际公认的高等教育大众化15%的指标。

顾客是营销的起点和终点，是企业和高等学校生存的基础。对于民办高校来说，顾客指学生和家长。因此，能否把学生作为服务的真正对象，设身处地地考虑他们的利益，为学生提供一种良好、有效的教育服务就显得尤为重要。

需求是指顾客或者消费者的实际需要。在全国，每年都有大量的考分接近高考录取分数线的考生，由于他们不能到公立高等学校求学，因此到民办高校学习就成为他们的一种不得已的选择。在一定程度上，西安民办高校实际上是提供了一个新的选择空间，适应了社会部分群体的实际需求。据测算，西安民办高校每年解决了5万人左右的上学问题，解脱了家长的苦恼，同时也给所在地区的服务业带来了可观的消费收入，这真可谓是一箭双雕的好事。

欲望是指顾客或者说消费者的内在需要。一般而言，有些欲望是市场主体可以满足的，有些是市场主体无法满足的。学生求学的目的无非是为了将来有一个好的发展前景，或就业，或继续深造。交换就是“通过向某人提供某种东西作为回报而从他那里获得期望的产品或好处。教育机构向市场提供满足人们需要的产品——课程、学位、就业准备以及其他的服务和好处。作为回报，它从市场中获取所需的资源——学费、捐赠、志愿者、资金、时间和精力等”。[①] 对于民办高校来说，交换体现得十分明显，最主要的是民办高校通过招生获得了经费的来源，这是极为关键的因素，因为民办高校生存的基础十分薄弱，没有得到政府的任何经济资助，这是民办高校与公立高等学校竞争时十分不利的因素。所以，说，抓住了招生和就业实际上就解决了民办高校的生存问题。

满意度是由顾客感知的服务表现和他们的预期之间的差距来决定的。对于民办高校而言，学生的满意度首先是体现在物质条件方面，即学校是否拥有漂亮的建筑、是否有一个好的住宿条件；其次是体现结果方面，如是否能学到一定的技能、找到一份理想的工作；最后是体现在过程方面，如能否在学校体验一个有效而愉快的学习与生活过程，这与学校的教学与管理过程直接相关。

西安民办高校发展的逻辑基础就是：民办高等教育市场—战略营销—定位—顾客导向—领先服务—占领局部高等教育市场。其中的关键是顾客导向和服务定位。

五、战略营销的两个阶段

西安欧亚学院是运用营销理论较为成功的民办高校的典范。西安欧亚学院运用营销理论大致经历了两个阶段：1995～2000 年的无意识阶段和 2001 年至今的有意识阶段。

（一）第一阶段：无意识阶段的教育营销和领先服务

在此阶段，学校生存发展的逻辑非常简单，就是存在决定意识：学生就是经费、规模就是效益、建筑就是宣传、校名就是品牌、招生就是就业。总结西安欧亚学院的发展其实就是如此。但是，无意识阶段的存在基础是教育营销和领先服务。民办高校与公办高等学校相比有明显的先天不足，但是要生存就必须加强“后天的营养”，这种“后天的营养”可称之为“领先服务”。

1. 领先服务的内涵

我们在这里所讲的“领先服务”是相对于公办高等学校而提供的一种超前的服务，它包括教育的理念、教学、招生、就业、住宿等方面。

有需求就有市场。西安欧亚学院之所以能够取得今天的成绩，在一定程度上取决于它没有照搬公办大学的办学思路，而是逆向思维，先有大楼和大气，然后再寻求大师。对于公办高等学校来说，学生选择某一个学校看重的是学校的品牌，是一种公信力，而学生选择民办高校，首先选择的是学校的环

---

① [美]菲利普·科特勒、凯伦·福克斯：《教育机构的战略营销》（第二版），庞隽、陈强译，企业管理出版社 2005 年版，第 5 页。

境，其次是就业趋向。因此从某种意义上来说，民办高校的硬件建设就成为了首要因素。

西安欧亚学院的成功是先提供一种未来的承诺，先提供理念，后提供服务。“教育就是服务与承诺”，这就是西安欧亚学院的教育服务理念，也是欧亚学院对市场经济体制下教育本质的深刻认识。他们一直认为，只有为学生提供学习成长所需的高品质服务，才能实现对学生、家长和社会的承诺，从而培养出高素质的市场应用型人才，才能真正实现教育的社会效益。教育就是服务，不仅体现在学院硬件设施的建设上，还体现在生活服务规范化上。正是西安欧亚学院在服务方面的超前理念，才赢得了学生和家长的欢迎，这也是公办高等学校所不具有的。

2.实施领先服务的战术

具体有三个制胜战术：第一，使学院具有历史感和引导性；第二，建校舍，扩规模；第三，抓好招生和就业环节。

首先是更换校名，使学院具有历史感和引导性。西安民办高校近几年之所以得到社会的认可，形成了一种声势，很重要的一点就是不仅形成了一定规模，而且有一定的发展思路，探索出了一条在高等教育发达而经济不发达地区民办高校成长的路子。西安欧亚学院始终在追求一种东西，那就是大众化时代职业技术教育如何办得更有品位。为了适应发展，学院的领导不仅十分重视学院的名字，而且在培养目标等方面都下了不少工夫。有了响亮的名字还不够，更重要的是要有一个清晰的办学理念。从西安欧亚学院的使命、校训和培养目标等理念中就可以看出，他们不满足于现实，而是在努力超越自我，实现创新。

其次是扩地、建校舍、扩大办学规模，使学院有一个良好的氛围和资金基础。西安民办高校与其他地区民办高校的显著区别是以规模促效益。西安民办高校创造的模式是，通过广告招生，在民办教育水平都不高的情况下，建立了一个大规模的校园，然后通过自学考试和学历文凭来取得文凭。教师以外聘为主，同时建立自己的师资队伍，以应试考试为主，加强对学生的日常管理，如封闭式的管理，不允许学生随便出入。学校的资金来源主要是通过学费收入和银行滚动贷款。正是由于有了与公办高等学校相比比较好的校舍，西安欧亚学院才会吸引了不少学子前来求学。学校的生源来自全国各地，除了北京、上海招不到外，其他省都招生，生源以中小城市为主。正是由于有了一定规模的学生，资金才有了保证，硬件建设才进入了良性循环的局面。

最后招生和就业，取得相对竞争优势，保住“命根子”。对于民办高校来说，招生和就业是学校管理的两个关键环节，也是决定一所民办高校生存和发展的“命根子”。民办高校与公办高等学校相比竞争缺乏优势，西安欧亚学院的战略是取得相对竞争优势，主要是办别人没办而又需要的专业，开办专业主要参照人才需求信息。就业主要是为学生提供就业解决方案，所以学生人数超过预计，取得了较好的效果。

（二）第二阶段：有意识阶段的教育营销和领先服务

2000年，西安欧亚学院被确定为全国普通高校，纳入全国统一招生；2005年西安欧亚学院被教育部确定为本科高校，开始进行本科招生。这两个事件标志着欧亚学院步入了“正规军”行列。这个时期的西安欧亚学院已经认识到应当坚持自己“教育营销”和“领先服务”的原则，并进一步把它们发扬光大。

1. 把学生的服务作为学校工作的重中之重：实施“学生满意工程”

对于民办高校来说，学生就是一切。学生首先是服务的对象，其次是经费的主要来源。西安欧亚学院办学初期就坚持“教育就是服务”的理念，后来上升到教育部所倡导的“办学以人为本”的教育理念。为了进一步发扬西安欧亚学院“以学生为中心”的办学宗旨，积极探索人才培养规律，全面了解掌握学院学生的基本情况、学习生活状况以及他们对学习、就业等各方面的期望，学院积极发挥院校研究所的作用，在2005年下半学期对全院学生进行了学生状况和期望的问卷调查，问卷包括6个方面，涉及409个问题，通过调查为学院各个部门的管理提供了更多、更准确的决策信息。

西安欧亚学院在充分调研，分析不同层次、不同年级、不同类别学生需求的基础上，根据大学生个性突出、爱好广泛、自主性强，对未知世界的需求呈多样化和多元化的趋势，确定了学生的各种利益关系，归纳总结出了40多个学生需求满意点，按照学生知识、能力、素质的基本要求，用40多个满意点支撑起10多个二级满意目标和5个一级满意目标，构建起了促使学生全面发展的工作体系，即“学生满意工程”，包括人文关爱、素质拓展、校园环境、服务保障、队伍建设等。学院成立了组织领导机构，建立了与之相适应实施方法、措施和考核验收标准等。通过初步实施学生满意工程，学生的知识、能力、素质有了明显提高，取得了良好的人才培养效果。

2. 把教学管理作为质量保证的基础：实施由规模扩张向质量提高的转变

2000年以来，学院按照“突出教学工作中心地位，倾力打造良好教学设施，满足人才培养需要”的思路，内集外筹，优先调剂安排教学资金，加大投资力度，加快校内设施建设。学院按照“适应市场、宽窄适度、整体优化、加强建设”的高职专业建设思路，积极改造老专业，设置新专业，优化专业方向，把专业办在企业的“兴奋点”和职业岗位的“紧缺口”上。

学院坚持以就业为导向，充分吸收社会资源，加强对学生职业能力的培养。

学院先后与国际商业机构(IBM)中国有限公司在大陆的教育机构联合办学,引入全新的课程体系,建立了实训基地,共同培养下得去、用得上、留得住的软件专业实用型人才;信息工程学院的计算机网络技术、计算机信息管理、应用电子技术、楼宇智能化工程四个专业与国家信息化计算机教育认证(CEAC)合作引入国家品牌的“CEAC 高职 IT 类专业双证课程培养方案”,使学生毕业后既有学历证书,又有 IT 职业认证书,增强了学生的就业竞争力,同时也让学院建设逐步转移到内涵发展的轨道上。

3.发展优先顺序选择

质量、规模、结构、效益是讨论高等教育必然要涉及的问题,特别是质量是社会各界关注的热点话题。在其发展过程中,西安欧亚学院的战略选择是先追求规模效益,再向质量效益转型。从实践上看,目前大型民办高校的规模都在 15000~25000 人之间,这个现象值得分析。事实上,规模不是越大越好。超过有效规模,由于管理开支增加,效益反而可能会下降。欧亚学院为什么后来会转向了质量和效益了呢?一是目前的学校校舍容量就是 2.2 万人,再扩大就要重新开始新一轮的校园校舍建设。根据胡建波院长测算,每增加 1 个学生,需要 2.5 万元资金,增加 1 万学生就需要投入 2.5 亿元,而当时银行对民办学校的贷款收紧,向银行贷款建校已经相当困难。第二个原因是,胡建波院长认识到,下一个阶段的民办高校竞争主要不是规模而是质量,只有提前抓质量建设,包括以提高毕业生就业能力为目标的教育质量和以提高学生满意度的校园生活质量,才可能在下一轮竞争中胜出。

很显然,和第一阶段一样,第二阶段的动力仍然是生存压力和竞争压力,目的仍然是提供领先服务。但是第二阶段的内容发生了根本性改变——从提供更多的教育机会到提供更高质量的教育,从扩大规模到提高质量。而领先则表现为比竞争者更快地进入下一阶段,主动领导而不是被动适应必将到来的新潮流。如果前者可以被称为“机会成功”,即因为幸运地熬出机会而成功,那后者就应当被称为“战略成功”,即因为制定了正确的战略而成功。[①]

果然,到了 2006 年,以规模扩大为特征的中国高等教育大众化基本停止,继而转入以高校本专科教学质量评估为标志的质量提高阶段。2006 年年底,欧亚学院顺利通过了陕西省组织的专科教育质量评估,并获得了评估组专家的好评。

① 参见李维民:《论民办高校的机会成功和战略成功》,夏季亭主编:《民办高等教育的发展与创新》,陕西人民出版社 2005 年版,第 14~60 页。

六、成功的其他因素

(一)公共政策环境

西安欧亚学院乃至西安民办高校群体为什么会发展得比较好呢?这和西安市和陕西省的正确引导和积极支持密切相关,他们为西安高校群体创造了良好的成长空间和氛围。

民办高等教育一出现,陕西省、市部门就制定政策并给予积极支持。西安市早在1985年就公布了《社会团体与个人办学管理办法》。这个规定是全国较早出现的一部管理规章,为西安市乃至陕西省的民办高等教育发展起到了积极的推动作用。到20世纪80年代末,陕西已有省属高等教育机构68个,西安翻译学院就创建于1987年。当陕西民办高等教育达到一定规模时,1996年陕西省人大又公布了《陕西省社会力量办学条例》,再次为民办高等教育提供推动力。这个条例比1997年国务院的《社会力量办学条例》还要早一年。

陕西省对民办高等教育一方面是积极支持,另一方面是加强管理,要求民办高等教育机构改善办学条件,提高办学水平,同时取消不合乎条件的办学机构。

陕西省的积极支持和该省把高等教育作为一种重要的经济发展力量有关,因为发展民办高等教育可以拉动陕西省和西安市的经济发展。学生在校学习的开支包括直接付给学校学费和住宿费,以及在学习期间开支的生活费和假期往返旅费。假定每个学生每年平均花费1.5万元,1万个学生就是1.5亿元的直接经济收入,陕西省20万学生就是30亿元的经济收入。由于20万学生中有17万在西安,因此西安的收入为25.5亿元。此外,民办高校的出现还会带动当地建材、建筑、商业、通讯、饮食、交通、服务等很多行业的发展,对促进城镇化建设和社区的精神与物质文明建设、缓解社会就业压力、稳定社会秩序等都有积极意义。[①] 这就不难解释为什么陕西省和西安市会如此积极地推动、经营、管理民办高等教育了。

简言之,陕西省对民办高等教育的公共管理与陕西省民办高校之间已经形成了良好的互动关系,这是因为双方都认识到了办好民办高等教育对自身发展的重要意义。正是在这一点上,双方达成了共识,形成了稳定的"双赢"关系。

---

① 参见李维民:《论民办高校的机会成功和战略成功》,《民办教育的创新与发展》,陕西人民出版社2005年版,第173页。

2.领导者的作用

伯顿·克拉克认为,自主创新就是抓住目前尚不具备条件的机遇。[①] 领军人物的作用就在于高瞻远瞩、不失时机地抓机遇,创造出前所未有的事业。

西安欧亚学院的院长胡建波是一个刚过不惑之年的年轻的创业者。他先是在公立高等学校工作,大学毕业后任教于西安大学,后来转向民办教育工作,1990年开始投入民办高教事业。在他身上,体现出了远见、务实和理性的特点。就个人而言,他认为自己能成功主要是因为善于学习,善于在不同的时期团结不同的人,善于建立起"统一战线"。

西安欧亚学院近些年之所以有比较快速的发展,其中的一个重要原因是学校领导层对于学校未来的发展有清醒的认识,对自身存在的问题和困难有一定的把握。西安欧亚学院曾经专门聘请有国内外经验的专家作为学术顾问,包括让外国专家为学院发展提供咨询意见,这些都说明学院领导层对于学校的未来发展有开阔的和长远的思考。

领先服务是欧亚学院乃至西安民办高校的一个突出特色,但是,要真正实现优于公立高等学校的领先服务,欧亚学院以及其他民办高校还有相当长的道路要走。本文根据对欧亚学院的考察所总结的领先服务还是初期的、不完善的,只是反映了西安欧亚学院在目前生存环境下的一些值得学习和借鉴之处,更进一步的系统研究还需要更多的观察和思考。

(本文在写作过程中得到了华中科技大学院校研究中心赵炬明教授的大力支持,在此表示感谢!)

---

① 参见[美]伯顿·克拉克:《自主创新型大学:共治、自治和成功的新基础》,王晓阳、孙海涛译,《清华大学教育研究》2000年第4期。

“变革式”自主创新型大学的范例[①]

——西安欧亚学院案例再研究

一、自主创新型大学的基本内涵及其适用范围

20世纪90年代，在世界范围内，由于高等教育财政紧缩和知识经济初露端倪，一批大学走上了自主创新型大学之路。有学者指出：“对创业型大学的研究大致可以归纳为两条不同的研究路径，第一条研究路径是沿着伯顿·克拉克的开创性研究继续前行，研究的主题是大学作为一个组织的转型问题，即在新的历史时期，大学如何实施变革以适应外部环境的变化，研究的对象是那些具有变革精神并着手进行改革实践的高等教育机构。第二条研究路径是以亨利·埃兹科维茨为代表的、在三螺旋结构的分析框架中提出的创业型大学的研究路径。在这一研究路径中，研究的主题是大学如何发挥自身在知识创造和人才集聚方面的优势，直接服务于经济和社会的发展问题，而研究对象则是麻省理工学院、斯坦福大学、剑桥大学等世界一流的研究型大学。”[②]国内有研究者提出：“自主创新型大学是指为适应市场需要，借鉴企业化运作模式对内部组织机制进行创新的大学，其主要特征表现在与政府及产业建立紧密的关系，培养创造性人才、增强创业机制、形成多元的资金来源和浓厚的创业文化上。”[③]本研究认为，自主创新型大学是指在资源紧缺的情况下，适应外部环境的变化，运用企业化的运作模式，在大学内外部进行一系列的创新举措，实现了组织上转型的高校。这种创新指的是高校变革的过程，也可指高校变革的结果，因而创新的表现可能是阶段性的，也可能是持续性的。在本研究中，“自主创新型大学”与“创业型大学”两个概念可以互换使用，但笔者更偏爱“自主创新型大学”这个概念，

---

① 本文原载于《清华大学教育研究》2014年第4期。

② 邹晓东、陈汉聪：《创业型大学：概念内涵 组织特征与实践路径》，《高等工程教育研究》2011年第3期。

③ 付八军：《创业型大学研究述评》，《黑龙江高教研究》2012年第7期。

一是因为它更加贴切,二是因为"创业型大学"企业的味道更浓,容易引起人们的误解,似乎有违背教育规律之意。

关于自主创新型大学的适用范围问题,有两种观点:一是自主创新型大学是一些实力雄厚的研究型大学[①],二是各种类型和层次的大学都有可能成为的自主创新型大学。有学者指出:"创业型大学一语汇中,事实上指称着两种不同的大学形态,第一种类型为伯顿·克拉克关注的旨在应对环境变化而实施变革的'革新式'大学,以英国的沃里克大学为典型;第二种类型为亨利·埃兹科维茨关注的以知识转移和学术创业为特征的'引领式'大学,以美国的麻省理工学院为典型。这两种类型的创业型大学,虽然存在着很多共同特征,如都强调科研成果 的转化、寻求办学经费和资源来源的多元化等,但是二者在组织目标、组织结构、运行机制、组织文化等方面还是存在明显的差异。"[②]本文以伯顿·克拉克的"变革式"自主创新型大学理论为依据来分析西安欧亚学院的发展。

二、西安欧亚学院的最新进展(2006～2012 年)

在我国高等教育的大家庭里有两支队伍:公立高校与民办高校。虽然国家政策一再强调民办高等教育是国家高等教育的重要组成部分,但无论在理论上还是在实践上,民办高校都面临着不少问题。正如陕西省教育厅主管领导在西安欧亚学院国家教育体制改革试点启动会议上的讲话所言,陕西民办高等教育能够蓬勃发展,靠的是改革,敢做敢为,创出了一条路子。目前,民办高等教育正处在深度洗牌的阶段,尚未完成原始积累的学校面临着更高的发展成本和更严峻的挑战,而跻身于平稳常态发展的一批学校则在办学理念、教学改革、内涵建设、特色发展等方面展开了新一轮的竞争。西安欧亚学院则是进入常态发展的民办高校的一个典型代表。本文是在时隔 5 年之后,笔者对西安欧亚学院进行的再次案例研究。

通过查阅各种书面资料,亲自参加西安欧亚学院的半年总结会议,特别是对部分管理高层和中层的访谈,作者对西安欧亚学院的了解进一步加深,尤其是对了 2005 年之后的发展有了更深入的认识。本文重点研究 2005 年之后西安欧亚学院的发展,认为西安欧亚学院是中国民办高等教育的典型代表,在一定意义上是自主创新型大学的范例,其成功的基因在于自主创新与领先服务。自主创新反映了西安欧亚学院为发展的精神状态,领先服务是西安欧亚学院实

① 陈霞玲、马陆亭:《MIT 与沃里克大学:创业型大学运行模式的比较与启示》,《高等工程教育研究》2012 年第 2 期。

② 邹晓东、陈汉聪:《创业型大学:概念内涵 组织特征与实践路径》,《高等工程教育研究》2011 年第 3 期。

现目标所采取的战略手段和措施。

自完成第一次案例研究之后，西安欧亚学院近7年来又有了重大进展，具体体现在以下几个方面：

(一)学院正处于常态发展的战略转型阶段

西安欧亚学院创建于1995年，目前已经进入第17个年头。在这17年间，学院实现了较大的跨越，完成了一系列蜕变。其发展经历了四个阶段：创业期(1995年，主要是短期培训)、规模扩张期(1997～2000年，以自考教育为主，办万人大学)、规范发展期(2001～2005年，以专科教育为主，建百年名校)、战略转型期(2006～2012年，本科教育为主，成为很受尊重的私立大学)。目前，它是一所以经济和管理类学科为主，经、管、文、工相互支撑、协调发展的多科性全日制本科普通高校，学院为学生提供4年制本科教育和3年制高等职业教育。目前，学校在校生22000人，设有12个二级学院，开设40余个专业。学院的人才培养定位是：服务于行业及地方经济、文化、城市建设，致力于优秀的应用型人才的培养和应用开发研究。现在学院正在实施"442"战略，希望实现国际化、应用型、新体验的愿景。国际化和应用型是学界和社会比较熟悉的，新体验却是全新的提法，所谓"新体验"就是指在校生的大学学习体验和大学生活体验。

(二)学院引领着民办高校的改革创新

西安欧亚学院是改革创新的引领者和先锋，这表现在以下几点：

首先，它善于运用比较优势。民办高校的比较优势是机制灵活、善于运用市场规则、善于把握机遇。西安欧亚学院在运用比较优势方面有不少成功的实例，如负债经营、滚动发展，实施营销战略、开展教育服务，先规模、后结构，先校园、后内涵，等等，取得了一系列不俗的战绩，实现了较快的发展。

其次，它主动实施内涵发展战略。民办高校在生存与发展的"艰难旅途"中，依靠规模经营、不断扩展招生人数是其寻求经费的主要途径。但是，一个有教育头脑的办学者区别于一般"学店"的特殊之处就在于前瞻性地实施战略规划，关注学生的需要和成长，控制在校生规模，及早实施内涵战略。正如中国青年报报道的那样："在欧亚学院探索教育教学发展模式的过程中，经历了几个阶段。第一阶段，着眼市场需求和招生任务，以完成教学任务为目标的教学条件准备期；第二阶段，学习、借鉴公办高校教学、管理经验，强调教学中心地位的教学管理规范期；第三阶段，升格本科后，探索办学定位，寻求各专业学科特色的教学思路调整期。"[①]西安欧亚学院实施内涵战略是从2001年开始的，当时民办高校还处于不断扩张期。胡建波院长在当时就已经意识到规模扩张的风险以及质量对民办高校的意义，于是，在其他民办高校都在急剧扩张的时候，欧亚学院紧急刹车，由注重外延扩张转向内涵提升，其突出的标志是2001年西安欧亚学院召开的第一次教学工作会议，提出"以教学为中心""学院各项工作的中心是教学，是不断提高教学质量"，明确了该院的定位，作出了由规模型办学向效益型办学转变的决策，为学院教学工作指明了方向。正是由于学院重视内涵建设，所以后期的发展就显得水到渠成——2005年学院升格本科院校，2006年11月通过了高职高专教学水平评估。

最后，它主动承担起了国家教育体制改革试点的重担。一般而言，在中国的现实环境下，许多民办高校是"家族式"管理，谈不上民主管理甚至现代管理，更谈不上建立现代大学制度了。作为一个民办高校，西安欧亚学院近几年的发展过程其实就是一个不断改革的过程。正是由于自身改革的需要，学院开始尝试实施内部管理体制改革。《国家教育中长期教育改革与发展纲要》的出台为改革试点的尝试者提供了一个舞台。西安欧亚学院承担国家教育体制改革试点的具体内容为：改革民办高校内部管理体制，完善法人治理结构，建立健全民办学校财务、会计和资产管理制度。西安欧亚学院也由此成为陕西省唯一一所承担民办教育改革试点的民办高校，试点项目的选中在一定程度上也扩大了西安欧亚学院的社会知名度，为下一步改革奠定了良好的社会舆论基础。

（三）学院的社会影响逐渐扩大

作为一所倡导应用性教育的本科大学，欧亚学院主张为学生提供有用的教育，使学生"学了有用，学得受用"。办学17年来，学院累积向社会输送优秀毕业生6万多人，其中60%在直辖市、省会城市就业，20%在沿海经济发达地区就业。在这些学生中，进入外资企业的有12%，进入政府、国有大中型企业的有22%。在世界500强企业就业的毕业生比例、平均薪资增长比例等各项就业质量指标逐年攀升。尤其需要提及的是：2012年，学院在中国校友会网"2012中国民办大学排行榜100强"中，以97.88分的综合成绩排名第5位，蝉联陕西同类院校之首；在"2012中国最受媒体关注民办大学排行榜100强"中排第11名，同样位居陕西同类院校之首。另外，麦可思公司2009年的报告显示：西安欧亚学院2008届毕业生毕业半年后就业率高于本省高职的就业率平均水平，毕业半年后的薪资水平高出同类高职院校7个百分点。2009届毕业生中有59%的

---

① 《西安欧亚学院成为国家教育体制改革试点单位》，2010年12月22日《中国青年报》。

毕业生愿意向亲朋好友推荐母校，比 2008 届增长了 10%；对学院总体满意度达 88%，比 2013 年同期提高了 4%。2010 年，本校校友对母校满意度高于全国民办高职院校 22 个百分点，毕业生愿意推荐母校给亲戚朋友就读的人数领先全国民办高职院校 23 个百分点。①

三、西安欧亚学院自主创新型大学特质的体现

（一）西安欧亚学院成为自主创新型大学的前提条件

自主创新型大学的出现有两个基本因素：办学经费的紧缺、知识的产生与应用。由于其自身属性的限制，民办高校没有来自政府资金的支持，必须进行自主创新才能生存和发展。对于公办的研究型大学来说，生产知识是应有之义，但是对于生存和发展都存在困难的民办高校来说，传授应用知识就成了重要的职责。在西安欧亚学院的发展过程中，学院的创办者出于危机意识和生存意识，走过模仿公立大学规范的道路，但始终没有盲目照搬公立高校的发展路径，而是另辟蹊径，在极为恶劣的环境下生存了下来。这条道路就是：不断满足市场的需要，以及学生就业的需要。市场的需要实际上就是学院专业所对应行业的需要。在西安欧亚学院，每一个二级学院基本上都对应着一个行业，专业的设置与行业的需求密切相关，并且具有一定的同步性，甚至超前性。这正是民办高校能够立足高校之林的一个诀窍。

（二）西安欧亚学院成功的内在“基因”

在一定程度上，自主创新是所有民办高校都应具备的特质。但是，在大浪淘沙的过程中，尤其是在当今优胜劣汰和大洗牌的进程中，自主创新的程度决定了民办高校生存的前景。根据笔者的进一步观察，西安欧亚学院的成功可概括为“不断适应环境变化，不断自主创新，在现有的条件下实现了一定程度的领先服务”。其具体表现为以下几点：

1. 有一个具有企业家精神的领军人物

西安欧亚学院发展到今天，之所以能够在民办高校中鹤立鸡群，走出一条创新之路，主要在于有一个具有企业家精神的领军人物。笔者曾多次访谈西安欧亚学院董事长兼院长胡建波先生，他给我留下的最深印象就是充满激情、有与众不同的探索意识、对办学有独特的认识。学院其他中高层人士对他的普遍看法是“具有企业家素质和精神”，具体体现为具有前瞻意识、机遇意识，有敢作

① 数据来源于麦可思数据有限公司 2011 年发布的《西安欧亚学院社会需求与培养质量年度报告》。

敢为的勇气。

2. 与学校周边的合作融洽

一是与政府关系良好。民办高校要得到政府部门的支持，一个重要的途径是通过政府部门退居“二线”的领导搭建桥梁，创造沟通的机会；另外一个重要的途径是不断向政府和媒体传达民办高校的正面信息，从而改变政府部门对民办高校的“印象”。更为重要的是，民办高校的负责人一般多为政协委员和人大代表，具有一定的话语权，因而在扩大民办院校的宣传方面具有优势。西安欧亚学院采取以上几个措施，比较巧妙地取得了政府部门的广泛信任，为办学建立了良好的外部环境。

二是与其他高校的关系良好。民办高校机制灵活，在追赶公立高校的同时，除了常规的从公立高校借用教师之外，还常常挖掘刚刚退休的具有丰富管理经验的公立高校的中高层领导来民办高校从事高层管理工作，以促进民办高校的制度建设和规范化，这也正是民办高校之所以在较短的时间内能够赢得社会好评的重要原因。

三是与产业的关系良好。民办高校在专业设置方面的突出特征是：专业与行业的需求契合性较强，专业设置较有前瞻性。西安欧亚学院立足陕西，服务于地方经济和行业发展，开设财务管理、会计学 2 个本科专业和财务管理专科专业，2009 年，财务管理（专科）专业获批为陕西省重点专业；2011 年，财务管理（本科）专业获批为陕西省特色专业。

四是善于借用“外脑”。“我们几乎做到了中国太多的第一——第一个引进了海外的专家帮我们做规划①；第一个引进了外部的咨询公司帮我们做战略规划②；第一个引进了品牌的调查组帮我们做品牌调查③；第一个引进了财务管理公司帮我们做财务管理体系；第一个引进了美国杜肯大学的教学团队帮我们做 CTE 项目；第一个引进了太平洋戴维斯公司给我们做物业；另外，公司的第一个商业单子也是我们给发的。所以，我觉得我们在中国的高等教育史上留下了不少的探索的脚印，我相信这会在中国的高等教育史上留下一笔。”④

（三）有自由支配的资金进行“试错”与创新

民办高校不仅可以自由处置资金流向，而且在资金使用效率上也较高。民

① 西安欧亚学院聘请赵炬明教授为战略规划者。

② 从 2007 年开始，西安欧亚学院聘请了北大纵横管理咨询公司（学院派的咨询公司）帮学校做战略性的规划项目。

③ 自 2006 年以来，麦可思公司每年都会对毕业半年后的高校毕业生的就业状态和工作能力进行全国性的调查研究。

④ 资料源自作者对胡建波所做的访谈。

办高校的决策往往优于公立高校,其原因是:一是决策层面较少,减少了中间环节,如舆论引导和宣传扩散;二是决策多是最高组织者做出的判断具有一定的超前性和风险性,特别是社会发展急剧变化的情况下,不确定因素常常影响决策的速度。在这样一个速度时代,并不是大吃小,而是快吃慢。民办高校的决策者多是效率较高的典型,他们可以将重大问题很快变为行动。民办高校之所以能够抓住机遇,实现跨越式发展,其实就是行动速度占据了优势。最近 6 年间,西安欧亚学院在制度创新方面进行了不少探索,如实施管理会计制度、引入质量管理理念等。

(四)有一个由先进理念支撑的组织结构

西安欧亚学院在短暂的 17 年内创造了不少奇迹,其中关键的因素之一就是有一个具有超前理念的组织结构。从建校初期的"相互模仿"到中期的"自我约束"再到现在的"自主创新",都源于组织的再造和不断适应环境的能力。在激烈的竞争中,西安欧亚学院"突出重围",建立了知名度、信誉度,到目前又具有了一定的社会美誉度。西安欧亚学院的几位高层管理人员 6 年之前谈论较多的是学院善于运用营销手段,扩大招生,吸引生源;6 年之后他们较为集中地谈到中欧商学院对西安欧亚学院办学的影响。笔者在对西安欧亚学院前任副院长钟忠銮教授进行访谈时曾听钟教授说过这样的话:"胡院长属于很有开拓精神的人,特别是他从中欧毕业后,眼界开阔,思维也开阔了,因此他始终处于前沿。"赵炬明教授作为西安欧亚学院的高级顾问也有类似的判断。

(五)有一个整合的创业文化

到过西安欧亚学院的人都能感觉到激情与活力。所谓"激情"是指学院有一种创业的信念和理想;所谓"活力"是指学院始终充满着变化,而且有一批年轻人在担当着重任,勇往直前。这种激情和活力来源于组织的创业文化。

无论是学院的名称、建筑风格,还是组织目标,西安欧亚学院都体现了卓越的理念、创新的文化:名称体现了国际化的追求;建筑具有超前的眼光和现代的气质;组织目标虽然不断变化,但变得更加合乎高等教育的规律。从"办万人大学"到"建百年名校"再到"成为最受尊重的私立大学",组织的愿景愈加清晰,愈加符合自身的特点和实际。

我国高校与西方高校的最大差距在于师资水平和管理水平。西安欧亚学院 2012 年上半年总结会的主题是:战略细化、能力提升、文化再造。与会者有学院的高层、中层、部分教师代表以及社会人士。会议非常符合彼得·圣吉对学习型组织提出的五项修炼:自我超越,改善心智模式,建立共同愿景,团体学习，系统思考。这说明学院的共享价值观念得到了认同和潜移默化。

四、西安欧亚学院面临的问题

西安欧亚学院的发展是快速的，甚至是带有戏剧性的。当前，作为一个民办高校，它不仅面临着战略转型，而且还经历着艰难的组织转型，需要组织者平衡跨越式发展与打造核心竞争力的矛盾。从发展资金来源看，尽管学院走过了资金紧张的时期，负债率不是很高，但是多元化经营战略的实施是异常艰难的，基金会、校友会如何开展工作，多元化经营如何实施等都有待观察。从核心竞争力的打造而言，如何提升学院的科研水平、使之为教学服务仍然是一个亟待解决的课题。

今天的高等教育面临着一些普遍性的问题，最为关键的是如何处理改革创新与传承发展的关系。作为民办高校的一个典型代表，西安欧亚学院在短暂的17年里创造了不少发展奇迹，其核心就在于自主创新与领先服务。希望本文能够为公立高校的改革与发展提供一点借鉴、发挥一点作用。